A*t*V

Ludwig Watzal, geb. 1950, ist Redakteur und freier Journalist in Bonn. Er hat Monographien zu Fragen der Entwicklungspolitik, zu Albert Schweizer und Romano Guardini veröffentlicht sowie zahlreiche Studien und Artikel zur Entwicklungs- und Außenpolitik und zu Fragen der Menschenrechte im Nahen Osten. Jüngste Buchpublikation: Frieden ohne Gerechtigkeit? Israel und die Menschenrechte der Palästinenser.

Hundert und ein Jahr nach der Verkündigung des zionistischen Anspruchs auf Palästina und fünfzig Jahre nach der Gründung des Staates Israel sind die Palästinenser von einem eigenen Staat in den Grenzen von 1967 weiter entfernt als jemals zuvor. Für sie erweist sich der im September 1993 mit der Unterzeichnung der »Prinzipienerklärung über vorübergehende Selbstverwaltung« eingeleitete Friedensprozeß als Fortsetzung der Okkupation im »legalistischen« Gewand. Israel steht vor der Alternative, sich zu einer Demokratie oder zu einem halachischen Gottesstaat zu entwickeln. Dieser Kulturkampf überlagert und verschärft den Konflikt mit den Palästinensern und arabischen Staaten.

Ludwig Watzal hat die israelisch-palästinensischen Beziehungen in Geschichte und Gegenwart detailliert untersucht. Er analysiert die seit 1993 geschlossenen Abkommen, erörtert die Entwicklung der Demokratie, den Status der Menschenrechte in den Autonomiegebieten und in Israel, die Außenbeziehungen Israels sowie die wichtigsten innenpolitischen Kontroversen.

Ludwig Watzal

Friedensfeinde

Der Konflikt zwischen Israel und Palästina
in Geschichte und Gegenwart

Aufbau Taschenbuch Verlag

Mit 9 Karten

Die fremdsprachigen Zitate wurden vom Autor überetzt.

ISBN 3-7466-8031-X

1. Auflage 1998
© Aufbau Taschenbuch Verlag GmbH, Berlin
Umschlaggestaltung Preuße & Hülpüsch Grafik Design
unter Verwendung eines Fotos von dpa, Deutsch Presse Agentur
Satz LVD GmbH, Berlin
Druck Elsnerdruck GmbH, Berlin
Printed in Germany

Inhalt

Vorwort

Hundert und ein Jahr nach der Verkündigung des zionistischen Anspruchs auf Palästina und fünfzig Jahre nach der Gründung des Staates Israel sind die Palästinenser von einem eigenen Staat in den Grenzen von 1967 weiter entfernt als jemals zuvor. Ins kollektive Gedächtnis dieses Volkes hat sich als Katastrophe eingegraben, was für die Juden die Erfüllung ihrer Sehnsüchte bedeutete. Der mit Unterzeichnung der »Prinzipienerklärung über vorübergehende Selbstverwaltung« vom September 1993 eingeleitete Friedensprozeß erweist sich für die Palästinenser zusehends als Fortsetzung der Okkupation im »legalistischen« Gewand. Anfang 1994 galt eine solche Meinung als vermessen, inzwischen hat die Realität sie bestätigt.

Am 50. Jahrestag seiner Staatsgründung ist Israel ein von Widersprüchen und Selbstzweifeln zerrissenes und gespaltenes Land. Noch immer hat es seine äußeren Grenzen nicht klar definiert und besitzt keine Verfassung. Es durchlebt die schlimmste Legitimitäts- und Identitätskrise seit seiner Gründung. Die Verheiligung der Politik zerstört die säkulare Staatsraison. Die jetzige israelische Regierung hat dem ursprünglichen Zionismus den Krieg erklärt. Viele Israelis sind von Existenzangst, von Zweifeln am Zionismus, Enttäuschung und Resignation geplagt. Dem Land ist der äußere Feind abhanden gekommen, der bislang für den Zusammenhalt gesorgt hat. Nachdem durch den Friedensprozeß die Palästiner oberflächlich entdämonisiert worden sind, treten die gesellschaftlichen Spannungen in Israel offen zu tage, die es immer gegeben hat. Die Kluft im Lande verläuft zwischen aschkenasischen und sephardischen Juden, zwischen Religiösen und Säkularen, zwischen »Rechten« und »Linken« sowie Zionisten und Postzionisten.

Mit einer nüchternen Einschätzung der Politik Israels tun sich die meisten Deutschen aus historischen Gründen schwer. Trotz Holocaust trägt die israelische Regierung die Verantwortung für die völkerrechtswidrigen Maßnahmen gegenüber den Palästinensern. Beiden Völkern – dem israelisch-jüdischen wie dem palästinensischen – wäre am besten gedient, wenn Deutschland normale zwischenstaatliche Beziehungen zu ihnen aufbaut. Dies setzt eine nüchterne Analyse des israelisch-palästinensischen Konflikts voraus, die eine Entmythisierung des Friedensprozesses und den Status der Menschenrechte in beiden Gesellschaften ebenso einschließen muß wie die Frage nach ihren außenpolitischen Zielen und der Entwicklung der Demokratie.

Fünfzig Jahre nach seiner Gründung steht Israel vor der Alternative: westliche Demokratie oder halachischer Gottesstaat. Die Geschichte weist den Staat nicht nur als »Opfer« der »arabischen Aggression« aus, er hat vielmehr auch eigene hegemoniale Ziele verfolgt. Palästina muß zwischen fortdauernder israelischer Okkupation, eigener Diktatur und westlich orientierter Zivilgesellschaft entscheiden.

Die Palästinenser befinden sich an einem Tiefpunkt ihrer Geschichte. Sie haben weder innen- noch außenpolitische Souveränität erhalten. In Israel wie in den Autonomiegebieten werden renitente Palästinenser gefoltert, zum Wohl dieses »Friedens«, und die Weltöffentlichkeit schweigt dazu. Von einer gegenseitigen Anerkennung der legitimen und politischen Rechte und dem Ziel, »in friedlicher Koexistenz und in Garantie von Würde und Sicherheit des jeweils anderen zu leben«, wie im Oslo-Abkommen proklamiert, sind Israelis und Palästinenser weit entfernt.

Der Verfasser dankt allen, die ihm Interviews gewährten. Besonderer Dank gilt dem Aufbau-Verlag, der das Projekt in vielfacher Hinsicht unterstützt hat.

Zur Geschichte Palästinas und Israels

1. Von der zionistischen Besiedelung bis zur Staatsgründung Israels

Der bilaterale Konflikt zwischen Israelis und Palästinensern begann mit dem zionistischen Machtanspruch und der »zionistischen Landnahme« (Dan Diner) in Palästina vor mehr als hundert Jahren. Dieser Konflikt kann nur im Zusammenhang mit dem Imperialismus und Kolonialismus am Ende des 19. Jahrhunderts adäquat gewürdigt werden. Mit dem Bau von Rishon le Zion im Jahre 1882 nahm das zionistische Siedlungsprojekt seinen Anfang. Auf dem ersten Zionistenkongreß 1897 in Basel wurde das nationalistisch-politische Programm für einen »Judenstaat« der Öffentlichkeit vorgestellt. Allgemein gilt Theodor Herzl als der »Vater des Zionismus«.

Die geistesgeschichtlichen Grundlagen für die Enteignung und die Benachteiligung der Palästinenser sind viel älter als die »zionistische Landnahme«. Im Land der Philister, das die Römer Palästina nannten, haben vor 2000 Jahren Juden gelebt. Um das Jahr 1100 v. Chr. siedelten sich Hebräer oder Israeliten im Bergland von Palästina an. Schon im 8. Jahrhundert v. Chr. deportierten Assyrer die ersten Juden, von 585 bis 538 v. Chr. mußte das Volk im babylonischen Exil leben. Unter der Herrschaft der Perser, Griechen und Römer siedelte es sich wieder in Palästina an, bis die Römer im Jahr 135 n. Chr. Jerusalem zerstörten und die Juden entweder umbrachten oder deportierten. Je prekärer die Lage der Juden in Palästina wurde und je länger das Exil dauerte, desto größer war ihre Sehnsucht, nach Zion zurückzukehren. Diese Sehnsucht drückt sich auch im Achtzehnbittengebet der frommen Juden aus. Nach jedem Pessachfest rufen sich die Scheidenden zu: nächstes Jahr in Jerusalem. Im Zionismus verband sich dieser religiöse Wunsch mit einem politischen Programm.

Die westliche Christenheit betrachtete die Araber als »Fremde« im »heiligen Land«. Ihre »symbolische Enteignung« korrespondierte mit der damals vorherrschenden kolonialen Attitüde, alles Land in Besitz zu nehmen, das von »niemand« beansprucht wurde. Für einen Mann wie den amerikanischen Präsidenten Woodrow Wilson stellte sich die Rückkehr der Juden nach Palästina als die Erfüllung der biblischen Prophezeiungen dar. Demzufolge unterstütze er das zionistische Projekt nach Kräften.

Als einer der Vordenker des modernen Zionismus gilt Moses Hess. Wegen des latenten Antisemitismus und des grassierenden Nationalismus forderte er 1862 als einer der ersten den Aufbau eines eigenen Staates der Juden in ihrem angestammten Land Palästina. Hess, ein Zeitgenosse von Karl Marx, verband als tiefgläubiger Jude sozialistische Ideen mit der Ethik des Judentums zu einem aufgeklärten Nationalismus. Seine Idee, eine jüdische Bauern- und Arbeiterschaft aufzubauen,[1] prägte die Entwicklung Israels über Jahrzehnte.

Der Ruf nach Emanzipation der Juden war ein westeuropäisches Phänomen, das paradoxerweise das Übel des modernen Antisemitismus hervorbrachte. Wenngleich dessen Wurzeln weiter in die Geschichte zurückreichen, so kann man erst seit ungefähr 1880 von einem modernen Antisemitismus sprechen. Der moderne Antisemitismus bringt eine Abneigung und Feindseligkeit gegen Juden als Juden zum Ausdruck und bekämpft ihre politische, soziale und rechtliche Gleichstellung. Auch ein zum Christentum übergetretener Jude gilt dem modernen Antisemitismus weiterhin als Jude. Diese Form des Antisemitismus wendet sich gegen assimilierte wie auch gegen nichtassimilierte Menschen jüdischer Herkunft. »Der Jude« stellte für die Verfechter des Antisemitismus den Inbegriff des Negativen dar.

Im Osten lehnten die religiösen Kreise eine Emanzipation zunächst ab. Als es aber infolge der Pogrome dann zu einer Emanzipationsbewegung kam, überwog bei dieser das jüdisch-nationale Element. Diese Bewegung nannte sich »Aufklärung«.

Einer der führenden Männer dieser Bewegung war Peres Smolenskin. Er lehnte eine Verflechtung mit der westlichen Kultur ab, da er die Assimilation fürchtete. Er gründete in Wien die Zeitung »Die Morgenröte«, die bald zum führenden Organ der neuen zionistischen Bewegung werden sollte. In seiner Programmschrift »Ewiges Volk« wandte er sich sowohl gegen das Reformjudentum, das das Judentum zur Konfession degradierte, als auch gegen die religiöse Orthodoxie, die in Gesetzesritualen erstarrte. Für ihn war die Religion nationales Bindeglied des jüdischen Volkes. Es war auch das Volk des Geistes. Somit galt ihm die geistige Wiedergeburt als das Entscheidende.

Mit der Ermordung Zar Alexanders II. kam es zu Pogromen in Rußland. Dies führte sowohl zu einer Auswanderung nach »Zion«

als auch zu einer Einwanderung osteuropäischer Juden nach Westeuropa. Diese Einwanderung gefährdete aber die Assimilation des westeuropäischen Judentums. Das jüdische Großbürgertum wollte mit seinen »Glaubensbrüdern« wenig zu tun haben. Sir Edwin Montagu stellte fest, daß ihn mit den Juden anderer Länder nur die Religion verbinde: »Ich stelle fest, daß es keine jüdische Nation gibt«, so der Engländer.

Mehr Resonanz als Moses Hess hatte Leo Pinsker mit seiner Schrift »Autoemanzipation«, die im Pogromjahr 1882 erschien. Darin wandte sich der Arzt aus Odessa gegen die Assimilation und sprach sich für die Gleichberechtigung des jüdischen Volkes in einem eigenen Nationalstaat aus. Nur durch eine Autoemanzipation könne dieses Ziel erreicht werden. Das benötigte Land solle ein Nationalkongreß als Nationalgut beschaffen. Pinsker ging es nicht primär um Palästina. Es sollte nur irgendwo ein jüdischer Staat geschaffen werden.[2] Erst die »Liebhaber Zions« zwangen ihn, sich für Palästina zu entscheiden. Zur Zeit der ersten Alija (Aufstieg) lebten rund 30 000 Juden unter einer halben Million Araber in Palästina. Die konservativen Juden erhoben gegen das Integrationskonzept heftigen Widerspruch, weil es auf die Preisgabe der Jüdischheit abzielte und von der Tatsache ausging, daß eine Assimilation und Gleichberechtigung nicht erreichbar war.

Erst mit der Veröffentlichung von Theodor Herzls »Der Judenstaat«[3] trat eine Wende im politischen Zionismus ein. Sie gilt als Magna Charta des Zionismus. Mit ihm reagierten die jüdischen Eliten auch auf die Auflösung traditioneller jüdischer Werte. Man entdeckte quasi den verschütteten nationalen Charakter des Judentums. Nur ein jüdisch-politisches Gebilde »in Palästina oder irgendwo auf diesem Planeten« könne die jüdische Frage lösen. Herzl erhielt vom ersten Zionistenkongreß in Basel 1897 den Auftrag, mit den europäischen Regierungen über die Überlassung eines Territoriums für den Judenstaat zu verhandeln. Die Judenfrage war für ihn eine nationale Frage, die nur durch die Schaffung eines eigenen Staates zufriedenstellend gelöst werden konnte. Auf dieser Baseler Versammlung wurde die »Schaffung einer öffentlich-rechtlichen Heimstätte« für das jüdische Volk in Palästina beschlossen. Prophetisch schrieb Herzl in sein Tagebuch: »In Basel habe ich den Judenstaat gegründet.« Damit war die Alternative einer »Anartung« der Juden an die Völker, die Walther Rathenau in seiner Broschüre »Höre Israel« empfahl, negativ entschieden. Herzls Strategie wurde nun zielbewußt und systematisch verfolgt. Der Zionismus trug die messianischen Erlösungsvorstellungen nicht mehr in einer religiösen Terminologie vor, sondern bediente sich dazu politischer Begriffe. Seine Absicht war es, die tradierte jüdische Kultur nicht bloß fortzuführen, sondern sie radikal zu erneuern. Deshalb widersetzten sich die Ultra-Orthodoxen den Zionisten und warfen ihnen vor, mit ihrem Programm die messianische Zukunft antizipieren zu wollen. Dieser Vorwurf prallte aber an Herzl ab. Ein wichtiges konstituierendes Element in seiner und anderer Zionisten Vorstellungen nahm der Antisemitismus ein. Alfred Lilienthal vertrat die Ansicht, daß es die Aufgabe des Rabbinats, jüdischer Nationalisten und Gemeindevertreter sei, das Vorurteil wachzuhalten.[4] Die jüdische Identität wurde von Beginn an negativ bestimmt.

Für die Geburt Israels war zwar die Idee des Zionismus notwendig. Sie muß aber zusammen mit dem westlichen Imperialismus und Kolonialismus gesehen werden. Der Zionismus kann auch nur angemessen gewürdigt werden, wenn man seine Opfer, die Palästinenser, mit berücksichtigt. Denn mit der Umsetzung der Idee des Zionismus begann auch die Tragödie des palästinensischen Volkes. Die zionistische Nationalbewegung entstand just zu dem Zeitpunkt, als sich der westliche Kolonialismus anschickte, die Welt in Einflußsphären aufzuteilen. Beide gingen eine Verbindung ein. Insbesondere der britische Imperialismus unterstützte die Zionisten in ihrem Verlangen, in Palästina eine »Heimstätte« zu errichten, weil er seine Herrschaft im arabischen Raum gegenüber den anderen Kolonialmächten konsolidieren wollte. Ein weiteres gemeinsames Anliegen dieser Allianz war die Spaltung des arabischen Raumes. Wenn sich die zionistische Bewegung und der europäische Kolonialismus in vielem ähnelten, so gab es doch auch einen fundamentalen Unterschied: War es die »Mission« der Kolonialisten, den vermeintlich kulturell unterentwickelten Völkern die Segnungen der westlichen Kultur zu bringen, so galt dies nicht für die zionistische Bewegung. Ihre Motivation war anders gelagert. Sie strebten die Gründung eines Staates auf Kosten eines anderen Volkes an. Dies ist auch die Besonderheit des zionistischen Kolonialprojekts. Wie wurde es aber umgesetzt? Das Land wurde durch den jüdischen Nationalfonds erworben und nur an Juden verpachtet: Die »jüdische Arbeit« und der Kauf von »jüdischer Ware« wurden propagiert, was einen Boykott von arabischen Produkten bedeutete.

Der Zionismus brachte nicht nur eine erhebliche Benachteiligung für die arabische Bevölkerung mit sich, sondern verursachte auch ein Schisma innerhalb der jüdischen Zivilisation, nämlich zwischen säkularen Nationalisten und religiösen Juden. Er führte ein ethnozentrisches Wertesystem in eine Kultur ein, die auf einem monotheistischen Gottesglauben beruhte. Diese Spaltung innerhalb der Judenheit führte zu der zionistischen Bewegung, die letztendlich einen ethnozentrischen Staat für die Juden schuf. Die Konsequenz dieser Entwicklung, die sich völlig von der jüdischen Kultur losgesagt hat, hat Asher Ginzburg unter seinem Pseudonym Ahad Ha'am formuliert. Seine Vorstellungen sind in Israel nicht unbekannt, werden aber nicht rezipiert. Er hatte darauf hingewiesen, daß ein zionistischer Staat, der nicht auf der jüdischen Kultur basiert, ein Staat wie Deutschland oder Frankreich werde, nur daß er von Juden bewohnt sei. Einen solchen Staat habe es schon einmal zur Zeit des Königs Herodes gegeben. In diesem »Staat der Juden« wurde die jüdische Kultur zurückgewiesen und verfolgt. Ebenso könne Herzls »Judenstaat« keine jüdische Kultur hervorbringen, weil die Juden so sein wollten »wie alle anderen Völker auch«. Somit ermangelten ihrer Idee jene kulturellen Eigenschaften des historischen Judentums. Dieser Einwand Ha'ams wird heute von der ethnozentrischen Variante des Zionismus umgesetzt, die darauf pocht, daß das jüdische Volk nicht wie die anderen Völker sei. Bereits 1913 schrieb Ha'am in einem Brief an einen Siedler, in dem er das Verhalten der Zionisten gegenüber den Arabern kritisierte: »Wenn dies der ›Messias‹ sein soll, wünsche ich nicht, daß er kommt.« Bis heute wird die Frage diskutiert, ob Herzl oder den anderen zionistischen Vertretern die Existenz der Araber nicht bekannt war oder sie für irrelevant erachtet wurden. Agierten Herzl und seine Unterstützer in einem politischen Vakuum? Daß das Problem Herzl und anderen unbekannt war, kann heute wohl niemand mehr behaupten. Es war wohl eher eine Kombination von kultureller Überheblichkeit, Ignoranz und Zeitgeist, die eine unselige Allianz eingingen. Als Max Nordau erfuhr, daß in Palästina Araber lebten, soll er zu Herzl gesagt haben: »In Palästina gibt es ja Araber! Das wußte ich nicht! Wir begehen also ein Unrecht.« Der politische Slogan von Israel Zangwill »Ein Land ohne Volk, für ein Volk ohne Land« traf ganz den expansionistischen Zeitgeist der Epoche. Er sollte einer der zionistischen Geschichtsmythen sein, die bis heute tradiert werden. Dieser Slogan bildet die Antithese zum Kolonisierungsansatz durch Siedlungen. Ahad Ha'am schrieb 1891 nach seiner Rückkehr aus Palästina in dem Artikel »Wahrheit aus Palästina«, daß das Land nicht leer sei und man kaum unbearbeitetes Land finde. »Wir waren gewohnt, zu glauben, daß alle Araber Wilde aus der Wüste sind, ignorant wie Tiere, die weder sehen noch verstehen können, was um sie herum geschieht. Dies zu glauben, ist ein großer Fehler. Die Araber – wie alle Semiten – haben einen scharfen Verstand und sind sehr verschlagen.« Ha'am beschreibt, wie sie Handel treiben und andere dabei übervorteilen wollen, ebenso, wie dies in Europa geschehe. »Sollte einmal die Zeit kommen, wo sich das Leben unseres Volkes in einem solchen Ausmaß entwickelt hat, daß wir in einem kleineren oder größeren Ausmaß die einheimische Bevölkerung verdrängen werden, glaube ich, daß sie nicht so einfach ihren Platz räumen werden.« Ha'am sah also die Unvermeidbarkeit des Konfliktes zwischen der zionistischen Kolonisierung und den einheimischen Palästinensern voraus. In dessen Folge kam es in Palästina zu einem Zusammenprall zweier säkularer Nationalismen: des jüdischen und des arabisch-palästinensischen. Dieser Nationalismus wird heute mehr und mehr vom jüdischen und islamischen Fundamentalismus verdrängt bzw. instrumentalisiert.

Nach Aussagen führender Vertreter der zionistischen Bewegung gab es keinen Zweifel, was mit der einheimischen Bevölkerung geschehen sollte. Israel Zangwill stellte sich vor, »die eingesessenen Stämme entweder mit dem Schwert zu verjagen, wie das unsere Vorfahren getan haben, oder mit dem Problem zu kämpfen, das eine große, fremde Bevölkerung darstellt«[5]. Auch die Idee eines Transfers wurde bereits von Herzl in seinem Tagebuch vorgeschlagen. »Die arme Bevölkerung trachten wir unbemerkt über die Grenze zu schaffen, indem wir ihr in den Durchzugsländern Arbeit verschaffen, aber in unserem eigenen Lande jederlei Arbeit verweigern. Die besitzende Bevölkerung wird zu uns übergehen. Das Expropriationswerk muß – ebenso wie die Fortschaffung der Armen – mit Zartheit und Behutsamkeit erfolgen. Die Immobilienbesitzer sollen glauben, uns zu prellen, uns über den Wert zu verkaufen, aber zurück verkauft wird ihnen nichts.«[6] Daß die zionistische Bewegung nicht mit lauteren Motiven in Palästina siedeln wollte, zeigt die Aussage David Ben Gurions, des ersten Ministerpräsidenten Israels, schon im Jahre 1937: »Das Land ist in unseren Augen nicht das Land seiner jetzigen Bewohner ... Wenn man sagt, daß Eretz Israel das Land zweier Nationen sei, so verfälscht man die zionistische Wahrheit doppelt ... Palästina muß und soll nicht die Fragen beider

Völker lösen, sondern nur die Frage eines Volkes, des jüdischen Volkes in der Welt.«[7] Herzl setzte sich niemals mit den historischen Ansprüchen der Palästinenser auseinander. Die Absicht des Zionismus zielte von Beginn an nicht auf die Teilung des Landes mit der einheimischen Bevölkerung, sondern stellte die arabische Präsenz generell in Frage. Das Ergebnis ist eine exklusive Ideologie, die eine nichtjüdische Bevölkerung als überflüssig ansieht. Ein solches Bewußtsein ist sehr anfällig für die Idee eines Bevölkerungstransfers oder einer Ausweisung. In dieser Denkschule, die bis heute sehr einflußreich ist, hat der israelisch-arabische Konflikt keinen Platz, denn die Araber werden nur als Minorität wahrgenommen.

Auch über die Größe des von der zionistischen Bewegung beanspruchten Landes gab es unterschiedliche Vorstellungen. Je nach politischer Auffassung und den politischen Umständen wurden und werden auch noch heute ganz unterschiedliche Grenzverläufe angegeben. So wollte Max Nordau die »Grenzen Europas bis an den Euphrat« ausdehnen. Auf der Versailler Friedenskonferenz schlug die zionistische Organisation vor, den Süden des Libanon, Teile Syriens, entlang der Hedscha-Bahn nach Jordanien sowie einen Teil des Sinai bis Al Arish als »Heimstätte« zu erhalten. Es gab aber auch Stimmen, die ein Palästina wie zu Davids oder Salomons Zeiten forderten. Herzl soll gegenüber Reichskanzler Chlodwig Fürst zu Hohenlohe-Schillingsfürst gesagt haben, daß wir verlangen, was wir brauchen, gemäß unserer Bevölkerung. Dies scheint bis heute ein Leitmotiv israelischen Siedlungsstrebens geblieben zu sein. Bis in die jüngste Zeit hinein hat Israel einer eindeutigen Grenzziehung nicht zugestimmt oder genauere Angaben über seinen zukünftigen Grenzverlauf gegeben.

Was ist eigentlichen Zionismus? Der Zionismus beruht auf drei Grundannahmen:

1. Die Juden sind ein Volk und nicht nur eine Religionsgemeinschaft. Deshalb ist die Judenfrage eine nationale Frage.

2. Der Antisemitismus und die daraus resultierende Judenverfolgung ist eine latente Gefahr für die Juden. 3. Palästina (Eretz Israel) war und ist die Heimat des jüdischen Volkes. Von Beginn der zionistischen Kolonisation war das Ziel, eine jüdische Mehrheit in Palästina anzustreben. Für Vladimir Jabotinsky, den Vorsitzenden der revisionistischen Richtung des Zionismus, war das Erreichen einer jüdischen Mehrheit das Hauptziel des Zionismus, da der Terminus

»Jüdischer Staat« eine jüdische Mehrheit implizierte. Palästina werde in dem Augenblick ein jüdisches Land, wenn es eine jüdische Mehrheit habe. Ironisch merkte Jabotinsky an, daß die Palästinenser wohl nicht die richtige Vorstellung von dem zionistischen Unternehmen hätten. Wie sich aus den Reaktionen der Palästinenser vor Ort ersehen läßt, haben sie die wahren Intentionen des Zionismus sehr wohl begriffen. Gegen die Landnahme richtete sich von Beginn an der Protest und Widerstand, der bis heute andauert. In diesem Widerstand liegt auch die Ursache des palästinensischen Nationalismus, dessen Ursprünge Rashid Khalidi bereits auf das Jahr 1908 dadierte. Das zionistische Siedlungsprojekt stieß bei den Bauern auf heftigen Widerstand, und dies führte auch zu einer Mobilisierung der städtischen Mittelschichten. Die ersten palästinensischen Zeitungen wie »Al-Quds« warnten vor dem Zionismus als einer Gefahr für die »palästinensische Nation« und das »palästinensische Land«. Die zionistische Besiedlung würde zwangsläufig die einheimische Bevölkerung aus ihrem Land drängen.[8]

Um die Landnahme und ihre Rückkehr zu begründen, bediente sich die zionistische Bewegung einer einheitlichen Geschichtsinterpretation. Nach ihr seien die heutigen Juden die Nachfahren der Hebräer: dies konnte auch von jüdischen Anthropologen bisher nicht bewiesen werden. Daß die Juden und nicht die Araber die Ureinwohner Palästinas sind, läßt sich ebenfalls nicht belegen. Daß die Juden illegal vertrieben worden seien, ist nur teilweise richtig, weil viele Juden Palästina aus ökonomischen Gründen vor ihrer Vertreibung durch die Römer verlassen hatten. So wurden immer wieder religiöse Hilfsargumente verwendet, um den Zionismus zu untermauern und ihm damit Legitimität zu geben. Für viele waren diese Argumente nicht Ideologie, sondern Realität. Wie weit man diese Legendenbildung treibt, zeigt das Buch von Joan Peters. Sie spricht den Arabern jegliches Existenzrecht in Palästina ab. So sei das Land leer gewesen. Darüber hinaus hätten sie ihre Genealogie gefälscht, so ihre unhaltbaren Behauptungen.[9] Norman G. Finkelstein schreibt über dieses Werk, das in den USA als bahnbrechend gefeiert wurde – ähnlich wie das Buch von Daniel J. Goldhagen –, daß es zu den »spektakulärsten Betrügereien gehört, die jemals zum arabisch-israelischen Konflikt veröffentlicht worden sind«[10]. Finkelstein hat zusammen mit Ruth Bettina Birn erst kürzlich Goldhagens Buch entzaubert und es als ein »Nicht-Buch« und Goldhagens monokausalen Erklärungsansatz als einen völligen Bankrott bezeichnet.[11]

So beschrieben die Zionisten die Palästinenser als Araber, die erst kürzlich nach Palästina aufgrund der von den Siedlern geschaffenen Möglichkeiten eingewandert seien. Die Araber wurden als »Rechtsbrecher« und »rückständig« angesehen, deren eigentliche Heimat in irgendeinem der 22 arabischen Staaten sei. Was die Siedler einführten, waren aber nur rentablere Produktionsmethoden, denen die feudalistischen arabischen Verhältnisse deutlich unterlegen waren. Die zionistische Besiedlung brachte der einheimischen Bevölkerung den Verlust ihrer Heimat, die Vernichtung ihrer Gesellschaft, ihrer Kultur und Tradition sowie die Massenflucht in Flüchtlingslager. Die Folgen dieser Kolonisierung haben sich auf die Palästinenser bis heute verheerend ausgewirkt. Sie brachte für die dort lebenden Palästinenser Chaos und Zerstörung. Die meisten der arabischen Bewohner verloren ihre Häuser, ihr Land, ihre Geschäfte und ihr Vermögen. Der Kolonisierungsprozeß ruinierte die palästinensische Gesellschaft. Hat der Zionismus durch die Vertreibung der Palästinenser im Jahre 1948 seine ethische Legitimation nicht verloren?

Trotz enormer diplomatischer Fortschritte standen die meisten Juden dem Zionismus indifferent gegenüber. Diese Haltung änderte sich erst, als die Nationalsozialisten den Antisemitismus als Herrschaftsinstrument benutzten und die Juden systematisch ermordeten. Der Zionismus benutzte nun diesen Antisemitismus für seine Ziele und reduzierte ihn auf Rassenwahn und Verfolgung und schloß daraus auf die auswegslose Lage der Juden allgemein. Die Judenphobie erwies sich somit auch als ein konstituierendes Element des Zionismus. Sie mache die Juden erst zu Juden und sei das »Lebenselixier« für die zionistische Bewegung, so Herzl. Ohne die Judenphobie wäre wohl der Zionismus eine esoterisch-nationale Bewegung geblieben. Nach Leo Pinsker war die Judenphobie »ein der menschlichen Natur innewohnendes Charakteristikum«.

Neben dieser Sichtweise gibt es aber auch eine ökonomische Interpretation. Danach liegen die Ursachen der Judenphobie nicht so sehr in der »Rasse«, Kultur oder ihrer Position als Minderheit begründet, sondern in den ökonomischen Bedingungen. Der aufstrebende Kapitalismus vertiefte die Unterschiede zwischen den einzelnen Klassen. Dies führte zu neuen Ressentiments gegenüber den Juden. Frustrationen wurden auf die jüdische Minderheit projiziert anstatt auf die Verursacher der Misere. Die Machteliten benutzten nun den Antisemitismus als Herrschaftsinstrument, um das Kleinbürgertum in seinem latenten Rassismus zu bestärken. Die Leidtragenden waren die Juden Europas. Somit war nicht nur der Antisemitismus konstitutiv für den Zionismus. Er machte sich den Antisemitismus auch insofern zunutze, indem er behauptet, daß es außerhalb eines jüdischen Staates keine Emanzipation geben könne. Dieses »ewige Opfer-Image« wurde dann auch in Israel konstitutiv für die Identität des Staates.[12] Somit hat der Zionismus keines der Probleme gelöst, die er ursprünglich beseitigen wollte.

Ohne die Hilfe einer Großmacht wäre die zionistische Bewegung nicht erfolgreich gewesen. Ein entscheidendes Dokument war die Erklärung von Lord Arthur James Balfour an Lord Walter Lionel Rothschild aus dem Jahre 1917. Sie war der Freibrief zur Schaffung eines jüdischen Staates, obwohl sie vom Standpunkt des Völkerrechts ohne Belang war. Es war eine einseitige Sympathieerklärung der britischen Regierung. »Lieber Lord Rothschild, ich habe die große Freude, Ihnen im Auftrag der Regierung Seiner Majestät die folgende Sympathieerklärung für die jüdisch-zionistischen Bestrebungen zu übermitteln, die dem Kabinett vorgelegt und von ihm gebilligt wurde. ›Die Regierung Seiner Majestät betrachtet die Errichtung einer nationalen Heimstätte des jüdischen Volkes in Palästina mit Wohlwollen und wird keine Mühe scheuen, die Erreichung dieses Zieles zu fördern, wobei allerdings von der Voraussetzung ausgegangen wird, daß nichts geschieht, was den bürgerlichen und religiösen Rechten der in Palästina bestehenden nicht jüdischen Gemeinschaft oder den Rechten und dem politischen Status der Juden in anderen Ländern Abbruch tun könnte.‹ Ich wäre Ihnen dankbar, wenn Sie diese Erklärung der zionistischen Föderation zur Kenntnis bringen wollten.«

Nach Meinung der Oxforder Historikerin Elisabeth Monroe war sie »eine der größten Fehler in unserer imperialen Geschichte«. Diese Erklärung suggerierte, daß es in Palästina eine überwiegend jüdische Bevölkerung und einige unbedeutende Minoritäten gebe. Diese unbedeutende Minorität (90 Prozent) lebte seit 1 300 Jahren ununterbrochen in Palästina und besaß 97 Prozent des Landes. Die britische Regierung hatte keinerlei Recht, das Schicksal der einheimischen Bevölkerung zur Disposition zu stellen. Hinzu kam, daß man das Recht auf Selbstbestimmung, das für andere »befreite Gebiete« galt, für Palästina bewußt mißachtete: »In Palästina schlagen wir noch nicht einmal vor, die Wünsche der augenblicklichen

Bewohner auch nur in Betracht zu ziehen … Die vier Großmächte sind dem Zionismus verpflichtet. Mag der Zionismus richtig oder falsch, gut oder schlecht sein, er ist verwurzelt in einer langen Tradition, in den augenblicklichen Notwendigkeiten, in zukünftigen Hoffnungen, die von größerer Wichtigkeit sind als die Wünsche und die Nachteile von 700 000 Arabern, die zur Zeit in diesem historischen Land leben«, so Lord Balfour in einem Memorandum vom 11. August 1919 an seine Kabinettskollegen. Diese offene und teilweise rassistische Erklärung stellte die Spitze des Betruges an den Palästinensern dar. Auch für den amerikanischen Präsidenten Woodrow Wilson war die Unterstützung dieses Projektes eine »heilige Verpflichtung«.

Laut Balfour-Deklaration sollten der nichtjüdischen, sprich arabisch-palästinensischen Gemeinschaft durch die Errichtung einer jüdischen Heimstätte keine Nachteile entstehen. Es gab keine rechtliche Begründung dafür, den Palästinensern neben den Juden nach dem Zusammenbruch des Osmanischen Reiches in dem seit 1922 bestehenden britischen Mandatsgebiet einen Staat zu verweigern. Als die Bewohner Palästinas waren sie die rechtmäßigen Erben des Osmanischen Reiches. Sie hatten eine gemeinsame Kultur, Sprache, Geschichte und zeichneten sich durch enge Familienbande aus. Ihre Ansprüche waren und sind die gleichen, die zu Recht heute die Kroaten, Slowenen, Litauer, Letten, Esten, Ukrainer und andere nationale Minderheiten anmelden. Diese berechtigten Ansprüche wurden aber durch die zionistische Bewegung konterkariert.

Um die Ansprüche der Palästinenser als illegitim erscheinen zu lassen, wurden sie von der zionistischen Bewegung als Araber bezeichnet, die erst kürzlich aufgrund der von den Siedlern geschaffenen Möglichkeiten eingewandert seien. Diesen Mythos wiederholte auch der jetzige Ministerpräsident Israels, Benjamin Netanyahu: »Viele Araber immigrierten nach Palästina als Antwort auf die Zunahme der Arbeitsplätze, die von den Juden geschaffen wurden.« Selbst den Zangwillschen Mythos vom Land ohne Volk wiederholte Netanyahu bei seinem Staatsbesuch in Österreich vom September 1997. Heute sei das »harte unbewohnte Niemandsland« im Nahen Osten ein »moderner, dynamischer Staat«[13]. In Wirklichkeit wurden die Palästinenser aber als »Rechtsbrecher« angesehen, deren eigentliche Heimat in den 22 arabischen Staaten sei. Folglich wurden sie als Verhandlungspartner nicht anerkannt. Das Verhalten der ersten Kolonialisten gegenüber den Palästinensern beschrieb

Ahad Ha'am nach seiner Rückkehr aus Palästina 1891 wie folgt: »Sie meinen, die einzige Sprache, die die Araber verstünden, sei die Sprache der Gewalt. Ihr Verhalten ihnen gegenüber ist – milde gesagt – aggressiv. Sie greifen sie grundlos in ihren Dörfern an und sind stolz darauf, sie mit Tritten und Schlägen zu erniedrigen. Das ist der Ausdruck ihrer Wut darüber, daß sich ein anderes Volk in ›ihrem‹ Land befindet und nicht weichen will.« Er warnte die zionistische Bewegung davor, die Araber zu verachten und sie wie Barbaren zu behandeln sowie ihre Interessen zu ignorieren. Die palästinensische Identität basiert nicht auf religiösen Ansprüchen, sondern auf einer eindeutig identifizierbaren palästinensischen Gemeinschaft, die dieselben Ansprüche auf dieses Gebiet hat.

Die Negierung einer nationalen palästinensischen Identität führte zwangsläufig zur Verweigerung des palästinensischen Selbstbestimmungsrechtes. Martin Buber und Ernst Simon prophezeiten, daß der Zionismus mit der Behandlung und Akzeptanz der Araber stehe und falle. Solche Stimmen wurden von den Zionisten vehement zurückgewiesen und hatten auf den Entwicklungsprozeß keinen Einfluß. Buber gehörte zu den ersten Mahnern des Zionismus und Israels. Auf dem 1921 in Karlsbad abgehaltenen Zionistenkongreß forderte er einen gerechten Bund mit dem arabischen Volk. »Wir verscherzen uns die echten und wertvollen Sympathien, wenn wir eine Methode, die wir bisher als unmenschlich brandmarkten, nun mehr dadurch, daß wir sie selbst üben, praktisch anerkennen … nicht außen, sondern mitten unter euch, breitet sich das eigentliche, das unüberwindliche Unheil aus.« Die Kongreßmehrheit drückte den Wunsch des jüdischen Volkes aus, mit dem arabischen Volk in Freundschaft und gegenseitigem Respekt zusammenzuleben und mit ihm die gemeinsame Heimat zu einem gedeihlichen Land zu entwickeln. Der Zionistenführer Arthur Ruppin forderte, daß Juden und Araber Seite an Seite gleichberechtigt leben sollten. Jeglicher Herrschaftsanspruch wurde von ihm negiert. Wie wenig aufrichtig dies gemeint war, zeigte sich, als dieser Mann sich wiederholt für eine geschlossene jüdische Wirtschaft einsetzte. Er stimmte gegen die Beschäftigung der arabischen Arbeitskräfte in jüdischen Unternehmen, plädierte für den Boykott arabischer Waren und für den systematischen Aufkauf arabischen Landes, der die Fellachen brotlos werden ließ.[14]

Die zionistische Bewegung bemühte sich zunächst, ihre kolonialistischen Ziele rhetorisch zu verbrämen. Chaim Weizman erklärte

1918 in Jaffa, daß die Juden Schulter an Schulter mit den Arabern für Wohlstand in Palästina arbeiten wollten. Palästinensischen und syrischen Führern in Kairo versicherte er, daß der Zionismus nicht die Macht in Palästina anstrebe. Auch vor der Peel-Kommission, die auf Befehl Seiner Majestät des König von England im November 1936 ihre Arbeit in Palästina aufnahm, gab sich Weizman kooperationsbereit und verwies auf die Balfour-Deklaration. Ihm und seinen Mitstreitern sei bekannt, daß die nichtjüdische Bevölkerung Palästinas nicht unterdrückt werden dürfe. Für die nichtjüdische Bevölkerung stellte die Deklaration eine gewisse Garantie dar. Gleichzeitig verlangte Weizman aber einen Staat, der so »jüdisch« sein sollte wie England englisch. Dieses Ziel wurde hartnäckig verfolgt. Weizman dazu vor der Peel-Kommission: »Wir sind ein steifnackiges Volk und ein Volk mit langem Gedächtnis. Wir vergessen niemals … Wir haben Palästina niemals vergessen. Und die Standhaftigkeit, welche die Juden durch die Jahrhunderte und durch eine lange Kette unmenschlicher Leiden erhalten hat, ist in erster Linie jener psychologischen Anhänglichkeit an Palästina zu verdanken.«

Ernsthaft haben weder jüdische Siedler noch die britische Besatzungsmacht jemals den Versuch unternommen, zu einer einvernehmlichen Lösung mit den Arabern zu kommen oder deren Rechte auf einen eigenen Staat einzulösen. Daß man ihre Interessen hätte berücksichtigen sollen, zeigt der Brief des Schriftstellers Hans Kohn an Martin Buber von 1929: »Wir sind zwölf Jahre in Palästina, ohne auch nur einmal ernstlich den Versuch gemacht zu haben, uns um die Zustimmung des Volkes zu kümmern, mit dem Volk zu verhandeln, das im Land wohnt. Wir haben uns ausschließlich auf die Militärmacht Großbritanniens verlassen. Wir haben Ziele aufgestellt, die notwendigerweise und in sich selbst zu Konflikten mit den Arabern führen mußten und von denen wir uns sagen müßten, daß sie Anlaß, und zwar berechtigter Anlaß zu einem nationalen Aufstand gegen uns sind.«

Dieser sollte auch nicht lange auf sich warten lassen. Bei dem ersten Pogrom 1929 in Hebron wurden die dort lebenden Juden fast vollständig umgebracht. Aus Angst vor der beeindruckenden und gleichzeitig furchterregenden Entwicklung des jüdischen Yishuv (vorstaatliche Besiedelung Palästinas) kam es im Sommer 1936 zum Aufstand der Araber sowohl gegen die Mandatsmacht als auch gegen die zionistischen Siedler. Vorher hatte es immer wieder kleinere Zwischenfälle mit Toten gegeben. Die Palästinenser sahen bereits, daß die zionistische Kolonisierung des Landes allein zu ihren Lasten gehen würde. Der arabische Antizionismus machte sich 1936 somit erstmals gewaltsam Luft. Dazu hatte nicht unwesentlich der spätere Mufti von Jerusalem Emin el Husseini beigetragen, der von einem englischen Zionisten, dem ersten Hohen Kommissar Palästinas, Sir Herbert Samuel, zum Mufti ernannt worden war. Dabei war die arabische Bevölkerung Palästinas nicht von Anfang an antizionistisch eingestellt. Im Jahre 1908 begrüßten alle Religionsgemeinschaften in Palästina den Erlaß der muslimischen Regierung, der eine größere politische und religiöse Entfaltungsmöglichkeit zuließ. Am 9. August desselben Jahres öffneten alle Religionsgemeinschaften ihre heiligen Orte für die jeweils andere Glaubensgemeinschaft.

Die gewaltsamen Auseinandersetzungen zwischen jüdischen Kampfeinheiten und einheimischer palästinensischer Bevölkerung auf der einen Seite und der Kampf gegen die britische Mandatsmacht auf der anderen gerieten außer Kontrolle, so daß die Briten bereit waren, ihr vom Völkerbund erteiltes Mandat abzugeben. Die in Palästina kämpfenden jüdischen Einheiten – Hagana, Etzel (Irgun Zwai Leumi) und Lehi (Stern-Bande) – haben durch ihren Terror gegen die Palästinenser und die Briten mit ihren Befehlshabern einsame Berühmtheit erlangt. Zwei spätere Ministerpräsidenten Israels wurden von der damaligen Mandatsmacht als »Terroristen« steckbrieflich gesucht. Für ihre Aktionen stehen exemplarisch die Sprengung eines Teils des King-David-Hotels, in dem die Palästina-Regierung saß, und das Dorf Deir Yassin, in dem am 9. April 1948 ein Massaker an 250 arabischen Männern, Frauen und Kindern verübt worden ist. Die Araber übten schon einige Tage später Rache, als sie 77 Ärzte, Krankenschwestern und Wissenschaftler auf dem Weg zum Hadassah-Krankenkaus niedermetzelten. Menachem Begin, Einsatzleiter bei dem Massaker von Deir Yassin und von 1977 bis 1983 Ministerpräsident Israels, vertrat die Meinung, daß es »nicht nur seine Berechtigung hatte«, sondern daß es ohne den »Sieg« von Deir Yassin »niemals einen Staat Israel gegeben« hätte. Als Palästina kurz vor einem Bürgerkrieg stand, wandten sich die Briten im Februar 1947 an die Vereinten Nationen. Damit waren die Würfel in Palästina für einen jüdischen Staat gefallen.

Am 29. November 1947 verabschiedete die Generalversammlung der Vereinten Nationen Resolution Nr. 194, in der Palästina zwischen

Arabern, die 90 Prozent des Landes besaßen, und Juden geteilt werden sollte. Zu diesem Zeitpunkt lebten in Palästina 1 365 000 Araber und 710 000 Juden. Auch ohne den Holocaust hätte es folglich einen jüdischen Staat gegeben. Aber gerade dieses Faktum trug dem zionistischen Bestreben, einen Staat zu gründen, viel Sympathien ein. Das Ausmaß der Nazi-Verbrechen und die Fluchtbewegungen aus Europa beschleunigten zweifellos den Staatswerdungsprozeß. Die Gründung Israels geht jedoch in erster Linie auf die »politische, wirtschaftliche, gesellschaftliche und militärische Leistung seiner Gründer« zurück, wie Michael Wolffsohn betont.[15]

Man sollte aber die massive Unterstützung der Briten und der USA nicht unberücksichtigt lassen. Der Kampf der jüdischen Untergrundbewegungen war sowohl ein Antikolonialkrieg gegen die Briten als auch ein erneuter kolonialer Versuch, gegen den Willen eines anderen Volkes einen Staat auf dessen Territorium zu etablieren. Die gesamte arabische Welt lehnte den Teilungsplan aus verständlichen Gründen ab, weil er das Recht der Palästinenser auf das ganze Land in Frage stellte und einen unschätzbaren Verlust an Rechten, Eigentum sowie politischen und sozialen Einrichtungen bedeutete. Die Araber bewerteten die jüdischen Ansprüche auf Palästina als rechtswidrige Inbesitznahme, als eine Form des Kolonialismus, die der ursprünglichen Bevölkerung ihr Recht auf einen Nationalstaat absprach. Dafür zeigte auch David Ben Gurion Verständnis, wie Nahum Goldmann berichtet: »Wieso sollten denn die Araber Frieden schließen? Wenn ich arabischer Führer wäre, ich würde nie ein solches Abkommen mit Israel unterzeichnen. Das ist doch ganz normal: wir haben ihr Land genommen. Sicher, Gott hat es uns versprochen, aber wie kann sie das interessieren? Unser Gott ist nicht der ihre … Sie sehen nur eins: Wir sind gekommen und haben ihr Land geraubt. Warum sollten sie das hinnehmen?« Die Palästinenser befürchteten, dieser Teilungsplan transformiere das »Judenproblem« und den damit einhergehenden westeuropäischen Antisemitismus in den Nahen Osten.

Angesichts der Kampfhandlungen zog die Generalversammlung der Vereinten Nationen den Teilungsplan weniger als sechs Monate nach seiner Annahme wieder zurück und unterbreitete einen Alternativvorschlag, der den Aufruf zu einer vorübergehenden Treuhänderschaft über das ungeteilte Palästina enthielt. Die Araber nahmen diesen Vorschlag an, die Zionisten lehnten ihn auf das heftigste ab. Eine Sondersitzung der Versammlung wurde einberufen, um den

Teilungsplan noch einmal in Erwägung zu ziehen. Während dieser Zeit nahmen die Zionisten die Sache selber in die Hand. Während die Briten ihr Mandat beendeten, besetzten sie Stadt um Stadt. Die Bevölkerung floh entweder vor Schrecken oder wurde gewaltsam vertrieben. Dabei besetzten die zionistischen Streitkräfte nicht nur die Teile, die für einen jüdischen Staat vorgesehen waren. Bis Mitte Mai 1948 hatten zirka 300 000 Araber das Land verlassen, ohne daß auch nur ein einziger arabischer Soldat aus den Nachbarstaaten Palästina betreten hatte.

Es entstanden drei separate Gebiete: Israel, die Westbank und der Gaza-Streifen. Das historische Jerusalem kam unter arabische Herrschaft, während der Westteil dem jüdischen Staat eingegliedert wurde. Palästina wurde also nicht gemäß dem Plan der UNO geteilt. Als David Ben Gurion am 14. Mai 1948 den Staat Israel ausrief, waren sechs Prozent Palästinas jüdischer Grundbesitz. Nach den kriegerischen Auseinandersetzungen besaß Israel 77 Prozent der Gesamtfläche Palästinas, also 21 Prozent mehr, als der UN-Teilungsplan vorsah. Die Zionisten akzeptierten den Teilungsplan. Fortan argumentierten sie, die palästinensischen Araber hätten ihr Recht auf irgendeinen Teil des Ganzen eingebüßt, da sie sich weigerten, sich mit der Hälfte Palästinas zufriedenzugeben. Diplomatische Anerkennung und massive ökonomische Unterstützung trugen zur Legitimation des neuen Staates bei.

Im Sommer 1949 kam es auf Initiative des Schlichtungsausschusses (Palestine Conciliation Committee) zu einer Friedenskonferenz in Lausanne. Während die arabischen Staaten und die palästinensischen Vertreter die UN-Resolution als Grundlage von Friedensverhandlungen zu diskutieren wünschten, lehnte der israelische Ministerpräsident Ben Gurion dies ab. Der damalige israelische Außenminister Moshe Sharett sah in dieser Konferenz eine Gelegenheit zum Frieden, was aber von Ben Gurion abgelehnt wurde. Sharett war anders als Ben Gurion bereit, Territorien abzutreten, die Israel während des Krieges von 1948 besetzt hatte und die nach dem UN-Teilungsplan den Palästinensern gehörten. Er erwog ernsthaft die Rückführung der Flüchtlinge und die Internationalisierung der Heiligen Stätten. Für Ben Gurion war aber der Friede kein primäres Ziel. Als Sharett dann 1954 nochmals für kurze Zeit Ministerpräsident wurde, führte er Geheimgespräche mit der ägyptischen Regierung über eine Beilegung der Palästina-Frage. Die arabische Seite war aber nicht bereit, die Gespräche öffentlich zu führen, und in

Israel lag die eigentliche Macht immer noch in den Händen von Ben Gurion, »der keinen Frieden mit den Arabern suchte«.[16]

In jüngster Zeit ist es um die Staatsgründung Israels zu heftigen Kontroversen gekommen. Seit der Öffnung der Archive in den achtziger Jahren hinterfragen jüngere Historiker immer öfter die offizielle Geschichtsdoktrin über die Staatswerdung, die sich zwischen 1948 und 1952 herausbildete. Neben Benny Morris hat insbesondere Simcha Flapan die offizielle israelische Geschichtsinterpretation in Frage gestellt. Er bewertete den »Plan D« nicht als politischen Plan zur Vertreibung der Araber, sondern schien überzeugt, daß diese lediglich aus Sicherheitsgründen vertrieben worden seien. Morris mußte aber letztendlich zugeben, daß es seit April 1948 »klare Anzeichen für eine Vertreibungspolitik auf nationaler wie lokaler Ebene« gegeben habe. Simcha Flapan, Ilan Pappe und Norman G. Finkelstein weisen nach, daß sich eine bewußt geplante Vertreibung der Palästinenser anhand der Dokumente belegen läßt. Einen ausdrücklichen Vertreibungsbefehl Ben Gurions scheint es nicht zu geben. Dagegen gab es zahlreiche Erklärungen von ihm, die eindeutig seine Absichten offenlegen. Auf die Frage von Yigal Allon und Yitzhak Rabin, was mit den Bewohnern von Lydda und Ramle (50 000 – 70 000) geschehen sollte, habe Ben Gurion geantwortet: »Vertreibt sie!« Oberstleutnant Rabin unterzeichnete umgehend den Befehl: »Die Einwohner Lyddas müssen ohne Rücksicht auf das Alter rasch vertrieben werden. Befehl sofort ausführen.« Was dann auch geschah. Diese Stelle über die Anordnung der Vertreibung wurde in den Memoiren Ben Gurions gestrichen, wie die »New York Times« vom 23. Oktober 1979 berichtete. Vor der Schlußoffensive in Galiläa erklärte er vor dem Kabinett: »Wenn im Norden die Kämpfe wieder beginnen, wird Galiläa sauber und leer von Arabern.« Diesen »Vertreibungsbefehl« Ben Gurions bestätigte Israel Eldad, einer der artikuliertesten Ideologen der Rechten, in »Yediot Aharonot« vom 10. Februar 1995: Die Notiz »säubern« tauchte mehrmals auf und bezog sich sowohl auf Galiläa als auch auf Lydda und Ramle. Auch habe Ben Gurion keinen Quadratmeter konzediert, der sich in den Händen der Israelis befunden habe, unabhängig davon, ob er von den Vereinten Nationen oder den USA zugestanden worden war. Und er habe Mussa Alami 1937 erzählt: »Natürlich wollen wir Frieden; aber wir sind nicht wegen des Friedens, sondern des Zionismus gekommen.« So werden von offizieller israelischer Seite immer wieder folgende Argumente vorgetragen:

– Das Einverständnis der zionistischen Bewegung mit der UN-Teilungsresolution vom November 1947 stellte einen einschneidenden Kompromiß dar, mit dem die zionistischen Juden ihre Vorstellungen von einem sich über ganz Palästina erstreckenden jüdischen Staat aufgaben und den Anspruch der Palästinenser auf einen eigenen Staat anerkannten. Israel war zu diesem Opfer bereit, weil es die Voraussetzung dafür war, daß die Resolution in friedlicher Zusammenarbeit mit den Palästinensern verwirklicht werden konnte.

Dagegen behauptet Flapan, die Zustimmung zum Teilungsplan durch die Zionisten sei nur ein taktisches Zugeständnis im Rahmen einer unveränderten Gesamtstrategie gewesen. Sie zielte zum einen darauf ab, die Schaffung eines selbständigen Staates für die Palästinenser zu hintertreiben. Deshalb schloß Ben Gurion ein Geheimabkommen mit König Abdallah von Transjordanien, der mit der Annektierung des für die Palästinenser vorgesehenen Gebietes den ersten Schritt in Richtung auf sein erträumtes großsyrisches Reich zu tun glaubte. Und zum anderen sollte durch diese Strategie das von der UNO für den jüdischen Staat ausgewiesene Territorium ausgeweitet werden.

– Die arabischen Palästinenser lehnten eine Teilung Palästinas rundweg ab und folgten dem Aufruf des Mufti von Jerusalem, dem jüdischen Staat den totalen Krieg zu erklären; dies zwang die Juden, sich auf eine militärische Lösung einzulassen.

Flapan meint, daß die arabischen Palästinenser die Teilung Palästinas ablehnten, sei nur die halbe Wahrheit. Der Mufti habe den Teilungsplan fanatisch bekämpft, doch die Mehrheit der Palästinenser sei seinem Aufruf zum »Heiligen Krieg« gegen Israel zunächst nicht gefolgt. Im Gegenteil: Viele palästinensische Notablen und Gruppen bemühten sich, einen Modus vivendi mit dem neuen Staat zu finden. Erst der entschiedene Widerstand Ben Gurions gegen die Schaffung eines palästinensischen Staates trieb die Palästinenser ganz auf die Seite des Mufti. Die Anzahl der Kämpfer war aber nicht sehr groß, und sie waren in Umfang, Ausrüstung und Ausbildung den Hagana-Truppen weit unterlegen. Anfang 1948 hatte der Mufti die arabischen Staaten vergeblich um Waffen und Geld gebeten.

– Sowohl vor als auch nach der israelischen Staatsgründung folgten die Palästinenser einem Aufruf der arabischen Führung, das Land vorübergehend zu verlassen, um mit den siegreichen Armeen zurückzukehren. Die jüdische Führung bemühte sich vergeblich, sie zum Bleiben zu bewegen.

Dagegen behauptet Flapan, die israelischen Politiker hätten die Palästinenser aus ihren Städten und Dörfern vertrieben. Während Morris dafür Sicherheitsgründe anführt, erklären Flapan und Finkelstein den Transfer aus der zionistischen Ideologie heraus. Das Ziel der zionistischen Bewegung sei es gewesen, einen »jüdischen Staat« zu schaffen. Dazu bedurfte es der Vertreibung der Einwohner. Bereits 1938 sagte Ben Gurion auf einer Sitzung seiner Partei: »Ich bin für die zwangsweise Aussiedlung. Ich sehe nichts Unmoralisches darin.«

– Alle arabischen Staaten hatten sich am 15. Mai 1948 vereint, um in Palästina einzumarschieren, den neuentstandenen jüdischen Staat zu vernichten und dessen jüdische Bewohner zu vertreiben.
Die arabischen Staaten wollten in erster Linie das Abkommens zwischen der provisorischen jüdischen Regierung und König Abdallah verhindern. Sie marschierten erst nach der Ausrufung des Staates Israel und nach dem Ende des britischen Mandats in Palästina ein, um ihren arabischen Freunden zur Hilfe zu kommen. Es war nicht ihre Absicht, Israel zu zerstören. So befahl die jordanische Regierung dem General, der die jordanischen Truppen führte, nicht in jüdisches Gebiet einzumarschieren.

– Dieser arabische Einmarsch – unter Verstoß gegen die UN-Teilungsresolution – machte den Krieg von 1948 unvermeidlich.
Auch der Krieg zwischen Israel und den arabischen Staaten ist nach Flapan nicht unvermeidlich gewesen. Die Araber hatten einem in letzter Minute vorgelegten amerikanischen Vorschlag zugestimmt, der einen dreimonatigen Waffenstillstand unter der Bedingung vorsah, daß Israel seine Unabhängigkeitserklärung zeitweilig aufschöbe. Die provisorische israelische Regierung lehnte den amerikanischen Vorschlag mit sechs zu vier Stimmen ab.

– Das kleine Israel stand dem Angriff der arabischen Streitkräfte gegenüber wie weiland David dem Riesen Goliath: ein zahlenmäßig weit unterlegenes, schlecht bewaffnetes Volk, das Gefahr lief, von einer übermächtigen Militärmaschinerie zerquetscht zu werden.
Der Vergleich von David und Goliath gehört nach Flapan ins Reich der Legenden. Ben Gurion räumte ein, daß der eigentliche

Selbstverteidigungskrieg nur vier Wochen dauerte, bis zum Waffenstillstand vom 11. Juni. Danach trafen umfangreiche Waffenlieferungen in Israel ein. Die besser ausgebildeten und erfahreneren israelischen Truppen erlangten damit eine waffentechnische Überlegenheit zu Lande, zu Wasser und in der Luft.

– Israel hat seine Hand immer zum Friedensschluß ausgestreckt, aber kein arabischer Führer hat je das Existenzrecht Israels anerkannt; somit gab es niemanden, mit dem man Friedensgespräche hätte führen können.

Ebenfalls nicht korrekt: In den Jahren zwischen dem Ende des Zweiten Weltkrieges und 1952 wies Israel zahlreiche von arabischen Staaten und neutralen Vermittlern unterbreitete Vorschläge zurück, die zu einer Friedensregelung hätten führen können.[17]

Diese offizielle Geschichtsinterpretation bildet die Essenz des israelischen Staatsverständnisses. Nach wie vor wird propagiert, Israel stehe einem übermächtigen Feind gegenüber. Insbesondere die Netanyahu-Regierung ist bemüht, dieses Selbstverständnis zu instrumentalisieren. Sämtliche Aktivitäten Israels werden als eine Art Notwehrmaßnahme eines ums Überleben kämpfenden Volkes gedeutet. Damit hat Israel automatisch das Recht auf seiner Seite, wie völkerrechtswidrig seine Aktionen auch sein mögen.

Bis zum Waffenstillstand von 1949 waren 750 000 Palästinenser geflohen. Die Vereinten Nationen verabschiedeten mehrere Resolutionen zur Rückführung der Flüchtlinge, aber die Israelis verweigerten ihnen die Rückkehr. Sie leben bis heute in den Flüchtlingslagern in Jordanien, Gaza, Syrien, Libanon, der Westbank und in der Diaspora. Von 550 verlassenen palästinensischen Orten wurden bis auf 121 alle zerstört, auch die Friedhöfe. Man wollte jegliche Erinnerung an eine palästinensische Geschichte auslöschen. In den verbliebenen Dörfern wurden jüdische Einwanderer untergebracht. So fanden über 200 000 sofort eine Wohnung. Im kollektiven Gedächtnis der Palästinenser haben sich diese Ereignisse als »Katastrophe« etabliert. Obwohl Israel im Unabhängigkeitskrieg gesiegt hatte, entspannte sich die Lage im Lande nicht. Dazu trug die Verhängung des Kriegsrechtes am 21. Oktober 1948 bei, das der Militärverwaltung erlaubte, die Bewegungsfreiheit der Palästinenser im Kernland Israel total zu kontrollieren und einzuschränken. Kein Palästinenser konnte seinen Wohnort oder Distrikt ohne die Genehmigung des Militärgouverneurs verlassen. Galiläa war in über fünfzig Militärbezirke eingeteilt. Dieses Militärregime erwies sich als ein sehr effizientes Kontrollinstrument, da es die palästinensische Gemeinschaft spaltete. Zudem hielt Israel an den Ausnahmeregelungen aus der britischen Mandatszeit fest, die die Rechte der Palästinenser außer Kraft setzten. Den israelischen Palästinensern wurde schnell bewußt, daß sie Bürger zweiter Klasse waren.

Noch verheerender als das Militärregime wirkte sich das 1950 erlassene »Absentee Property Law« aus, das die Palästinenser zu »Anwesend-Abwesenden« erklärte, deren Besitz durch einen Vormund (Custodian of Absentee Property) verwaltet werden mußte, bevor es in jüdischen Privatbesitz oder Staatseigentum überging. Dieses Gesetz erlaubte dem Staat, sowohl Land von Palästinensern zu konfiszieren, die Israel verlassen hatten, als auch von jenen, die geblieben waren. »Er war anwesend, weil er da war, und abwesend, weil er nicht dagewesen ist.«[18] Dieses Gesetz könnte einem Science-Fiktion-Roman entnommen sein. Laut Schätzungen unterlag die Hälfte der palästinensischen Bevölkerung Israels der Kategorie »abwesend«. Bis 1953 wurden zirka 370 jüdische Siedlungen errichtet, davon 350 auf als verlassen deklariertem Land. Bis 1965 ermöglichten das Gesetz über die Abwesenheit und andere Gesetze der israelischen Regierung, zirka drei Millionen Morgen palästinensischen Landes zu konfiszieren, 60 Prozent davon gehörten den »Anwesend/Abwesenden«. Einigen Palästinensern wurde nach dem Gesetz über Landerwerb von 1953 eine Entschädigung angeboten. Diese Zahlungen waren aber so geringfügig, daß die meisten Palästinenser sie zurückwiesen. Die Verabschiedung des Rückkehrgesetzes aus dem Jahre 1950 und das Nationalitätengesetz von 1952 trugen gleichfalls zur Diskriminierung der Palästinenser bei. Durch die jordanische Annexion der Westbank und Ost-Jerusalems im Jahre 1949 schritt die Desintegration der Palästinenser weiter fort. Der Gaza-Streifen kam unter ägyptische Verwaltung.

2. Die Nahostkriege

In der westlichen Geschichtsschreibung, Publizistik und der Tagespresse – insbesondere in den USA und in Deutschland – werden die Nahostkriege immer als reine Verteidigungskriege Israels gegen die aggressiven Araber dargestellt. Vor allem in den USA und in Deutschland dominiert diese einseitige Perspektive. Israel hatte und hat stets imperiale Interessen verfolgt. Der israelische Wissenschaftler Israel Shahak vertritt sogar die These, sein Land verfolge hegemoniale Ziele im gesamten Nahen Osten.[19]

Die Darstellung der Suezkrise und des Sinaifeldzuges 1956 bedarf einiger Korrekturen. Der ägyptische Staatschef Gamal Abdul Nasser war wohl Nationalist und Panarabist, aber kein Kriegstreiber und Antizionist. Nach seiner Machtübernahme ging es ihm primär darum, Ägypten zu modernisieren und den ausländischen Einfluß zurückzudrängen. Sichtbarstes Zeichen dafür war die Verstaatlichung des Suezkanals nach dem Abzug der britischen Truppen aus der Kanalzone. Im Februar 1955 griffen israelische Streitkräfte Siedlungen im Gaza-Streifen an. Zirka 40 Ägypter wurden getötet. Vom Gaza-Streifen aus hatten die Ägypter ihrerseits bis Ende 1956 immer wieder Israel angegriffen und über 430 Israelis getötet. Nasser bewertete das Palästinaproblem als einen internationalen Konflikt. Seiner Ansicht nach wollte ihn die britische Regierung durch die israelischen Angriffe zwingen, dem Bagdad-Pakt beizutreten. Nasser entschied sich für eine Politik, die auf eine friedliche Regelung der Palästinafrage durch die Vereinten Nationen hinauslief, und versuchte parallel dazu durch Mittelsmänner, einen Modus vivendi mit Israel zu erreichen. Nasser erklärte später mehrfach, er habe keine kriegerischen Absichten gegen Israel gehegt, sondern lediglich den imperialistischen Zugriff der Westmächte auf die arabische Welt lockern wollen. Anstatt mit Ägypten einen Kompromiß zu suchen, entschied sich Ben Gurion, mit den ehemaligen Kolonialmächten Frankreich und England Nassers antikolonialistische Politik zu beenden. Ziel dieses gemeinsamen Waffenganges war einerseits, das progressive ägyptische Regime zu stürzen, andererseits sollte für Israel die Anerkennung durch die arabischen Staaten dabei herausspringen. Dieser Pakt Israels mit den imperialistischen Mächten Frankreich und Großbritannien diskreditierte das Land in der arabischen Welt völlig und trug nicht unwesentlich zur Radikalisierung der arabischen Staaten bei.

Am 29. Oktober 1956 begann der Sinaifeldzug. Äußerer Anlaß war die Blockade der Straße von Tiran am Ausgang des Golfes von Aqaba zum Roten Meer und die Sperrung des Suezkanals für israelische sowie nach Israel fahrende Schiffe. Zusammen mit Großbritannien und Frankreich griff Israel die ägyptischen Stellungen auf dem Sinai an; in fünf Tagen war der Krieg beendet. Der Sinai und der Gaza-Streifen befanden sich in israelischer Hand, und die Zufahrt zum Hafen von Eilat war wieder frei. Durch den Druck der Sowjetunion und der USA wurde die Niederlage diplomatisch bemäntelt. Scharm al-Scheich wurde gegen den Widerstand Ägyptens unter UN-Kontrolle gestellt. Israel mußte sich aus den eroberten Gebieten zurückziehen, erhielt aber von den USA die Garantie, den Golf von Aqaba als ein internationales Gewässer zu betrachten, das alle Schiffe »frei und unbehelligt« passieren könnten. Für Israel war dies ein diplomatischer Sieg, für die Araber hingegen eine militärische Niederlage. Die arabischen Nachbarn interpretierten den israelischen Angriff als Willen zur Expansion und als existentielle Gefahr für sich selbst, zumal in Israel vermehrt Stimmen laut wurden, die das kommende Eretz Israel vom Nil bis zum Euphrat forderten.

Auch bei der Bewertung des Sechstagekrieges vom Juni 1967 gehen die Meinungen auseinander. Das Gros der Historiker in Deutschland vertritt die These, daß Israel einen Präventivkrieg geführt habe, doch sind in jüngster Zeit von der israelischen Regierung Dokumente zugänglich gemacht worden, die eher für die These eines bewußten israelischen Angriffskrieges sprechen. Daß der Staat von »angriffsbereiten arabischen Armeen eingekreist« war, gehört zu den Legenden, die sich um alle Kriege, die Israel geführt hat, ranken. Nach Aussagen israelischer Politiker und Militärs bestand für Israel damals keine akute Kriegsgefahr. Der damalige Stabschef Israels, Yitzhak Rabin, »glaubte nicht, daß Nasser Krieg wollte«. »Die zwei Divisionen, die er in den Sinai schickte, reichten für eine Offensive nicht aus. Dies wußten er und wir.« Und Abba Eban fügte hinzu: »Nasser wollte keinen Krieg, er wollte den Sieg ohne Krieg.« In seinen Memoiren gab Eban zu, daß Israel keiner tödlichen Gefahr ausgesetzt war, sondern sich die Lage mit jedem Tag besserte. Auch der General Matti Peled gestand 1972 ein, daß die angeblich tödliche Gefahr für Israel ein »Bluff« war. Israel habe sich seit 1949 niemals in einer »tödlichen Lage« befunden, so der Ex-General.[20] In »Le Monde« vom 3. Juni 1972 erklärte er: »All jene Geschichten über die große Gefahr, der wir wegen unseres kleinen Gebietes ausgesetzt waren, kamen erst auf, als der Krieg zu Ende war, sie spielten in unseren Überlegungen vor Ausbruch der Feindseligkeiten keine Rolle. Vorzutäuschen, daß die ägyptische Armee, die an unserer Grenze stand, in der Lage gewesen wäre, die Existenz Israels zu gefährden, ist nicht nur eine Beleidigung für jeden, der die Lage analysiert, sondern ist primär eine Beleidigung der israelischen Armee.« Und Ezer Weizman, heute Israels Präsident, behauptete in

»Ha'aretz« vom 29. März 1972, »daß niemals die Gefahr einer Vernichtung bestand. Diese Möglichkeit wurde niemals in den Treffen in Betracht gezogen.« Oder General Haim Barlev am 4. April 1972 in »Ma'ariv«: »Am Vorabend des Sechstagekrieges bestand niemals die Möglichkeit eines Genozids, und wir dachten niemals über eine solche Möglichkeit nach.« Der ehemalige Wohnungsbauminister Mordechai Bentov sagte dazu am 14. April 1971 in »Al-Hamishmar«: »Die ganze Geschichte der Gefahr einer Zerstörung wurde in jedem Detail im nachhinein erfunden und übertrieben, um die Annexion arabischen Landes zu rechtfertigen.« Yigal Allon gab zu, daß er und Begin »Jerusalem wollten«. Begin schrieb in der »New York Times« vom 21. August 1982: »Im Juni 1967 hatten wir wieder eine Gelegenheit. Die Truppenkonzentrationen der ägyptischen Armee im Sinai waren kein Beweis dafür, daß Nasser bereit war, uns anzugreifen. Wir müssen uns gegenüber ehrlich sein. Wir entschieden, ihn anzugreifen.« Und Luftwaffengeneral Mordechai Hod: »Sechzehn Jahre Planung gingen in diese entscheidenden achtzig Minuten ein. Wir lebten mit dem Plan, wir überschliefen den Plan, wir verzehrten den Plan. Ständig haben wir ihn perfektioniert.«

Warum entschieden sich die Israelis für einen Präventivschlag, obwohl keine »tödliche Gefahr« bestand? Die Generalität des Landes setzte sich damals massiv für einen Krieg ein. Es bot sich die Möglichkeit, »Jerusalem und die Westbank zu befreien«. Die CIA war Ende Mai 1967 davon überzeugt, daß Israel einen Krieg innerhalb weniger Tage beenden könne. Für den damaligen US-Verteidigungsminister Robert McNamara stellte sich nur die Frage, ob er fünf oder zehn Tage dauern würde, deshalb erhielt die israelische Regierung Anfang Juni grünes Licht von den USA für einen Angriff. Ihre Befürchtung, das Land könne wie 1956 die Früchte des Sieges nicht ernten, wurde vom Weißen Haus zerstreut. Um zu vereiteln, daß der ägyptische Vizepräsident in Washington noch eine diplomatische Lösung bewirken könnte, führte die israelische Armee einen Präventivschlag gegen Ägypten durch, damit war der für zwei Tage später vorgesehene Besuch hinfällig.[21] Die USA wollten durch ihr Spionageschiff »US Liberty«, das 15 Meilen vor der Küste vor Anker lag, ermitteln, ob die Syrer auf dem Golan Truppen aufmarschieren ließen. Am 8. Juni griffen israelische Kampfflugzeuge das Schiff mit dem Ziel an, es zu versenken, das gelang nicht. Das Kommunikationszentrum wurde aber zerstört.

Beim Sechstagekrieg ließ sich Israel von ähnlichen Motiven wie bei der Suezkrise leiten. Primär wollte man das Zentrum des radikalen arabischen Nationalismus treffen, dabei sollte auch das Waffenlager des Regimes zerstört werden. Als drittes ging es darum, Syrien und Jordanien als Staaten zu zerschlagen. Israels übergeordnetes Ziel war es, jede Manifestation des arabischen Radikalismus zu vernichten, konkret: Unabhängigkeit und Modernisierung möglichst lange zu verhindern. Genau diese Rolle ist Israel in der Globalstrategie der USA zugewiesen worden, nämlich jede Art von arabischem Nationalismus zu bekämpfen, wie dies Noam Chomsky in einem Interview mit dem Verfasser ausdrückte.[22]

Auch der Angriff gegen Syrien und die Eroberung der Golan-Höhen wird allgemeinhin immer mit dem Sicherheitsargument begründet, da die Syrer gelegentlich auf die zu ihren Füßen liegenden Kibbutzim geschossen hätten und deren Bewohner einige Nächte in Luftschutzbunkern verbringen mußten. Diese Vorstellung hat sich bis heute gehalten. Aber ein am 27. April 1997 veröffentlichtes Interview des Verteidigungsministers Moshe Dayan in »Yediot Aharonot«, das Dayan dem ehemaligen Journalisten von »Ha'aretz«, Rami Tal, am 22. November 1976 und 1. Januar 1977 gegeben hatte, offenbart die gleiche Motivation. Dayan berichtete, am 8. Juni 1967 sei eine Delegation von Kibbutzmitgliedern nach Jerusalem gekommen, um die Regierung zum Angriff auf den Golan zu überreden. Dayans Antwort war, daß »die Syrer am vierten Tag des Krieges keine Gefahr für uns darstellten«. Die Zwischenfälle begannen zu 80 Prozent wie folgt: »Wir schickten einen Traktor aufs Feld, dorthin, wo man nichts tun konnte, in die demilitarisierte Zone. Wir wußten, daß die Syrer anfangen würden zu schießen. Wenn sie nicht schossen, sagten wir dem Fahrer, er solle weitermachen, bis es den Syrern zuviel wurde und sie zu schießen anfingen. Dann beschossen wir sie mit unserer Artillerie und später mit der Luftwaffe. So war es.« Dieses Spiel betrieben alle Kommandeure, auch Tzvi Tzur und Yitzhak Rabin. Nach dem Krieg von 1948 und den Waffenstillstandsabkommen habe Israel diese Linien nie als dauerhaft angesehen. »Wir dachten, … wir könnten die Waffenstillstandslinien durch militärische Aktionen ändern, ohne einen Krieg zu führen; in anderen Worten: Wir dachten, wir könnten ein Stück Land an uns reißen und so lange daran festhalten, bis der Feind die Nase voll hat und sagt, behalte es. Sie mögen das von unserer Seite als naiv ansehen, aber Sie müssen bedenken, daß wir keinerlei Erfahrungen als Staat hatten.«

Entgegen Dayans Behauptung, auf den Golan-Höhen seinen lediglich syrische Truppen stationiert, lebten dort damals zirka 120 000 Syrer in 272 Städten und Dörfern. »Die Kibbutzniks sahen den guten Boden im Jordantal und am See Genezareth und träumten davon. Erinnern Sie sich, daß zur damaligen Zeit Ackerland einen unschätzbaren Wert darstellte. Bebaubarer Boden war das Wichtigste und Kostbarste.« Auf die Frage, ob die Kibbutzniks das Land wollten, antwortete Dayan: »Das sage ich nicht. Sicherlich wollten sie die Syrer nicht mehr sehen. Sie litten ja auch unter ihnen … Die Syrer auf der anderen Seite waren Soldaten, die auf sie schossen, und dies mochten sie nicht. Ich kann Ihnen mit absoluter Sicherheit sagen, die Delegation, die Premierminister Eshkol überzeugen wollte, den Golan zu besetzen, dachte nicht an solche Dinge. Die dachten nur an das Land … Ich sah sie und sprach mit ihnen. Die versuchten nicht einmal, ihr Verlangen nach dem Land zu verbergen. Das war, was sie bestimmte.« Von Beginn des Krieges an habe er gewußt, daß Israel zwar ein großes Gebiet erobern würde, um des Friedens willen aber das meiste wieder zurückgeben müsse. »Ich sah in die Augen eines Kibbutznik, und mir war klar, wenn wir den Golan erobern würden, würden sie anfangen, Land zu besetzen. Wenn es dort Siedlungen gibt, kannst du dich nicht zurückziehen. Das war unsere Stärke im Unabhängigkeitskrieg, aber es wird uns daran hindern, Frieden zu schließen.«[23] Dayan hielt die Entscheidung, jüdische Siedler um Moshe Levinger im Herzen von Hebron siedeln zu lassen, für ein »Desaster«, weil sie unüberwindliche Hindernisse für einen gerechten Frieden mit den Palästinensern darstellen. Er sei nicht zurückgetreten, weil er geglaubt habe, die Siedler würden wieder abziehen. Daß sie bis heute dort lebten, sei die Schuld Yigal Allons. Schon aus Prinzip war Allon gegen alles, was von Dayan kam.

Für die arabische Welt bedeutete diese Niederlage eine Katastrophe. Infolge des Sechstagekrieges mußten nochmals Hunderttausende Palästinenser fliehen, und er führte zu erneuten Enteignungen und Unrecht. Für die Palästinenser ist diese Niederlage die Fortsetzung der Katastrophe von 1948. Israel hatte trotz eines enormen Zugewinns an Territorium letztendlich einen »Pyrrhussieg« errungen, wie Dan Diner sagt. Erst in der Folge dieser Ereignisse wurde aus einem vergessenen Flüchtlingsproblem ein Problem von globaler Dimension. Dieser Sieg bildete auch die Grundlage für das Wiedererstarken der religiösen Kräfte in Israel. Der Nahostkonflikt, wie er sich bis heute darstellt, war geboren.

Der Sieg im Sechstagekrieg warf nicht nur neue politische Fragen und Probleme auf, sondern hatte auch eine religiöse Dimension, die sich für Israel zunehmend als existentielle Frage herauskristallisiert. Die Rechte in Israel bewertete den Sieg als göttlichen Lohn für das jüdische Volk. Der Spiritus rector der religiös-nationalistischen Ideologie war der Rabbiner Zwi Jehuda Hakoen Kook. Als er auf Wunsch der Soldaten zur Klagemauer gebracht wurde, erklärte er: »Wir geben hiermit dem Volke Israels und der gesamten Welt bekannt, daß wir in himmlischem Auftrag soeben zum heiligen Berg und in unsere heilige Stadt heimgekehrt sind. Wir werden sie nie wieder verlassen.« Aus dieser Siegeseuphorie entwickelte sich die Ideologie des sogenannten Eretz Israel Haschlema (Groß-Israel-Ideologie), die das Land für heilig erklärte. Die Westbank wurde von den Nationalisten und Religiösen fortan nur noch Judäa und Samaria genannt. Ihr Einfluß hatte insbesondere mit der Regierungsübernahme Menachim Begins im Jahre 1977 enorm zugenommen. Aus diesem ideologischen Umfeld kommt auch der Mörder Ministerpräsident Yitzhak Rabins.

Nach dem Krieg kam die israelische Regierung nicht auf das Junktim zurück, die Gebiete als Faustpfand für eventuelle Friedensverhandlungen einsetzen zu wollen. Ägypten und Jordanien bemühten sich um eine friedliche Beilegung. Alle Verhandlungen waren blockiert, nachdem die arabischen Länder bei ihrem Treffen im August 1967 in Khartum die drei »Nein« beschlossen: Nein zum Frieden mit Israel; Nein zu Verhandlungen und Nein zur Anerkennung des Landes. Auch die PLO-Rhetorik von der Vernichtung des »zionistischen Gebildes« schadete der palästinensischen und arabischen Sache. In Khartum hatte die PLO ihren ersten großen öffentlichen Auftritt. Obwohl weit entfernt von jeder Umsetzung, wurde diese Rhetorik von Israel immer wieder geschickt als Begründung für seine Verweigerungshaltung eingesetzt. Der Oberkommandierende der UN-Truppen, Odd Bull, vermutet, daß die rhetorischen Exzesse von Khartum auf die israelische Absicht zurückzuführen sind, die besetzten Gebiete zu annektieren.[24] Diese These schien zu jenem Zeitpunkt zu gewagt gewesen zu sein.

Der Sicherheitsrat der Vereinten Nationen verabschiedete am 22. November 1967 die Resolution 242, die Israel zum Rückzug aus allen besetzten Gebieten aufforderte. Die Regierung versuchte, die Bedeutung und die Konsequenz der Resolution durch eine geschickte Interpretation zu relativieren. So konstruierte man einen

Gegensatz zwischen dem englischen und dem französischen Text. Im englischen Text steht »Rückzug aus besetzten Gebieten«, im französischen dagegen »Rückzug aus den besetzten Gebieten«. Alle anderen offiziellen Übersetzungen sprechen unzweideutig von »den besetzten Gebieten«, aus denen sich Israel gemäß Völkerrecht zurückziehen müsse.

Die israelische Regierung führte drei Argumente für die Beibehaltung des Status quo ins Feld: Israel benötige aus Sicherheitsgründen strategische Tiefe, aus den besetzten Gebieten wolle man wirtschaftlichen Nutzen ziehen, und aus ideologischer Sicht sei die Westbank historischer jüdischer Boden, auf dem die Juden siedeln müßten. Israel will diese Gebiete für immer besitzen, aber ohne die ursprüngliche einheimische Bevölkerung. Mit Hilfe der Vereinbarungen von Oslo kann ihm dies gelingen. Es behält die Kontrolle über das Land, sperrt die Palästinenser in Reservate und beauftragt den PLO-Vorsitzenden Yassir Arafat mit seiner Polizei und seinen Geheimdiensten, diese zu bewachen, zu kontrollieren und gegebenenfalls zu unterdrücken.

Die im Sechstagekrieg erlittene Demütigung der Araber, die Weigerung Israels, sich auf die Grenzen von 1967 zurückzuziehen, sowie die Terroranschläge und Flugzeugentführungen der PLO hatten einen neuen Waffengang zwischen den verfeindeten Parteien vorprogrammiert. Am 6. Oktober 1973, dem Jom-Kippur-Tag (Versöhnungstag) – dem höchsten Feiertag des Judentums –, überfielen in einer koordinierten Aktion Ägypten und Syrien Israel. Trotz der Anfangserfolge der arabischen Streitkräfte gelang es den israelischen Truppen, auf ägyptisches Gebiet jenseits des Suezkanals und bis 32 Kilometer vor Damaskus vorzudringen. Nach Drohungen von seiten der Sowjetunion, Atomwaffen einzusetzen, erzwang der amerikanische Außenminister Henry Kissinger am 24. Oktober 1973 von den Israelis einen Waffenstillstand. Die Verhandlungen darüber begannen am 11. November 1973 bei Kilometerstein 101 in Ägypten. Dieser Krieg leitete eine Wende im Verhältnis der arabischen Staaten zu Israel ein und stellte den Unbesiegbarkeitsmythos der israelischen Armee in Frage. Der UN-Sicherheitsrat rief in seiner Resolution 338 die Konfliktparteien auf, im Rahmen der UN-Resolution 242 einen gerechten und dauerhaften Frieden herbeizuführen. Flankiert wurden diese Maßnahmen von der Verhängung eines Erdölembargos am 16. Oktober 1973 gegen israelfreundliche Staaten.

Trotz des Sieges konnte nichts darüber hinwegtäuschen, daß die israelische Regierung versagt hatte. Nachdem eine Untersuchungskommission der Regierung die Schuld für die schlechte Vorbereitung auf diesen Angriff zugewiesen hatte, traten Ministerpräsidentin Golda Meir und Verteidigungsminister Moshe Dayan zurück. Sie wurden durch Yitzhak Rabin und Shimon Peres ersetzt. Die jüngere Garde der Arbeitspartei konnte jedoch den Niedergang der Partei nicht mehr aufhalten. Mehrere Skandale und interne Parteikrisen führten zum Sieg des national-konservativen Likud-Blocks bei den Parlamentswahlen im Mai 1977.

3. Die innenpolitische Wende in Israel

Die Wahl des national-konservativen Menachem Begin zum Ministerpräsidenten sollte Israel stärker verändern als 30 Jahre Regierungszeit der Arbeitspartei. Der ehemalige Kommandeur der Untergrundbewegung Etzel und Gründer der Cherut-Partei, Begin, ernannte – zur Überraschung aller – Moshe Dayan zum Außenminister und beteuerte seinen Friedenswillen. Begin stellte in seiner Regierungserklärung klar, daß es für ihn kein Palästina, sondern nur Eretz Israel gab. Es reiche vom Mittelmeer bis zum Jordan. Durch eine intensive Siedlungspolitik in allen Teilen von Eretz Israel wollte er den Bewohnern von Judäa, Samaria und Gaza den Weg in die Eigenstaatlichkeit verbauen. Für ihn als Revisionisten galt das Überlebensrecht der Juden mehr als das Heimatrecht der Palästinenser.

Die Siedlungspolitik wurde zu einem Hauptanliegen seiner Regierung, die eng mit dem Gush Emunim (Block der Getreuen), einer 1974 gegründeten nationalistisch-religiösen Siedlerbewegung, kooperierte bzw. konkurrierte. Der harte Kern der Gush-Emunim-Siedler ist von einer Feindschaft gegenüber den Arabern beseelt. Sie vertreten die Groß-Israel-Ideologie und lehnen jeden Kompromiß mit den Palästinensern ab. Ihre Siedlungen wurden schnell zu Zentren der extremen Rechten, die sich auf zwei ideologische Pfeiler stützt – auf einen fremdenfeindlichen, gegen die Gojim (Nichtjuden) im allgemeinen und die Araber im besonderen gerichteten Nationalismus sowie auf einen religiösen Mystizismus. Zu den Gallionsfiguren des Gush gehörten von der ersten Stunde an der Rabbiner Moshe Levinger und der kürzlich verstorbene Umweltminister Zevulun Hammer. Ihr Spiritus rector war kein Geringerer als Zwi

Jehuda Kook, der die Siedlungspolitik durch seine Groß-Israel-Ideologie rechtfertigte.

Mit »religiösen Rechtstiteln« ausgestattet, siedelten sie gemäß dem Sharon-Plan auch im Kernland der Palästinenser. Dieser Plan sah die Einteilung der Westbank in sieben und des Gaza-Streifens in vier palästinensische Enklaven vor, die unter der Oberhoheit Israels stehen sollten. Es war beabsichtigt, einen Keil in Wohngebiete der Palästinenser zu treiben. Kein arabisches Siedlungsgebiet sollte mehr als 100 000 Einwohner zählen. Den Palästinensern wollte man nicht mehr als 15 Prozent des besetzten Gebietes als Wohngebiete zugestehen. Durch seine Siedlungspolitik, die paramilitärische, national-religiöse und Vorstadtsiedlungen errichtete, hat Israel Tatsachen geschaffen, die eine Rückgabe der besetzten Gebiete im Gaza-Streifen und der Westbank unmöglich machen.

Moshe Dayan hatte das Amt des Außenministers in Begins Regierung nur angenommen, weil ihm zugesichert worden war, eine Friedensinitiative durchführen zu können. Dayan traf sich im Oktober 1977 mit König Hussein von Jordanien in London. 1977 kam es auch zu einem geheimen Treffen zwischen dem ägyptischen Vize-Premierminister Hassan al-Tuhami und Dayan in Marokko. Ägyptens Staatspräsident Anwar al-Sadat besuchte am 19. November 1977 Jerusalem und hielt in der Knesset eine Rede. In ihr hob er drei Punkte hervor:
– Es kann keinen Separatfrieden zwischen Israel und Ägypten geben.
– Israel muß alle im Krieg von 1967 eroberten Gebiete räumen.
– Das Hauptproblem sind die Palästinenser. Ohne eine gerechte Lösung dieses Problems wird es keinen Frieden im Nahen Osten geben.

Im September 1978 schlossen Israel und Ägypten in Camp David/USA ein Rahmenabkommen, das am 26. Mai 1979 in Washington feierlich unterzeichnet wurde. In ihm hieß es u. a.: »Der Frieden erfordert die Respektierung der Souveränität, der territorialen Integrität und der politischen Unabhängigkeit aller Staaten in dem Gebiet und ihr Recht, in Frieden innerhalb gesicherter und anerkannter Grenzen ohne Bedrohung oder Gewaltanwendung zu leben.« Über die Palästinenser findet sich folgende diplomatische Anmerkung: »Das Ergebnis der Verhandlungen muß auch die legitimen Rechte des palästinensischen Volkes und seine gerechtfertigten Bedürfnisse anerkennen.« Israel zog sich in zwei Etappen aus dem Sinai zurück. Es verließ die Stadt Jamit und zwanzig weitere Siedlungen. Die Palästinenser sowie die Staaten Syrien, Libyen und Algerien lehnten den Vertrag ab.

Der Journalist Adel S. Elias bewertet den Verhandlungserfolg Israels von 1979 wie folgt: »Es ist die große Tragik der Palästinenser und eine perfide Ironie des Schicksals, daß ausgerechnet das arabische Ägypten der zionistischen Ideologie und ihrer Arroganz der Macht zu solch einem überwältigenden Triumph verhalf.«[25] Schon im Camp-David-Vertrag war Israel lediglich bereit, der Bevölkerung der Westbank und des Gaza-Streifens eine eingeschränkte Autonomie zu gewähren. Von Souveränität oder sogar einem eigenen Staat der Palästinenser wollte Israel weder damals noch heute etwas wissen. »Wir haben ein Recht und eine Forderung auf Souveränität über diese Gebiete von Eretz Israel. Dies ist unser Land, es gehört rechtmäßig der jüdischen Nation«, so Begin.

Als Ronald Reagan den glücklosen Jimmy Carter als US-Präsident 1980 ablöste, wurde der Nahostkonflikt in das Ost-West-Schema gepreßt. Reagan und sein Außenminister Alexander Haig waren glühende Antikommunisten. Folgerichtig ließen sie sich von Begin und Ariel Sharon für eine proisraelische Politik einspannen. Die geplante Invasion des Libanon im Jahre 1982 verkaufte Israel den USA als Krieg gegen die »kommunistische« PLO und die »kommunistischen« Linkskräfte des Landes. Die israelische Regierung wollte die PLO und den libanesischen Staat gegeneinander aufbringen und einer ihr genehmen libanesischen Regierung eine »neue Ordnung« aufzwingen. Unter der Parole »Frieden für Galiläa« wollte Sharon die PLO vernichten. Dieser bewußt geplante Krieg führte zu einem Desaster und zur größten Antikriegsdemonstration, die das Land jemals gesehen hatte. 400 000 Menschen stellten sich gegen die eigene Regierung, die es den maronitischen Milizen erlaubt hatte, in den Flüchtlingslagern Sabra und Shatila ein Massaker unter den Palästinensern anzurichten, bei dem 700 Menschen umgebracht wurden. Insgesamt starben bei diesem Krieg 17 824 Menschen, hauptsächlich Zivilisten. Die USA waren an dieser Invasion beteiligt. Sie entsandten sogenannte Friedenstruppen und beschossen von See aus die Dörfer der Drusen im Schuf-Gebirge. Für ihr Engagement bezahlten sie einen hohen Preis. Die Amerikaner wurden von den Drusen und Schiiten als Kollaborateure Israels und somit als Feinde der Libanesen behandelt. Im Oktober 1982 kamen durch ein libanesisches Selbstmordkommando 241 US-Soldaten und 58 Franzosen ums Leben. Auch die Israelis mußten hohe Verluste hinnehmen. Eine israelische Untersuchungskommission befand Verteidigungsminister Sharon als Hauptschuldigen. Er mußte daraufhin zurücktreten. Damaliger Generalstabschef war Raphael Eitan. Beide, Sharon und Eitan, sind heute wieder Minister in der Regierung von Benjamin Netanyahu. Begin hielt Sharon aber im Kabinett als Minister ohne Geschäftsbereich. Er trat resigniert am 30. August 1983 vom Amt des Ministerpräsidenten zurück. Seit dem Tode seiner Frau 1982 war er nicht mehr »der Alte«. Immer öfter mußte er zu starken Medikamenten greifen, so daß er zeitweise regierungsunfähig war. Sein Nachfolger wurde Yitzhak Shamir. Als im September 1984 Likud und Arbeitspartei eine Regierung der Nationalen Einheit bildeten, wurde Shimon Peres Ministerpräsident. Im Laufe des Jahres 1985 zog sich Israel aus dem Libanon zurück, errichtete aber im Süden des Landes eine 14 Kilometer breite sogenannte Sicherheitszone, die durch die Südlibanesische Armee (SLA) kontrolliert wird. Sie zeigt sich zusehends als unzuverlässiger Partner. Die israelischen Fehlschläge sind zum Teil wahrscheinlich auf die Doppelrolle zurückzuführen, die SLA-Milizionäre spielen. Diese »Sicherheitszone« hat Israel keine Sicherheit gebracht. Im Gegenteil: Seit der israelischen Invasion im Libanon sind dort 1 232 israelische Soldaten gefallen, 589 davon starben nach ihrer Errichtung, ohne daß der Beschuß von Nordisrael unterbunden worden wäre. Die Hisbollah (Partei Gottes) führt wegen der völkerrechtswidrigen Besetzung ihres Landes einen Befreiungskrieg gegen Israel. Dabei können sich die schiitischen »Gotteskrieger« auch auf die Unterstützung der christlichen Libanesen verlassen.

Der vereinte Kampf der USA und Israels gegen den vermeintlichen »Kommunismus« bewirkte, daß die sich bisher bekämpfenden Gruppen im Libanon zusammenrückten. Drusen, Schiiten und Palästinenser waren wegen des äußeren Drucks gezwungen, sich enger an Syrien anzulehnen. Die »neue Ordnung« Sharons entpuppte sich für Israel als Desaster. Der einzige »Erfolg« Israels war der Abzug der PLO aus dem Libanon. Sie wurde nicht zerschlagen, vielmehr inszenierte man den Abzug aus dem Libanon mediengerecht. Es schien, als verlasse Arafat als siegreicher Feldherr nach getaner Arbeit das Schlachtfeld im Libanon. Präsident Reagan verkündete am 1. September 1982 seinen Nahostplan. Darin propagierte er im wesentlichen den Abzug aller fremden Truppen aus dem Libanon und eine palästinensische Selbstverwaltung in den besetzten Gebieten in Kooperation mit Jordanien. Dies wurde aber von Begin schroff abgelehnt.

Die Besetzung des Libanon hat sich bisher für Israel nicht ausgezahlt. Die Vergeltungsaktionen, die eher Kurzkriegen glichen wie die Invasion im Juli 1993, als die israelische Armee über 500 000 Libanesen in Richtung Beirut vertrieb, oder die Vergeltungsaktion vom April 1996, die Shimon Peres letztendlich den Wahlsieg kostete und mit der Tötung von 120 Frauen und Kindern in einem UN-Stützpunkt in Kana endete, zeigte, daß der Befreiungskampf der Hisbollah mehr als bloßer »Terrorismus« ist. Nach den letzten Debakeln und den hohen Verlusten der israelischen Armee im Libanon mehren sich in Israel die Stimmen, die für einen einseitigen Abzug plädieren. Die »Bewegung der Vier Mütter« hat sich zu Protesten zusammengefunden, die auch die Frage der Verantwortung der eigenen Regierung ansprechen. Die »Sicherheitszone« mutiert mehr und mehr zu Israels neuem »Gaza«. Inzwischen ist Israel bereit, sich einseitig aus dem Land zurückzuziehen. Damit verbindet es das Kalkül, Syriens Präsidenten Hafez al-Assad den besten Trumpf zu nehmen. Damaskus übt nämlich über die Hisbollah Druck auf Israel aus.

4. Der Kampf der Palästinenser um einen eigenen Staat

Wie bereits gesagt, führten die »zionistische Landnahme« und in deren Folge die militärischen Auseinandersetzungen zwischen Juden und palästinensischen Arabern zu deren Massenvertreibung. Die Vereinten Nationen versorgten die Flüchtlinge durch die UNRWA. Die Anliegen dieser Flüchtlinge gerieten aber bald in Vergessenheit. Erst mit der Gründung der Palästinensischen Befreiungsorganisation (PLO) am 16. Juni 1964 in Kairo wurden die Interessen der Palästinenser wieder ins Bewußtsein der Weltöffentlichkeit gerückt. Dazu trugen auch der Sechstagekrieg vom Juni 1967 und der sich anschließende Widerstand der Palästinenser bei. Der Kampf der PLO gegen Israel war von Anfang an von einer gewissen Kompromißlosigkeit gekennzeichnet. Es war eine Art »Nullsummenspiel«, bei dem der Gewinn des einen zu Lasten des anderen ging. Grundlage dieser Konfrontationsstrategie war die Palästinensische Nationalcharta von 1968, in der die PLO dem Staat Israel das Existenzrecht in Palästina absprach. Bis zu ihrer Vertreibung aus dem Libanon im Jahre 1982 verfolgte die PLO dieses Ziel hauptsächlich durch Gewalt. Terroranschläge gegen Israel, jüdische Einrichtungen außerhalb des Landes sowie Juden sowohl im Nahen Osten als auch in anderen Ländern, so auch in Deutschland (während der Olympischen Spiele 1972 in München; die Entführung der Lufthansa-Maschine »Landshut« nach Mogadischu), sollten das »zionistische Gebilde« zum Verschwinden bringen. Diese Strategie der Gewalt hat nicht nur dem Interesse der Palästinenser, sondern auch dem Ansehen der Araber im allgemeinen im Westen enorm geschadet. Auch das »Feindbild Islam« hat hier teilweise seine Wurzeln. Neben der Terrorlinie verfolgte die PLO auch die diplomatische Schiene. Am 13. November 1974 sprach Arafat vor der UN-Vollversammlung. Zu diesem Zweck mußte die Weltorganisation eigens nach Genf umziehen, da Arafat von den USA keine Einreiseerlaubnis nach New York erhielt. Die Rede war ein diplomatischer Erfolg, da die USA und Israel bis heute das Selbstbestimmungsrecht der Palästinenser und einen eigenen Staat ablehnen. Beide Staaten votierten schon deshalb gegen die PLO, weil sie das Symbol des palästinensischen Nationalismus war und ist. Die Strategie von Terror und Diplomatie schien Früchte zu tragen. Am 7. August 1981 nahm die Arabische Liga mit überwältigender Mehrheit den Plan des saudiarabischen Königs Fahd an, »Land gegen Frieden« zu tauschen.

Spätestens seit der Vertreibung der PLO aus dem Libanon 1982 war auch dem letzten Palästinenser klar, daß die Lösung des Konfliktes nur in einer Zweistaatenbildung liegen konnte, da ein binationaler Staat, wie vernünftig und »preiswert« er auch wäre, für Israel nicht in Frage käme. Auch nach ihrer Exilierung aus Beirut war das erklärte Ziel der PLO die Befreiung Palästinas. Die USA und Israel denunzierten dies als puren Terrorismus. Eine solche propagandistische Interpretation hatte mit der politischen Realität nichts mehr zu tun, doch die Weltöffentlichkeit widersprach ihr nicht. Nach der Libanoninvasion gelang es der Regierung Begin, alle darauffolgenden Widerstandsakte als Terrorismus zu diskriminieren, was generell akzeptiert wurde. Niemand kam auf die Idee, die massive Gewalt des israelischen Staates gegen unbeteiligte Zivilisten im Libanon oder den besetzten Gebieten auch nur zu verurteilen, geschweige denn, sie »Terror« zu nennen.

Viele Beobachter, insbesondere im Westen, sahen in der PLO über Jahrzehnte bloß eine Terrororganisation. Für die Palästinenser ist sie aber eine nationale Befreiungsbewegung. Sie wollte die in viele Länder verstreuten Palästinenser zusammenführen, was auch gelang. Die PLO wurde zur institutionellen Verkörperung des palästinensischen Nationalismus und Selbstbewußtseins. Dieses Selbstbewußtsein bekam einen enormen Aufschwung durch die Schlacht bei Karameh – einem jordanischen Dorf – im März 1968. Damals fügten die Palästinenser den Israelis im Kampf schwere Verluste zu. 124 Fedajin (Die sich selbst aufopfern) und 32 israelische Soldaten wurden getötet. Dieser »psychologische Sieg« hatte interne und organisatorische Konsequenzen. So mußte am 24. Dezember 1968 Achmed Shukairi als Vorsitzender der PLO zurücktreten. Vorübergehend übernahm Jahija Hammuda den Vorsitz des Exekutivkomitees, im Februar 1969 wurde er von Yassir Arafat abgelöst.

Unter dem Dach der PLO organisierten sich zahlreiche Gruppierungen, die in einer Art Volksbefreiungskrieg gegen die israelische Armee kämpften. Diese Strategie konnte in den besetzten Gebieten nicht lange aufrechterhalten werden, und so mußten die Fedajin in benachbarte Länder ausweichen. Es wurde schnell deutlich, daß die unter der Führung der al-Fatah stehende PLO nicht alle Verbände unter Kontrolle hatte. Mitte 1969 spaltete sich die »Demokratische Volksfront für die Befreiung Palästinas« (DFLP) unter Naif Hawatmeh von der »Volksfront für die Befreiung Palästinas« (PFLP) des George Habash ab. Die palästinensischen Fadajin etablierten sich in Jordanien zu einer Macht, die König Hussein offen herausforderte. Aufgrund des Machtanspruchs der PLO spitzte sich die Lage so zu, daß König Husseins Soldaten in ihrem berühmt-berüchtigten »Schwarzen-September-Massaker« gnadenlos gegen die Fedajin vorgingen. Bei dieser »Abrechnungsorgie« fielen 3 000 PLO-Kämpfer. Weil danach die Aktionen der DFLP und PFLP nicht aufhörten, wurden die PLO-Milizen im Juli 1971 völlig zerschlagen und aus dem Land vertrieben. Sie hatten damit ihre wichtigste Basis im Kampf gegen Israel eingebüßt.

Bis Mitte der siebziger Jahre konnte Israel das Image einer »liberalen Besatzungsmacht« in der Öffentlichkeit aufrechterhalten. Die Politik von Verteidigungsminister Moshe Dayan zielte darauf ab, den Menschen, soweit es möglich war, die Fortsetzung ihres früheren Lebens zu gestatten. Reibungen und Konflikte sollten möglichst vermieden werden. Jeder Widerstand wurde auf das schärfste unterdrückt. Man sollte die Besetzung spüren, aber nicht sehen. Dayans Politik schien aufzugehen. Bis Mitte der siebziger Jahre gab es keinen nennenswerten Widerstand in den palästinensischen Zentren. Auch war die ökonomische Situation zufriedenstellend, und die wenigen jüdischen Siedlungen waren weitab. Mit der Regierungsübernahme durch den Likud-Block änderte sich nicht nur der Stil der Besetzung, sondern auch die Stimmung der Bevölkerung.

Die völkerrechtswidrigen Landenteignungen und der systematische Straßenbau dokumentierten Israels Absicht, die Gebiete auf Dauer zu behalten. Ein Vertreter der Militärregierung gab 1980 freimütig zu, daß er nicht an der Verbesserung der Lage der Menschen interessiert sei, sondern an deren Auswanderung. Die Politik der Nichteinmischung wurde zugunsten einer Zuckerbrot-und-Peitsche-Strategie aufgegeben, d. h., Nationalisten wurden bestraft, Kooperationswillige belohnt. Die palästinensischen Selbstverwaltungsstrukturen wurden systematisch zerschlagen. So wurden alle 1976 gewählten Bürgermeister abgesetzt. Die Bevölkerung war der Willkür der Militärbehörden ausgeliefert, die jeden Bittgang zu einem Spießrutenlaufen werden ließ. Diese Erniedrigungen, Demütigungen und Repression durch die Israelis waren die Ursache für die im 9. Dezember 1987 ausgebrochene Intifada (Abschüttelung), des Aufstandes der Palästinenser gegen die israelische Besetzung.

Die Intifada war kein ferngesteuertes Unternehmen aus Tunis oder Damaskus. Die PLO und alle internationalen Experten sind von ihr überrascht worden. Weder die Erschießung zweier palästinensischer Studenten in der Bir-Zeit-Universität im Dezember 1986 noch die Kamikaze-Aktion eines Aktivisten des PFLP-Generalkommandos vom 25. November 1987, bei der sechs israelische Soldaten in Galiläa getötet wurden, kann als auslösendes Moment angesehen werden, da diese Aktionen keinerlei sichtbare Wirkungen in den besetzten Gebieten hatten. Die Intifada begann als spontane Reaktion eines unterdrückten Volkes. Es waren die Not, die Angst vor Deportationen, Landenteignungen, aggressives Siedlerverhalten, die Verzweiflung über den Lagerkrieg, den die Palästinenser im Libanon führten, und der Haß auf die Besatzer, die den Palästinensern das Leben immer unerträglicher machten. Die Palästinenser spürten, daß sie nichts zu verlieren hatten als ihre Unterdrückung und Erniedrigung. Am 8. Dezember 1987 kam es zu einem Verkehrsunfall. Ein israelischer Militärtransporter raste zwischen Israel und dem Gaza-Streifen in einige arabische Autos. Vier Arbeiter wurden getötet, einige schwer verletzt. Drei der Getöteten stammten aus Jabalia, dem größten Flüchtlingslager des Gaza-Streifens. Der Verdacht liegt nahe, daß es sich bei diesem Verkehrsunfall um einen Racheakt für die Ermordung des israelischen Geschäftsmannes Shlomo Tahal durch die Terroreinheit »Force 17« am 6. Dezember im Gaza-Streifen handelte. Die Beerdigung der drei Palästinenser am 9. Dezember geriet zu einer riesigen Demonstration gegen die Besetzung. Am nächsten Tag wurde in Jabalia der 15jährige Hattem as-Sissi durch Herzschuß getötet. Der Aufstand hatte einen ersten »Märtyrer«.

Daraufhin weiteten sich die Proteste aus, zuerst auf die anderen Flüchtlingslager, später auf die größeren Städte der Westbank. Es handelte sich überall nur um Demonstrationen. »Wenn die Armee nicht eingegriffen hätte, wäre weiter nichts passiert«, so der Wissenschaftler Alexander Flores.[26] Aber die Armee wollte jede Demonstration auflösen, ihre Aktionen waren hilflos und außerordentlich brutal. Die israelische Regierung war zu einer politischen Antwort nicht fähig. Statt dessen ließ sie Tränengas, Gummigeschosse, Schlagstöcke und scharfe Munition einsetzen. »Brecht ihnen die Knochen«, wird ein »Befehl« des damaligen Verteidigungsministers Yitzhak Rabin zitiert. Bereits nach einigen Tagen hatte der Aufstand weitere »Märtyrer«. Die als Abschreckung der Palästinenser gedachten Maßnahmen führten nur zu einer Eskalation der Gewalt. Innerhalb weniger Tage befanden sich der ganze Gaza-Streifen und einige Flüchtlingslager der Westbank im Aufstand. Immerhin vergingen zwei Wochen, bis sich die Fatah-PLO mit ihrer Jugendorganisation Schabiba an die Spitze des Aufstandes setzte. Vier Gruppen der PLO bildeten die »Vereinigte Nationale Führung des Aufstandes« (VNFA), die im Januar 1988 zu einem totalen Volkskrieg aufrief. Dieser sollte nicht mit Feuerwaffen, sondern mit einem »Hagel von Steinen, Molotowcocktails und Eisenstangen« ausgetragen werden. Die Befreiung sollte durch zivilen Ungehorsam erreicht werden; parallel dazu wollte man eine politische, soziale und ökonomische Infrastruktur aufbauen und die israelische Wirtschaft boykottieren.

Die Intifada war für den Staat Israel und seine Armee die größte politische und militärische Herausforderung in der Geschichte des Landes. Die Identitätskrise der Armee, die mit dem Desaster im Libanon begann, verstärkte sich durch die Intifada. Das Vorgehen der Armee gegen unbewaffnete Zivilisten trug nicht nur zur Entfremdung zwischen Bevölkerung und Armee bei, sondern ließ auch die Moral in der Truppe erodieren. Bis heute ist der Desintegrationsprozeß der Streitkräfte weiter vorangeschritten. Selbstmorde, Drogenmißbrauch, Wehrdienstverweigerung und Gesetzesverstöße nehmen zu. Die Selbstmorde übersteigen in einigen Jahren die Zahl der Toten, die im Kampf gefallen sind.

Bei ihrem Ausbruch war die Intifada eine Volkserhebung. Mit ihr wurde der Versuch unternommen, die besetzten Gebiete soweit wie möglich von Israel abzukoppeln und sich auf die eigenen Kräfte zu besinnen, um die Bevölkerung durch eine Mobilisierungsarbeit auf einen langfristigen Widerstand vorzubereiten. Die Palästinenser wollten sich von der Abhängigkeit von Israel befreien. Die Intifada konnte beträchtliche Anfangserfolge verbuchen: Mit dem Boykott israelischer Waren, dem Rücktritt der palästinensischen Polizisten und Steuereintreiber sowie der Zerstörung des Kollaborateur- und Spitzelnetzes wurde eine graduelle Loslösung von Israel erreicht.

Die Intifada hat zugleich allen beteiligten Konfliktparteien geschadet: den Palästinensern mehr, den Israelis weniger. Israel erlitt erhebliche ökonomische Einbußen. Das Leben der Palästinenser hat sich durch die Intifada tiefgreifend verändert: Zum einen verschlechterte sich ihr Lebensstandard, zum anderen stärkte die Intifada sowohl ihr National- als auch Selbstbewußtsein. Die Menschen waren zunächst voller Hoffnung, weil sie dachten, der Aufstand führe zu einem eigenen Staat. Der einzige Erfolg, den die Intifada langfristig brachte, war das Bewußtmachen der wahren Tragödie der Palästinenser vor den Augen der Welt. Der Mythos eines belagerten und bedrohten Israel, das immer Opfer der Aggression seiner Nachbarn gewesen sein soll, wurde zerstört. Es hatte ein Rollentausch stattgefunden. Aus dem kleinen David von 1967 war 1988 ein hochgerüsteter Goliath geworden, dem der David mit Steinen gegenüberstand. Israels Rolle wandelte sich in der Öffentlichkeit vom »Opfer« zum Schuldigen. Auf das Selbstbewußtsein der Israelis wirkte sich die Intifada verheerend aus. Sie versuchten, den Aufstand als Krieg zu rationalisieren, um so die Tötung und das Zusammenschlagen so vieler unschuldiger Zivilisten vor sich selbst und der Welt zu »erklären«. Die israelische Kriegsmaschinerie entpuppte sich gegenüber gewaltfreiem Widerstand als völlig hilflos. Israel wurde bewußt, wo die »ethischen Grenzen« der Gewaltanwendung verliefen. Trotz dieses Imagegewinns für die Palästinenser ist die Intifada gescheitert, weil es nicht gelang, die palästinensischen Institutionen zu transformieren.

Selbst das brutale Vorgehen der israelischen Armee vermochte lange Zeit nicht, den Aufstand niederzuschlagen. Erst im August 1988 ergriff Israel wieder die Initiative und stellte die Mitgliedschaft in den Komitees, die den organisatorischen Aufbau voranbringen sollten, unter Strafe; damit traf sie den Lebensnerv der Intifada. Just in diesem Augenblick – am 31. Juli 1988 – verzichtete König Hussein von Jordanien auf die Westbank. Unter dem Druck der Intifada bekannte sich die PLO nun auch öffentlich zum Zwei-Staaten-Modell. Am 15. November 1988 proklamierte der »Palästinensische Nationalrat« in Algerien einen unabhängigen Staat »Palästina«. Weil die USA und ihre westeuropäischen Verbündeten ihm die Anerkennung verweigerten, blieb diesem »Phantomstaat« der endgültige diplomatische Durchbruch versagt. Mit diesem Akt erkannte die PLO auch die UN-Resolutionen 242 und 338 an und sprach sich für die Lösung des palästinensischen Flüchtlingsproblems auf der Grundlage des Völkerrechts aus. Dem Terror als Mittel der Politik wurde abgeschworen, das Existenzrecht Israels in den Grenzen von 1948 damit indirekt anerkannt. Die Palästinenser waren also zur friedlichen Koexistenz mit Israel bereit. Die internationale Staatengemeinschaft begrüßte die Entscheidung. Nur die israelische Regierung wollte sich von der »Terrororganisation PLO« nicht anerkennen lassen, hätte sie sich doch dadurch eines allzeit nützlichen Propagandainstrumentes entledigt. Sie hatte zu diesem Zeitpunkt kein Interesse, mit der PLO in Verhandlungen über die Rückgabe der besetzten Gebiete einzutreten. Man hielt die Erklärung für einen taktischen Schachzug, der das alte Ziel – die Zerstörung Israels – nur verschleierte. Die israelische Regierung unter Yitzhak Shamir, der auch die Arbeitspartei angehörte, bot den Palästinensern in ihrer Friedensinitiative freie Wahlen und eine beschränkte Autonomie an, das lehnten diese jedoch ab.

Im Kontext der Intifada erwuchsen Israel zwei noch gefährlichere Gegner, als die PLO es jemals gewesen ist, und zwar die Hamas (Bewegung Islamischer Widerstand) und der Islamische Heilige Krieg. Israel hatte die Hamas als Gegengewicht zur PLO im Gaza-Streifen nicht nur geduldet, sondern ihr Entstehen ideell und materiell gefördert; daß es damit den Teufel mit Beelzebub austreiben wollte, erkannte Israel erst, als es bereits zu spät war. Die Erfolge der Islamisten sind die Quittung für das politische, wirtschaftliche und moralische Versagen der alten Eliten. Wer ist diese Hamas?

Hamas versteht sich nach ihrer Charta vom August 1988 als ein »Flügel der Muslimbruderschaft in Palästina«. Die Muslimbrüder lehnten den bewaffneten Kampf ab und spielten anfangs eine positive Rolle, indem sie eine soziale und religiöse Infrastruktur aufbauten. Erst im Laufe der Intifada radikalisierten sich wesentliche Teile der Muslimbrüder und gründeten unter Scheich Ahmad Yasin die Hamas. In ihrer Charta spricht sich die Organisation für einen »Heiligen Krieg« gegen die »zionistische Invasion« (Artikel 7) und ein einheitliches islamisches Palästina (Artikel 11), zu dem auch Israel gehöre, aus. Damit stellt Hamas implizit Israels Existenzrecht in Frage. Der Islamische Heilige Krieg ist eine radikalere Variante von Hamas; er ist aus einer Abspaltung hervorgegangen. Die Organisation operiert in Form kleiner Zellen, die unabhängig voneinander handeln. Beide, Hamas und Islamischer Heiliger Krieg, sind für zahlreiche Terroranschläge in Israel verantwortlich, bei denen unschuldige Israelis ums Leben kamen. Beide Organisationen lehnen das aus dem Westen importierte Gesellschaftssystem ab. Sie wollen ein System errichten, das auf der Scharia, dem islamischen Recht, basiert. Nach ihren Vorstellungen hat die Demokratie keine Grundlage im Koran. Im Gegenteil: Sie widerspreche der einzig legitimen Souveränität, und zwar derjenigen Allahs. Unterstützt werden sie durch Spendengelder von Palästinensern aus den USA und Europa sowie von Saudi-Arabien. Daß Iran diese Organisationen finanziell aushält, trifft in dieser Pauschalität nicht zu.

Von den revolutionären Veränderungen im Jahr 1990 und später blieb auch der Nahe Osten nicht unberührt. Die Palästinenser unter Arafats Führung begriffen dies nicht sofort und setzten im Zweiten Golfkrieg in Verkennung der machtpolitischen Verhältnisse auf den Diktator Saddam Hussein. Als die Palästinenser die von Bagdad auf Israel abgeschossenen Scud-Raketen bejubelten, wurde das Mißtrauen ihnen gegenüber noch größer. Aber ergriff nicht auch die gesamte israelische Gesellschaft Freude über den amerikanischen Angriff auf den Irak? Verlangte nicht der israelische Regierungssprecher vom amerikanischen Präsidenten, »keine Gnade gegenüber Saddam Hussein zu zeigen«[27]? Die Weltmeinung verurteilte die Zustimmung der Regierung nicht. Die Palästinenser waren wieder einmal das Opfer einer doppelten Moral des Westens geworden.

Auch fand man es im Westen ganz normal, daß die Amerikaner über dem Irak das Equivalent von sieben Hiroshima-Bomben entluden, wodurch zirka 150 000 Iraker ihr Leben verloren. Aber sind dies nicht Menschen, die »anders gewickelt« sind, wie es Gerhard Konzelmann ausgedrückt hat? Amos Oz malte das Gespenst eines »zweiten Auschwitz« an die Wand. Yossi Sarid schrieb 1991 in »Ha'aretz«: »Im Vergleich mit den Verbrechen Saddam Husseins erscheinen die Sünden der israelischen Regierung weiß wie Schnee. Ich trete aber weiter für ihr Recht auf Selbstbestimmung und einen unabhängigen Staat ein, weil es mein eigenes Recht ist, die Besetzung und ihre negativen Folgen loszuwerden. Vielleicht haben sie die Besetzung verdient, wir jedenfalls haben sie nicht verdient.« Meint Sarid vielleicht, daß die Besetzung für die Palästinenser ein Glücksfall war und ihrer Gesellschaft keinen Schaden zugefügt hat? Seit wann sind nur die Besatzer Leidtragende? Die von den Amerikanern erzwungene Wehrlosigkeit Israels hatte das Selbstverständnis des Staates tief erschüttert. Israel sah sich erstmalig mit einer Situation konfrontiert, die seiner Staatsdoktrin der Selbstverteidigung widersprach. Im Ausland bewirkte der Angriff auf Israel eine Flut von Solidaritätskundgebungen für das Land, die sich vor allem in finanziellen Hilfeleistungen ausdrückten. Wer erinnert sich nicht an die Israelreisen deutscher Politiker mit Schecks in ihrem Gepäck. Für Israel jedenfalls brachte der Golfkrieg eine »moralische Aufwertung«[28].

Für die PLO und die Palästinenser in den arabischen Staaten bedeutete die Niederlage Saddam Husseins ebenfalls einen herben Rückschlag. 350 000 von ihnen wurden aus Kuwait, Saudi-Arabien und den Golf-Emiraten ausgewiesen. Diese Länder stellten ihre Zahlungen an Arafat ein, was den finanziellen Ruin der Organisation bedeutete. Arafats Organisation war politisch, wirtschaftlich und moralisch am Ende. Die Niederlage Saddam Husseins hatte in westlichen diplomatischen Kreisen die Hoffnung genährt, auch der Nahe Osten ließe sich neu ordnen. Insbesondere der amerikanische Präsident George Bush sprach von einer »Neuen Weltordnung« und meinte damit die alleinige amerikanische Dominanz bzw. Hegemonie. Die USA vertraten die Ansicht, das israelisch-arabisch-palästinensische Problem ohne Beteiligung der internationalen Staatengemeinschaft lösen zu können. Der amerikanische Außenminister James Baker entwickelte eine intensive Reisediplomatie in der Region. Der sowjetische Außenminister Alexander Bessmertnych beteiligte sich daran, seine Rolle beschränkte sich auf die eines Gehilfen der USA, weil die Tage der Sowjetunion bereits gezählt waren. Trotz erheblichen Widerstandes der israelischen Regierung gelang es den amerikanischen Diplomaten, Ende Oktober/Anfang November 1991 zur Friedenskonferenz in Madrid zu laden.

5. Von Madrid nach Oslo

Die »Friedenskonferenz« von Madrid führte unter der Schirmherrschaft der USA und der Sowjetunion am 31. Oktober und 1. November 1991 erstmalig die Delegationen Israels, Syriens, des Libanon und Jordaniens, der auch Palästinenser aus der Westbank und dem Gaza-Streifen angehörten, zusammen. Sie alle strebten die Beilegung des Konfliktes an. Das eigentliche Ziel der USA war nicht die Herstellung normaler Beziehungen, in denen Israel nur ein Staat unter anderen sein sollte, vielmehr sollte dieser Staat aufgrund seiner stärkeren ökonomischen Basis eine hegemoniale Rolle in der Region spielen. Bush erhielt dennoch die Unterstützung der arabischen Staaten, die zu keinem anderen Zeitpunkt in der Geschichte abhängiger von den USA waren. Der amerikanische Präsident votierte am 6. März 1991 vor dem US-Kongreß für einen »umfassenden Frieden auf der Grundlage der UN-Resolutionen 242 und 338« und des Prinzips »Land gegen Frieden«. Diese Rede sowie Bushs Brief an die Palästinenser vom Oktober 1991, in dem sich die US-Administration gegen den »Ausbau der Siedlungen« aussprach, ermöglichten es Arafat, das Exekutivkomitee der PLO für die Madrid-Formel zu gewinnen. Edward Said sah darin einen »Verrat an unserer Geschichte und unserem Volk«[29].

Um die Zusammensetzung der jordanisch-palästinensischen Delegation wurde hinter den Kulissen heftig gerungen. Israel weigerte sich, palästinensische Delegierte aus Ost-Jerusalem zu akzeptieren, da es die Souveränität über diesen Stadtteil beanspruchte. In Madrid saßen erstmals unter amerikanischer und sowjetischer Schirmherrschaft Israelis mit Syrern, Jordaniern, Libanesen und Palästinensern an einem Tisch. Fortschritte gab es nicht. Der palästinensische Delegationsleiter, der Arzt Haidar Abd Al-Shafi, hielt eine bedeutsame Rede: »Wir, das Volk Palästinas, stehen vor Ihnen mit unserem Leid, mit unserem Stolz und unserer Hoffnung, denn wir haben lange die Sehnsucht nach Frieden und den Traum von Gerechtigkeit und Frieden in uns getragen. Zu lange wurde das palästinensische

Volk nicht beachtet, zu lange wurde unserer Stimme kein Gehör geschenkt und der Versuch unternommen, unsere Stimme zum Schweigen zu bringen oder sie gar zu negieren, zu lange wurde unsere Identität aus Gründen politischer Opportunität negiert, unser gerechter Kampf gegen Unrecht verleumdet und unsere gegenwärtige Existenz der vergangenen Tragödie eines anderen Volkes untergeordnet.« Abd Al-Shafi sprach alle für die Palästinenser wichtigen Probleme an: den Status von Jerusalem, die politischen Gefangenen, die israelische Siedlungspolitik, die Achtung der Vierten Genfer Konvention, das Recht auf Selbstbestimmung und einen eigenen Staat.

Der israelische Ministerpräsident Yitzhak Shamir erwiderte bekannte Formeln über die Katastrophe des Holocaust, die 4 000jährige jüdische Präsenz in Palästina, die arabische Feindschaft, den Terror der Palästinenser und die Weigerung der arabischen Staaten, das Existenzrecht Israels anzuerkennen. Shamir bestritt, daß der Konflikt sich primär um Land drehe. Wenn sich die Gespräche primär und ausschließlich auf Land konzentrieren würden, wäre dies der schnellste Weg in die Sackgasse. Er forderte zunächst vertrauensbildende Maßnahmen und warnte vor einer schnellen Lösung des Konfliktes. Auf die Rede Shamirs antwortete der palästinensische Delegationsleiter Abd Al-Shafi: »Unsere palästinensische Delegation ist, um aufrichtig zu sein, hierher gekommen, um Sie mit einer Herausforderung zu konfrontieren: um uns als Menschen vorzustellen und Sie als Menschen anzuerkennen, um die Fesseln der Vergangenheit zu überwinden und den Grundstein für einen Frieden zu legen, dessen Rahmen Gegenseitigkeit, Offenheit und Anerkennung bilden.« Den Israelis, die die Palästinenser immer noch mit »Terroristen« gleichsetzten, waren diese Worte gewiß eine Herausforderung. Die anschließenden zehn Verhandlungsrunden der Delegationen in Washington brachten keine Fortschritte; die Teilnehmer verhedderten sich in Verfahrensfragen. In den besetzten Gebieten breitete sich weiteres Elend aus, die Desillusionierung der Palästinenser schritt fort, und ihre Unterhändler zerstritten sich. Yassir Arafat spielte eine zwielichtige Rolle.[30]

Yitzhak Shamir erklärte später, er hätte in Washington noch zehn Jahre verhandelt, bis es vor Ort nichts mehr zu verhandeln gegeben hätte. Die Weigerung der Shamir-Regierung, einen Siedlungsstop zu verhängen, veranlaßte die USA, einen zugesagten Zehn-Milliarden-Dollar-Kredit für die Integration sowjetischer Juden auszusetzen und bei den Wahlen im Juni 1992 den Kandidaten der Arbeitspartei, Yitzhak Rabin, zu unterstützen, der den Israelis Frieden versprach.

Wer geglaubt hatte, die Verhandlungen in Washington würden nach dem Regierungswechsel in Israel zügiger vorangehen, sah sich enttäuscht. Die Repression gegenüber den Palästinensern nahm eher noch zu. Anlaß dafür boten einige Morde durch Palästinenser an unschuldigen Zivilisten. Die Rabin-Regierung ließ im Dezember 1992 in einer Nacht-und-Nebel-Aktion 415 vermeintliche Hamas-»Terroristen« in das Hermon-Gebirge im Süden Libanons deportieren. Diese drakonischen Maßnahmen wirkten sich langfristig negativ auf das Image und die Politik Israels aus. Der Verfasser schrieb dazu in der »Frankfurter Allgemeinen Zeitung« vom 24. Februar 1993: »Der eigentliche Skandal liegt in der Rechtfertigung durch das Oberste Gericht in Israel.« Nach der Vierten Genfer Konvention sind Deportationen prinzipiell untersagt. Die Obersten Richter bedienten sich deshalb eines sophistischen Tricks: sie deuteten eine Massendeportation in eine massenhafte »individuelle Deportation« um und erklärten sie für Rechtens. Die Hälfte der Deportierten durfte nach einigen Wochen zurückkehren, der Rest folgte ein Jahr später. Damit war das Prinzip der Deportation sanktioniert, wie Yitzhak Rabin mit einigem Stolz nach seinen Verhandlungen mit Präsident Bill Clinton in den USA feststellte. Die Deportierten machten das Beste aus ihrer Lage: sie setzten sich jeden Abend mediengerecht in Szene. Einige sollen von der Hisbollah für Selbstmordanschläge »ausgebildet« worden sein. Der UN-Sicherheitsrat forderte in seiner Resolution 799 die unverzügliche Rückkehr der Deportierten, die Einhaltung der Vierten Genfer Konvention sowie die Einstellung derartiger Strafmaßnahmen. Obwohl Israel auch dieses Mal die Entscheidung der UNO mißachtete, unternahmen die USA nichts.

Durch die totale Abriegelung der Gebiete am 30. März 1993, die bis heute fortbesteht, wollte Israel das Eindringen von Attentätern endgültig unterbinden. Diese Entscheidung wirkte sich auf das gesellschaftliche Leben der Palästinenser verheerend aus. Die besetzten Gebiete wurden in vier Kantone aufgeteilt: eine nördliche und eine südliche Westbank, Ost-Jerusalem und den Gaza-Streifen. Die palästinensische Wirtschaft, die Gesundheitsversorgung, die Bewegungsfreiheit, die freie Religionsausübung und die Ausbildung der Palästinenser sind dadurch auf das schwerste beeinträchtigt.

Für die Palästinenser ist es seither so gut wie unmöglich, nach Ost-Jerusalem, ihr politisches und kulturelles Zentrum, zu kommen. Kaum jemand erhält eine Einreisegenehmigung. Die Ärzte Muhammad Abu-Zaid und Majed Nassar versicherten im Juni 1997 dem Verfasser, sie könnten Ost-Jerusalem seit Jahren nicht mehr besuchen.

Mit Yitzhak Rabin entspannte sich das Verhältniss zu den USA. Yitzhak Shamir hatte sich geweigert, einen Siedlungsstop zu beschließen, um zehn Milliarden US-Dollar für die Eingliederung jüdischer Einwanderer aus der Sowjetunion zu erhalten. Rabin ordnete umgehend an, keine neuen Siedlungen zu errichten. Ausgenommen waren sicherheitsrelevante Siedlungen. Allerdings konnten die im Bau befindlichen vollendet werden und bestehende expandieren. So konnte die Arbeitspartei in ihrer vierjährigen Amtszeit die Zahl der Siedler in den besetzten Gebieten um 50 Prozent steigern. Da die Rabin-Regierung als eine »linke« angesehen wurde, blieben die Proteste der Weltöffentlichkeit aus. Warum sollte Netanyahu dieser erfolgreichen Expansion nicht nacheifern? Der Protest gegen seine Siedlungspolitik ist scheinheilig und von doppelter Moral geprägt. Die Expansion der Siedlungen wurde immer mit vorgeschobenen Sicherheitsargumenten begründet, um der Kolonisierung fremden Landes eine zumindest relative Plausibilität zu geben. Daß sich diese Siedlungen als ein Haupthindernis für eine zukünftige Friedenslösung erweisen würden, war allen israelischen Regierungen klar.

Als die Hisbollah im Juli 1993 Nordisrael mit Katjuscha-Raketen beschoß, antwortete Israel mit massiven Angriffen auf den gesamten Libanon. Die »Operation Rechenschaft« vom Juli 1993 wurde von Rabin in zynischer Weise angekündigt und durchgeführt. Bewußt wurde ein probates Mittel gewählt, um auf die libanesische Regierung Druck auszuüben: die Vertreibung der Zivilbevölkerung. 500 000 Libanesen mußten damals vor israelischen Luftangriffen in den Norden des Landes flüchten. Dieses Faktum kommentierte Wolfgang Günter Lerch in der »Frankfurter Allgemeinen Zeitung« (FAZ) mit »Staatsterrorismus«. Und für den ehemaligen Knesset-Abgeordneten Uri Avnery war es »der grausamste ... und vielleicht auch der sinnloseste« Krieg, den Israel je geführt habe. »Noch nie hat eine israelische Regierung einen Krieg geführt, dessen offizielles Ziel es war, die Zivilbevölkerung gänzlich zu vertreiben«, so Avnery im »Spiegel«. Dieses Kriegsziel wurde erstmalig von israelischen Kolumnisten als »Kriegsverbrechen« bezeichnet. Während dieses Angriffs verhandelten schon Arafats Abgesandte in Oslo über die Modalitäten und Sicherheitsvereinbarungen für eine bevorstehende Autonomie.

Mitte August 1993 verdichteten sich Gerüchte, daß sich Israel mit der PLO in Geheimverhandlungen in Oslo über eine Teilautonomie für den Gaza-Streifen und die Stadt Jericho im Westjordanland verständigt habe. Von diesem Ereignis wurden sowohl die Öffentlichkeit als auch die anderen arabischen Verhandlungsdelegationen in Washington überrascht, die die PLO bewußt nicht eingeweiht hatte. Erst als die PLO-Delegation zur elften Verhandlungsrunde aufbrechen wollte, wurden sie in Tunis informiert. Hanan Ashrawi, Mitglied dieser Delegation, gibt in ihrer Autobiographie Aufschluß über die euphorische und unrealistische Sicht der Palästinenser um Arafat.[31]

Seit Januar 1993 hatten in 14 Sitzungen in Norwegen israelische und palästinensische Unterhändler dieses Abkommen ausgehandelt. Die ersten Kontakte wurden zwischen Yair Hirschfeld und Ahmad Qurei alias Abu Ala in London geknüpft. An dem Zustandekommen dieses Treffens war indirekt Hanan Ashrawi beteiligt.[32] Ron Pundik und Mahmoud Abbas alias Abu Mazen erörterten ökonomische Fragen. Erst als Shimon Peres im März seinen Stellvertreter Uri Savir und den Rechtsberater des israelischen Außenministeriums, Joel Singer, zu den Gesprächen entstandte, wurden Fortschritte ersichtlich. In die »Prinzipienerklärung« flossen zahlreiche Positionen mit ein, die schon im Camp-David-Abkommen zwischen Israel und Ägypten formuliert worden waren, zum Beispiel die »begrenzte Autorität« der Palästinenser in der Westbank und dem Gaza-Streifen. Letztere wurde regelmäßig von der palästinensischen Delegation in Washington auf Anweisung Arafats zurückgewiesen. Der PLO-Chef lehnte sich gegen die Vorstellung auf, daß die Palästinenser in einem »Bantustan« leben oder es ihnen wie den Indianern in Nordamerika ergehen sollte. Aber just auf diesen Status werden die Palästinenser in den Abkommen reduziert. Geradezu erschreckend ist die Tatsache, mit welcher Blauäugigkeit und Inkompetenz die drei bis vier palästinensischen Verhandlungsführer den israelischen Profis begegnet sind.[33] Die Verhandlungssprache war Englisch, die weder Arafat noch seine Emissäre in ausreichendem Maße beherrschten. Auch hatten sie keinen Rechtsberater an ihrer Seite.

Diese Vereinbarung, als »Prinzipienerklärung über vorübergehende Selbstverwaltung« bekannt, wurde am 13. September 1993 vor dem Weißen Haus in Washington unterzeichnet. In einer feierli-

54

chen Zeremonie sprach Yitzhak Rabin vom Ende des Blutvergie-
ßens nach einhundert Jahren. Shimon Peres entwarf die Vision
eines »Neuen Nahen Ostens«, der sich als der alte entpuppte, und
Arafat dankte allen für die Aufgabe fast aller Rechte der Palästinenser. Bill Clintons Pose entsprach der eines römischen Kaisers,
der zwei verfeindete Vasallen durch ein Ritual von Gehorsam und
Huldigung leitete.

Optimismus war also angesagt, obwohl nicht berechtigt. In welchen Dimensionen man dachte, machte die Rede von Shimon Peres
deutlich. »Was wir heute hier vollziehen, ist mehr als die Unterzeichnung einer Übereinkunft. Es ist eine Revolution ... Wir wollen
eine Wende von Gewehrkugeln zu Wahlkugeln, von Waffen zu Spa-
ten. Wir werden mit Euch beten. Wir werden unsere Hilfe anbieten,
um Wohlstand in Gaza zu schaffen und Jericho wieder zum Blühen
zu bringen.« Peres trieb seine Vision sogar ins Prophetische: »Dies
sollte eine neue Schöpfung sein. Wir müssen ein neues Gemeinwesen auf unserem alten Boden schaffen; einen Nahen Osten für
die Menschen, einen Nahen Osten für die Kinder ... Lassen Sie uns
der Feindschaft eine Absage erteilen, und mögen Opfer auf keiner
Seite mehr zu beklagen sein.« Wesentlich realistischer dagegen
Yitzhak Rabin, der über die Opfer von Gewalt und das Leid der Familien, über Jerusalem als die »ewige Hauptstadt des jüdischen Volkes« sprach. Seine Rede enthielt nichts Visionäres; sie war nüchtern
und primär an die israelische Bevölkerung gerichtet. »Wir kommen
von einem Volk, aus einer Heimat, einer Familie, wo es kein einziges Jahr, keinen einzigen Monat gegeben hat, in dem Mütter nicht
um ihre Söhne geweint haben ... Wir sagen Euch heute mit lauter
und deutlicher Stimme: Genug des Blutes und der Tränen. Genug.«
Es war eine Rede, die Arafat hätte halten sollen, da die Palästinenser
durch die Abkommen auf den Status von »Terrorismus« und »Gewalt« reduziert wurden. Arafat erwähnte nicht einmal die palästinensischen Opfer. Im Gegensatz zu seinen beiden Vorrednern ap-
pellierte er nicht nur an die Hilfe der USA und der internationalen
Staatengemeinschaft, sondern bemühte auch »Gott, den Barmher-
zigen«. Instinktiv wohl ahnend, daß dieser eingeschlagene Weg
kein leichter sein wird. »Wir zählen auf die Rolle, die Sie, Herr Präsident, und auf die Rolle aller Länder, die glauben, daß ohne einen
Frieden im Nahen Osten der Frieden in der Welt nicht vollkommen
sein wird.« Noch gab sich Arafat der Illusion hin, die USA seien in
diesem Konflikt »ehrliche Makler«.

Diese »Prinzipienerklärung« war tatsächlich nichts anderes als ein Dokument der Kapitulation, ein »palästinensisches Versailles«, wie es Edward Said nennt. Die Palästinenser um Arafat und einige von ihm Abhängige sprachen von einem »Sieg«. Das Abkommen hat nicht Palästina wieder auf die Landkarte des Nahen Ostens gebracht, wie Arafat euphorisch in Washington betonte, sondern nur eine Karikatur desselben. Die gleiche Illusion kommt in einem Interview Nabil Shaaths zum Ausdruck. Darin äußerte er die Erwartungen, die entweder völlig aus der Luft gegriffen oder so nie in dem Dokument niedergeschrieben waren. Weder war die Verhandlungsdelegation der Palästinenser in Washington in die Oslo-Verhandlungen eingeweiht oder kannte den Text, noch steht etwas über die Rückkehr der Flüchtlinge von 1948 in den Verträgen.[34] Eine völlig andere Meinung über den Kenntnisstand der Oslo-Verhandlungen hat der Delegationsleiter Haidar Abd Al-Shafi: »Wir sind nicht verantwortlich für die Fehler in diesem Abkommen. Es gibt nichts, über was wir gesprochen hätten, das zu diesen Konzessionen geführt hat. Im Gegenteil: Wir wiesen auf die zentralen Fragen hin, bei denen wir hart bleiben müßten.«[35] Arafat hörte aber nicht zu. Vielleicht hatte er auch Angst vor den Mindestforderungen, wie Abd Al-Shafi in einem Interview in der »tageszeitung« vom 8. Dezember 1993 spekuliert. Der Friedensprozeß war nicht der Beginn des palästinensischen Emanzipationsprozesses, sondern der Anfang vom Ende eines solchen, weil die Unterdrückten ihre Unterdrücker legitimiert haben, bevor die Besetzung ein Ende gefunden hat. Deshalb sind Vergleiche mit Algeriens, Vietnams oder Südafrikas Unabhängigkeit historisch nicht haltbar, da diese Länder in eine reale Unabhängigkeit entlassen worden sind. Die Westbank und der Gaza-Streifen blieben aber nach der Unterzeichnung aller bisher abgeschlossenen Verträge unter israelischer Besetzung, weil dort alle Militärverordnungen weiterhin Gültigkeit besitzen. Selbst die Autonomiegebiete befinden sich in einem quasi Belagerungszustand, da Israel jederzeit das Recht hat, sie abzuriegeln oder sogar einzumarschieren, wenn es seine Sicherheit bedroht sieht. Die Dokumente bieten den Palästinensern keinerlei Schutz vor israelischer Gewalt, auch ist von einer Kompensation für den umfangreichen Verlust von Vermögen und Land keine Rede.

Der Realitätsverlust unter Arafats Beratern hätte durch einen Blick in die »Prinzipienerklärung« beseitigt werden können. Außenminister James Baker war wesentlich realistischer, als er in einem Fernsehinterview das Wesentliche der Vereinbarung ansprach: Israel habe nichts aufgegeben als die Akzeptanz der »PLO als der einzigen Vertreterin des palästinensischen Volkes«. Auch Amos Oz begriff sofort das Zentrale der Vereinbarung, wie er in einem Interview vom 14. September 1993 gegenüber der BBC betonte: »Dies ist der zweitgrößte Sieg in der Geschichte des Zionismus.« Bereits im Mai 1994 schrieb der Verfasser: »Dieses Abkommen stellt nach der Gründung des Staates Israel den größten Erfolg israelischer Diplomatie dar. Es ist eine Meisterleistung von Rabin und Peres. Israel brauchte nicht einmal anzuerkennen, daß es Besatzungsmacht ist.«[36] Was dies für die Zukunft der autonomen Enklaven bedeuten würde, war jedem klar, der die Abkommen analysiert hatte. Sie sind reine Sicherheitsabkommen und sanktionieren die Unterwerfung der palästinensischen Führung unter den Befehl Israels. »Somit ist Arafat gezwungen, zusammen mit der israelischen Armee und dem Geheimdienst, den Widerstand gegen das Abkommen niederzuschlagen. Die Konsequenzen einer solchen Kooperation könnten die Einschränkung der Freiheit, die Unterdrückung der Opposition, sprich der Intifada und der Opposition gegen das Abkommen, und schließlich eine Diktatur sein.«[37]

Nüchterne Urteile über diesen Friedensprozeß sind in der allgemeinen Euphorie untergegangen. So sagte Haidar Abd Al-Shafi am 8. Dezember 1993 in der »tageszeitung«: »Ich glaube nicht, daß es jemals zu einem palästinensischen Staat kommen wird.« Auch auf israelischer Seite gab es einige Realisten. Roni Ben Efrat, Chefredakteurin des israelischen Magazins »Challenge«, fällte in einem Gespräch für die Wochenzeitung »Das Parlament« am 12. November 1993 ein weitblickendes Urteil: »Die PLO untergrub mit diesem Abkommen ihr Recht auf einen eigenen Staat. Arafat hat alles weggegeben und nichts dafür bekommen.« Die Palästinenser haben zu etwas ja gesagt, das »unter ihren Minimalforderungen liegt«. Es gebe auch keine Verbindung zwischen dem Interim- und dem Endzustand. »Wenn Israel irgendwelche guten Absichten gehabt hätte, hätte es einige Verbindungen zwischen diesen beiden Phasen aufzeigen müssen. Die Tatsache, daß dies nicht der Fall ist und alles bis auf den Zeitplan offenbleibt, gibt den Palästinensern keinerlei Garantie für die Zukunft. Die einzige Veränderung, die sich ereignet hat, war die Einbeziehung der PLO.«

Als der Inhalt des Abkommens bekannt wurde, formierte sich sofort Widerstand: Zehn Oppositionsgruppen – unter ihnen Hamas, Islamischer Heiliger Krieg, DFLP, PFLP und Achmed Dschibrils »Generalkommando« – haben sich am 9. Oktober 1993 in Damaskus getroffen, den Plan abgelehnt und Arafat den Kampf angesagt. Ihr Credo: Das Abkommen sei ein »Dolchstoß in den Rücken unseres nationalen Kampfes«. Der »bewaffnete Kampf gegen den zionistischen Feind« werde fortgesetzt. Ihr Widerstand geht sogar so weit, daß Dschibril Arafat androhte, ihn zu ermorden. In einem Interview mit dem »Spiegel« vom 13. September 1993 hat George Habashs PFLP unzweideutig klargemacht, er werde sich nicht mit dieser »schändlichen Übereinkunft« zufriedengeben, sondern er setzte weiter auf die Intifada, um »Freiheit, Unabhängigkeit und Selbstbestimmung« für Palästina zu erreichen. Trotz dieser Opposition und der massiven Kritik führten Israelis und Palästinenser ihre Verhandlungen fort und unterzeichneten am 4. Mai 1994 das »Gaza-Jericho-Abkommen«, in dem es um die Details der Machtübernahme in einem Teil des Gaza-Streifens und der Enklave Jericho geht. Die Rhetorik der Gegner des Abkommens darf nicht so ernst genommen werden, da sie zum Teil in Damaskus sitzen und vom guten Willen und politischen Kalkül Hafez al-Assads abhängen. Auch geht diese Front nicht so weit, einen Bürgerkrieg unter den Palästinensern anzuzetteln.

Die weiteren Verhandlungen verliefen alles andere als zügig. So konnten sich die Delegationen nicht über die Größe der Enklave Jericho einigen. Auch die Gegner auf beiden Seiten blieben nicht untätig. Palästinensische Terroranschläge folgten auf das Massaker, das der Arzt Baruch Goldstein aus der Extremistensiedlung Kiryat Arba bei Hebron am 25. Februar 1994 in der Ibrahimi-Moschee anrichtete, als er 29 betende Muslime erschoß. Während der sich anschließenden Demonstrationen erschossen israelische Soldaten nochmals die gleiche Anzahl Palästinenser. Anstatt die Täter zu belangen und die Extremisten aus Hebron zu evakuieren, bestrafte man die Opfer in Hebron mit einer 30tägigen Ausgangssperre, die das Leben in der Stadt völlig paralysierte. Die israelische Rechtsanwältin Felicia Langer schreibt dazu: »An dieser Stelle ist es jedoch wichtig, darauf hinzuweisen, daß der Versuch unternommen wurde, das Verbrechen Goldsteins vom Thema Siedlungen in den besetzten Gebieten, die im Verantwortungsbereich der Regierung liegen, zu trennen und damit auch die Regierung von ihrer Verantwortung reinzuwaschen.«[38] Nach Langer wollte man »die symbiotische Beziehung zwischen Armee und Siedlern in den besetzten Gebieten ... verschleiern, in dem dort herrschenden System der Apartheid, dem letzten dieser Art unter der Sonne«[39].

Der Friedensprozeß hatte 1994 noch ein gewisses Momentum, so daß es möglich war, einen Friedensvertrag zwischen Israel und Jordanien am 26. Oktober 1994 am Roten Meer zu unterzeichnen. In Israels zweitem Friedensvertrag nach dem Camp-David-Abkommen mit Ägypten wurden u. a. folgende Punkte geregelt: die Verteilung der Wasserressourcen, der endgültige Grenzverlauf, der gemeinsame Kampf gegen den Drogenhandel und das Verbrechen, Umweltfragen sowie Vereinbarungen über Grenzübergänge zwischen beiden Ländern. Die USA spielten auch beim Zustandekommen dieses Vertrages eine wichtige Rolle. Insbesondere ein Schuldennachlaß von 700 Millionen US-Dollar und die Zusage für Militärhilfe veranlaßten König Hussein, nach 46 Jahren Kriegszustand Frieden mit Israel zu schließen. Yitzhak Rabin, Shimon Peres und Yassir Arafat erhielten für ihre Leistungen am 14. Oktober 1994 den Friedensnobelpreis. Wie bekannt, wurde kein Friede in der Region erreicht, aber den gab es auch nach dem Friedensvertrag zwischen Israel und Ägypten nicht, für den damals Menachem Begin und Anwar al-Sadat ebenfalls den prestigeträchtigen Preis erhalten hatten.

Trotz zahlreicher Terroranschläge und erheblichen Widerstandes in Israel hielt Rabin unbeirrt an seinem Verhandlungskurs mit den Palästinensern fest. Nach zähen Verhandlungen wurde schließlich am 28. September 1995 das »Interimsabkommen über die Westbank« im ägyptischen Badeort Taba unterzeichnet. Die Konsequenzen der Verträge wurden immer deutlicher. Die Entwicklung läuft nicht auf eine palästinensische Eigenstaatlichkeit, sondern eine Bantustanisierung hinaus, die den Status quo der Besetzung in einem legitimen Licht erscheinen läßt, da die Palästinenser ihre Zustimmung erteilt haben. Dieser Kantonisierungsprozeß desillusioniert zunehmend die Palästinenser, merkte der Menschenrechtler Eyad al-Sarraj in einem Interview mit mir an.[40]

Wie umstritten nach wie vor der Friedensprozeß auch in Israel war, demonstrierte die Ermordung Yitzhak Rabins durch einen jüdischen Fundamentalisten am 4. November 1995 nach einer Friedenskundgebung in Tel Aviv. Diesem Attentat war eine monatelange Hetzkampagne von extremistischen Siedlern, radikalen Rabbinern und führenden Politikern des Likud-Blocks und der Nationalreligiösen Partei (Mafdal) vorausgegangen. Auch der jetzige Minister-präsident Benjamin Netanyahu war an dieser Kampangne federfüh-rend beteiligt. Er attackierte Rabin in der Knesset wie folgt: »Sie, Herr Premierminister, werden als der Premierminister in die Ge-schichte eingehen, der eine Armee palästinensischer Terroristen ge-gründet hat ... Sie, Yitzhak Rabin, klage ich an, Sie schüren den ara-bischen Terror, Sie tragen die unmittelbare Verantwortung für das scheußliche Massaker in Tel Aviv. Sie sind schuldig. Dieses Blut komme über Ihr Haupt.« Netanyahu sprach auf Demonstrationen, auf denen man Plakate sah, die Rabin quasi zu »Freiwild« erklärten, ohne sich davon zu distanzieren. Diese Plakate zeigten Rabin als »Verräter«, »Mörder«, mit einer palästinensischen Keffieh, in SS-Uniform mit Hakenkreuzbinde oder am Galgen baumelnd, oder als »Rabin-Judenrat«. Dies ist eine der übelsten Verleumdungen, da man Rabin eine Kollaboration mit den Palästinensern unterstellte, die zur Vernichtung Israels führen müsse. Extremisten schrien: »Mit Blut und Feuer werden wir Rabin vertreiben.«[41]

Die Rechte in Israel versuchte, dem Geheimdienst Shin Bet die Verantwortung für die Ermordung Rabins in die Schuhe zu schie-ben. Eine abstruse Verschwörungstheorie, nach der Peres dem Ge-heimdienst befohlen haben soll, anstatt der Platzpatronen scharfe Munition zu verwenden, um Ministerpräsident zu werden, ist mehr als abwegig. Daß Avishai Raviv, ein V-Mann des Geheimdienstes in der rechtsextremen Szene Israels und Freund Yigal Amirs, den Shin Bet über das Attentat hätte informieren müssen, spricht nicht für die Beteiligung des Geheimdienstes. Raviv identifizierte sich wohl eher mit den rechtsextremistischen und rassistischen An-sichten Amirs als mit denen seines Auftraggebers. Für das Attentat tragen die Rechtskräfte in Israel die alleinige Verantwortung. Ihre Agitation und ideologische Verblendung bilden den Nährboden, auf dem Amirs Tat gedeihen konnte.

In Israel setzte man sich weder mit dem Massaker von Baruch Goldstein noch mit dem Attentat auf Ministerpräsident Rabin aus-einander. Beide Attentate erklären sich aus der jüdischen Religion, wie Israel Shahak in der israelischen Zeitung »Davar« vom 8. April 1994 überzeugend nachgewiesen hat. Er hat das Attentat auf Rabin vorausgesagt. Der Historiker Moshe Zimmermann hat in einem In-terview in der Wochenzeitung »Das Parlament« vom 22. August 1997 erklärt: »Ich habe zwei Monate vor Rabins Tod einen Aufsatz in ›Ha'aretz‹ geschrieben: ›Die Weimarer Schrift an der Jerusalemer

Wand‹. Ich reagierte auf einen Vorfall, der wie eine Lappalie betrachtet wurde. Ein junger Mann versuchte, Minister Yossi Sarid von der Straße abzudrängen. Dies galt nicht als Mordversuch. Die Absicht war aber sehr klar. Er versucht, ihn auf diese Art zu töten. Ich empfand dies nicht als Witz und habe die Leute an den Mord an Walther Rathenau erinnert. In einer Atmosphäre, in der solche Worte fallen, ist deren Umsetzung in Taten nicht schwierig. Zwei Monate später war Rabin tot. Wenn ich es gespürt habe, konnten es auch andere wissen.«[42] Zimmermann fügte hinzu, die Attentate seien in der Öffentlichkeit seines Landes nicht aufgearbeitet worden.

Anstatt umgehend Neuwahlen anzuordnen, versuchte sich Shimon Peres ein Image als entschlossener Staatsmann zuzulegen. Die Wahlen fanden sodann im Mai 1996 statt. Zeit genug für die Extremisten, den Friedensprozeß weiter zu diskreditieren, was schließlich auch gelang. Zwei verheerende Selbstmordattentate der Hamas am 25. Februar und 6. März 1996 in Jerusalem veranlaßten Peres, vorläufig keine weiteren Konzessionen an Arafat zu machen. Der geplante Rückzug aus Hebron wurde auf die Zeit nach den Wahlen verschoben. Die Anschläge führten zur Einberufung eines Anti-Terror-Gipfels einiger Staatschefs am 13. März 1996 im ägyptischen Sharm al-Shaikh. Das Treffen diente eher der Imagepflege im Wahlkampf von Shimon Peres als der realen Bekämpfung des Terrors, da dort nicht konsequent nach den Ursachen gefragt wurde.

Im April 1996 beschoß die Hisbollah zum wiederholten Male mit ihren Katjuscha-Raketen den Norden Israels. Es wurde kein großer Schaden angerichtet, aber kurz vor den israelischen Wahlen mußte Peres Härte zeigen. Er befahl die Militäraktion »Früchte des Zorns«, die mit einem Debakel für Israel endete. Wie gewohnt, beschoß das israelische Militär 16 Tage lang zu Lande und aus der Luft vermeintliche Stellungen der Hisbollah. Es traf jedoch nur Zivilisten. Ein Stützpunkt der UNO wurde »versehentlich« bombardiert, wobei über 120 Frauen und Kinder umkamen. Die Vereinten Nationen wiesen in einem Untersuchungsbericht nach, daß der israelische Angriff nicht auf ein Versehen zurückzuführen war.[43] Die Israelis vertrieben wieder Hunderttausende von Libanesen und richteten einen Schaden in Höhe von 500 Millionen US-Dollar an. Die Hisbollah, die Israel eigentlich vernichten wollte, ging gestärkt aus dieser Aktion hervor. Auf Vermittlung des französischen Außenministers Hervé de Charette und zum Ärger der USA gelang es dem Franzosen, ein Abkommen zwischen Israel und der Hisbollah zu erreichen, in dem beide Seiten zusicherten, die Zivilbevölkerung zu verschonen. Die gegenseitige Bekämpfung von Soldaten bzw. Freiheitskämpfern wurde ausdrücklich zugestanden.

6. Die Wahl Netanyahus und die Eskalation des Konfliktes

Diese vermeintliche Kraftprobe des israelischen Ministerpräsidenten trug zu seiner Wahlniederlage bei. Mit nur 29 000 Stimmen Vorsprung gewann Benjamin Netanyahu. Die israelischen Araber verweigerten nach dem Massaker von Qana im Libanon Peres ihre Zustimmung. Die Wahlen zur Knesset offenbarten einen Rechtsruck. Rechte, religiöse und nationalistische Parteien gewannen erheblich hinzu. Netanyahu bildete eine Koalitionsregierung, die sich just aus Mitgliedern dieser Parteien zusammensetzte. Minister wurden Ariel Sharon, Raphael Eitan und Zevulun Hammer, um nur die Radikalsten zu nennen. Auch Netanyahu ist kein »Pragmatiker«, wie die Medien versuchten, deutlich zu machen, sondern ein »Ideologe«, der zum revisionistischen Flügel des Zionismus gehört. Von ihm haben Arafat und die Palästinenser nichts zu erwarten. Arafat war der Schock über den Wahlsieg von Netanyahu noch Tage danach anzusehen. Folgerichtig dauerte es auch Monate, bis sich Netanyahu und Arafat auf massiven Druck der USA hin trafen. Netanyahu hatte im Wahlkampf lautstark verkündet, nie die Hand dieses »Terroristen« zu schütteln. Daß er es trotzdem tat, kann nicht als ein Indiz seines »Pragmatismus« gedeutet werden. Der bereits vorher in der Sackgasse gelandete Friedensprozeß kam nun völlig zum Erliegen.

Netanyahus Staatsbesuche in Ägypten, Jordanien und den USA haben gezeigt, daß er Konzilianz mit Härte verbindet. Selbst vom US-Präsidenten ließ er sich zu keiner Konzession bewegen, ja er stellte ihn auf der Pressekonferenz öffentlich bloß. Auch diese öffentliche Demütigung veranlaßten die USA nicht, eine härtere Gangart gegenüber Israel einzuschlagen. Es gelang ihnen lediglich, Netanyahu zum Truppenrückzug aus Hebron, der bereits im »Interimsabkommen« vereinbart war, zu bewegen. Dieser beharrte aber auf Neuverhandlungen über Hebron. Das entsprechende Protokoll zur Umgruppierung der israelischen Truppen wurde am 15. Januar

1997 unterzeichnet. Es enthielt im wesentlichen die bereits getroffenen Vereinbarungen des »Interimsabkommens«. Netanyahu brauchte aber eine eigene Vereinbarung, um mit einem besseren Vertrag vor seine Klientel zu treten, als den von seinen Vorgängern ausgehandelten. Daß nun auch die andere Hälfte Israels »ja« zum Friedensprozeß gesagt habe, wie man euphorisch behauptete, darf nur mit großen Einschränkungen gelten. Denn wie die Entwicklung seit 1993 gezeigt hat, sind die Oslo-Abkommen das eine und der Oslo-Prozeß, sprich die Realität, das andere.

Sofort nach dem Regierungswechsel machte Netanyahu klar, daß er der Ministerpräsident Israels sei und die Interessen seines Landes zu vertreten habe. Auch wollte er nicht hinter den Leistungen der Arbeitspartei zurückbleiben und ebenfalls in den besetzten Gebieten siedeln lassen. Umgehend hob er den Siedlungsstop auf, was zu internationalen Protesten führte. Netanyahu ließ gegenüber den Palästinensern wenig Feingefühl walten. Die permanente Erniedrigung Arafats und die Schikanen gegenüber der palästinensischen Bevölkerung ließen ein enormes Frustrationspotential anwachsen. Dieses entlud sich bei der Eröffnung eines unterirdischen Tunnels entlang der Klagemauer im September 1996. Es kam zu kriegerischen Auseinandersetzungen, in deren Verlauf zahlreiche Palästinenser und israelische Soldaten getötet wurden. Im Februar 1997 entschied die Netanyahu-Regierung, eine Siedlung auf dem Berg Abu Ghnaim (israelisch Har Homa) zu bauen. Heftige Proteste der Palästinenser waren die Folge.

Wegen der Demütigungen der Palästinenser kam es immer wieder zu Terroranschlägen der Hamas in einem Café in Tel Aviv, auf dem zentralen Gemüsemarkt in Jerusalem sowie in der Fußgängerzone der Stadt, bei denen zahlreiche Israelis getötet und Hunderte zum Teil schwer verletzt wurden. Die israelische Regierung verlangte nun von Arafat, massiv gegen die »Infrastruktur des Terrors« vorzugehen und Hamas und den Islamischen Heiligen Krieg zu zerschlagen. Die amerikanische Regierung übernahm die Sprachregelung der Netanyahu-Regierung. Der Besuch der amerikanischen Außenministerin Madeleine Albright am 9. September 1997 machte für alle sichtbar, auf wessen Seite die USA stehen. Dabei fanden die Einwände, daß die israelische Regierung viel zu dieser desolaten Lage beigetragen habe, nur wenig Gehör. Nur sehr verhalten kritisierte die amerikanische Außenministerin die Siedlungspolitik der Regierung Netanyahu. Die von den Konfliktparteien vereinbarten weiteren Gespräche haben zu keinem greifbaren Ergebnis geführt. Sollte es, wie vorgesehen, noch einmal zu einem Abkommen über den endgültigen Status kommen, dann nur, weil die Palästinenser wieder nachgegeben haben oder sich mit symbolischen Gesten haben befriedigen lassen.

Der Friedensprozeß in Israel und Palästina

Seit der Unterzeichnung der »Prinzipienerklärung über vorübergehende Selbstverwaltung« vom 13. September 1993 spricht die westliche Öffentlichkeit von einem »Friedensprozeß« im Nahen Osten.
Wie bereits dargestellt, haben die Wirklichkeit vor Ort und das
Image des Friedensprozesses nur bedingt etwas miteinander zu tun.
Nachdem die erste Freude über das öffentliche Zeigen der palästinensischen Fahne verflogen war, zeigte sich schon bald, daß die realen Veränderungen eher kosmetischer Natur waren. Diese Entwicklung hat weniger mit Frieden als vielmehr mit Unterwerfung und
Neuordnung von Herrschaft zu tun. Sie ist die Fortsetzung eines
Unterdrückungsprozesses von seiten Israels, der paradoxerweise
mit palästinensischer Selbstunterwerfung einhergeht. Die unterzeichneten Dokumente schreiben die politische, wirtschaftliche
und soziale Unterwerfung der Palästinenser fest. Die völkerrechtswidrige Besetzung wurde neu angeordnet und »legalisiert«. Insbesondere in den USA und Europa neigen Politiker und Medien dazu,
sich an alles zu klammern, was ein Ende dieses Konfliktes ver-
spricht, mag es auch noch so unrealistisch sein. Deshalb übersieht
man auch geflissentlich, daß sich de facto nichts an der Unterdrückung der Palästinenser geändert hat. Ferner will man nicht
wahrhaben, daß Arafat gegenüber seinem Volk jetzt die gleiche Rolle
innehat, die die israelischen Besatzungstruppen vor dem Friedensprozeß ausübten und in Teilen weiter spielen. Nach der Lektüre dieser Abkommen fällt es schwer, etwas Positives in diesen zu finden.

1. Die »Prinzipienerklärung über vorübergehende Selbstver-
waltung« vom 13. September 1993

Führende Politiker Israels machten aus ihrer Einschätzung der PLO
kein Hehl. So erklärte Shimon Peres am 1. September 1993 in der
Fernsehsendung Moked: »Es gab bei ihnen eine Veränderung, nicht
bei uns. Wir verhandeln nicht mit der PLO, sondern nur noch mit
einem Schatten ihrer selbst.« Am gleichen Tag sagte im israelischen

Militärrundfunk General Uri Or: »Zum ersten Mal wurde eine Situation geschaffen, in der jemand anderer die israelischen Sicherheitsinteressen teilt.« Und Yitzhak Rabin am 3. September 1993 in der Tageszeitung »Yediot Aharonot«: »Ich hoffe, daß wir einen Partner finden, der die Verantwortung über die internen Probleme in Gaza übernimmt, ohne Probleme durch das Oberste Gericht, B'Tselem und alle ›blutenden Herzen‹ zu machen.« Auch die Äußerungen des ehemaligen Generalstabschefs Ehud Barak in einem Fernsehinterview zum jüdischen Neujahrsfest 1993 bestätigten diese Haltung: »Außer der bevorstehenden Umgruppierung der Truppen im Gaza-Streifen und Jericho wird sich nichts, noch muß sich etwas ändern. Während die Verhandlungen weitergehen, werden wir Land enteignen und Leute verhaften.«

Bevor die »Prinzipienerklärung« in Kraft treten konnte, mußten beide Seiten Briefe austauschen, in denen sie sich gegenseitig anerkannten. Sie enthalten, was die Palästinenser betrifft, zahlreiche Zwei- bzw. Mehrdeutigkeiten, während die Aussagen in bezug auf Israel ganz klar sind. Der zentrale Satz in Arafats Brief an Yitzhak Rabin lautet: »Die PLO erkennt das Recht des Staates Israel auf Existenz in Frieden und Sicherheit an.«[1] Mit dieser Formulierung hat die PLO den Staat Israel anerkannt und ihm eine Legitimität gegeben, dagegen hat Rabin nur »die PLO als die Vertretung des palästinensischen Volkes« anerkannt und sich bereit erklärt, mit dieser Verhandlungen zu beginnen. Die hier zitierten Sätze machen die Asymmetrie zwischen den beiden Kontrahenten deutlich. Die PLO erkennt Israel als Staat und damit seine Souveränität an, Israel jedoch nur eine Organisation und keine palästinensische Souveränität. Eine vergleichbare Ebene wäre erreicht, wenn Arafat die Arbeitspartei anerkannt hätte. Zu Unrecht behauptet deshalb Uri Avnery, daß »sich beide Völker, Israelis und Palästinenser, anerkannt haben«[2], als die beiden Briefe ausgetauscht wurden. Das Recht Israels auf Frieden und Sicherheit erhielt offiziell Vorrang vor dem Recht der Palästinenser, für ihre Rechte zu kämpfen. Die PLO erkannte ein Israel an, dessen Grenzen völlig im Nebulösen liegen. War ihr nicht bewußt, daß sie auf diese Weise die Souveränität des Landes jenseits der Grenzen von 1967 akzeptiert hat? Aufgrund einer geschickten Gesetzgebung kann Israel auch Souveränität über die Westbank und den Gaza-Streifen beanspruchen.

In Arafats Brief werden Terrorismus und Gewalt als Mittel der Politik abgelehnt. Verstöße dagegen sollen mit »disziplinarischen

Maßnahmen« geahndet werden. Die Zusicherung, alle Artikel in der Palästinensischen Nationalcharta, die das Existenzrecht Israels in Frage stellen, zu streichen, setzt die Aufgabe eines generellen Widerstands der Palästinenser gegen die israelische Besetzung voraus. Arafat hat die israelische Sprachregelung in bezug auf »Terrorismus« übernommen und damit implizit jeglichen palästinensischen Widerstand als bloßen »Terrorismus« deklariert, auch die Intifada. Für die Nachkommen von palästinensischen Gefallenen ein Schlag ins Gesicht. Diese Diktion kommt in Arafats Brief an den norwegischen Außenminister Johan Joergen Holst noch klarer zum Ausdruck. Darin wiederholt der PLO-Führer den Aufruf an die Palästinenser in der Westbank und im Gaza-Streifen, »auf Terror und Gewalt zu verzichten« und sich aktiv an der wirtschaftlichen Entwicklung zu beteiligen. Er äußert die »feste Überzeugung«, daß mit der Unterzeichnung der »Prinzipienerklärung« eine »neue Ära in der Geschichte des Nahen Ostens« beginnt. Yitzhak Rabin hingegen konnte sich auf die schriftlichen »PLO-Verpflichtungen« verlassen. Die einzige Konzession, die seine Regierung gemacht hat, war die Anerkennung der PLO, wie der ehemalige amerikanische Außenminister James Baker Anfang September 1993 in einem Fernsehinterview feststellte. Kein Wort über das Selbstbestimmungsrecht des palästinensischen Volkes. Es ging ausschließlich um die Sicherheit Israels. Dies betonte er Anfang November 1993 vor der National Association of Arab-Americans (NAAA) und fügte hinzu: »Falls die Autonomie nicht die Sicherheit Israels erhöht, wird es keine palästinensische Autonomie geben.«

Von Beginn an war das Abkommen selbst innerhalb Arafats Fatah-Bewegung umstritten. Zu den Kritikern zählten Farouq Qaddumi, Hani al-Hasan und Abbas Zaki. Auf einer Sitzung des PLO-Zentralkomitees im Oktober 1993 konnte Arafat eine Mehrheit von 68 zu 8 Stimmen für die »Prinzipienerklärung« erreichen. 25 Mitglieder, die hauptsächlich zur DFLP und PFLP zählten, boykottierten das Treffen. Für sie war es eine »Vereinbarung der Schande«. Aus Protest trat der palästinensische Nationaldichter Mahmoud Darwish aus dem PLO-Zentralkomitee aus. Zu den Kritikern der ersten Stunde zählte auch Edward Said. Er bewertete das Abkommen als eine »palästinensische Kapitulation, ein palästinensisches Versailles«[3]. Und am 9. September 1993 schrieb er in der Zeitung »The Guardian«, daß »die PLO sich selbst von einer Befreiungsbewegung in eine Art Kleinstadt-Regierung verwandelt« habe. Sie hätte bereits mehr als ein Jahrzehnt eine bessere Vereinbarung mit Israel bekommen können als diesen modifizierten Allon-Plan. 1977 habe Arafat die von Anwar al-Sadat angebotene Gaza-Jericho-Option zurückgewiesen. »Das Endergebnis führte zur schlimmsten politischen Spaltung der PLO in ihrer 30jährigen Geschichte.«[4] Für Avi Shlaim war die »Prinzipienerklärung« im »wesentlichen eine Agenda für Verhandlungen, bestimmt durch einen engen Zeitplan, als ein umfassendes Abkommen«[5]. Diese Einschätzung ist nur zum Teil korrekt. Neben dem detaillierten Zeitplan enthält diese Erklärung durchaus elementare Konzessionen von palästinensischer Seite, die völkerrechtlichen Charakter haben und hinter die die Palästinenser nicht mehr zurückkönnen. So erhielten zum Beispiel die illegitimen Siedlungen eine Legitimität, die sie vorher nie hatten.

Der Briefwechsel zwischen Rabin und Arafat ist vom rechtlichen Standpunkt wichtiger als die »Prinzipienerklärung«, weil er den Weg für die Unterzeichnung dieses Dokuments erst ebnete. Burhan Dajani vertritt die These, daß in der »Prinzipienerklärung« direkter über die Rechte der Palästinenser gesprochen werde und ein Bezug zum Land bestehe.[6] Während Rabin keinerlei Verbindung zwischen den Briefen und der »Prinzipienerklärung« herstellt, versucht Arafat ständig, darauf Bezug zu nehmen.

Die »Prinzipienerklärung über vorübergehende Selbstverwaltung« besteht aus 17 Artikeln, vier Anhängen, in denen Ausführungsbestimmungen über Art und Bedingungen von Wahlen, über den Rückzug der israelischen Armee aus dem Gaza-Streifen und der Stadt Jericho, über Fragen der Zusammenarbeit auf wirtschaftlichem Gebiet und über die Kooperation in regionalen Entwicklungsprogrammen niedergelegt sind, sowie einer Niederschrift über die »Prinzipienerklärung«, die von den Vertragsparteien ebenfalls in Washington unterzeichnet worden ist.

Die israelische Regierung betrachtet sich selbst als die »einzig legitime« Autorität. Dies bedeutet, daß Israel gegenüber einer Organisation, die keinen Staat repräsentiert, die Souveränität ausübt. Diese Ungleichgewichtigkeit prägt nicht nur dieses Dokument, sondern alle.

In der Präambel zur »Prinzipienerklärung« wird zwar von der gegenseitigen Anerkennung ihrer »legitimen und politischen Rechte« gesprochen. Und Artikel III Abs. 3 handelt nochmals von der »Verwirklichung der legitimen Rechte des palästinensischen Volkes und seiner gerechtfertigten Bedürfnisse«. Was diese »legitimen Rechte« beinhalten, wird jedoch nicht exakt definiert. Sind sie identisch mit den politischen Rechten Israels? Aus einem Besatzungsregime können doch wohl keinerlei völkerrechtliche Ansprüche abgeleitet werden. Oder sind die »religiösen Ansprüche« gemeint, die von der Arbeitspartei zwar nie öffentlich vertreten, aber dennoch permanent durch politische Fakten untermauert wurden, indem sie die Siedlungspolitik vorantrieb?

Ziel dieser Vereinbarung ist laut Artikel 1, für das palästinensische Volk eine Palästinensische Interimsbehörde (Rat) für eine Zeit von fünf Jahren einzurichten und auf der Grundlage der UN-Sicherheitsratsresolutionen 242 und 338 zu einer dauerhaften Übereinkunft zu kommen. Des weiteren wurde ein Rückzug der israelischen Armee aus dem Gaza-Streifen und Jericho vereinbart (Artikel XIV). In Artikel XIII Abs. 2 ist jedoch von einer Verlegung der israelischen Streitkräfte aus bewohnten Gebieten die Rede. Die israelischen Truppen bleiben in Gaza. Sie zogen sich zwar aus den Städten zurück, wurden aber an deren Rändern bzw. in der Nähe der Siedlungen neu stationiert.

Die Interimsbehörde (Rat) wird von den Palästinensern aus der Westbank und dem Gaza-Streifen gewählt, muß aber von Israel bestätigt werden. Die Teilnahme der Bewohner Ost-Jerusalems an den Wahlen wurde in einer gesonderten Vereinbarung geregelt. Der Rat erhält Befugnisse in folgenden Bereichen (Artikel VI Abs. 2): Bildungswesen und Kultur, Gesundheitswesen, Sozialfürsorge, direkte Besteuerung und Tourismus. Die Übertragung weiterer Rechte ist Verhandlungssache.

Um Sicherheit und Ordnung zu gewährleisten, muß der Rat eine »starke Polizei-Truppe« aufstellen (Artikel VIII), während Israel für die äußere Sicherheit sowie die »allumfassende Sicherheit« zuständig bleibt. In einem gesonderten Abkommen (Artikel VII Abs. 1) soll die Struktur des Rates, die Zahl seiner Mitglieder sowie die Übertragung von exekutiven und legislativen Befugnissen und Zuständigkeiten festgelegt werden. Somit ist das Grundgesetz des Rates wieder Sache von Verhandlungen und keine freie Entscheidung der Palästinenser. Israelische Militärverordnungen bleiben in Kraft. Entscheidungen des palästinensischen Rates bedürfen der Zustimmung Israels. Mögliche Streitigkeiten werden in einem israelisch-palästinensischen Verbindungsausschuß geregelt. Kann man sich dort nicht einigen, beginnt ein Schiedsverfahren in einem Schlichtungsausschuß (Artikel XV Abs. 2 und 3). Zur Förderung des Wirtschaftswachstums sollen folgende Institutionen eingerichtet werden: eine palästinensische Elektrizitätsbehörde, eine Gaza-Hafenbehörde, eine Entwicklungsbank, eine Export-Förderungs-Behörde, eine Umweltbehörde, eine Landbehörde und eine Behörde für Wasserbewirtschaftung.

Der Rat ist tatsächlich eine rein »zeremonielle Einrichtung«[7], denn die eigentliche Macht üben vier Ausschüsse aus, die paritätisch besetzt sind: der Gemeinsame Israelisch-Palästinensische Verbindungsausschuß, der Ständige Israelisch-Palästinensische Ausschuß für Wirtschaftliche Zusammenarbeit, ein Ständiger Ausschuß, hier sind Jordanien und Ägypten zur Teilnahme aufgefordert, sowie ein Palästinensisch-Israelischer Ausschuß für Koordination und Zusammenarbeit im Bereich beiderseitiger Sicherheitsfragen. Die »Prinzipienerklärung« legt zwei Phasen fest: eine Interims- und eine Permanente Statusphase. Die Interimsphase soll fünf Jahre dauern, obwohl die Statusendverhandlungen spätestens nach zwei Jahren beginnen sollen.

Die Palästinenser haben im wesentlichen bisher nicht mehr erreicht als die Verwaltung ihrer persönlichen Angelegenheiten und den Aufbau eines neuen Repressionsapparates in Form einer starken Polizeitruppe, von zwölf Geheimdiensten sowie einer bürokratischen Klasse, die sich auf Kosten der eigenen Bevölkerung in schamloser Weise bereichert. Nach der Unterzeichnung der »Prinzipienerklärung« hatte sich im Gaza-Streifen nichts geändert. Alle Siedlungen blieben erhalten. Sie sind exterritorial und unterliegen israelischer Jurisdiktion. Die israelischen Soldaten wurden – wie vereinbart – innerhalb von zwei Monaten umgruppiert. Alle Militärverordnungen sind in Kraft, neue sind hinzugekommen, und die Arafat-Behörde muß sie umsetzen. Über 40 Prozent des Gaza-Streifens haben die Palästinenser keine Verfügungsgewalt. Sie sind für Siedler und Armee reserviert. Auf dem Rest leben zirka eine Million Palästinenser. Israel behält sich das alleinige Recht vor, über Außenpolitik, Wirtschaft und alle Belange der nationalen Sicherheit zu bestimmen.[8] Die Palästinenser haben Israel vom Status des Okkupanten befreit, ohne daß es dafür einen adäquaten Preis gezahlt hat. Durch die Verlegung der Truppen im Gaza-Streifen und Jericho gab Israel zwar erstmals nach mehr als 27 Jahren ideologische und praktische Positionen teilweise auf, die bisher immer als irreversibel galten. Aber den Palästinensern wurde lediglich »Teilsouveränität« unter Oberaufsicht der Israelis zugestanden. Abgesehen von den fünf Sachgebieten, die ihnen laut Artikel VI der Erklärung übertragen wurden, bleibt alles weiteren Verhandlungen vorbehalten. Von den 5 000 Gefangenen wurde knapp die Hälfte freigelassen. Israel konnte dennoch die Früchte des Friedensprozesses sofort ernten. Da stellt sich die Frage: Welche Konzessionen können die Palästinenser noch machen?

Ohne die Ausklammerung zentraler Streitfragen wäre die »Prinzipienerklärung« nicht zustande gekommen. Der Status von Jerusalem, die Siedlungen, das Selbstbestimmungsrecht, das Rückkehrrecht der Flüchtlinge von 1967, Wasser- oder Entschädigungsfragen, Außenbeziehungen sowie »andere Fragen von gemeinsamem Interesse« wurden auf die Statusendverhandlungen vertagt. Wie israelische Kommentatoren den Vertrag bewerteten, zeigen folgende Zitate: Aharon Barnea in »Yediot Aharonot« am 10. September 1993: »Durch die Unterzeichnung der ›Prinzipienerklärung‹ haben die Palästinenser die Niederlage ihrer Prinzipien, die sie in ein kämpfendes Volk verwandelt hatten, akzeptiert: das Recht auf Rückkehr, das Selbstbestimmungsrecht und das Recht auf Unabhängigkeit. Indem die Palästinenser Israel anerkannten, haben sie ihrer Enteignung zugestimmt.« Gideon Eshet in derselben Zeitung vom 14. September 1993: »Nicht nur werden sie keinen Staat haben, sie werden noch nicht einmal eine Bananenrepublik sein.« Daß diese Bewertungen korrekt waren und es sich um einen »israelischen Frieden« gehandelt hat, macht Rabins Interview vom 29. September 1993 in der Zeitung »Davar« deutlich: »Ich bin gegen die Entstehung eines unabhängigen Staates zwischen uns und Jordanien. Ich bin gegen das ›Recht auf Rückkehr‹ der Flüchtlinge und Vertriebenen. Und deshalb findet sich zu diesen Fragen keine einzige Silbe in der Grundsatzerklärung. Das war kein Zufall; wir haben es so geplant. Was Jerusalem betrifft, haben wir erreicht, daß die Stadt während der gesamten Verhandlungsperiode ungeteilt unserer Souveränität und Kontrolle untersteht. Die palästinensische Seite hat während der Interimsphase nicht den geringsten Einfluß in Jerusalem. Auch die Verantwortung für die Sicherheit der israelischen Siedler in den Gebieten bleibt uns überlassen. Die Siedlungen selbst werden niemals angetastet werden.« Etwas später sagte er im gleichen Interview: »Die endgültige Lösung für den Konflikt zwischen Palästinensern und Israelis besteht nicht in einem palästinensischen Staat, sondern in einem palästinensischen Gebilde ohne nationalen Status ... Als Hauptstadt für ihr Gebilde können sich die Palästinenser Jericho oder Nablus aussuchen, wenn sie wollen. Das ist ihr Problem, nicht meines.« Dieser Prozeß, so schrieb am 7. April 1997 Tanya Reinhardt in »Yediot Aharonot«, verwandelte einen »nationalen Führer in einen rührenden Herrscher eines Protektorates«. Für die israelische Regierung war das Hauptziel dieses und aller weiteren Abkommen die Unterdrückung des Terrorismus. Am 2. September 1993 verkündete die Schlagzeile in »Yediot Aharonot«: »Der Shabak (der israelische Inlandsgeheimdienst-L. W.) und die PLO wollen in Sicherheitsfragen in Gaza kooperieren.«

Beide vertragsunterzeichnenden Parteien sollten gemeinsam die Opposition gegen diesen Friedensprozeß bekämpfen. Während die Palästinenser über einen totalen Rückzug redeten, bereiteten die Israelis die Umgruppierung vor. So konnte der vorgesehene Unterzeichnungstermin am 13. Dezember 1993 nicht eingehalten werden, weil es zu viele Sicherheitsaspekte zu regeln galt, und so wurde schließlich erst am 4. Mai 1994 in Kairo paraphiert. Weitere israelische Verhaltensmuster, die einem Friedensprozeß widersprechen, sind die Anwendung permanenter Gewalt, die Landenteignungen sowie die Zerstörung von Häusern. Letztere wird in großem Umfang fortgeführt, entweder weil die Häuser »illegal« gebaut worden sind oder als Form der Kollektivbestrafung für Anschläge und andere rechtswidrige Taten, die von Extremisten begangen werden.

Nur wenige Israelis ließen sich nicht von der allgemeinen Euphorie anstecken und wiesen auf all die Nachteile des Abkommens hin, die die Vorteile bei weitem übertrafen. So schrieb der Journalist Haim Baram in »Kol Ha'ir« am 3. September 1993: »Shimon Peres beruhigte diese Woche den Likud mit intelligenten und rationalen Argumenten. Er betonte, daß sein Autonomieplan, einschließlich des ersten Schrittes in Gaza und Jericho, weitaus moderater sei als Menachem Begins Angebot im Camp-David-Abkommen. Diese Autonomie ist personal und nicht territorial, die Besatzungsmacht wird überall sein, die Siedlungen und die Zufahrtsstraßen bleiben in israelischer Hand. Tatsächlich deutete Peres an, daß wir erfolgreich waren und aus Arafats enormer Schwäche einen Vorteil zogen, indem wir seinen Sturz als PLO-Vorsitzender abgefedert und dafür dieses Kapitulationsabkommen billig bekommen haben. Die domestizierte PLO wird Hamas für uns unterdrücken. Wir haben ihnen keinen Palästinenserstaat versprochen, und über das vereinigte Jerusalem wird noch nicht einmal diskutiert.« Meron Benvenisti schrieb in »Ha'aretz« vom 9. September 1993, daß die Vereinbarung ein mutiger Schritt, aber seine symbolische Bedeutung noch größer sei, weil es »das zionistische Projekt legitimierte, das für die Palästinenser ein Desaster bedeutete«. Oder Yacov Ben Efrat: »Zum zweiten Mal hat der zionistische Kolonialismus einen Moment der Schwäche genutzt. Er hat (den Palästinensern–L.W) ein Abkommen aufgezwungen, das einen Handel mit der Führung, aber keinen Frieden mit dem Volk schließt. Eine genuine Lösung ist in weitere Ferne gerückt als jemals zuvor. Jetzt ist ein Wendepunkt erreicht, wenn die PLO selbst in eine Rolle schlüpft, in der sie eine inakzeptable Lösung ihrem eigenen Volk aufzwängen muß. Es ist ein Wendepunkt, der nur im Chaos und der Vergessenheit enden kann.«[9] Die PLO hat Israel nicht nur die Tür zur arabischen Welt aufgestoßen, sondern das Land aus der Isolation in der Region geführt, was sich in einer Welle diplomatischer Anerkennungen niederschlug. Ministerpräsident Benjamin Netanyahu ist auf dem besten Weg, das Land wieder zu isolieren.

Benvenisti belegt in einem Kommentar für »Ha'aretz« vom 29. September 1993, daß sich die Rhetorik der Besatzer gewandelt hat: »Bis jetzt wurde die israelische Ausbeutung, Diskriminierung und Beherrschung der besetzten Gebiete aus Sicherheitsgründen, nationalistisch-politischen oder altruistischen Gründen gerechtfertigt. Jetzt wird ein neues Wörterbuch zusammengestellt, um die gleiche Politik zu rechtfertigen, aber mit den umgekehrten Argumenten: jetzt tun wir es zum Nutzen der Palästinenser, für den Erfolg des Friedensprozesses, es ist so, daß die Palästinenser es schließlich begriffen haben, was ihre Vorfahren sich haben geweigert zu verstehen, daß nämlich das zionistische Unternehmen hier ist, um sie aus ihrer Misere und Rückständigkeit zu befreien und sie uns dafür ewig dankbar sein müssen.«

Die Diskrepanz zwischen der realen Entwicklung und öffentlicher Perzeption kann nicht deutlicher zutage treten als in den Schlagzeilen der »taz« vom 21. Oktober 1993: »Autonomie zwischen Stacheldraht«, und »Feinde nennen sich Freunde« in der »FAZ«. In ersterem Beitrag berichtet Amos Wollin über die geplante Errichtung eines 61 Kilometer langen Zaunes um den 352 Quadratkilometer großen Gaza-Streifen sowie darüber, daß die Arafat-Behörde keinerlei Befugnisse über die Kontrolle der Außengrenzen haben werde. Die militärischen Verbindungsstraßen sollen durch Wachtürme und Beobachtungsposten gesichert sein, was dann Realität wurde. Jörg Bremer dagegen schrieb, daß die alten Begriffe nicht mehr gelten und aus ehemaligen Feinden Freunde geworden seien. »Israel erkennt das Recht auf Familienzusammenführung an und läßt großzügig Araber in die besetzten Gebiete zurück. Flüchtlinge aus dem Unabhängigkeitskrieg 1948 werden mit Reparationen rechnen können … statt verschlossener Tore nun weite Perspektiven«, so der FAZ-Journalist. Leider trafen beide Behauptungen nicht zu. Israel hat in den Verträgen ein solches Rückkehrrecht niemals anerkannt, ebensowenig Entschädigungszahlungen an die Flüchtlinge von 1948. Diese wurden in den Abkommen gar nicht erwähnt, sie gingen »nicht die Autonomiebehörde, sondern einzig die UNRWA etwas an«, so Nabil Shaath. Auch hat sich Israel nie »offen als Besatzer auf fremdem Land dargestellt«, wie Bremer behauptet. Mit keinem Wort wird zugestanden, daß es sich um besetztes Gebiet oder um fremdes Land handelt. Die Vision vom »jüdischen Boden« und dem »heiligen Land Israel« ist nicht hohl, wie Bremer behauptet, vielmehr hatte die Opposition bereits zu diesem Zeitpunkt von »Verrat an Eretz Israel« gesprochen.

Der in der »Prinzipienerklärung« vorgesehene Terminplan konnte nicht eingehalten werden. Das »Gaza-Jericho-Abkommen« sollte bereits am 13. Dezember 1993 unterzeichnet werden. Die Wahlen zum palästinensischen Rat fanden erst am 20. Januar 1995 statt, laut Abkommen sollten sie bis zum 13. Juli 1994 abgehalten werden. Daß die »Prinzipienerklärung« ein Sicherheitsabkommen darstellt, wird um so klarer, wenn man das »Gaza-Jericho-Abkommen« analysiert, das die Modalitäten der Übergabe der Autorität an die Palästinenser regelt. Die Verzögerungen hatte Rabin mit dem Ausspruch gerechtfertigt: »Es gibt keine heiligen Daten.«

Ministerpräsident Rabin konnte die »Prinzipienerklärung« mit 61 Ja-Stimmen gegen 50 Nein-Stimmen bei acht Enthaltungen sowie einem Abwesenden durch das israelische Parlament bringen. Der eindeutige Verlierer zur damaligen Zeit war der Likud-Block. Seine ablehnende Haltung fand zunächst keinen Widerhall in der israelischen Öffentlichkeit. Sie unterstützte den Friedensprozeß, solange sich Fortschritte abzeichneten. Die Linke war mit ganzem Herzen für diesen Prozeß, die Rechte zerstritten. Wie weit diese

Unterstützung ging, zeigt ein Bericht in »Ha'aretz« vom 8. Oktober 1993, in dem eine Gruppe Intellektueller, zu denen auch die Schriftsteller Amos Oz und Abraham B. Yehoshua gehörten, sich für die »Sicherheit und das Wohlergehen der Israelis« aussprachen, die in »Judäa, Samaria und Gaza« leben. Die Präsenz der Siedler sei »wichtig für den Frieden«. Laut einem Artikel vom 4. Oktober 1993 in »Hadashot«, versicherte Yehohsua den Siedlern in einem »leidenschaftlichen Telefonanruf«: »… falls ihnen auch nur ein Haar gekrümmt wird, unterstütze ich ihr (der Palästinenser L. W.) Bombardement«. Obwohl heftigst kritisiert, hat Yehohsua diese Worte nicht zurückgenommen. Er meinte, die Siedler würden Israel veranlassen, die »palästinensische Demokratie zu beaufsichtigen«. Hat nicht die israelische Besatzungspolitik über 30 Jahre die Menschenrechte der Palästinenser mit Füßen getreten? Die Siedler drangen in den Lebensraum der Palästinenser ein, ihre Präsenz unterstützt die Terrorisierung und Enteignung der einheimischen Bevölkerung. Yehoshua war derjenige »Linke« in Israel, der permanent gefordert hatte, die »Palästinenser sollten aus seinem Blickfeld verschwinden«. In einer berühmten Debatte zwischen Anton Shamas und Yehoshua 1990 schlug letzterer vor, Shamas sollte »doch in einen Palästinenserstaat gehen«, falls er sich in Israel nicht wohl fühle. Weder Oz noch Yehoshua verurteilten die Unterdrückung der Palästinenser durch die israelische Regierung.

Je näher der ursprünglich anvisierte Unterzeichnungstermin, der 13. Dezember, gerückt war, desto mehr nahmen die Übergriffe extremistischer Siedler gegenüber der palästinensischen Bevölkerung und die Gewalt der Armee in den besetzten Gebieten zu. In den letzten beiden Novemberwochen machten Siedler und Armee regelrecht Jagd auf »gesuchte Personen«, insbesondere auf radikale Hamas- und PFLP-Mitglieder. Einer der meistgesuchten Terroristen, Imad Aqel, der den Iz-a-Din-al-Qassem-Brigaden angehörte, wurde von israelischen Sicherheitskräften in Gaza-Stadt erschossen. Sein Tod führte zu heftigen Auseinandersetzungen zwischen Palästinensern und israelischen Sicherheitskräften. Als Ahmad Abu Rish erschossen wurde, nachdem sich Mitglieder der Fatah-Falken freiwillig den Israelis gestellt hatten, war der Gaza-Streifen in Aufruhr. Flugblätter tauchten auf, in denen Fatah-Aktivisten für eine Eskalation der Intifada eintraten. Mitglieder der zukünftigen Arafat-Bürokratie nahmen jedoch Einfluß auf diese Gruppen und konnten so eine mögliche Eskalation verhindern. Am 30. November 1993 traf sich Mohammad al-Desouki, Generalsekretär der Fatah, in Khan Yunis mit General Matan Vilnai, dem israelischen Kommandeur im Gaza-Streifen. Der Palästinenser versprach, für Ruhe und Ordnung zu sorgen. Der Siedlungsbau und die Landenteignungen gingen weiter. Erste Berichte über den Bau eines separaten Straßensystem für 700 Millionen US-Dollar für die Siedler wurden publik.

Am 20. Januar 1994 berieten US-Präsident Bill Clinton und der syrische Präsident Hafez al-Assad in Genf über Modalitäten eines israelischen Rückzugs vom Golan und eventuelle syrische Konzessionen. Der Syrer würde sich nicht mit weniger zufriedengeben als Anwar al-Sadat. Dies befürchtete auch Rabin. Umgehend wurde ein Referendum als Bedingung genannt, bevor über eine Rückgabe des Golan entschieden werden könnte. Ein solches Referendum würde auch nicht viel weiterhelfen, da es darüber in Israel keinen Konsens gibt. Weder die Rechte noch die Linke will ein solches. Abgesehen von der politischen Opposition, widerspräche ein Referendum dem Völkerrecht. Die Annexion des Golan wurde in der Resolution 497 vom 17. Dezember 1981 vom UN-Sicherheitsrat als »null und nichtig und ohne völkerrechtliche Wirkung« beurteilt. Das Gebiet gehört damit weiterhin zu Syrien. Durch eine Volksabstimmung könnte Israel keinen Erwerbstitel erlangen, da die ursprüngliche Bevölkerung befragt werden müßte, die Israel vertrieben hat. Die Siedler auf dem Golan sind nicht stimmberechtigt. Eine rein innerstaatliche Abstimmung aus politischen Gründen ist völkerrechtlich irrelevant. Sollte solch ein Referendum negativ ausgehen, könnte es sich keine israelische Regierung mehr leisten, den Golan im Zuge eines Friedensvertrages an Syrien zurückzugeben. Damit hätte eine solche Volksabstimmung rechtswidrige Folgen, und zwar die Aufrechterhaltung der Besetzung fremden Territoriums, die mit dem Wegfall der Bedrohung ihren Grund verlöre, schreibt Ulrich Fastenrath in der »FAZ« vom 22. Januar 1994.

Die israelischen Siedler nahmen das Gesetz des Handelns in ihre Hand. Wie in einigen Fernsehberichten zu sehen war, haben sie Palästinenser beschimpft, geschlagen und mit Steinen beworfen, ihr Eigentum zerstört und den Gemüsemarkt in Hebron verwüstet. Fotografen durften sie sogar bei ihren Schießübungen auf dem zentralen Gemüsemarkt fotografieren. Dies alles geschah mit Billigung der Armee, der die Siedler ihre Bedingungen aufzwangen. Die Soldaten mußten sie bei ihren freitäglichen Ausflügen zu jüdischen historischen Stätten begleiten, die Einhaltung der Gebetsanordnungen in der Machpela-Höhle überwachen und Palästinenser aus ihren Häusern und Geschäften vertreiben. Zwischen September und Dezember 1993 kamen zehn Palästinenser zu Tode. Am 26. Januar 1994 gründete eine neue radikale Siedlergruppe »Zu Arzeno« (Das ist unser Land) in Hebron eine neue Siedlung mit Namen »Givat Lapid«, genannt nach Mordechai und Shalom Lapid, die von Palästinensern umgebracht worden waren.

Der Leiter des islamischen Waqf und des »Höheren Islamischen Rates« in Jerusalem hatten am 16. Oktober 1993 an Ministerpräsident Rabin folgenden Brief geschrieben: »Eine Anzahl jüdischer Siedler hatte am Freitag, dem 8. Oktober 1993, sechs palästinensische Wachen und einen Gläubigen angegriffen. Als der Ruf zum Abendgebet erschallte, griff Baruch Goldstein den Muezzin an, der daraufhin den Ruf plötzlich unterbrach. Am Dienstagabend, dem 14. Oktober 1993, schüttete er brennbare Flüssigkeit auf den Teppich der Moschee. Nur der Aufmerksamkeit der Wachen und der Gläubigen ist es zu verdanken, daß nichts Schreckliches passiert ist. Diese täglichen Schändungen der Ibrahimi-Moschee können nicht ignoriert werden. Leider haben die israelischen Behörden nie etwas gegen dieses feindselige Verhalten der Siedler unternommen ... Wir hoffen, daß die Behörden gegen diese aufstachelnden und feindseligen Aktionen, die sich gegen die Religionsfreiheit der Muslime und ihr Recht auf die umfassende Nutzung ihrer Moschee richten, was unternehmen werden.«[10] Niemand konnte deshalb überrascht sein, als Baruch Goldstein am 25. Februar 1994 in der Ibrahimi-Moschee in Hebron 29 betende Muslime erschoß. Einige palästinensische Quellen behaupten, daß auch herbeigeeilte Soldaten und Siedler wahllos in die Moschee feuerten.

Goldstein stammte aus den USA. Er lebte und arbeitete als Arzt in der Extremistensiedlung Kiryat Arba vor den Toren Hebrons. Am frühen Morgen legte er seine Reservistenuniform an, hängte sich sein Galil-Gewehr um und begab sich in die Machpela-Höhle, den zentralen heiligen Ort für Juden und Muslime. Dort sind die Gräber der auch von den Muslimen verehrten Erzväter Abraham, Isaak und Jakob sowie der Erzmütter Sarah, Rebekka und Lea. Es ist üblich, daß die Siedler auch beim Gebet ihre Waffen tragen. Goldstein verschoß mehrere Magazine, bevor er vermutlich von dort weilenden

Palästinensern umgebracht wurde. Goldstein war für seinen Haß auf die Araber bekannt. Schon als Arzt in der Armee weigerte er sich, drusische Soldaten zu behandeln. Einige Monate vor dem Attentat sprach er gegenüber einem amerikanischen Fernsehteam von einer Zeit des Tötens und einer Zeit des Heilens. Für ihn waren die Araber »Nazis« und die »Feinde der Juden«, mit denen es kein Zusammenleben geben könne. »Sie haben uns krank gemacht, die Araber sind wie eine Epidemie. Sie sind Bazillen, die uns infizieren.«

Die israelische Regierung war sofort um Schadensbegrenzung bemüht. Einhellig wurde das Massaker als die Tat eines »hirnverbrannten Psychopathen« verurteilt, so Rabin. Selbst Vertreter einiger Siedlerorganisationen distanzierten sich von dem Attentäter. Felicia Langer charkterisierte in ihrer umfangreichen Studie zum Goldstein-Massaker das Verhalten der Regierung: »Israels positives Bild im Ausland zu wahren war nur eine Komponente der Reaktion der Regierung. Die andere war darauf ausgerichtet, die symbiotische Beziehung zwischen Armee und Siedlern in den besetzten Gebieten zu verschleiern.«[11] Nach Langer begann die Regierung sofort nach dem Massaker, Spuren zu vertuschen und Desinformationen zu verbreiten. Das Verbrechen sei von der Frage der Siedlungen getrennt worden, da für letztere die Regierung die Verantwortung trage. Die israelische Regierung verbot nach dem Attentat die rechtsextremistischen Siedlergruppen Kach und Kahane-Chai, zu denen Goldstein gehörte.

Paradoxerweise riegelte die israelische Armee nach dem Massaker die gesamte Westbank und den Gaza-Streifen völlig ab, was der palästinensischen Wirtschaft beträchtlichen Schaden zufügte. Über Hebron wurden eine sechswöchige Ausgangssperre verhängt, um die 450 Siedler zu schützen. Die Opfer des Massakers und ihre Angehörigen wurden obendrein noch bestraft. Die Vorgänge in Hebron sowie die sich anschließenden Repressionen demonstrierten den Palästinensern, daß die Abkommen weder die Existenz der Siedlungen noch die Anwesenheit der israelischen Besatzungsarmee in Frage stellten, die die Siedlungen weiter schützen mußte.

Am 8. April 1994 erläuterte Israel Shahak in der Zeitung »Davar« die religiöse Motivation der Tat. Die orthodoxe Richtung des Judentums, die sich auf den Rambam (Maimonides - jüdischer Philosoph aus Cordoba) bezieht, verbietet einem jüdischen Arzt, Nichtjuden zu heilen. Dies sei nur erlaubt, wenn für einen Juden selber Gefahr drohe oder eine solche abgewendet werden könne. Eine solche Haltung nehmen alle Orthodoxen und die meisten National-religiösen ein. Diese Gesetze beeinflußten alle Religiösen, aber auch die Säkularen, die sich nicht gänzlich von der Religion befreit hätten, speziell in ihrem Verhältnis zu den Nichtjuden, so Shahak. Am 1. März 1994 zitierte die Zeitung »Yediot Aharonot« folgende Passage aus einem Gespräch Goldsteins mit dem Miltärrabbiner Gad Navon: »Ich bin als Arzt nicht bereit, jemanden zu behandeln, der kein Jude ist. Ich kenne nur den Rambam und Kahane an.« »Man hat mir gesagt, Sie seien nicht bereit, die drusischen Soldaten in unserer Armee zu behandeln«, fragte General Navon. »Stimmt«, erwiderte Goldstein. Navon erwiderte: »Sie sind verpflichtet, jeden Menschen zu behandeln – auch wenn er ein Araber ist, ein Kriegs-gefangener oder sogar ein Terrorist. Das ist mein halachisches Ur-teil, dem Sie verpflichtet sind. Übrigens – Sie haben einen ärztli-chen Eid abgelegt, und Sie sind ihm verpflichtet.« Da Goldstein sich weiterhin weigerte, war er in eine Panzereinheit überstellt wor-den.

Die Bestattung des Massenmörders geriet zu einer eindrucks-vollen Demonstration des jüdischen Extremismus. Die Menge rief immer wieder: »Welch ein Held«, »Welch ein Gerechter!«, »Er hat es für uns alle getan.« Seine Grabinschrift in Kyriat Arba lautet: »Hier ruht der Heilige, der Arzt Baruch Kapel Goldstein. Möge der Gerechte gesegnet sein. Möge Gott sein Blut rächen. Ohne Fehl und mit reinem Herzen opferte er sich für sein Volk, die Thora und das Land Israel. Möge seine Seele in Frieden ruhen.« Im israelischen Parlament ist kürzlich ein Gesetz eingebracht worden, das die Auf-lösung dieses Grabmals und die Umbettung Goldsteins ermögli-chen soll. Der Friedensblock und das Hebroner Solidaritätskomitee forderten von der Regierung Rabin am 25. Februar 1994, die Sied-ler zu entwaffnen und zu evakuieren, eine Kommission einzuset-zen, die das Verhalten der Streitkräfte untersuchen soll, sowie eine internationale Schutztruppe für die besetzten Gebiete zuzulassen. Die beiden letzten Punkte wurden von der Regierung akzeptiert, brachten aber keine befriedigenden Ergebnisse.

Der Bericht der Shamgar-Kommission, genannt nach dem ehe-maligen Präsidenten des Obersten Gerichts, Meir Shamgar, konnte keinerlei Fehlverhalten bei den Militärbehörden und der Regierung feststellen. Man sprach von einem »verrückten Fanatiker« bzw. vom

Einzeltäter, der »verzerrten religiösen und ideologischen Ideen« angehangen habe. Zu diesem Zeitpunkt war in Israel längst bekannt, daß Teile der Rabbinerschaft jüdischen Terroristen ihren Segen gegeben hatten. Die Okkupationsmacht und auch die Siedler hätten sich korrekt verhalten. Die Hoffnungen der Palästinenser auf Gerechtigkeit wurden erneut enttäuscht. Eigentlich logisch, wenn ein Besatzungsregime seine eigenen Taten und Versäumnisse untersuchen muß. Allerdings kam im Verlauf der Untersuchung zur Sprache, daß das Militär nicht auf Siedler schießen darf, selbst wenn das eigene Leben in Gefahr ist. Der Militärkommandant für Judäa und Samaria erklärte der Kommission: »Sie müssen die grundlegende Situation verstehen. Ein Jude hat eine Waffe, um sich zu verteidigen. Ein Araber, der eine Waffe trägt, ist ein Terrorist. Ein Jude mit einer Waffe verteidigt sich selbst und hat die Erlaubnis zu schießen. Wir verboten den Soldaten der Armee, auf sie zu schießen.« Straftaten der Palästinenser werden vor israelischen Militärgerichten verhandelt, die der Siedler vor Zivilgerichten im israelischen Kernland. Über diese Ungleichbehandlung wird im Bericht kein Wort verloren. »Das ›System‹ hat ja längst beschlossen, den Siedlern alles zu ersparen, und deshalb akzeptiert die Kommission diese Situation der Apartheid de facto und de jure, ohne ein Wort darüber zu verlieren.«[12] Auch die PLO setzte eine Untersuchungskommission ein, die aber ihren Bericht nicht veröffentlichte, um den Friedensprozeß nicht zu stören.

Der orthodoxe Jude Yeshayahu Leibowitz gehörte zu den schärfsten Kritikern der israelischen Politik gegenüber den Palästinensern. In »Yediot Aharonot« vom 2. März 1994 ließ er keinen Zweifel daran, wer seiner Meinung nach die Verantwortung für Baruch Goldsteins Tat trägt. »Jedem sollte klar sein: Jeder, der sich nicht weigert, in den besetzten Gebieten Dienst zu tun, ist ein Freund Goldsteins und ein Partner in diesem Mord. In diesem Akt repräsentiert er das Volk. Er ist ein Repräsentant des Volkes und der Regierung, und der Schuldige ist Yitzhak Rabin.« In einem Streitgespräch mit Shimon Peres, das in »Ma'ariv« vom 25. März 1994 erschien, sagte der Philosoph: »Das moderne Israel wird vom politischen, religiösen und nationalen Blickwinkel authentisch durch Baruch Goldstein repräsentiert. Er ist die authentische Verkörperung der augenblicklichen Kultur und des Regimes. Dies heißt natürlich nicht, daß die über vier Millionen Juden die gleiche Mentalität haben. Im Gegenteil: Es gibt viele, die dieses Regime, diese Kultur und diese Mentalität ablehnen. Ihre Zahl hat kürzlich stark zugenommen. Wenn wir jedoch über ein ›Kollektiv‹ sprechen, dann wird unser ›Kollektiv‹ durch diese Kreatur, Baruch Goldstein, repräsentiert.« Natürlich sei das Massaker nicht das Werk eines »Wirrkopfs« gewesen, sondern »das Ergebnis einer ideologischen Strömung des radikalen Zionismus, wie er aus Nordamerika herüberkommt, durchdrungen zugleich vom Messianismus der Nachfahren der Pilgrim Fathers und vom Klima der Gewalt in der ›gettoisierten‹ Gesellschaft der großen nordamerikanischen Städte von heute«, schrieb Juan Goytisolo in der »Frankfurter Rundschau« vom 27. Februar 1995.

Obwohl eine große Mehrheit der Israelis die Evakuierung der Siedler befürwortete, lehnte Rabin dies mit der Begründung ab, sie »widerspreche der ›Prinzipienerklärung‹«, so in »Ha'aretz« vom 18. März 1994. Er ließ sich damals vermutlich von Sicherheitsbedenken leiten, denn die Siedler hatten mit Bürgerkrieg gedroht. Die Hälfte der Bewohner der Siedlung Tapuah gehört zur Kahane-Chai-Gruppe und ist bewaffnet. Sie glauben das Recht zu haben, Palästinenser zu erschießen. »Das ist ein Krieg zwischen Arabern und Juden um das Land«, erklärte der 21jährige Yeshiva-Student. Die folgenden Zitate, einem Artikel von Armin Wertz in der »Frankfurter Rundschau« vom 5. März 1993 entnommen, zeigen die Gesinnung der Bewohner dieser Siedlung. Das Blutbad Goldsteins sei eine »gerechte Tat« gewesen und Rabin ein »Verräter«, der »gegen die Juden und für die PLO arbeitet«. Die meisten Bewohner dieser Siedlung kommen aus den USA und seien deshalb »nicht der Gehirnwäsche der Regierung ausgesetzt« gewesen. »Die Araber müssen rausgeschmissen werden. Nur wenn sie bereit sind, unter jüdischer Herrschaft und ohne politische Rechte zu leben, dürfen sie hierbleiben.« Kahane-Chai-Specher David Axelrod sieht die Siedlerbewegung »einer wahren Hexenjagd« ausgesetzt. »Wir finden viel Unterstützung in der Armee und noch mehr in der Grenzpolizei«, sagte er. Für ihn waren die Toten in der Ibrahimi-Moschee »die radikalsten Mitglieder der islamisch-fundamentalistischen Hamas«. Nicht ein einziger Araber sei unschuldig. »Und wir stehen im Krieg mit ihnen.« Es gebe viele Baruch Goldsteins in den Siedlungen. Das Attentat auf Rabin war die konsequente Folge dieser Gesinnung. Auf das rechtsextremistisch-fundamentalistische Lager in Israel wird im vorletzten Kapitel eingegangen. Die Hamas-Bewegung übte mit Terroranschlägen am 6. April 1994 in Afula, bei dem neun Israelis getötet und 45 verwundet wurden, und am 13. April in Hadera, wo sechs Menschen getötet und 25 verwundet wurden, »Vergeltung« für das Massaker in Hebron.

Die PLO hatte die Verhandlungen mit den Israelis abgebrochen. Als Rabin die beiden extremistischen Gruppen Kach und Kahane-Chai verbot, wollte er den USA und den Ägyptern ein Zeichen geben, Druck auf die Palästinenser auszuüben, damit sie an den Verhandlungstisch in Taba zurückkehren. Sein Versuch, die Tsomet-Partei von Raphael Eitan in seine Regierung zu holen, scheiterte am Einspruch der linksliberalen Meretz-Partei. Welche Konsequenzen zogen die Palästinenser aus diesem Massaker? Arafat, der die Illusion genährt hatte, der nationale Befreiungskampf habe sich auf die politisch-diplomatische Ebene verlagert, mußte einsehen, daß er keinen einzigen Artikel des Vertrages verändern konnte und daß es nur um die Sicherheit Israels ging. Er konnte keine Trennung von palästinensischen und Siedlerinteressen durchsetzen und mußte die eigene Opposition gegen die Besetzung unterdrücken. Die Frage, ob der Kampf und die Intifada weitergeführt werden sollten, spaltete die Palästinenser in den besetzten und »autonomen« Gebieten und in der Diaspora. Schließlich mußte Arafat an den Verhandlungstisch nach Taba zurückkehren, ohne auch nur eine seiner Forderungen durchgesetzt zu haben.

Noch im November 1993 hatten er und Nabil Shaath die Vorstellungen Israels in Taba als Fortsetzung der Okkupation bezeichnet und deshalb abgelehnt. Im Mai 1994 unterzeichnete der PLO-Vorsitzende das »Gaza-Jericho-Abkommen« dennoch. Rabin konnte also seine Idee der fortdauernden Okkupation mit Arafats Zustimmung umsetzen. »Dies sollte als eine Leistung von jedem angesehen werden, der an der Fortsetzung der Besetzung interessiert ist«, schreibt Tanya Reinhardt am 6. April 1994 in »Yediot Aharonot«. Selbst Ariel Sharon hätte dies nicht besser machen können. Warum griff er Rabin danach so heftig an? Der Journalist Yoel Marcus glaubt, daß der Ministerpräsident Sharon animierte, einen Protest gegen eine Räumung von Siedlungen anzuzetteln. Dies mag auf den ersten Blick merkwürdig anmuten, aber eine solche Strategie ist durchaus erfolgversprechend. Den einen machte Sharons Aufregung klar, daß das Erreichte das Beste sei und es keine Alternative zur Strategie Rabins gebe. Viele Israelis akzeptierten wohl Rabins Ziele, damit nicht Sharon im Gegenzug zur Macht kommt.

Andere könnten vermutet haben, daß sich etwas Positives entwickelt, weil Sharon sich so empört. Tatsächlich war die Hysterie der Rechtskräfte in Israel überflüssig, denn Rabin hat ihre Agenda umgesetzt.

2. Das »Gaza-Jericho-Abkommen« vom 4. Mai 1994 und das Protokoll über die Wirtschaftsbeziehungen vom 29. April 1994

Dieses Abkommen wurde in Kairo vor über tausend geladenen Gästen unterzeichnet. Die Verhandlungen gestalteten sich bis zum Schluß als äußerst schwierig. Der Druck auf die Palästinenser war so groß, daß einige israelische Politiker davor warnten, Arafats Position nicht von vornherein völlig zu untergraben. Eine total besiegte PLO sei ebenso gefährlich wie eine siegreiche. Die Zeremonie selbst nahm groteske Züge an. Ein sichtlich entnervter PLO-Chef war zunächst nicht bereit, die Dokumente zu paraphieren. Daraufhin verweigerte auch der israelische Ministerpräsident seine Unterschrift. Erst nach intensiven Gesprächen hinter den Kulissen kam es schließlich doch zur Unterzeichnung. Arafat rechtfertigte sich später: Er habe diese Szene machen müssen, weil er Rabins Zusagen über den Status von Jerusalem nicht traute. »Ich wollte nicht nur von Rabin dieses Versprechen. Nein, ich wollte dieses Versprechen von den Kosponsoren, Christopher und Kozyrev, und als Zeugen Präsident Mubarak.« Den israelischen Verhandlungsführern war klar, daß sie Arafat ein »Kapitulationsabkommen« aufgezwungen hatten.

Das Abkommen besteht aus einer Präambel und 23 Artikeln sowie vier Anhängen: dem Protokoll über den Abzug der israelischen Armee und Sicherheitsvereinbarungen; dem Protokoll über zivile Angelegenheiten; dem Protokoll über rechtliche Angelegenheiten; dem Protokoll über die Wirtschaftsbeziehungen zwischen dem Staat Israel und der PLO, das am 29. April 1994 in Paris unterzeichnet und dem »Gaza-Jericho-Abkommen« als Anhang beigefügt worden ist. Es enthält viele Kreuz-, Rück- und Querverweise, die bereits zugestandene Konzessionen wieder zurücknehmen bzw. relativieren. Die Modalitäten der Truppenverlegung und die Pflichten der palästinensischen Behörde in Fragen der Sicherheit sind detailliert beschrieben. Es handelt sich um ein reines Sicherheitsabkommen. Konkret heißt das: 1. Die Israelis behalten die Kontrolle über die Außengrenzen und legen die Größe und den Status von Jericho fest, 2. die Siedlungen im Gaza-Streifen bleiben israelische Enklaven. Ihre Zusammenfassung in Blocks verdoppelte nochmals das bereits von Israel enteignete Land.

Für den damaligen Generalstabschef Ehud Barak stand während der langwierigen Verhandlungen fest: »Wir bereiten uns auf die Umgruppierung der Truppen aus Jericho und dem Gaza-Streifen vor. Für die übrigen Gebiete haben sich unsere Aufgaben nicht geändert, dort bleibt alles beim alten.« Arafat hatte immer wieder versucht, neue Forderungen zu stellen, nachdem sich die Delegationen bereits geeinigt hatten. In Taba zeigte sich, wie weitreichend und verhängnisvoll die Konzessionen waren, die in der »Prinzipienerklärung« gemacht wurden. Rabin erklärte auf einer Kabinettssitzung am Jahreswechsel 1993/94: »Wenn die Palästinenser dauernd die Vereinbarungen ändern, dann können wir das auch. Man kann offenbar mündlichen Absprachen nicht trauen. Wir sind nicht in Eile. Laßt sie ein wenig schwitzen.« Schon damals hätten die Palästinenser begreifen müssen, daß sie nie über einen souveränen Staat verfügen würden. Im Februar 1994 sagte Joel Singer: »Das neue palästinensische Gebilde wird in seiner Natur weder unabhängig noch souverän sein, es wird weitestgehend der Autorität der Militärregierung untergeordnet sein.« Israel kann jederzeit eine gemachte Zusage oder Konzession wieder zurücknehmen, ohne daß die palästinensische Behörde irgend etwas dagegen tun könnte.

Der Gaza-Streifen ist von einem Netz israelischer und palästinensischer Kontrollposten überzogen, wobei letztere nur als Staffage dienen. Macht und Verantwortlichkeiten (Artikel III Abs. 4) der israelischen Militärregierung bleiben unangetastet. Sie behält die Jurisdiktion über die Siedlungen, die militärischen Einrichtungen, die Außenbeziehungen, die interne Sicherheit, die öffentliche Ordnung in den Siedlungen, die äußere Sicherheit (Artikel V Abs. 1 a und b) sowie die Luftraumüberwachung Israels (Artikel V Abs. 3 b). Außenpolitisch hat die palästinensische Behörde keinerlei Rechte. Sie darf keine Botschaften, Konsulate oder andere Vertretungen unterhalten. Auswärtige Staaten dürfen keinerlei Vertretungen im Gaza-Streifen oder Jericho errichten (Artikel VI Abs. 2 a).

Die palästinensische Behörde hat nur eine sehr eingeschränkte Gesetzgebungsbefugnis. Alle Militärverordnungen bleiben in Kraft. Jede Verordnung und jedes Gesetz bedarf der Zustimmung durch

Karte 1

Israel. Die Bearbeitungsfrist beträgt 30 Tage. Ein wichtiger Punkt des Abkommens ist die Gründung einer starken Polizeitruppe. Die palästinensische Behörde wird zur Kooperation in allen Sicherheitsfragen verpflichtet. Sie muß versuchen, alle feindseligen Akte gegen Israel oder die Siedlungen zu unterbinden (Artikel XVIII). Zum ersten Mal in der Geschichte muß ein unterdrücktes Volk für die Sicherheit seiner Besetzer aufkommen. Der um den Gaza-Streifen errichtete Sicherheitszaun bleibt erhalten.[13] Damit ähnelt Gaza mehr einem riesigen Gefängnis, zu dem Israel allein die Schlüssel besitzt, als einem werdenden »Staat«. Die Palästinenser besitzen nur völlig überbevölkerte Gebiete ohne eine Entwicklungsperspektive. Das noch landwirtschaftlich nutzbare Land bleibt unter israelischer Kontrolle. Je mehr Konzessionen die PLO machte, desto mehr forderte Israel.

Wie geschickt die Israelis verhandelten, zeigt sich darin, daß ihr Land für die während seiner Besatzungsherrschaft verursachten Schäden nicht verantwortlich und haftbar gemacht werden kann. So heißt es in Artikel 22, der auch im »Interimsabkommen« als Artikel 20 wieder auftaucht: »Die Übergabe von Befugnissen und Verpflichtungen von der israelischen Militärregierung und ihrer Zivilverwaltung auf den Rat – wie in Anhang III ausgeführt – schließt alle verwandten Rechte, Haftungen und Verpflichtungen ein, die sich in bezug auf Akte und Unterlassungen ergeben, die vor der Übertragung passiert sind. Israel wird aufhören, irgendwelche finanziellen Verpflichtungen zu tragen, die solche Akte und Unterlassungen betreffen, und der Rat wird alle finanziellen Verpflichtungen dafür und für sein eigenes Funktionieren übernehmen.« In diesen Fragen darf die palästinensische Behörde nach eigenem Ermessen entscheiden und handeln.

Das Protokoll, das die wirtschaftlichen Beziehungen regeln soll, wurde am 29. April 1994 in Paris vom israelischen Finanzminister Avraham Shohat und Ahmad Qurei alis Abu Ala unterzeichnet. Es ist ebenso asymmetrisch wie die bereits unterzeichneten Abkommen. Das Protokoll besteht aus 21 Artikeln. Sie basieren auf Empfehlungen, die während eines Workshops erarbeitet wurden, den der amerikanische Ökonom Stanley Fischer an der Harvard-Universität mit israelischen, palästinensischen, jordanischen und amerikanischen Ökonomen abgehalten hatte. Die meisten der israelischen und palästinensischen Teilnehmer gehörten auch der Verhandlungsdelegation in Paris an. Der Vertrag regelt die Wirtschaft in den autonomen Gebieten sowie die ökonomischen Beziehungen zwischen Israelis und Palästinensern bzw. zu Drittstaaten. Die Umsetzung und Kontrolle obliegt einem palästinensisch-israelischen Wirtschaftsausschuß, der noch Unterausschüsse einsetzen kann. Alle Ausschüsse müssen ihre Entscheidungen einvernehmlich treffen. Damit hat sich die israelische Regierung ein Mitsprache- und Vetorecht in allen wirtschaftlichen Fragen gesichert. Sie erhält damit indirekt die absolute Kontrolle über die Wirtschaft der Autonomiegebiete und Entscheidungen, die die autonomen Enklaven betreffen, ohne das Einverständnis der Palästinenser einholen zu müssen.

Nach Unterzeichnung dieses Wirtschaftsabkommens fragten sich israelische Journalisten, wie Arafat solch einen Vertrag billigen konnte, der Israel alles und den Palästinensern nichts zugestand. Jeder Import muß den israelischen Zoll passieren, jeder Export über israelische Vertragspartner laufen. Tanya Reinhardt verweist am 7. April 1997 in »Yediot Aharonot« auf einen Artikel in »Ha'aretz«. Dem Bericht dieser Zeitung zufolge ist Arafat mit Geld gekauft worden. Mohammed Rashid, kurdischer Millionär und Arafats Wirtschaftsberater, soll sich mit dem ehemaligen Sicherheitschef Yossi Ginossar geeinigt haben, daß ein Teil der einbehaltenen Benzinsteuer nicht auf das Konto der Autonomiebehörde, sondern auf ein Konto bei der Bank Leumi in Tel Aviv fließen würde, über das nur Arafat und Rashid verfügen konnten. Das Geld sei für den Fall bestimmt, daß es in den Gebieten zu Aufständen kommen würde und Arafat und sein engster Führungszirkel fliehen müßten. Bei dem enormen Vermögen, das die PLO bis heute noch im Ausland hortet, eine überflüssige Vorsichtsmaßnahme. Die Vermarktung des Benzinmonopols wurde der Firma Dor übertragen. Josef Antwerg und Mohammed Rashid unterschrieben diese Vereinbarung. Antwerg ist ein Manager der Israelischen Landbehörde (ILA), die für die Enteignung von palästinensischem Land zuständig ist. »Die Reichen der Besetzung helfen denjenigen in der Autonomiebehörde, die ebenfalls durch die gleiche Besetzung reich werden«, so Reinhardt.

Die politische und die wirtschaftliche Unabhängigkeit bedingen einander. Der Aufbau einer unabhängigen palästinensischen Wirtschaft ist aber nach diesem Protokoll nicht vorgesehen. Die Autonomiegebiete und die neue »Partnerschaft« dienen Israel als Arbeitskräftereservoir und als Sprungbrett zu den arabischen Märkten. Die neue palästinensische politisch-ökonomische Klasse wird zum Juniorpartner Israels. Sie profitiert von den Diensten, die sie ihren israelischen »Partnern« leistet. Israelische Produkte mit dem Gütezeichen »Made in Israel« waren in den arabischen Staaten schwer absetzbar, »Made in Palestine« verkauft sich besser. Die palästinensischen Subunternehmer fertigen die mit israelischem Know how vorgefertigten Waren zudem wesentlich billiger als israelische Firmen. Diese neue Klasse hat sich eine Monopolstellung beim Import gewisser Waren gesichert. Dies betrifft u. a. Baustoffe, vor allem Kies und Zement, Benzin und Flüssiggas sowie Elektronik. Diese Palästinenser leben gut, sie haben kein Interesse an völliger Unabhängigkeit. Eine enorme Bürokratie ist entstanden, die den Aufbau der Wirtschaft eher behindert als fördert. Ein Großteil der ausländischen Hilfsgelder versickert in korrupten Kanälen oder wird für Lohnzahlungen verwendet. »Das Protokoll reflektiert die historische Realität, die fortdauernde Okkupation in der Interimsphase sowie Israels Bestreben, seine eigenen Unternehmer zu schützen und seinen dominanten Anteil am palästinensischen Markt zu behaupten.«[14] Wie bereits gesagt, konzentriert sich die Macht dieser neuen Klasse auf drei Bereiche: Politik und Diplomatie, Wirtschaft und Sicherheit, speziell die Terrorismusbekämpfung. An der Spitze dieser Machtpyramide steht Yassir Arafat. Seine Untergebenen sind allein ihm verantwortlich. Eine Rechenschaftspflicht gegenüber der Öffentlichkeit oder dem Parlament besteht nicht. So einflußreich und dominant diese Bereiche auch im täglichen Leben für die Palästinenser sind, so ist ihr Einfluß auf Länder, die den Palästinensern Entwicklungshilfe gewähren, begrenzt. Vor allem die USA mahnen immer wieder die öffentliche Transparenz und Verantwortlichkeit an. Hatten die USA jemals nach der »Transparenz« gefragt, als sie jahrzehntelang korrupte, diktatorische Regimes überall auf der Welt unterstützten?

Die ökonomischen Probleme im Gaza-Streifen liegen nicht so sehr in der ökonomischen Rückständigkeit der örtlichen Ökonomie, sondern resultieren aus den besonderen ideologischen und nationalen Vorgaben, die die israelische Politik bestimmen, schreibt die US-Ökonomin Sara Roy.[15] Das »Gaza-Jericho-Abkommen« und das Pariser Wirtschaftsprotokoll werden die Entwicklung des Gaza-Streifens nicht fördern, weil sich die Autonomie in den engen politischen und ideologischen Grenzen entwickeln muß, die Israel festgeschrieben hat. Bisher wurde fast ausschließlich im Bausektor investiert. In die marode Infrastruktur flossen kaum Gelder. So wurden in Gaza-Stadt einige Hochhäuser und Hotels gebaut, deren Mieten und Preise kein Normalbürger bezahlen kann, aber im Flüchtlingslager Jabaliya existiert der berühmte »Abwassersee« auch im fünften Jahr der Autonomie immer noch. Die einzige »Infrastrukturmaßnahme« im Lager war die Planierung eines 250 Meter breiten Streifens einer »Straße«. Doch bevor es zur Asphaltierung kam, wurde das Projekt eingestellt. Der angebliche Wirtschaftsaufschwung in Gaza, von dem einige Ökonomen reden, ist nichts weiter als das Errichten von Luftschlössern und ein riesiger Schwindel. Welcher private Investor lenkt sein Kapital in Gebiete, die über Wochen abgeriegelt sind? Wirtschaftswachstum wird in der Tat primär durch politische Hindernisse verhindert.

Israel kann weiterhin die Autonomiegebiete mit seinen Produkten überschwemmen, wohingegen der Export palästinensischer Waren erheblichen Beschränkungen unterliegt. Die »offenen Grenzen« sind oft geschlossen, dann werden keine Warentransporte aus dem Gaza-Streifen oder der Westbank abgefertigt. Palästinensische Produkte sind auf arabischen Märkten auch wegen der niedrigeren Mehrwertsteuer nicht wettbewerbsfähig. Israel erhebt 17 Prozent Mehrwertsteuer, die Palästinenser müssen sich auf 15 und 16 Prozent festlegen. Der englische Journalist Graham Usher hat nüchtern bilanziert: »Israels strategisches Ziel ist es gewesen, eine höhere ökonomische Integration in der arabischen Welt und einen besseren Zugang zum arabischen Markt zu erreichen sowie den 46jährigen Wirtschaftsboykott gegenüber Israel zu brechen.«[16]

Das Prinzip »Land vor Menschen« bestimmt weiterhin die Politik des Landes. Israels Kontrolle der palästinensischen Wirtschaft hat in der Tat wenig mit der Förderung von selbsttragendem Wachstum zu tun, sondern dient in erster Linie dem Schutz des eigenen wirtschaftlichen Einflusses und der Normalisierung seiner Wirtschaftsbeziehungen zu den arabischen Staaten. So ist Israel verantwortlich für alle internationalen Wirtschaftsabkommen der Palästinenser. Sie müssen den Zugang zu den internationalen Märkten mit den Israelis aushandeln. Solange Israel die Mitbestimmung über wichtige Sektoren der palästinensischen Wirtschaft hat, wird es keinen Fortschritt geben. Die Folgen der andauernden Stagnation werden bisher lediglich gemildert. Die Palästinenser brauchen nicht nur größere Handlungsfreiheit, es müssen die ideologisch bedingten Zwänge fallen.«»Das ›Gaza-Jericho-Abkommen‹ beseitigt nicht diese Zwänge, sondern gestaltet sie nur um.«[17]

Der Ansicht einiger Wissenschaftler, durch die genannten Vereinbarungen hätte sich im Status der besetzten Gebiete nichts verändert,[18] muß widersprochen werden. Die unterzeichneten Dokumente haben die Besetzung, die Siedlungen und Enteignungen erstmals legitimiert. Eine dem Völkerrecht widersprechende Politik wurde von den Besetzten sanktioniert. Was kann sich eine Besatzungsmacht Besseres wünschen? Der Inhalt der Dokumente sowie die Richtung, in der sich die Verhandlungen und die Politik Israels seither bewegen, lassen vermuten, daß es dem Land gelingen wird, die UN-Resolutionen 242 und 338 zu umgehen. Ziel Israels ist es nicht, auf deren Grundlage eine Einigung zu erreichen, sondern auf bilateralem Wege, wo Macht mehr zählt als Recht.

Laut Artikel VII Abs. 9 haben die Gesetze und Militärverordnungen, die vor der Unterzeichnung des »Gaza-Jericho-Abkommens« in Kraft waren, Gültigkeit behalten. Ob die palästinensische Führung die Tragweite dieses Artikels begriffen hat, darf bezweifelt werden. Damit bleibt das Besatzungsrecht bestehen, bis es durch eine Vereinbarung außer Kraft gesetzt wird. Seither haben die Israelis Militärverordnungen erlassen, einige davon wurden veröffentlicht, andere bleiben geheim. Sie dürften noch für etliche Überraschungen unter den Palästinensern sorgen.

Vor der Unterzeichnung des Abkommens hatten die lokalen palästinensischen Zivilgerichte in den besetzten Gebieten Jurisdiktionsgewalt. Sie verhandelten Zivilangelegenheiten, die sowohl Siedler als auch Nichtsiedler betrafen. Alle Vorfälle, die in die Kompetenz der israelischen Militärregierung fielen, wurden jedoch vor israelischen Militärgerichten verhandelt. Trotz alledem blieb die rechtliche Jurisdiktion unverändert. Bis zum 4. Mai 1994 konnten Entscheidungen der lokalen Gerichte in Israel ohne Einschränkungen durchgesetzt werden. Erst durch Artikel IV der »Prinzipienerklärung« und die detaillierten Bestimmungen des »Gaza-Jericho-Abkommens« wurde dies geändert.

Die Trennung der israelischen Siedlungen von palästinensischer Gerichtsbarkeit wurde in Artikel 1 und 2 des Anhangs des »Gaza-Jericho-Abkommens« über die rechtlichen Angelegenheiten festgelegt. »Israel hat die alleinige Rechtsgewalt über … Verstöße, die von Israelis in den Gebieten begangen werden.« Die Zivilangelegenheiten betreffend, heißt es in Artikel III Abs. 2: »Israelis, die sich zu Geschäftszwecken in den Gebieten aufhalten, unterliegen dem Zivilrecht in dem Gebiet, das sich auf ihre Aktivität bezieht. Nichtsdestotrotz, jede Vollstreckung einer rechtlichen oder administrativen Entscheidung, die gegen einen Israeli oder dessen Eigentum ergeht, wird in Israel in Kraft treten.« Aber in Abs. 3 heißt es, daß die palästinensischen Gerichte und juristischen Autoritäten keine Jurisdiktion über zivile Angelegenheiten haben, in die Israelis verwickelt sind. Für den Anwalt Raja Shehadeh ist es deshalb klar, daß das »Gaza-Jericho-Abkommen« sowohl die »israelischen Siedlungen als auch die Palästinenser aus Ost-Jerusalem der Jurisdiktion der palästinensischen Gerichte«[19] entzogen hat. Paradoxerweise geschah dies mit Zustimmung der Palästinenser als Vertragspartei.

Das »Gaza-Jericho-Abkommen« überträgt der palästinensischen Behörde formal die Zuständigkeit für die Registrierung von Land in Grundbüchern (Artikel II B Abs. 22) und die Verfügungsgewalt über Wasser (Artikel II B Abs. 31.a). Letzteres wird in Abs. 31.b wieder zurückgenommen, weil die Wasserbewirtschaftung der israelischen Firma Mekoroth Water Co. vorbehalten bleibt. Der Partner der Palästinenser hätte die Israelische Nationale Wasserbehörde sein müssen und nicht Mekoroth, die als Subunternehmen profitorientiert arbeitet. So erhöhte sie den Preis pro Kubikmeter von 0,70 auf 1,8 Shekel. In den Verhandlungen wurden weder die Quellen, die Israel überall im Gaza-Streifen angezapft hat, noch die Quellen in den Siedlungen berücksichtigt. Damit hat man den Siedlungen implizit ein eigenes Recht auf Wasser zugestanden und sie ein weiteres Mal legitimiert. In diesem Punkt zeigt sich wieder, welche Vorteile die Israelis durch das Hinzuziehen von Spezialisten bei den Verhandlungen erringen konnten.

Auch in der Landfrage wird nur der Status quo erhalten. Den Siedlungen wurde noch so viel Land zugeteilt, daß sie von der palästinensischen Behörde nicht betroffen sind. Zur Rückversicherung wurde in Artikel II Abs. B 32.b in Anhang II darauf hingewiesen, daß sich an der Praxis vor Unterzeichnung des Abkommens nichts geändert hat. Die Palästinenser können beschließen, was sie wollen, da Israel über ein Vetorecht verfügt. Die Vernachlässigung des legalen Aspektes durch seine Landsleute ist für Shehadeh um so erstaunlicher, da Israel das »legalistischste Land der Welt ist, das eine lange und entwickelte Tradition hat, Recht als Instrument der effektiven Kontrolle und Ausbeutung«[20] einzusetzen.

Arafat wollte mit dem Erlaß vom 20. Mai 1994 den Rechtszustand aus der Zeit vor dem Sechstagekrieg wieder in Kraft setzen. In Artikel VII Abs. 9 des »Gaza-Jericho-Abkommens« ist jedoch fixiert, daß die Gesetze und die Militärverordnungen vor Unterzeichnung des Abkommens weiter gültig sind. Arafat verglich am 10. Mai 1994 in seiner Rede in Johannesburg die Abkommen zwischen Israel und der PLO mit der Vereinbarung zwischen dem Propheten Mohammad und dem Stamm der Quraish im Jahre 627, die der Prophet nach zwei Jahren gebrochen hatte. Daß Arafat so lax mit dem Recht umgeht, ist schwer zu begreifen, weil die Palästinenser als der schwächere Teil in diesem Machtkampf sich nur auf die Macht des Rechtes stützen können. Sie haben bereits so viele Rechtsansprüche preisgegeben, daß ein Rekurs auf die noch verbliebenen das Blatt nicht zu ihren Gunsten wenden könnte. Ich schrieb, das »Interims«- und das »Gaza-Jericho-Abkommen« hätten »nichts an der Fortdauer der Okkupation geändert. Welche Autorität hat eine Behörde, die noch nicht einmal bestimmen kann, wer ein- und ausreisen darf? Diese Art der Autonomie ist nur eine neue Variante der Besetzung. Auch die südafrikanischen ›Homelands‹ hatten Symbole der Autorität wie Fahne, Briefmarke, Pässe und eine starke Polizei, waren aber Marionettenregime. Auch das verzweifelt angestrebte Interimsabkommen wird an der Besetzung und der Lage der Palästinenser nichts ändern. Die Palästinenser-Behörde ist zu einer innerisraelischen Pressuregroup wie die nationalreligiöse Shas-Partei geworden, die mit der Regierung um Zugeständnisse feilschen muß.«[21] Das Abkommen fiel ganz im Sinne der Rechtskräfte in Israel aus, dennoch äußerten sie lauthals ihre Empörung, sie fühlten sich provoziert durch die prächtigen Uniformen der palästinensischen Polizei, die Fahne, die Briefmarken und das Wort »Paß« auf den Reisedokumenten. Alle diese Attribute der »Souveränität« hatten die Bantustans in Südafrika auch.

Große Teile des Gaza-Streifens, die für Landwirtschaft und zur Bebauung geeignet sind, unterstehen der alleinigen Kontrolle Israels, immerhin 40 Prozent des gesamten Territoriums. Im Sicherheitsteil des Abkommens ist festgelegt, daß die Palästinenser in diesen nicht bauen dürfen. Der Gush-Katif-Block wurde buchstäblich vom Gaza-Streifen abgetrennt, und um die dort errichteten Siedlungen wurden elektronisch kontrollierte Zäune errichtet. Das »Gaza-Jericho-Abkommen« hat – gemäß der klassischen kolonialen Formel »teile und herrsche« – den Gaza-Streifen und die

Westbank weiter separiert. Es läßt nur die Verbindung zwischen Gaza und Jericho zu, die aber bis heute nicht gebaut worden ist. Die israelische Regierung annullierte nach Unterzeichnung des Abkommens umgehend für 1 300 Studenten aus Gaza die Genehmigungen zum Studium an den Universitäten in der Westbank. Die Betroffenen können bis heute dort nicht wieder studieren. Eine Eingabe an das Oberste Gericht in Israel wurde mit dem Argument zurückgewiesen, daß sich ab sofort das palästinensische Regime mit diesen Problemen befassen wird. Wie die israelische Regierung über das Abkommen dachte, zeigt der Ausspruch von Yossi Sarid in »Ha'aretz« vom 24. Mai 1994: »Wir wollten Gaza abgeben. Dies ist kein großer Verlust. Falls wir nicht zu einem Abkommen über den Rückzug aus Gaza gekommen wären, hätte sich die Regierung eigenmächtig dazu entschlossen. Diese Angelegenheit wurde in der Vergangenheit mehrere Male besprochen. Man braucht über Jericho in puncto Land gar nicht zu reden. Es ist weniger als ein Prozent des gesamten Gebietes von Judäa und Samaria.«

Um eine Angleichung der Kompetenz über die Sachbereiche, die der palästinensischen Behörde im Gaza-Streifen und der Enklave Jericho übertragen worden ist und die auch auf die Westbank ausgedehnt werden soll, wurde am 29. August 1994 das Abkommen über die Übertragung von Macht und Verantwortlichkeiten an die Palästinenser unterzeichnet. Dieses aus zwölf Artikeln sowie sechs Anhängen bestehende Abkommen unterscheidet sich in seinem Duktus nicht von den früheren. Darin wird festgelegt, daß ein Joint Civil Affairs Coordination and Cooperation Committee Erziehung und Kultur, Gesundheit, Sozialwesen, Tourismus regelt und direkte Steuern sowie Mehrwertsteuer auf lokale Produkte erhebt. Die palästinensische Behörde kann Verordnungen und Gesetze erlassen, die aber von der israelischen Regierung in einer Frist von 30 Tagen bestätigt werden müssen. Eine Ablehnung bedarf der Begründung. In diesem Abkommen werden die Ausnahmeregelungen, die bereits im »Gaza-Jericho-Abkommen« enthalten sind, nochmals für die Westbank bestätigt.[22]

Arafat traf erst zwei Monate nach Unterzeichnung des »Gaza-Jericho-Abkommens« in Gaza ein. Sein langes Zögern hatte den Anschein, als übernehme er nur widerwillig die ihm zugedachte Rolle. Er verweigerte sich wohl auch, weil die Gefangenen nicht wie vertraglich vereinbart, freigelassen wurden. Da nur Arafats Kommen dem Abkommen die endgültigen Weihen verleihen konnte, übten die Israelis Druck auf den PLO-Führer aus. Die Reaktionen der israelischen Bevölkerung offenbarten, daß sich ihre Einstellung zu den Palästinensern und Arabern nicht geändert hatte. Das nun »benachbarte Volk« wurde sowohl von der Rechten als auch der Linken mit Arroganz behandelt. Die Nationalisten betrieben eine Einschüchterungskampagne, zu der die Öffentlichkeit schwieg. Neben den von Israel errichteten Hindernissen in den Abkommen blockierte auch Arafats Vetternwirtschaft den Aufbau der Autonomiegebiete. Er umgab sich nicht mit Fachleuten aus den besetzten Gebieten, sondern mit den »Salon-Aktivisten« und der »Tunis-Mafia«, wie die Palästinenser Arafats Ankömmlinge bezeichnen.

Die Autonomiebehörde übernahm formell die Bereiche Gesundheit, Soziales, Erziehung und Kultur sowie Tourismus. Israel machte von Beginn an klar, daß die Terrorismusbekämpfung Priorität haben mußte. »Konzessionen«, d. h. vertraglich gemachte Zusagen, würden nur noch gewährt, wenn die Sicherheit der Israelis besser gewährleistet sei. Arafat mußte daher die Opposition mit allen Mitteln unterdrücken. Gefährlichster Gegenspieler war seit Beginn der Autonomie die Hamas. Ibrahim el-Jasuri erklärte in einem Interview mit dem »Spiegel« vom 5. September 1994, daß Israel »mit Blut und Terror errichtet« wurde und die Autonomie ein Selbstbetrug sei. »Das von Gott gewollte Ziel ist die Befreiung ganz Palästinas.« Zentraler Streitpunkt zwischen Israelis und Palästinensern ist nach wie vor Jerusalem. Die für Juden, Christen und Muslime heilige Stadt war 1949 geteilt worden. West-Jerusalem gehörte zum jungen Staat Israel, Ost-Jerusalem mit den heiligen Stätten fiel unter jordanische Verwaltung. Im Sechstagekrieg eroberten die Israelis den Ostteil und schlossen ihn West-Jerusalem an. Im Juli 1980 wurde der Ostteil gegen das Völkerrecht Israel eingegliedert.

Peres überzeugte Ministerpräsident Rabin, Arafat neben Teilen des Gaza-Streifens auch Jericho anzubieten. Arafat akzeptierte den Deal nur, weil sowohl die israelische Regierung als auch seine »Ratgeber« von der israelischen Linken, die sich im »Friedenslager« und in der Meretz-Partei konzentriert, Druck auf ihn ausübten. Diese Ratgeber spielen eine verhängnisvolle Rolle für die Palästinenser, weil sie in Wahrheit israelische Interessen vertreten. Die Friedensbewegung erpreßt Arafat um des Friedensprozesses willen. Es ist hart für die israelische Linke, sich einzugestehen, daß Arafat vor Israel kapituliert hat, weil er für sie jahrelang das Symbol des palästinensischen Befreiungskampfes darstellte.

Als sich in der Jerusalem-Frage nichts mehr bewegte und Ehud Olmert, der zum Likud-Block gehörende Oberbürgermeister, die palästinensischen Institutionen in Ost-Jerusalem zurückdrängen wollte, zitierte Arafat in seiner Rede in Johannesburg – zur Überraschung aller – aus einem Brief von Peres an den norwegischen Außenminister Johan Joergen Holst vom 11. Oktober 1993: »Ich möchte bestätigen, daß die palästinensischen Einrichtungen in Ost-Jerusalem und die Interessen und das Wohlergehen der Palästinenser von Ost-Jerusalem von großer Bedeutung sind und erhalten werden. Deshalb erfüllen alle palästinensischen Institutionen in Ost-Jerusalem – einschließlich der ökonomischen, sozialen, bildungspolitischen und kulturellen – sowie die christlichen und muslimischen Heiligtümer eine wichtige Aufgabe für die palästinensische Bevölkerung. Selbstverständlich werden wir deren Aktivitäten nicht behindern; im Gegenteil, die Erfüllung dieser wichtigen Aufgabe muß gefördert werden.«

Diese öffentliche Bekanntmachung führte zu einem einhelligen Aufschrei in Israel. Insbesondere die linksliberale Presse griff Arafat heftig an. Nachdem sich herausgestellt hatte, daß nicht Arafat, sondern Rabin und Peres die Lügner waren, mußte die Presse zurückrudern. Besonders aufschlußreich ist der Artikel von Yoel Marcus in »Ha'aretz« vom 10. Juni 1994: »An dem Tag, als ich mich entschied, der Regierung zu glauben, fand ich mich in der unangenehmen Lage, mich bei dem chronischen Lügner Yassir Arafat zu entschuldigen, der dabei ertappt wurde, die Wahrheit zu sagen … Es ist eine Tatsache, daß der ›nichtexistente‹ Brief den palästinensischen Besitz Ost-Jerusalems anerkennt.« Die Rechte in Israel war entsetzt. Benjamin Begin schrieb am 8. Juni 1994 in »Yediot Aharonot«: »Gnade Gott dem Ministerpräsidenten von Israel, wenn es wahr sein sollte, daß er es mit den Details nicht so genau genommen hat, während der Terrorist Yassir Arafat korrekt war. Gnade Gott der israelischen Regierung, wenn herauskommt, daß sie das in die Hände der Terrororganisation gegeben hat, was sie Ost-Jerusalem nennt. Und Gott erbarme sich Israels, wenn dies seine Regierung ist.« Shimon Peres erklärte später vor dem Auswärtigen und Verteidigungsausschuß der Knesset: »Die Erklärung Arafats, Jerusalem betreffend, ist für mich so viel wert wie eine Knoblauchschale … die PLO will eine zusätzliche Hauptstadt. Wir lehnen dies total ab. Nicht nur wird Jerusalem nicht geteilt, sondern es wird auch keine zwei Hauptstädte geben.«

Umgehend brachte die Regierung ein Gesetz ein, das die politischen Aktivitäten der PLO und der palästinensischen Institutionen in Ost-Jerusalem verbot. Es wurde Ende Dezember 1994 mit großer Mehrheit in der Knesset verabschiedet. Der palästinensischen Behörde mit Feisal Husseini an der Spitze wurde darin jegliche politische Aktivität in der Stadt untersagt. Sie dürfen weder Konferenzen organisieren, Petitionen verabschieden noch Versammlungen oder Protestmärsche unter ihrer Führung innerhalb der Stadtgrenzen abhalten. Bei Zuwiderhandlung droht eine einjährige Gefängnisstrafe oder eine Geldstrafe von 33 000 US-Dollar.

Die Abkommen mit der PLO schufen auch die Basis für den Abschluß eines Friedensvertrages zwischen Israel und dem Königreich Jordanien am 26. Oktober 1994 in Ein Avrona.[23] Der Vertrag hatte immer ganz oben auf der Agenda der Arbeitspartei gestanden. Da es keinerlei fundamentale Meinungsverschiedenheiten zwischen beiden Staaten gibt, konnte die israelische Regierung Jordanien gegen die PLO in bezug auf Jerusalem ausspielen. So heißt es in Artikel 9, Abs. 2, in dem es um die historischen und religiösen Stätten geht: »In diesem Zusammenhang achtet Israel in Übereinstimmung mit der Washingtoner Erklärung die derzeitige Rolle des Haschemitischen Königreichs Jordanien in bezug auf die moslemischen Heiligen Stätten in Jerusalem. Wenn Verhandlungen über den dauerhaften Status stattfinden, wird Israel der historischen Rolle Jordaniens in bezug auf diese Stätten hohe Priorität einräumen.« In den Worten von Shimon Peres heißt dies, Jerusalem bleibt »politisch geschlossen, aber religiös offen«. Israel kann es gleichgültig sein, wer über das himmlische Jerusalem verfügt, solange ihm keiner den Alleinvertretungsanspruch über das irdische streitig macht. Ariel Sharon lehnte selbst diese Art der »Souveränität« ab, obwohl der Vertrag für Israel ausschließlich Vorteile bietet. Nur das jüdische Volk könne über den Tempelberg Souveränität ausüben, so der General am 29. Juli 1994 in »Yediot Aharonot«.

Arafat, Mubarak und Assad kritisierten den Friedensvertrag. Nach einem Treffen mit dem ägyptischen Präsidenten in Kairo im Oktober 1994 geißelte Assad die Tatsache, daß Jordanien zwei kleine, landwirtschaftlich genutzte Gebietsstreifen für 25 Jahre an Israel verpachtet hat, als »die Art der Ungläubigen, wenn irgendein Land davon spricht, seinen Boden an andere Gemeinwesen zu verpachten«. So heftig hatte noch nie ein alawitischer General und Politiker bäuerlicher Herkunft den Nachfolger Mohammads kritisiert. Keiner könne von Syrien erwarten, daß es Boden an Israel verpachte. Dies war die syrische Antwort auf die 13 000 israelischen Siedler auf dem Golan. Hosni Mubarak wählte dezentere Worte. Arafat erhob gegen den Vertrag Einwände wegen des jordanischen Mitspracherechtes bei den religiösen Stätten. Der häufig zwischen allen Fronten lavierende oder auch vermittelnde König Hussein nahm weder Rücksicht auf den syrischen Präsidenten Assad noch auf die PLO, zumal die USA Jordanien Schulden von 700 Millionen US-Dollar erlassen wollten. Israel und die USA winkten mit einer wirtschaftlichen Friedensdividende, die nicht eingetreten ist. Der »warme Frieden«, den König Hussein den Israelis versprach, wurde von ihnen nicht erwidert. In Jordanien macht sich daher nicht erst seit Netanyahu allenthalben Unmut über Israel breit.

In der Euphorie des Jahres 1994 wurde mehrfach die Idee einer Konföderation zwischen Israel, Jordanien und Palästina diskutiert. Eine Konföderation ist nur zwischen souveränen Staaten möglich. Rabin konnte sich eine Konföderation zwischen Israel und Jordanien vorstellen, wenn die Palästinenser mit einbezogen würden, dann nicht auf der Basis eines eigenen souveränen Staates. Trotz dieser klaren Aussage Rabins verbreiteten Arafats Funktionäre bei all ihren Auslandsreisen die Illusion, ein eigener Staat sei quasi zum Greifen nahe. Der PLO-Vorsitzende selbst erfand das Programm einer Partnerschaft mit Israel und prognostizierte »blühende Landschaften« in einem eigenständigen palästinensischen Gemeinwesen.

Der Leiter der PLO-Vertretung in Bonn, Abdallah Frangi, suggerierte im Oktober 1993 in einem Vortrag vor der Deutschen Gesellschaft für Auswärtige Politik, das »Gaza-Jericho-Abkommen« sei ein gerader, wenn auch schwieriger Weg zu einem Palästinenserstaat, und zwar innerhalb von fünf Jahren. Auch die Opposition, zu der u. a. der Iran gehöre, werde verstummen. Wie illusionär solche Vorstellungen sind, wurde bereits offenbar, als sich Israel und die Palästinenser bis zur Unterzeichnung des »Gaza-Jericho-Abkommens« nicht über die Größe Jerichos einigen konnten. »Jericho ist für die Israelis 25 Quadratkilometer groß, für uns jedoch 375, wie zu Zeiten der Osmanen und der Engländer«, so Frangi. Die Israelis überließen ihnen nur 54 Quadratkilometer. So wie Frangi dachten und redeten viele der Palästinenser um Arafat. Ihr Zweckoptimismus entpuppte sich als Zynismus, doch er trug wesentlich zu der unrealistischen Haltung im Westen bei.

Zu den ungeklärten Fragen gehörte die nach dem Charakter des palästinensischen Gebildes. Wird es eine Diktatur oder eine Demokratie sein? William B. Quandt erklärte, die israelische Führung habe wenig Interesse an dieser zentralen Frage gezeigt, weil es ihr primär um Sicherheit ging und sie immer einen gewissen Vorteil darin gesehen habe, mit arabischen Diktatoren zu verhandeln, die vor keiner Öffentlichkeit rechenschaftspflichtig seien.[24] Weder die PLO und Arafat noch Israel und die westlichen Staaten sind an einem demokratischen Palästina interessiert. Die USA sollten einerseits Arafat stärker auf eine demokratische Entwicklung drängen, da ein demokratisches Palästina mehr Sicherheit für Israel und Jordanien bedeuten würde als ein diktatorisches. Andererseits kann der PLO-Chef die ihm zugedachte Rolle nur in dieser Herrschaftskonstellation spielen, und Israel würde seine exklusive Rolle als »einzige Demokratie des Nahen Ostens« verlieren.

Welche Demokratie Israel sich vorstellte, demonstrierten die Äußerungen von General Dani Rothschild in einem Interview in »Ha'aretz« vom 5. Oktober 1994: »Die palästinensische Öffentlichkeit hat den Wert der Demokratie in den letzten 27 Jahren unseres Zusammenlebens gelernt. Deshalb ist es sehr wichtig, ein System von ›cheques and balances‹ aufzubauen, ein System, das weniger korrupt ist als ein totalitäres Regime mit Ernennungen ... Tatsächlich haben wir ihnen in den letzten 27 Jahren erklärt, was Demokratie ist, nicht nur jetzt in dem Abkommen. Sie lebten mit uns und sahen, was Demokratie ist, was das Oberste Gericht in Israel ist.« Shimon Peres betrachtete die Okkupation als die beste Schule der Demokratie für die Palästinenser. In »Ha'aretz« vom 26. Oktober 1995 äußerte er: »Es gibt heute eine junge Generation, 125 000 junge Araber, die die Gefängnisse Israels durchlaufen haben. Sie haben Hebräisch gelernt und wissen, was Demokratie ist, und in dieser Hinsicht dienten die Gefängnisse als große Universität.« Zu Recht fragte Felicia Langer: »Wer der palästinensischen Amtsgewalt applaudierte, als sie ein Sondergericht etablierte, das noch viel schlimmer als unsere zur Genüge schrecklichen Militärgerichte ist, wird der ihnen vielleicht Demokratie ermöglichen? Wer der palästinensischen Verwaltung auferlegte, die Opposition gnadenlos zu unterdrücken, als Bedingung für einen Fortschritt in den Verhandlungen, wird der ihnen Demokratie ermöglichen?«[25]

Immer wieder versuchten Radikale der Hamas und des Islamischen Jihad, den Friedensprozeß zu torpedieren. Am 19. Oktober 1994 riß ein Selbstmordattentäter in Tel Aviv 22 Israelis mit in den Tod, 48 wurden verwundet. Einige Tage vorher wurde der israelische Soldat Nachshon Wachsman von radikalen Hamas-Anhängern entführt. Bei der Befreiungsaktion kamen nicht nur die Terroristen, sondern auch der Soldat ums Leben. Am 2. November starb der Journalist Hani el-Abed, ein Funktionär des Islamischen Jihad, im Gaza-Streifen durch eine Autobombe. Selbst Arafat schrieb diesen Anschlag den Israelis zu. Bei einer Vergeltungsaktion sprengte sich am 11. November bei der jüdischen Siedlung Netzarim ein Mitglied des Islamischen Jihad auf dem Fahrrad in die Luft und tötete drei Soldaten. Gesundheitsminister Ephraim Sneh, ein enger Vertrauter Rabins, sagte in »Newsweek« vom 14. November 1994: »Keiner sollte erwarten, daß wir untätig bleiben. Der Krieg gegen den Terror kennt keine Beschränkungen, keine Grenzen und keine Regeln.« Alle diese Aktionen verstärkten den Druck auf Arafat. Am 18. November 1994 kam es zu einem Zusammenstoß zwischen seinen Sicherheitsdiensten mit Demonstranten vor der großen Falastin-Moschee in Gaza. Dabei wurden 14 Palästinenser erschossen und mehr als 200 verletzt. Ohne ersichtlichen Grund feuerten die Soldaten in die Menge, die sich zum Freitagsgebet versammelt hatten. In diesem Machtkampf war Arafat der Sieger. Die Islamisten verleumdeten ihn in einem Flugblatt als »Agenten des Zionismus«. Als Rabin davon erfuhr, sagte er, »daß es jetzt unmöglich ist, zu behaupten, Arafat hält sich nicht an die Vereinbarungen«.

Nach der Niederschlagung des Aufstandes in Gaza warf die Opposition Arafat vor, er sei ein Verräter und mache die »Dreckarbeit« für Israel. Hamas-Sprecher Ibrahim Ghoshe verlangte, Arafat müsse »Gaza verlassen«, weil sein von Israel eingepflanztes Regime sich auf die Besatzer stütze. Arafats hartes Durchgreifen wurde von seinem Justizminister Freih Abu Middein damit begründet, daß die Regierung Arafats kein zweites Machtzentrum in Gaza dulden könne. Arafats Haltung resultierte in erster Linie nicht aus den Verträgen, sondern aus der politischen und wirtschaftlichen Schwäche seiner Regierung. Da die Israelis die Kontrolle über Gaza ausüben, haben sie Arafat in der Hand. Die ständigen Abriegelungen fördern natürlich die Frustration der Palästinenser zusätzlich. Deren Hoffnungslosigkeit – gepaart mit der ökonomisch schwierigen Lage – hat sich immer wieder in Terroranschlägen entladen.

An der ersten nahöstlichen Wirtschaftskonferenz, die vom 30. Oktober bis 1. November 1994 im marokkanischen Casablanca stattfand, nahm Israel als gleichberechtigter Staat teil. Die Vertreter der palästinensischen Autonomiebehörde saßen noch am Katzentisch. Auf der Konferenz beriet man nicht nur über einen möglichen Rückfluß von Petrodollars für Investitionen in den autonomen Gebieten. Die USA nutzten auch ihren Einfluß auf ihre autokratischen Freunde in den arabischen Staaten, mehr finanzielle Mittel für die Schaffung von Arbeitsplätzen bereitzustellen. Die vom Internationalen Währungsfonds angebotenen Liberalisierungsmodelle genießen in den arabischen Ländern wenig Sympathien, weil sie die auf Subsidien ruhende Herrschaft leicht zum Einsturz bringen könnten. Mit dem Hinweis auf die ärmere Bevölkerung wurden radikale Änderungen im System abgelehnt. Der Terror in vielen islamischen Staaten wurde nur auf die wirtschaftliche Not zurückgeführt, kulturelle Deutungsmuster verboten sich aus Rücksicht auf den Gastgeber.

Israel hat sich in den letzten Jahren von einem Agrar- und Militärstaat zu einem High-Tech-Staat entwickelt, der zu 90 Prozent Handel mit Europa, den USA und den Staaten des Fernen Ostens treibt. Gemeinschaftsprojekte zwischen Israel, Jordanien und Ägypten zerschlugen sich. Allein Israel hat von der Friedensdividende profitiert, da viele internationale Konzerne dort investieren. Während sich über Arafats Autonomieenklaven zwar eine Flut von Hilfsversprechen ergoß, gab es aber kaum Investitionen, die Arbeitsplätze schaffen.

Peres sondierte während dieser Wirtschaftskonferenz, wie weit Israel die Hegemonie über die arabischen Staaten ausdehnen könne. Er bot den Golfstaaten den »atomaren Schirm« Israels gegen die iranische Gefahr an. Die Ägypter protestierten: Wenn die Weltbank oder der Internationale Währungsfonds die wirtschaftliche Entwicklung in den arabischen Staaten fördern wollen, warum benötigen sie dazu die Vermittlung Israels, fragte Israel Shahak.[26]

Der Friedensprozeß stockte zusehends, weil sich an der israelischen Politik nichts Wesentliches änderte: Weiterhin wurde Land in großem Umfang für den Straßenbau enteignet, Siedlungen in den besetzten Gebieten und Ost-Jerusalem wurden ausgebaut, Palästinenser durch tägliche Diskriminierungen gedemütigt, gefoltert und verhaftet, die Gebiete abgeriegelt. Die radikalen Hamas- und Jihad-Aktivisten verübten weitere Terroranschläge, so am 21. Januar in Beit Lid, wo 22 Israelis getötet wurden. Durch Anschläge des israelischen Geheimdienstes Shin Bet und der »Verdeckten Einheiten« wurden unliebsame Palästinenser liquidiert, und die israelische Luftwaffe nahm sich das Recht heraus, Vergeltungsanschläge gegen Stellungen der Hisbollah im Libanon zu fliegen.

Dennoch liefen die Verhandlungen über ein »Interimsabkommen« in Taba weiter. Arafats Vorschlag, gemeinsame israelisch-palästinensische Patrouillen für alle Zonen in der Westbank einzurichten, lehnten die Israelis ab. Außenminister Peres gab im israelischen Fernsehen am 2. Juli 1995 zu, die enormen Probleme könnten nicht durch rhetorische Akrobatik übertüncht werden. Er betonte, die Streitkräfte würden aus den Städten nur umgruppiert, damit die Palästinenser ihre Wahlen abhalten könnten. Zum Schluß versicherte er, daß »der Friede nur eine Komponente in unserem Sicherheitskonzept spielt«. Soviel Ehrlichkeit war für die Öffentlichkeit neu: »Peres gibt zum ersten Mal in zehn Jahren zu, daß das ganze Suchen nach Frieden nichts mit hehren Idealen zu tun hat, sondern ausschließlich mit der alten Vorstellung von totaler Sicherheit für einige und geringfügiger Sicherheit für andere.«[27]

Der Selbstmordanschlag zweier Palästinenser am 9. April 1995 im Gaza-Streifen, bei dem sieben Soldaten und ein amerikanischer Staatsbürger ums Leben kamen, löste in Israel eine intensive Diskussion über eine Abtrennung der Palästinenser aus. Während die Arbeitspartei, die immer die Idee einer Trennung vertreten hat, einen elektronisch überwachten Zaun um die Siedlungen der Palästinenser bauen wollte, befürchtete die Opposition, dadurch die Entstehung eines Palästinenserstaates zu begünstigen. Wie man mit den Siedlern verfahren wollte, blieb offen. Der Schriftsteller Abraham B. Yehoshua plädierte mit markigen Worten für diese Zaun-Lösung. »Gangbar ist allein der Scheideweg«, so der Schriftsteller im »Spiegel« vom 13. Februar 1995. Trotz der enormen internen Schwierigkeiten trafen sich Peres, Arafat und König Hussein bei Präsident Mubarak Anfang Februar in Kairo. Es gelang, die Verhandlungen fortzusetzen, die später in ein Abkommen mündeten, das den Palästinensern noch mehr Polizei bescherte und weiterhin garantierte, daß sie ihre Fahne zeigen und ihre Nationalhymne singen durften.

Der US-Wissenschaftler Amos Perlmutter vertrat während der Verhandlungen die These, der Friedensprozeß sei tot. Die Terroranschläge zeigten, daß die »Prinzipienerklärung« »weder die Realität noch die Wahrscheinlichkeit« reflektiere. Diese Vermutung mag durchaus korrekt sein, aber die Vorstellung, daß Israel nach dem Handschlag im Weißen Haus bereit war, fast das gesamte eroberte Gebiet aus dem Juni-Krieg zurückzugeben, existierte nur in der Phantasie der Palästinenser. Perlmutter wirft Rabin vor, mit dem schwächsten Glied, das heißt mit Arafats todgeweihter PLO, verhandelt zu haben, anstatt mit der neuen Generation, die die Verhandlungen in Washington geführt hatte. Sie habe ihre Erfahrungen in der Intifada gemacht und repräsentiere einen radikalen Postnationalismus. Zu dieser Generation gehörten auch Hamas-Vertreter, die den Terror ablehnen. Nach Perlmutters Ansicht werden die Oslo-Vereinbarungen niemals Früchte tragen. Der Autor sagte voraus, daß der Likud nach einem Wahlsieg Israel wieder in den Status eines Paria-Staates zurückführen werde.[28] Netanyahu ist sichtlich bemüht, diesen Zustand schnell zu erreichen.

3. Israelisch-Palästinensisches Interimsabkommen über die Westbank und den Gaza-Streifen vom 28. September 1995 (Taba-Abkommen oder Oslo 2)

Das in Washington unter der Aufsicht Clintons unterzeichnete Abkommen hat die Hoffnungen der Palästinenser auf einen eigenen Staat ein für allemal beseitigt. Es verkörpert nicht das Ende der »Groß-Israel-Ideologie«, sondern eine neue Variante derselben, und zwar die der Arbeitspartei. »Westjordanland wird Trizonesien«, lautete die treffende Schlagzeile in der »tageszeitung« vom 23. September 1995. Die israelischen Verhandlungsführer haben alles bekommen, was sie wollten, einschließlich der Änderung der Methoden der Kontrolle und Dominanz. Das heißt, daß Israel letztendlich alles entscheidet, obwohl dies nach außen auf den ersten Blick nicht so erscheint. Arafat mußte sich vertraglich verpflichten, die Schmutzarbeit zu übernehmen: die Bekämpfung des Terrors und des Widerstandes. Aufgrund der miserablen Lage der Menschen ein fast aussichtsloses Unterfangen.

Als Rabin das Abkommen am 5. Oktober in der Knesset vorstellte, konnte er zufrieden registrieren, »daß Israel weiterhin über 73 Prozent des Bodens in den (besetzten) Gebieten, über 97 Prozent der Sicherheitskräfte und 80 Prozent der Wasservorkommen verfügen wird«. Der Ministerpräsident entwarf seine »Friedensvision« einer künftigen palästinensischen Entität. »Wir wollen ein Israel, das zu 80 Prozent jüdisch ist. Wir wollen, daß es eine Autorität ist, aber weniger als ein Staat, der unabhängig das Leben seiner Bürger unter seiner Jurisdiktion bestimmen kann … Wir werden nicht zu den Grenzen vom 4. Juni zurückkehren.« Im Rahmen einer endgültigen Regelung würden die Siedlungen Ma'ale Adumim und Giv'at Ze'ev zu Jerusalem gehören. »Die Sicherheitsgrenzen werden sich über das Jordantal erstrecken. Die Siedlungsblocks von Gush Etzion, Efrat, Beitar und anderer werden innerhalb der israelischen Grenzen liegen.« Journalisten diktierte Rabin: »Schreibt nicht ›Abzug‹. Es handelt sich lediglich um eine Umgruppierung unserer Truppen im Westjordanland.« Die Israelis legten ihre Karten wohlweislich erst kurz vor der Unterzeichnung auf den Tisch. Als Arafat sie zu Gesicht bekam, hatte er einen Tobsuchtsanfall, der ohne Konsequenzen auf das Endergebnis blieb. Diese »Karten-Krise« dauerte 42 Minuten und gehörte zur Dramaturgie der Verhandlungen, die sich in ihrer Endphase über neun Tage in Taba hinzogen. Arafat wurde beschwichtigt. Man versicherte ihm, dies sei nur eine Zwischenlösung. In der Tageszeitung »Yediot Aharonot« vom 8. Oktober 1995 tat Shimon Peres kund, daß »während der Verhandlungen Arafat mehrmals zu mir sagte: ›Bitte, Herr Peres, geben Sie nur ein Feigenblatt.‹ Er meinte: Geben Sie mir eine Redewendung, die von meinem Volk akzeptiert wird.« Auf die Frage, ob die Israelis ihre Ziele erreicht hätten, antwortete der Außenminister: »Alles verlief nach der Strategie, die der Ministerpräsident und ich entworfen hatten. Natürlich konnten wir nicht unsere ganze politische Macht ausüben und die Palästinenser brechen. Dies wäre nicht im israelischen Interesse. In solchen Verhandlungen sollte man nicht zu viel erreichen. Man darf nicht zu gönnerhaft oder eitel sein.« De facto hatten die Israelis nach dem Rückzug ihrer Truppen aus den Städten mehr Militärstützpunkte in der Westbank als zuvor. Trotz der taktischen Zurückhaltung von Peres war es den Israelis gelungen, den Palästinensern fast alle ihre Vorstellungen aufzuoktroyieren. Die Palästinenser stimmten erneut einer begrenzten Umgruppierung der Truppen zu, zudem akzeptierten sie einen Autonomieplan, der ihnen keine geschlossenen Gebiete zubilligte, sondern eine Art Flickenteppich oder Inselreich.

Die Konzessionen, die die Palästinenser machen mußten, sprechen für die Unterwerfungsthese. Der Soziologe Baruch Kimmerling schrieb am 3. Januar 1996 in der Tageszeitung »Ha'aretz«, daß die Bedingungen dieses Abkommens den berüchtigten Versailler Vertrag geradezu als ideal erscheinen lassen. »Die Wiederholung eines großen Palästinenseraufstandes, der die Intifada wie ein Kinderspiel erscheinen lassen wird und der – wie der arabische Aufstand von 1937 bis 1939 – sich gegen die palästinensische Führung und gegen die wirklichen Herrscher richten wird, ist nur eine Frage der Zeit.« Das Tragische an dieser Prophezeiung ist, daß Arafat dann den Aufstand seiner eigenen Landsleute niederschlagen muß. Sollte er sich mit seiner Polizeitruppe auf die Seite der Aufständischen stellen und sich gegen Israel wenden, wäre dies das Ende der Palästinenser in Palästina. Denn nur in einem neuen Krieg könnte Israel die von einem nicht geringen Teil der politischen Klasse des Landes vertretene Idee eines »Transfers« in Gang setzen.

Wie irrelevant ein Interimsabkommen ist, wird durch den Kommentar des ehemaligen Vize-Bürgermeisters von Jerusalem, Meron Benvenisti, am 6. Juli 1995 in »Ha'aretz«deutlich: »Die Bezeichnung der Situation in den Gebieten als ›Besatzung‹ beruht auf mehreren Bedingungen, und zwar auf der Übernahme der Hälfte des Landes in der Westbank, den Siedlungen in aneinandergereihten Blöcken, dem Gebrauch des meisten Wassers durch Israel, der wirtschaftlichen Ausbeutung, der Behinderung der palästinensischen wirtschaftlichen Entwicklung, des bürokratischen Terrorismus, der brutalen Gewalt und der totalen Unterdrückung jeglicher palästinensischer politischer Aktivität. Keine einzige dieser Bedingungen wird sich durch die erwartete Unterzeichnung des Interimsabkommens ändern, außer der letzten. In den anderen Bereichen wird die israelische Kontrolle weniger direkt sein. Statt die Dinge selber zu regeln, werden ›israelische Verbindungsoffiziere‹ für die palästinensischen Angestellten die Entscheidungen treffen, gerade wie es im Gaza-Streifen geschieht.« Rechtfertigt das »Interimsabkommen« diese skeptische Beurteilung?

Das 314 Seiten umfassende Abkommen liest sich wie das Diktat eines Siegers über den Besiegten. Die Bestimmungen mit ihren zahlreichen Kreuz-, Quer- und Rückverweisen lassen sich schwerlich in die Praxis umsetzen. Wo dies geschieht, entsteht ein administratives Chaos. Das Abkommen umfaßt 31 Artikel, die sich auf fünf Kapitel verteilen: die Aufgaben des Rates; die Umgruppierung der Truppen und Sicherheitsvereinbarungen; rechtliche Angelegenheiten; Zusammenarbeit sowie verschiedene Bestimmungen. Hinzu kommen sieben Anhänge. Anhang 1 – Sicherheitsfragen und Umgruppierung der Armee, das Herzstück des Abkommens – enthält sechs Anlagen. Im Anhang 2 sind drei Anlagen beigefügt, darin sind die Modalitäten der Wahlen festgelegt. Anhang 3 mit einer Anlage regelt die zivilen Angelegenheiten sowie die Verantwortlichkeiten. Anhang 4 betrifft Rechtsfragen. Anhang 5 enthält das Wirtschaftsprotokoll von Paris, das auch dem »Gaza-Jericho-Abkommen« beigefügt war. Im Anhang 6 sind die Modalitäten der israelisch-palästinensischen Zusammenarbeit formuliert, und der Anhang 7 regelt die Freilassung der palästinensischen Häftlinge. Neun Karten dokumentieren, wie sich das Abkommen in praxi auswirkt.[29]

Laut Vertrag haben sich die israelischen Truppen bis zum 22. Tag vor den palästinensischen Wahlen aus den Städten Jenin, Nablus, Tulkarem, Kalkiliya, Ramallah und Bethlehem zurückzuziehen. Sie bilden Zone A und machen 3,5 Prozent des gesamten Gebietes aus. Palästinensische Polizisten dürfen bei Vorfällen unter keinen Umständen Israelis verhaften oder einsperren. Es ist ihnen lediglich gestattet, Paß und Autopapiere zu kontrollieren. Ist ein Israeli involviert, müssen die israelischen Sicherheitskräfte informiert werden. Laut Vertrag geht in dieser Zone die Zivilverwaltung und die gesamte Sicherheit auf die Palästinenser über.

In der Zone B, in der 420 Kleinstädte und Dörfer liegen, wird den Palästinensern nur die Zivilverwaltung übertragen. Hier werden 25 palästinensische Polizeistationen errichtet. Die übergreifende Verantwortung und Sicherheit bleibt bei Israel. Angelegenheiten, die ausschließlich die Palästinenser betreffen, kann deren eigene Polizei allein entscheiden. Sie darf sich auf den palästinensischen Durchgangsstraßen bewegen, auf allen anderen Straßen braucht sie eine israelische Genehmigung, die sie von den israelischen Militärbehörden erhält.

In der Zone C, sie umfaßt 73 Prozent der Westbank, bleibt alles beim alten. Hier liegen die Siedlungen, und den Großteil betrachtet Israel als Staatsland. 62 Prozent davon sind bereits konfisziert. Das »Interimsabkommen« kann von der israelischen Regierung jederzeit außer Kraft gesetzt werden, da sie die Macht und das Recht hat, jede Enklave völlig abzuriegeln. Davon macht sie bei jedem Terroranschlag Gebrauch. Dann können zum Beispiel die Bewohner die »Insel Bethlehem« nicht verlassen. Eine wesentliche Verschlechterung gegenüber den Bedingungen vor dem Abkommen, als sich die

Menschen wenigstens frei in der abgeriegelten Westbank bewegen konnten. In dieser Zone werden den Palästinensern nur solche Verantwortlichkeiten übertragen, die nicht den Statusendverhandlungen vorbehalten sind.

Die Stadt Hebron bildet einen Sonderfall. Für die Sicherheit der etwas mehr als 400 Siedler, die unter mehr als 100 000 Palästinensern leben, ist ausschließlich Israel zuständig. Die Stadt wurde in eine H-1- und eine H-2-Zone geteilt. In der H-1-Zone haben die Palästinenser eine de facto eingeschränkte Autorität, in allen anderen Bezirken müssen sie die Zustimmung des gemeinsamen Ausschusses einholen. Die übergreifende Sicherheit wird weiterhin von Israel garantiert. Selbst wenn das separate Straßensystem fertiggestellt sein wird, wird sich das israelische Militär nicht aus Hebron zurückziehen. Die Netanyahu-Regierung will sogar die Zahl der Siedler auf 4 000 erhöhen. Netanyahu hat sich geweigert, das von der Rabin-Regierung ausgehandelte Hebron-Abkommen umzusetzen.

Nach den palästinensischen Wahlen und der Einsetzung des Autonomierates beginnt Israel mit einer zweiten umfassenden Umgruppierung der Streitkräfte, die sich in drei Abschnitten jeweils in einem Sechsmonatsrythmus über 18 Monate erstreckt. Der palästinensischen Jurisdiktion werden nur solche Gebiete unterstellt, deren Status nicht erst in den Endverhandlungen festgelegt wird.

Zur Verhinderung von »Terrorismus und Gewalt« sollen in der Westbank 12 000 Sicherheitskräfte tätig sein, insgesamt – inklusive Gaza – 30 000. Diese Zahl hat Arafat aber schon lange überschritten. Israelis und Palästinenser haben einen gemeinsamen Sicherheitsausschuß eingerichtet, der die Maßnahmen zwischen der palästinensischen und der israelischen Polizei koordiniert. Ein separates, 400 Kilometer umfassendes Straßensystem in der Westbank soll die Siedlungen miteinander verbinden. Diese Trassen umgehen palästinensische Dörfer und Städte, auf einigen Abschnitten dürfen nur jüdische Israelis fahren. Es gibt somit erstmals ethnisch reine Straßen! Eine Übergabe weiterer Gebiete an die Palästinenser hätte keinerlei Konsequenzen für die Siedler. Wie sich Oslo 2 konkret auswirkt, ist aus nachfolgender Karte ersichtlich:

Die gestrichelte »grüne Linie« umfaßt das Gebiet, das Israel im Sechstagekrieg vom Juni 1967 erobert hat. Die Zonen A und B heben sich deutlich von Zone C (helle Fläche) ab. Die Inseln umfassen nur etwa 30 Prozent des palästinensischen Gebietes, in dem aber mehr als

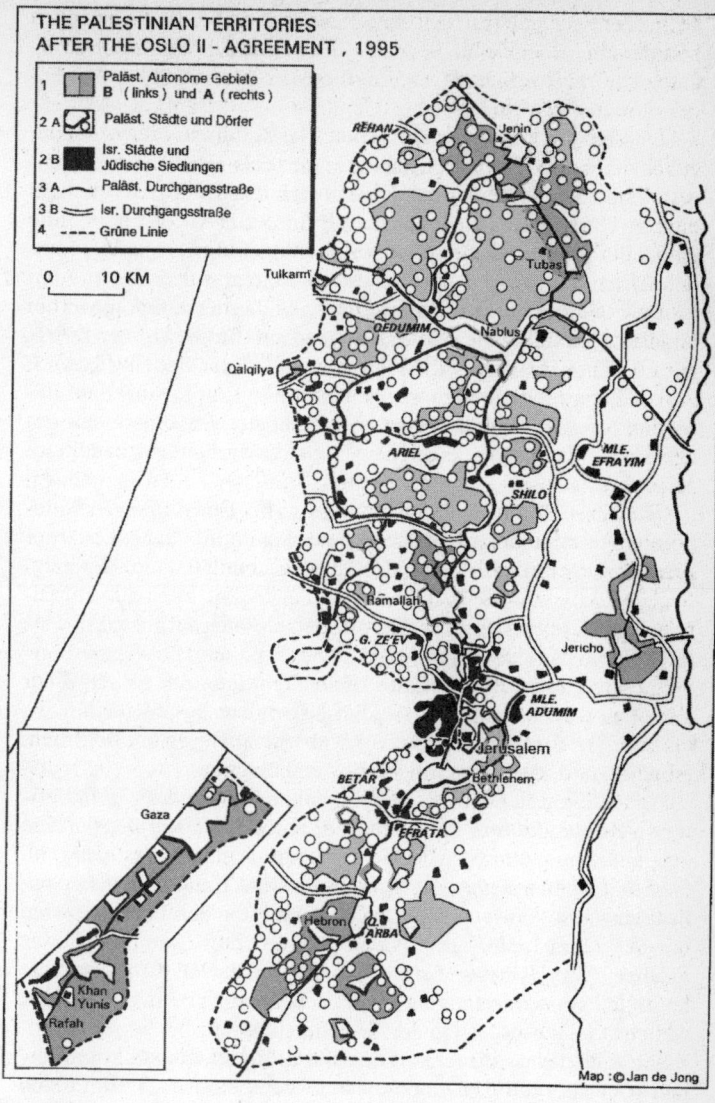

THE PALESTINIAN TERRITORIES
AFTER THE OSLO II - AGREEMENT , 1995

1   Palást. Autonome Gebiete
     B (links) und A (rechts)

2 A   Palást. Städte und Dörfer

2 B   Isr. Städte und
     Jüdische Siedlungen

3 A   Palást. Durchgangsstraße

3 B   Isr. Durchgangsstraße

4   Grüne Linie

0   10 KM

RÉHAN

Jenin

Tulkarm

Tubas

QEDUMIM

Nablus

Qalqilya

ARIEL

MLE.
EFRAYIM

SHILO

Ramallah

G. ZE'EV

Jericho

MLE.
ADUMIM

Jerusalem

BETAR

Bethlehem

EFRATA

Gaza

Hebron

ARBA

Khan
Yunis

Rafah

Map : © Jan de Jong

Karte 2

107

90 Prozent der palästinensischen Bevölkerung leben. Sieben Prozent der Palästinenser bleiben unter direkter israelischer Besetzung, und zwar in Hebron und Ost-Jerusalem. In Zone C bilden die Ortschaften der Palästinenser nur kleine Inseln in einem ausschließlich von Israelis kontrollierten Gebiet. Der Zeitung »Ha'aretz« vom 22. November 1995 zufolge hat Peres stets betont, daß »der Palästinenserstaat nur im Gaza-Streifen und Jericho entstehen wird, während der Rest der Westbank für einen überschaubaren Zeitraum – und ich meine eine sehr lange Zeit – ein autonomes Gebiet bleibt«. Ähnlich offen äußerte er sich in einem Interview in der »Welt« vom 14. Juli 1995, in dem er davon sprach, daß Gaza ein Erfolg werde. Israel könnte sich ohne großen Aufwand auf die Grenzen von 1967 zurückziehen. Das Oslo-2-Abkommen hat den in der UN-Resolution 242 ursprünglich vorherrschenden Ansatz zur Lösung des bilateralen Konflikts aufgehoben. Die Palästinenser sind nunmehr gezwungen, mit den Israelis über ein Gebiet zu verhandeln, in dem sie nicht mehr als Bürger anerkannt sind. Vielleicht hatten sie gehofft, die jüdischen Siedler würden in einem palästinensischen Meer leben, wenn sich die israelische Armee Schritt für Schritt aus der Zone C zurückziehen würde, doch das Gegenteil trat ein. Die Palästinenser können, wie bereits gesagt, nur in den ihnen ausschließlich zugewiesenen Gebieten die volle Souveränität ausüben. Ein weiterer Gebietstransfer wäre aufgrund des separaten Straßensystems eine reine Formalität und hätte keine Konsequenzen für die Siedler.[30] Des weiteren muß die Autonomiebehörde die Rechte Israels, die sich auf Staatsland und das Land von Abwesenden beziehen, unter seiner territorialen Jurisdiktion respektieren.

Der springende Punkt in diesem Abkommen sind die geopolitischen Konsequenzen, die sich aus dieser Kantonisierung für eine eigenständige palästinensische Wirtschaft ergeben: die Kontrolle über das Wasser und die territoriale Zerstückelung. Die jüdischen Siedlungen im Osten der Westbank versperren den Palästinensern den Weg zum Jordan. Das Wasser aus den Zuflüssen des Flusses wird zwischen Israel und Jordanien aufgeteilt. Daß die Palästinenser nicht über das Grund- und Oberflächenwasser verfügen können, stellt eines der größten Hindernisse für eine eigenständige landwirtschaftliche Entwicklung dar. Die Kontrolle des Jordantals durch Israel schneidet die Palästinenser von ihrem arabischen Hinterland ab. Dies wirkt sich ebenfalls negativ auf die palästinensische Landwirtschaft aus. Die Aufteilung der Westbank in vier unzusammenhängende Gebiete zerschlägt einen einheitlichen palästinensischen Lebensraum.

Von den palästinensischen Kommentatoren ist das »Interimsabkommen« als »Meilenstein« zur Staatswerdung gepriesen worden, obwohl sich nach dem Rückzug der israelischen Streitkräfte aus den Städten und umliegenden Dörfern die Lage nicht verändert hat. Folgendes Resümee eines Workshops, der von der israelischen Menschenrechtsorganisation Ha Mohed am 7. November 1995 im Ambassador-Hotel in Ost-Jerusalem veranstaltet worden ist, beschreibt die Realität nüchtern: »Die Vereinbarungen haben die tatsächliche Kontrolle der meisten Aspekte des täglichen Lebens der Palästinenser in israelischer Hand gelassen. Da Israel die Befugnis über die Reisefreiheit – durch Ein- und Ausreisegenehmigungen –, behält sowie Aufenthaltsgenehmigung und die Erlaubnis der Familienzusammenführung erteilt, kontrolliert es auch zentrale Bereiche der Wirtschaft, der Gesundheit, der Berufsausbildung, des Familienlebens und der Kultur im allgemeinen. Extensive Macht der israelischen Sicherheitsdienste und dauerhafte Abriegelungen unterstreichen und verschlimmern nur diese Situation. Die Basis der Menschenrechtssituation und das Ausmaß der Menschenrechtsverletzungen haben sich durch die Abkommen nicht verändert.«[31]

Arafat hatte in Gaza gezeigt, daß er ebenso rücksichtslos gegenüber seinem Volk vorgehen konnte wie das israelische Militär. Die Israelis hofften, daß sich diese Synthese aus »Unterdrückung und Korruption« auch auf die Westbank übertragen ließe. Uzi Dayan drohte den Palästinensern bei den Verhandlungen zum »Interimsabkommen«: »Meine Herren, falls Sie Ihr Verhalten nicht wie in Gaza und Jericho ändern, wird es kein zweites Abkommen geben.« Israels Generalstabschef Amnon Lipkin Shahak äußerte am 24. September 1995 in »Yediot Aharonot«: »Das Schicksal des Abkommens hängt davon ab, wie effektiv die Palästinenser den Terrorismus bekämpfen.« Auch Rabin schloß sich in der Zeitung »Ma'ariv« vom 24. September 1995 diesem Tenor an: »Ich spreche nicht zu den Palästinensern im Namen der Menschenrechte und der Demokratie. Ich spreche zu ihnen im Namen von Frieden und Sicherheit. Es geht uns nichts an, wie sie ihre Prozesse durchführen, solange die Urteile adäquat sind und die Haftstrafen real.« Die palästinensische Opposition wirft Arafat vor, er sei »Israels neuer militärischer Arm und ein Instrument des Staates Israel«. Hamas-Sympathisanten verbreiteten Flugblätter, in denen Arafat als »Verräter« bezeichnet worden ist. Dies zeigt exakt, in welch heikler Situation sich der PLO-Chef befindet. Seine Opponenten sind bislang eine reale Alternative schuldig geblieben.

Das Oslo-2-Abkommen war der Ausdruck einer Politik, die die Kolonisierung weiter vorantrieb, sich gegen das Rückkehrrecht der Flüchtlinge aussprach und auf die Durchsetzung der eigenen ökonomischen Interessen setzte. Die Schwierigkeiten, vor denen die beiden Kontrahenten heute stehen, resultieren in erster Linie aus den ungleichen Abkommen. Ob die Arbeitspartei oder der Likud-Block die Regierung stellen, ist zweitrangig. Weil beide das gleiche Ziel verfolgen und sich nur in ihren Methoden unterscheiden, kann Meron Benvenisti am 26. Oktober 1995 in »Ha'aretz« schreiben, daß der Unterschied zwischen beiden politischen Lagern ungefähr darin besteht, den Palästinensern eine bedingungslose Kapitulation aufzuerlegen oder ihnen eine etwas großzügigere Form der Kapitulation zuzumuten.

Die Schlüsselbegriffe der Vereinbarung sind also »Umgruppierung« und »Autonomie«. Das Abkommen wurde mit 61 zu 59 Stimmen angenommen, ohne »jüdische Mehrheit«, wie die Rechtsopposition bemerkte. Obwohl Israel schon seine Verpflichtungen aus dem »Gaza-Jericho-Abkommen« nicht eingehalten hat, akzeptierten die Palästinenser alle weiteren israelischen Forderungen. Der Verfasser schrieb dazu: »Die Abkommen stellen somit nur die alte Okkupation in neuem Gewand dar, sprich eine Besetzung de luxe.«[32]

Man könnte auch argumentieren, das Oslo-2-Abkommen sei die Belohnung für Arafats Gehorsam gegenüber israelischen Forderungen gewesen. Die israelische Regierung befahl Arafat am 18. August 1995, nach Wa'el Nassar zu suchen, da dieser einen Anschlag in Tel Aviv plane. Sollte er nicht binnen vier Tagen gefaßt sein, werde der Gaza-Streifen hermetisch abgeriegelt. Nachdem das Ultimatum verstrichen und Nassar immer noch nicht gefunden war, riegelte Israel den Streifen für zwei Wochen ab. Arafats Sicherheitsdienste umstellten ein Haus in Sheikh Raduan und forderten die Bewohner zur Aufgabe auf. Herbeigeeilte Demonstranten beschimpften die Palästinenser als »Verräter! Kollaborateure! Juden!« Es kam zu heftigen Gefechten. Schließlich ergaben sich die Bewohnern, nachdem man ihnen versichert hatte, Nassar werde nicht vor das »Staatssicherheitsgericht« gestellt, sondern nur für »einige Wochen verhört«. Arafat hatte seinen Test bestanden. Der Journalist Dan Margalit schrieb am 21. August in »Ha'aretz«: »Eine Schwalbe macht noch keinen Frühling, aber Arafat hat sich stärker erwiesen als gedacht.« An diesem Tag explodierte in Jerusalem eine Bombe in einem Bus, wodurch vier Israelis sowie ein US-Bürger starben und über 100 Israelis verletzt wurden. Schon am 24. Juli war in Tel Aviv eine Bombe in einem Bus explodiert und hatte sechs Israelis getötet und 28 verwundet. Während Arafat und Rabin sich in Washington die Hand reichten, war die Westbank und der Gaza-Streifen wegen der jüdischen Feiertage vom 24. September bis 17. Oktober total abgeriegelt.

Daß Israel weiter bereit war, gegen den Terror und seine Drahtzieher konsequent vorzugehen, zeigte die Ermordung des Generalsekretärs des Islamischen Jihad, Scheich Fathi Shakaki, Ende Oktober auf Malta, der vermutlich von Mossad-Agenten durch Kopfschuß getötet worden ist. Shakaki galt als strategischer Kopf hinter den Terroranschlägen des Jihad in Beit Lid und Kfar Darom. Noch am 25. Juli 1995 hatte der Scheich in einem Interview mit der »taz« weitere Anschläge »zur Befreiung Palästinas« angekündigt. Rabin stellte lapidar fest: »Wer sich mit Mord beschäftigt, muß mit seiner Ermordung rechnen.« Eine solche Existenz könne keine zivilisierte Gesellschaft dulden, so Rabin. Die Vergeltungsschläge ließen nicht lange auf sich warten. Am 1. November explodierten zwei Autobomben im Gaza-Streifen, wobei nur die Attentäter ums Leben kamen. Nachfolger von Shakaki wurde Abdallah Shalah, ein in England ausgebildeter und promovierter Wirtschaftswissenschaftler.

Während der zweiten Mena-Konferenz über wirtschaftliche Zusammenarbeit in Amman, die vom 29. bis 31. Oktober 1995 stattfand, sollten konkrete Projekte vereinbart werden. Wie von Israel vorgeschlagen, wurde eine regionale Entwicklungsbank mit einem Stammkapital von fünf Milliarden US-Dollar eingerichtet. Einige Länder, darunter auch Deutschland, beteiligten sich auch nicht an ihrer Finanzierung, da sie die Gründung dieser Bank für überflüssig halten. Die USA wollen mit diesem Projekt europäische Investitionen in der Region kontrollieren, und Israel hofft, neben seinen erheblichen Transferzahlungen aus den USA auch an westeuropäischen Investitionen zu partizipieren. Einige Staaten befürchteten, eine amerikanisch-israelische Hegemonie in der Bank werde dem Friedensprozeß schaden.

Zwischen den Teilnehmerstaaten herrschte alles andere als Einigkeit. So empfahl der ägyptische Außenminister Amr Musa, die arabische Zusammenarbeit neu zu beleben, die allein einen umfassenden und gerechten Frieden in der Region garantieren könne, anstatt die Beziehungen zu Israel überstürzt zu normalisieren. Israel müsse sein Atomwaffenmonopol in der Region aufgeben. König Hussein widersprach und entgegnete, falls das Problem in der Überstürzung des Friedens liege, sei Jordanien Ägypten um 17 Jahre zuvorgekommen. Arafat erinnerte daran, daß er mit dem Ausgleich zwischen der PLO und Israel den »Frieden« erst ermöglicht habe. Gedankt sei es ihm nicht worden, die Investitionen blieben weiter aus. Shimon Peres erklärte gegenüber der Versammlung, sein Land richte sich auf Europa aus, es sei nicht vom Handel mit den arabischen Staaten abhängig. Er wies die Ansprüche der Palästinenser auf Ost-Jerusalem und ihre Kritik an der Entscheidung des amerikanischen Kongresses zurück, die US-Botschaft bis zum Jahre 1999 von Tel Aviv wieder nach Jerusalem zu verlegen. Syrien und der Libanon nahmen an diesem Spektakel nicht teil. Der syrische Rundfunk kritisierte die Veranstaltung als eine »Abart des Kolonialismus mit wirtschaftlichem Gesicht«.

Auch in Israel und in den Autonomiegebieten geriet der Friedensprozeß immer stärker unter Druck. Die Rechte in Israel organisierte Großdemonstrationen, auf denen sie die Regierung und insbesondere Ministerpräsident Rabin verteufelte. So beschlossen einige Politiker der Regierung und ihr nahestehender Organisationen, für den 4. November 1995 eine Friedensdemonstration in Tel Aviv zu organisieren, auf der mehr als 100 000 Menschen erwartet wurden. Stand Rabin dieser Idee anfangs skeptisch gegenüber, so ließ er sich von seinen Mitarbeitern schließlich überzeugen. Die Demonstration geriet zu einer eindrucksvollen Veranstaltung und zeigte, daß ein großer Teil der israelischen Gesellschaft immer noch bereit war, den Weg des Ausgleichs mit den Palästinensern zu suchen. Als die Veranstaltung zu Ende war und Rabin in sein Auto steigen wollte, wurde er von einem Attentäter hinterrücks erschossen. Schlagartig wurde klar: es gibt in Israel ein rechtsnationalistisches Lager, das vor nichts zurückschreckt. Selbst das Tabu, ein Jude dürfe niemals einen Juden töten, wurde im Haß auf die Regierung beiseite geschoben. Das Attentat war ein Angriff auf die Legitimität der Regierung selbst. Der gesellschaftliche Konsens in Israel wurde stark erschüttert.

Von offizieller Seite wurde versucht, den Mord als die Tat eines

»Wahnsinnigen« einzustufen. Doch bald stellte sich heraus, daß der Attentäter Yigal Amir kein verwirrter Einzeltäter war, sondern eine ideologische Massenbewegung repräsentierte. Amir gehörte zur jüdischen Kampforganisation Eyal, einer Splittergruppe der verbotenen Kach, und Kahane-Chai-Gruppen. Diese Gruppen verschanzen sich nicht selten hinter bürgerlichen Parteien. Daß ihr radikales Gedankengut auch von vielen Rabbinern und Politikern geteilt wird, machte die Vernehmung Amirs deutlich.[33] Amir studierte Jura an der namhaften religiösen Universität Bar-Ilan in Tel Aviv, einem Zentrum des religiösen Fundamentalismus und extremistischer Gesinnung. Vorher hatte er eine paramilitärische Talmudschule besucht. Er habe die Tat für »Thora Israel, Volk Israel und Eretz Israel« begangen. Vor Gericht erklärte Amir, daß ein Jude, der »sein Volk und sein Land dem Feind überläßt, wie Rabin es getan hat«, nach der Halacha (Jüdisches religiöses Gesetz) getötet werden müsse. Rabin sei persönlich für die Ermordung von Juden durch palästinensische Terroristen verantwortlich. »Als ich zielte, war es, als zielte ich auf einen Terroristen.« Ohne die religiöse Dispens zweier Rabbiner hätte er den Mord nicht begangen. Nach Aron Ronald Bodenheimer ist Amirs religiöse Argumentation logisch und stringent. Gott sei der eigentlich Verantwortliche.[34] Die religiös-nationalistischen Rabbiner haben immer die These vertreten, die »Heiligkeit des Landes« stehe über dem Recht und den Entscheidungen der Regierung.

Sofort nach dem Ende der Trauerphase begannen die gegenseitigen Schuldzuweisungen. Die Linke beschuldigte die Rechte mit ihren diffamierenden Angriffen die Saat der Gewalt gesät zu haben, wohingegen die Rechte den Mord auf die Politik des Ausverkaufs jüdischen Landes an die PLO-Terroristen zurückführte. Daß auch die Arbeitspartei mit zu dieser Radikalisierung beigetragen hat, kann nicht geleugnet werden. Durch die Oslo-Abkommen wurden die Siedlungen noch besonders legitimiert. Die Arbeitspartei hat die Siedler immer wieder als »zionistische Pioniere« gelobt, ihre »zionistischen Motive« und ihren »Patriotismus« gerühmt, ohne wahrhaben zu wollen, daß sie so in einigen Siedlungen eine Mentalität gefördert hat, die mit rechtsnationalistisch nur unzureichend umschrieben ist. Wer geglaubt hatte, die neue Regierung Peres würde massiv gegen jene rechten Kreise vorgehen, aus denen Amir hervorgegangen war, wurde enttäuscht. Wegen des bevorstehenden Wahlkampfes wollte man sich nicht mit dem militanten jüdischen Fundamentalismus und seinen säkularen rechtsradikalen Alliierten auseinandersetzen, schreibt der Journalist Amos Wollin in der »taz« vom 6. Dezember 1995. Der Sumpf wurde also nicht trockengelegt und stellt weiterhin eine Gefahr für die israelische Demokratie dar. Daß es dazu nicht kam, liegt in der Spaltung der israelischen Gesellschaft in ein rechtes und ein linkes Lager begründet. Die delegitimierende Rhetorik der Rechten hat mit dazu beigetragen, daß die Rabin-Regierung nur minimale Kompromisse machen konnte. Darüber hinaus war der Friedensprozeß von der Tatsache geprägt, daß Israel ein »Friedens«-Abkommen mit Teilen der PLO unterzeichnet hat, das die nationalen Rechte der Palästinenser nicht anerkennt. Dieses Volk wird von großen Teilen der Israelis immer noch als eine »Bande von Terroristen« angesehen.

Wie in Oslo festgelegt, fanden am 20. Januar 1996 die ersten »freien« Wahlen in Palästina statt. Die israelische Armee hatte sich vertragsgemäß aus den Städten zurückgezogen. 2 000 Soldaten wurden zusätzlich für die Wahlen aufgeboten. Insbesondere in Ost-Jerusalem war die Einschüchterungstaktik erfolgreich. Dort lag die Wahlbeteiligung mit 40 Prozent am niedrigsten. Im Gaza-Streifen war sie mit 90 Prozent am höchsten. Es wurden sowohl ein palästinensisches »Parlament« als auch ein »Präsident« gewählt. Von den knapp über eine Million abgegebenen Stimmen erhielt Arafat 88,6 Prozent, seine Gegenkandidatin Samiha Khalil 11,5. Arafats Fatah-Bewegung errang 51 der 88 Sitze. 34 waren unabhängige Kandidaten, wovon noch 14 mit Fatah verbunden waren. Jeweils einen Sitz errangen Fida und der NDC. Die Vorwürfe der Wahlmanipulation bestätigten sich nicht. Die Wahlbeobachter der Europäischen Union nannten die Wahlen zum »größten Teil fair«[35]. Der ehemalige US-Präsident Jimmy Carter verurteilte die vehementen Einschüchterungsversuche der israelischen Sicherheitskräfte gegenüber den Wählern in Ost-Jerusalem. Moshe Shahal interpretierte die niedrige Wahlbeteiligung auch als Zeichen für Israels »legitime« Herrschaft über Jerusalem. »Es zeigt, daß die Palästinenser in Jerusalem wollen, daß die Stadt vereint und unter israelischer Souveränität bleibt.« Arafats Gegenkandidatin brachte den wahren Sachverhalt zum Ausdruck: »Die Palästinenser mögen es nicht, unter Besetzung zu wählen.« Daß Arafat und der an seine Person gebundene Friedensprozeß endlich von einer Mehrheit legitimiert waren, besaß für die USA und Israel große symbolische Bedeutung.

Die auf Mai vorgezogenen Wahlen in Israel warfen umgehend

ihre Schatten auf den Fortgang des Friedensprozesses. Seine Unterstützung unter der jüdischen Bevölkerung hatte konstant nachgelassen. Obwohl Peres zu Beginn des Jahres noch um zirka 20 Prozentpunkte vor seinem Herausforderer Netanyahu gelegen hatte, versuchte dieser schon im Vorfeld eine Koalition zwischen den rechten und den religiösen Parteien zu vereinbaren. Da erstmals der Ministerpräsident direkt vom Volk gewählt wurde, mußte Netanyahu verhindern, daß er einen rechten Mitkonkurrenten bekam. So konnte er Raphael Eitan von Tzomet überreden, nicht zu kandidieren. Als sich dann auch noch Rechawan Zeevis Moledet-Partei, die für einen Massentransfer der Palästinenser eintritt, Netanyahu öffentlich andiente, schien diese Strategie zu scheitern. Da die Moledet-Partei David Levys Pläne, moderate Nationalisten anzuziehen, konterkariert hätte, wurde Zeevis Angebot abgelehnt. Seine Transfer-Vorstellungen stehen in der Tradition des ursprünglichen Zionismus. Zeevis Begründung der Transfer-Idee hat eine bestechende Logik: »Wir sind gekommen, um zu besetzen und zu besiedeln. Wenn ein Transfer nicht ethisch ist, dann ist alles falsch, was wir hier in den letzten 100 Jahren getan haben.« Die Wiederauflage des nationalen Konsenses zwischen den zionistischen Parteien wirkte sich für die Palästinenser negativ aus.

Gefährlicher als diese Koalitionsspielereien im Vorfeld der Wahlen waren für Peres die Terroranschläge der islamistischen Gruppen. Am 5. Januar 1996 wurde Yahya Ayyash, bekannt als der »Ingenieur«, durch eine ferngezündete Bombe, die in seinem Handy plaziert war, getötet. Das Mobiltelefon wurde Ayyash von einem palästinensischen Kollaborateur, Kamal Hammad, übergeben. Israel wirft Ayyash vor, für den Tod von mindestens 55 Israelis verantwortlich zu sein. Die Beerdigung geriet zu einer Massendemonstration, an der sich zirka 120 000 Menschen beteiligten, die lauthals Rache forderten. Hamas-Sprecher Mahmoud Zahar sagte gegenüber Reportern: »Der einzige Weg, Israel zu veranlassen, diese Attacken zu stoppen, ist, den Preis für sie selber zu erhöhen.« Die Palästinenser vermuteten, Peres habe die Tötung von Ayyash angeordnet, um das Vertrauen in den israelischen Geheimdienst wiederherzustellen, das durch die Ermordung Rabins schwer in Mitleidenschaft gezogen worden war. Seitdem wußten die Israelis, daß weitere Terroranschläge folgen werden. Die Regierung veranlaßte umgehend eine totale Abriegelung der Gebiete, die am 12. Januar aufgehoben wurde. Am 16. Januar wurden zwei israelische Soldaten auf der

Straße nach Hebron von einem palästinensischen Kommando getötet. Auch Arafats Sicherheitsdienste blieben nicht untätig. Sie erschossen am 3. Februar zwei Mitglieder des Islamischen Jihad. Daraufhin forderten »Die freien Mujaheddin« in einem Flugblatt zur Tötung Arafats auf. Vom 11. Februar bis zum Ende des Festes Eid al-Fitr, das den Fastenmonat Ramadan abschließt, wurden die Gebiete ohne Erklärung erneut abgeriegelt.

Die Abriegelung war gerade wieder aufgehoben, da explodierte am 25. Februar 1996 eine Bombe in einem Bus im Zentrum von Jerusalem, tötete 24 Israelis und verwundete 55, davon 19 schwer. Kurze Zeit darauf tötete eine zweite Bombe einen israelischen Soldaten und verwundete weitere 35 an einer Kreuzung bei Ashqelon. Beide Anschläge waren Racheakte für das Massaker Baruch Goldsteins vor genau zwei Jahren und für die Tötung Ayyashs im Januar. Islamische Selbstmordkommandos sprengten sich am 3. und 4. März in Jerusalem und Tel Aviv in die Luft, töteten dabei 32 Menschen und verwundeten mehr als 100. Peres hatte keine andere Wahl mehr, als die besetzen Gebiete und die Autonomieenklaven einzeln abzuriegeln. Arafat verurteilte im Namen seiner Behörde diese Anschläge auf das schärfste und sprach den Hinterbliebenen sein Beileid aus. Daneben verbot er folgende Organisationen: Fatah-Falken, Schwarzer Panther (Fatah), Qassem Brigaden (Hamas), Roter Stern (DFLP-nahe), Rote Falken (PFLP-nahe) sowie Qassem (Islamischer Jihad). Für Israel waren diese Maßnahmen jedoch nicht ausreichend. Arafat wurde zu Massenverhaftungen unter den Sympathisanten dieser Gruppen gedrängt. Peres rechtfertigte die massiven Kollektivstrafen gegenüber den Palästinensern mit dem Hinweis, »Israel stehe einer kollektiven Terrorgefahr gegenüber.« Direkter drückte es Staatspräsident Ezer Weizman aus: »Wenn man eine Nadel im Heuhaufen sucht und die Nadel nicht gefunden werden kann, muß man den ganzen Heuhaufen anzünden.« Mit dem Heuhaufen waren die Palästinenser und mit der Nadel Hamas gemeint.

Neben diesen Maßnahmen wurde auch der von Rabin in die Diskussion eingeführte Trennungsplan wieder zum Leben erweckt. Peres ordnete am 3. März an, einen zwei Kilometer breiten »Sicherheitssaum« entlang der 350 Kilometer langen »grünen Linie« einzurichten. Die Palästinenser konnten ihr Gebiet nur über 18 Übergangsstellen verlassen. Damit war der im Wirtschaftsprotokoll zugesagte freie Fluß von Waren und Menschen obsolet. Arafats Autonomiebehörde reagierte darauf ebensowenig wie auf weitere

Landenteignungen und den verstärkten Ausbau der Umgehungsstraßen.

Der Palästinenserführer hatte die massive Machtdemonstration der israelischen Regierung verstanden. Wenn er in den Autonomieinseln nicht für Ordnung sorgen könne, würde Israel dort einmarschieren. Die Autonomiebehörde rief eine Dringlichkeitssitzung mit Hamas ein und stellte ihnen ein Ultimatum: Entweder Hamas kontrolliere seinen radikalen Flügel, oder die Organisation werde verboten. Gleichzeitig wurden die islamische Universität in Gaza durchsucht und 200 Hamas-Sympathisanten verhaftet. Überall im Gaza-Streifen und der Westbank gab es Verhaftungen in großem Stile, die in Kooperation mit den israelischen Streitkräften vorgenommen wurden. Am 10. März erklärte Ministerpräsident Peres, daß die israelische Regierung von Arafat »100 Prozent Unterstützung« bekomme. Ende März saßen über 1 500 Hamas-Sympathisanten in Arafats Gefängnissen. Während der Totalabriegelung war seine Funktion, jeglichen Protest niederzuschlagen. Außer einigen Fatah-gesteuerten »Protesten« unter dem Motto »Ja zum Frieden, Nein zur Belagerung« blieb es in den Autonomieenklaven ruhig.

Peres forderte Arafat ultimativ auf, die PLO-Charta endlich abzuändern. Da Arafat diese Änderung nicht eigenmächtig durchsetzen konnte, mußte er den Palästinensischen Nationalrat zu seiner ersten Sitzung auf palästinensischem Gebiet seit 1964 einberufen. Das Exilparlament zählte ursprünglich 483 Mitglieder. Hinzu kamen 186 aus den »befreiten Gebieten«. 448 waren bei der Eröffnungssitzung am 22. April 1996 anwesend. Am zweiten Sitzungstag erhöhte sich die Zahl auf 536. George Habash und Naif Hawatmeh erschienen nicht, obwohl sie die israelische Einreisegenehmigung hatten. Die Versammlung stimmte mit 504 gegen 54 Stimmen für die Änderung der Charta, in der in einigen Artikeln Israel das Existenzrecht abgesprochen wurde.[36] Peres begrüßte die Entscheidung als »die wichtigste ideologische Veränderung in diesem Jahrhundert«. Mit dieser Einschätzung hatte der Ministerpräsident durchaus recht. Damit haben sich die Palästinenser dem zionistischen Geschichtsentwurf gebeugt und ihren Anspruch auf Palästina aufgegeben. Dies bedeutet, daß sie – gemäß dem Mythos vom leeren Land – ihre eigene Geschichte nur als Ergänzung zur jüdischen Kolonisierung ihres Landes sehen. Arafat konnte der Versammlung auch nicht gestatten, die Charta durch die »Uabhängigkeitserklärung« von 1988 zu ersetzen. Die Einwände von Haidar Abd Al-Shafi und Hanan

Ashrawi, daß die Palästinenser ihr eigenes Programm aufstellen sollten, bevor sie es sich von den Israelis diktieren ließen, blieben ungehört.

Arafat mußte erhebliche Überzeugungsarbeit leisten, um eine große Mehrheit hinter sich zu bringen. Die Alternative zur Beibehaltung der Charta sei nur der kollektive Selbstmord der Palästinenser an allen Fronten. Konkret hieße dies das Ende der Friedensgespräche sowie die Fortdauer der Abriegelung. Die Autonomiebehörde erhielte keine finanziellen Mittel mehr, die Israelis bekämen einen Vorwand, sich nicht aus Hebron zurückzuziehen. Selbst den drakonischen Maßnahmen Israels in den besetzten Gebieten gewann man nur Positives ab, da ja die Umgehungsstraßen und das enteignete Land sowieso den Palästinensern in ihrem Staat zufallen würden. Die PLO müsse sich nur an die Amerikaner halten, dann würde sie ihre Ziele schon erreichen. Eine solche Haltung kann man nur infantil oder verantwortungslos nennen.

Peres konnte seinerseits die Attacken des Likud nur abwehren, wenn er zeigen konnte, daß Arafat ein zuverlässiger Partner ist. Die Terroranschläge, die integraler Bestandteil der Gewalt sind, die Israel seit dreißig Jahren durch seine Besetzung mitverursacht hat, sollten ihre Wirkung in der israelischen Öffentlichkeit nicht verfehlen. Die Abriegelung hilft zwar dem Shin Bet und der Polizei, einige Anschläge zu verhindern, verstärkt aber zugleich die Verzweiflung. Die Arbeitspartei/Meretz-Regierung war nicht an einer Opposition interessiert, die die palästinensischen Interessen vertritt.

Ayyash-Einheiten, die die Verantwortung für die letzten Terroranschläge übernommen hatten, veröffentlichten ein Flugblatt, in dem sie ihre Vergeltungsanschläge für die Tötung von Ayyash für beendet erklärten und Israel aufforderten, über die Autonomiebehörde mit der Hamas einen Waffenstillstand zu vereinbaren. Wenn der Shin Bet die »gesuchten Helden« der Qassam-Einheiten angreife, »wird uns keine Sicherheitsmaßnahme daran hindern, überall zuzuschlagen«. An das israelische Volk gewandt, erklärten sie, daß weder die Arbeitspartei noch der Likud Sicherheit garantieren könnten, solange die israelische Regierung eine Politik des Terrors gegen das palästinensische Volk verfolge.[37] Israel ignorierte dieses »Angebot« wie alle vorherigen der Hamas, da es nicht mit einer »Bande von Mördern und Terroristen« verhandele.

Der pompöse »Gipfel der Friedensstifter« am 13. März im ägyptischen Sharm al-Shaikh, zu dem mehr als dreißig Staatschefs aus arabischen Ländern und Westeuropa sowie Bill Clinton kamen, hatte eher den Charakter einer Wahlveranstaltung für Shimon Peres. Clinton konnte nur drei magere Allgemeinplätze als Kommuniqué verkünden: den Friedensprozeß zu fördern, die Sicherheit zu erhöhen und den Terror zu bekämpfen. Über die wahren Ursachen des Terrors wurde nicht gesprochen. Am 14. März reiste Clinton nach Israel, wo er den Bürgern versicherte, er werde mit ihnen Arm in Arm gegen den Terror vorgehen und ihre Sicherheit garantieren. Im Center for Performing Art in Tel Aviv begrüßte Peres Clinton als »den größten Präsidenten, den die USA jemals hatten«. Vom israelischen Standpunkt war diese Ehrung gerechtfertigt. Serge Schmemann schrieb in der »New York Times« vom 15. März, daß »der Präsident keine Anstalten machte, seine Unterstützung für Israel durch eine Geste gegenüber Arafat etwas auszugleichen, wie das bei Staatsbesuchen üblich ist. Er unterstützte selbst Israels harte Maßnahmen in der Westbank und dem Gaza-Streifen öffentlich, einschließlich der belagerten palästinensischen Siedlungen.« Und Nahum Barnea schrieb unter der Schlagzeile »Der letzte Zionist« am gleichen Tag in »Yediot Aharonot«: »Es gibt andere Länder auf der Welt, die ähnlich unter Terror zu leiden haben und einen ähnlichen Preis zahlen. Aber keines von diesen hat die umfassende, inbrünstige und uneingeschränkte Unterstützung, die Israel vom amerikanischen Präsidenten erhalten hat.«

Die Kollektivstrafe war drakonisch. Zuerst erklärte Peres der Hamas den »totalen Krieg«, dann wurden die Grenzen bis nach den Wahlen vom 29. Mai geschlossen. Jegliche Reisen innerhalb der Gebiete waren für zwei Wochen absolut verboten, über die Flüchtlingslager wurde eine totale Ausgangssperre verhängt, alle männlichen Verwandten von Verdächtigen wurden verhaftet, sechs Kolleges in Ost-Jerusalem und der Westbank sowie die Universität von Hebron geschlossen. Peres ließ einige Lebensmitteltransporte zu, damit keine Hungersnot in Gaza ausbrach. Auch die für den 28. März geplante Truppenverlegung aus Hebron wurde wegen der »sicherheitspolitischen Lage« bis nach den Wahlen verschoben. Die Abriegelung der Gebiete kostete die Autonomiebehörde täglich sechs Millionen US-Dollar. Die Verluste beliefen sich in dieser Zeit auf das Doppelte dessen, was die Geberländer zur Aufrechterhaltung von Arafats Herrschaft beisteuern.

Nach Aktionen der Hisbollah in der »Sicherheitszone«, bei denen einige israelische Soldaten, Zivilisten und einige Hisbollah-Kämpfer umkamen und der Beschießung Nordisraels durch Katjuscharaketen, die nur geringen Schaden anrichteten, setzte Peres seine ganze Militärmaschinerie in Gang und ließ nicht nur die Stellungen der Hisbollah, sondern Gebiete im Südlibanon bombardieren. Die Operation »Früchte des Zorns«, die am 11. April begann, sollte sich gegen seinen Initiator wenden. 400 000 Menschen mußten fliehen. Am 18. April griff die israelische Luftwaffe »versehentlich« einen UNO-Stützpunkte an, in dem die Einwohner des Dorfes Qana Zuflucht gefunden hatten. 120 Zivilisten wurden getötet. Der öffentliche Protest veranlaßte Peres, den Krieg schnell zu beenden. Nachdem US-Außenminister Warren Christopher Vermittlungen aufgenommen hatte, stellten beide Seiten am 23. April ihre Aktionen ein. Die Bilanz dieses Kurzkrieges: 500 Katjuscharaketen der Hisbollah, 1 500 schwere Artillerieangriffe und 1 500 Luftangriffe der Israelis, zwei israelische Soldaten und sieben Hisbollah-Kämpfer tot, vier syrische und zwei libanesische Soldaten tot; 40 israelische Zivilisten wurden verwundet, mehr als 160 libanesische Zivilisten getötet und 300 verwundet.

Ein Interview, das Gil Riba am 10. Mai 1996 in »Kol Ha'ir« veröffentlichte, offenbart, wie zwei beteiligte Soldaten über das Massaker in Qana dachten: »Unser Kommandeur rief uns zusammen und sagte, daß dies ein Krieg sei und wir weiterkämpfen sollten wie gute Soldaten. Wenn die Hisbollah in ein Dorf gegangen seien, in dem Araber lebten, war das ihr Problem. Ein Araber mehr oder weniger, Sie verstehen. Unser Kommandeur sagte: Um alles in der Welt, die Bastarde schießen auf dich, was kann man tun? Er sagte uns, daß wir ausgezeichnet schießen würden und damit fortfahren sollten, und die Araber, Sie wissen, von ihnen gibt es Millionen.« Der andere Soldat: »Wir taten, was von uns verlangt wurde, und wir hatten keinen Grund, uns schuldig zu fühlen. Selbst S. (der Kommandeur – L. W.) erzählte uns, daß wir die Besten seien und sie nur ›arabushim‹ (eine abfällige Bezeichnung für die Araber).« Hatte keiner etwas gegen diese Bezeichnung einzuwenden, wollte Riba wissen. »Nein, sagen Sie nicht, Sie sind einer dieser Linken oder so.« Der andere Soldat ergänzte: »Wie viele Araber und wie viele Juden gibt es? Einige Arabushim starben, dies ist kein wichtiges Thema.«

Die Hisbollah blieb intakt, die libanesische Regierung wich nicht zurück, und die Bevölkerung rückte gegen den externen Aggressor wieder zusammen, trotz aller Gegensätze. Für Israel und Peres war dieser Krieg ein Desaster. Er wollte Sharon oder Rabin überlegen sein, die beide für Aktionen gegen die Zivilbevölkerung im Libanon verantwortlich waren. Sharon hatte die »Operation Frieden für Galiäa« sowie 1982 das Massaker in den Flüchtlingslagern in Sabra und Shatila gebilligt, Rabin im Juli 1993 die Operation »Verantwortlichkeit«, bei der mehr als 500 000 Libanesen vertrieben wurden. Die linksliberale israelische Öffentlichkeit hielt sich mit Kritik zurück. Netanyahu wäre der »Kriegsverbrechen« bezichtigt worden, wenn er das Massaker in Qana zu verantworten gehabt hätte. Ohne einen Abzug der israelischen Besatzungstruppen aus dem Süden des Libanon wird es an der Nordgrenze Israels keinen Frieden geben.

Die Aktionen der Hisbollah gegen die israelische Besetzung des Südlibanon hängen im wesentlichen von der Zustimmung Syriens ab. Der syrische Außenminister Faruq Shara erklärte im April 1996, mit dem Abzug der Israelis erlösche auch das Recht auf »Widerstand«. Noch erklärt die Hisbollah, sie wolle Israel »ausradieren« und »Jerusalem befreien«. Dies sollte als Rhetorik aufgefaßt werden, weil die Organisation keinerlei Mittel in der Hand hat, Israel ernsthaft zu bedrohen. Hassan Nasrallah ist Realist genug, um zwischen diesen rhetorischen Wunschvorstellungen der Hisbollah und einem Ausgleich zwischen dem Libanon, Syrien und Israel zu unterscheiden.

Bill Clinton setzte sich massiv für die Wiederwahl von Peres ein. Als erster amtierender US-Präsident hielt er eine Rede vor dem American Israel Public Affairs Committee (Aipac), der mächtigsten jüdischen Lobbyorganisation, in Washington. Clinton sprach die israelische Regierung von der Verantwortung für das Bombardement im Libanon frei. Dieses »tragische Versagen durch Israel geschah in der Ausübung seines legitimen Rechtes auf Selbstverteidigung«, die Hisbollah habe ihre Raketenstellungen in der Nähe von Dörfern und Städten aufgestellt. Der »größte Führer der freien Welt und treue Freund Israels«, so Peres auf einem Empfang in Washington, demonstrierte bei Arafats Besuch am 1. Mai, daß die USA die einseitige Dynamik dieses Prozesses weiter unterstützten, in dem die israelische Seite die Bedingungen bestimmt. Clinton lobte Arafat für sein radikales Vorgehen gegen die Islamisten. Der Dank für die endgültige Liquidierung der PLO-Charta fiel eher mager aus. Clinton versprach lediglich, er wolle die anderen Geberländer an die Einhaltung ihrer Zusagen erinnern. Die US-Administration änderte ihre Haltung gegenüber dem palästinensischen Recht auf Selbstbestimmung nicht. Der angekündigte amerikanisch-palästinensische Ausschuß, der die bilateralen Beziehungen regeln sollte, wurde nie ins Leben gerufen.

Peres drohte sowohl bei der arabischen Bevölkerung als auch bei einem Teil der Linken in Israel Wählerstimmen zu verlieren. Um diese möglichen Verluste auszugleichen, ließ er seinen Minister ohne Geschäftsbereich, Yossi Beilin, mit den Siedlern verhandeln. Beilin gelang es, eine Vereinbarung mit dem Rabbiner Yoel Ben-Nun zu schließen, der zu den erbittertsten Gegnern des Oslo-Prozesses zählte. Darin sagte die Regierung zu, die Interessen der Siedler zu verteidigen, keine Siedlung aufzulösen und ein »natürliches Wachstum« zu garantieren. Größere Siedlungsblöcke sollten annektiert werden. Peres bekräftigte mit diesem Kontrakt nur die Position seines Vorgängers, der die Siedler zwar des öfteren beschimpft hatte, sich aber konstant weigerte, auch nur eine Siedlung aufzulösen. Diese Zugeständnisse bedeuteten paraktisch nichts anderes als die Übernahme des von Ariel Sharon schon vor Jahren in die Debatte eingeführten Enklavenprojektes, das auch als »Sharon's Star War«[38] bekannt geworden ist. Diese politischen Winkelzüge und Zugeständnisse an einen für die Siedler-Bewegung nicht repräsentativen Vertreter konnten die Niederlage von Peres nicht verhindern. Warum sollten die Siedler eine Kopie wählen, wenn sie auch das Original bekommen konnten? Darüber hinaus bewahrheitete sich wieder einmal, daß Peres ein »Verlierertyp« ist. Er genießt unter den Israelis kein Vertrauen. Bei allen Wahlen, zu denen er angetreten war, ging er als zweiter Sieger hervor.

4. Das Protokoll über die Truppenverlegung in Hebron vom 15. Januar 1997 und Netanyahus »Friedensvision«

Die internationale Öffentlichkeit war geschockt, als sie vom Wahlsieg Netanyahus erfuhr. Dazu bestand auch Anlaß, denn die Mannschaft, mit der er sich umgab, verhieß für die Palästinenser nichts Gutes. Neben Arafat war auch Clinton enttäuscht, hatten doch beide ausschließlich auf den vermeintlichen »Visionär« und nicht auf den »Hardliner« gesetzt. »Die Zusammensetzung der Netanyahu-Regierung zeigt, daß die Extremisten das Sagen haben … Der Westen und auch die Palästinenser sollten sich keinerlei Hoffnungen auf Fortschritte hingeben, solange sich Netanyahu mit Leuten wie Zevulun Hammer, Ariel Sharon und Raphael Eitan sowie militanten Siedlervertretern und extremistischen Rabbinern umgibt, die den Massenmörder Baruch Goldstein zu ihrem Idol erkoren haben. Der Friedensprozeß ist am Ende, weil er von Anfang an kein Prozeß zwischen Gleichen gewesen ist. Er konnte nur fortgesetzt werden, weil er auf der Unterwerfung der Palästinenser beruhte, und dies ironischerweise von diesen auch akzeptiert worden war. Es wird zwar irgendeine Entwicklung weitergehen, die aber mit Frieden wenig zu tun haben wird.«[39]

Netanyahu gewann die Wahlen nicht aufgrund seines Programmes, sondern wegen der Ängste, die er gegenüber der Peres-Regierung schürte. Niemand wußte, wofür er stand. Die Bücher, die er über den Terrorismus oder Israels Rolle in der Welt[40] geschrieben hat, geben Aufschluß über sein Weltbild. Daß man ihn im Westen als einen »Pragmatiker« bezeichnete, zeigt, wie wenig man ihn hier kannte.

Ganz in der Tradition seiner Wahlkampfrhetorik veröffentlichte Netanyahu am 18. Juni die Richtlinien seiner Politik gegenüber den Palästinensern. Sie wirkten in der arabischen Welt und bei den Palästinensern wie ein Trauma. Dabei unterschieden sie sich nicht von den Zielen der Arbeitspartei: Netanyahu lehnte einen souveränen Palästinenserstaat westlich des Jordans ebenso ab wie die Rückkehr der Flüchtlinge von 1948 und 1967, weil sie eine Gefahr für die »demographische Sicherheit« Israels darstellten. Jerusalem sollte unter der »exklusiven Souveränität« Israels bleiben und der »soziale und ökonomische Status von Groß-Jerusalem« gefördert werden. Die UNO-Resolutionen und die darauf fußenden Statusendverhandlungen wurden mit keinem Wort erwähnt. In seiner »Jungfernrede« betonte Netanyahu, daß die Siedlungen überall in »Israel, Judäa, Samaria und Gaza« gefördert würden. Diese schrillen Töne schreckten die USA auf. Nach dem Besuch Warren Christophers begann Netanyahu seine Positionen rhetorisch etwas zu glätten. So kündigte er am 28. Juni in einigen Interviews an, »Kommunikationskanäle« zur Autonomiebehörde zu eröffnen. Er schickte in geheimer Mission seinen Berater Dore Gold zu Arafat, um ihm versichern zu lassen, die Likud-Regierung wollte die Statusendverhandlungen fortsetzen.

Netanyahu war wie die Peres-Regierung primär an der Zusammenarbeit in Sicherheitsfragen interessiert. Diese Kooperation schloß auch die Frage ein, wie Arafat selber geschützt und seine eigene Herrschaft gefestigt werden kann. Wie wichtig dieser Aspekt seit den Geheimverhandlungen in Oslo für Israel war, beweist das Treffen zwischen dem ehemaligen Leiter des Shin Bet, Ya'acov Peri, dem damals noch stellvertretenden Generalstabschef, Amnon Lipkin-Shahak, mit den Chefs der Preventive Security Services (PSS) von Gaza, Muhammad Dahlan, und Jibril Rajoub für die Westbank im Januar 1994 in Rom. Seit diesem Treffen hatte die PSS gegenüber der eigenen Opposition und der Hamas freie Hand. Wie die zahlreichen Menschenrechtsverletzungen belegen, nahmen sie ihre Aufgaben ernst. Am 18. September 1994 bestätigte Rabin offiziell, daß die »Sicherheitsdienste der Autonomiebehörde« in »Kenntnis und Kooperation mit Israels Sicherheitsdiensten israelische Sicherheitsinteressen« garantierten. Netanyahu wußte vom Shin Bet-Chef Ami Ayalon, daß die Erfolge gegen die Hamas und den Islamischen Jihad nicht möglich gewesen wären ohne die Hilfe der palästinensischen Sicherheitsdienste. Er führte die Sicherheitskooperation weiter, da Arafat die 1 500 verhafteten Islamisten nach der Niederlage von Peres nicht freiließ.

In anderen Fragen weigerte sich Netanyahu, dort anzuknüpfen, wo die Vorgängerregierung aufgehört hatte. Sein Antrittsbesuch bei Präsident Clinton am 9. und 10. Juli war ein Triumph für Israels aggressive Politik. Netanyahu hatte noch eine offene Rechnung mit Clinton zu begleichen, hatte dieser doch seinen Rivalen Peres im Wahlkampf bis zur Selbstverleugnung unterstützt. Clinton verhielt sich gegenüber Netanyahu äußerst zuvorkommend. So durfte der israelische Ministerpräsident vor beiden Häusern des Kongresses sprechen. Diese hohe Auszeichnung wird einem ausländischen Staatsgast selten zuteil. Für Clinton war der tosende Beifall, den Netanyahu jeweils für seine Rede erhielt, eine Ohrfeige. Auf der gemeinsamen Pressekonferenz gab sich Netanyahu selbstbewußt. Er warnte die USA vor zu hohen und zu schnellen Erwartungen und schrieb dem sichtlich irritierten US-Präsidenten ins Stammbuch, daß die Rabin/Peres-Regierung in den letzten vier Jahren die Zahl der Siedler von 96 000 auf 145 000 erhöht habe, ohne daß die USA darüber auch nur ein Wort verloren hätten. »Ich nehme an, daß keiner von Ihnen von uns weniger erwartet.«

Solche Offen- und Direktheit hinterließ bei den arabischen Regenten eine gewisse Ratlosigkeit, waren sie doch schon an die diplomatisch unverbindlichen Worte der Peres-Regierung gewöhnt.

Vom 21. bis 23. Juni fand in Kairo ein arabisches Gipfeltreffen statt, das erste seit dem Golfkrieg, der zur Spaltung der Gruppe geführt hatte. Dieses Treffen war von Mubarak, Assad und dem saudischen Kronprinzen Abdullah Anfang Juni in Damaskus vereinbart worden. Die Warnung an Israel, falls es den Friedensprozeß nicht fortsetze, müßten die arabischen Staaten ihre Aussöhnung mit dem Land überdenken, war das einzig greifbare Resultat. Arafat war zufrieden. Sein Besuch bei Assad im Juli in Damaskus brachte noch weniger ein. Eine Reise Mubaraks nach Washington veranlaßte Netanyahu immerhin zu der Ankündigung, die israelisch-palästinensischen Verhandlungen wiederaufzunehmen.

Arafat beschrieb seine erste offizielle Unterredung mit dem israelischen Außenminister David Levy am 23. Juli in Gaza als »gut, nützlich, offen und positiv«. Dabei hatte Levy nichts anzubieten als den Hinweis, den Terror zu bekämpfen. Über die Wiederaufnahme der Statusendverhandlungen und die Umgruppierung der Streitkräfte in Hebron konnte er keine genauen Angaben machen. Nur auf Druck von seiten der USA, der Europäischen Union und einiger arabischer Staaten kam es am 4. September in Gaza zu dem lang erwarteten Treffen zwischen Arafat und Netanyahu. Seit seiner Wahl Ende Mai hatte Netanyahu versucht, dem »Terroristen« Arafat aus dem Weg zu gehen. Weder diese erste Begegnung noch die wenigen weiteren haben zu konkreten Ergebnissen geführt.

Netanyahu ließ von Beginn seiner Amtszeit keinen Zweifel daran aufkommen, daß er als israelischer Ministerpräsident israelische Interessen zu vertreten habe. Diese Ankündigung unterlegte er mit konkreten Taten. Obwohl seine Regierung von einem Skandal zum nächsten stolperte, erweist sich die Prognose von einer großen Koalition als falsch. Netanyahu ist direkt vom Volk gewählt worden, doch seine Minister erpressen ihn mit immer neuen Forderungen. Auch der Rücktritt seines Außenministers David Levy konnte ihn nicht stürzen. Gegen den Rat seiner Sicherheitsberater ließ Netanyahu am 23. September einen unterirdischen Tunnel unter der Al-Aqsa-Moschee öffnen. Die Vorgängerregierung hatte dies wegen des zu hohen Risikos abgelehnt. Daraufhin lieferten sich die israelische Armee und die palästinensische Polizei Gefechte. 86 Palästinenser und 15 Israelis kamen ums Leben, zirka 1 000 Palästinenser wurden verwundet. Diese Zusammenstöße brachten den Friedensprozeß wieder einmal an den Rand des »Scheiterns«. Umgehend kursierten Gerüchte, Arafat habe den Konflikt bewußt eskalieren lassen, um Netanyahu wieder an den Verhandlungstisch zu zwingen. Sie sind nicht ganz unbegründet. Ein in Washington hastig einberufener Gipfel zwischen Clinton, Netanyahu, Arafat und König Hussein führte dazu, daß am 5. Oktober die Verhandlungen über die Umgruppierung der Streitkräfte in Hebron aufgenommen wurden. Die Gespräche wurden immer wieder von Zwischenfällen in den besetzten Gebieten unterbrochen.

Ursprünglich war der Truppenrückzug aus Teilen Hebrons für den 28. März 1996 vorgesehen. Wegen zweier Terroranschläge im Februar und März wurde die Aktion ausgesetzt. Benjamin Netanyahu hatte die Abkommen seiner Vorgänger bekämpft und als unzureichend kritisiert, ergo mußte er gegen den Willen der USA über das »Interimsabkommen« neu verhandeln. Das Hebron-Protokoll unterscheidet sich in der Substanz nur unwesentlich von den im »Interimsabkommen« vom 28. September 1995 niedergelegten »Richtlinen über Hebron«, die noch die Rabin-Regierung ausgehandelt hatte. Arafat mußte seine Ziele drastisch zurücknehmen. Es ist ihm nicht gelungen, die Oslo-Vereinbarungen noch zu verbessern.

Bei einigen wichtigen Punkten machte Arafat Zugeständnisse, die er nicht einhalten kann und die die Lage der Palästinenser verschlechtern. Netanyahu seinerseits lehnte es ab, die Ibrahimi-Moschee in die Verhandlungen mit einbeziehen und eine Verbindung zu anderen bereits vereinbarten Projekten wie die Eröffnung des Flughafens in Gaza oder den Bau eines Tiefseehafens herzustellen.

Es war letztlich Netanyahu, der die USA an den Verhandlungstisch zurückbrachte und damit die amerikanisch-israelische Partnerschaft wiederbegründete. Netanyahu nahm die abgeschlossenen Abkommen an, interpretierte sie aber in seiner legalistischen, engen Sichtweise, um eine palästinensische Souveränität zu verhindern und Israels Kontrolle über die Westbank zu sichern. Folglich kreisten die Verhandlungen auch nur um Sicherheit, und zwar diejenige Israels. Dennis Ross stand bei den Verhandlungen um das Hebron-Protokoll eindeutig auf seiten Israels. Er hat den Palästinensern die israelische Sicherheitsagenda aufgezwungen. Das Hebron-Protokoll ist das Muster für eine administrative und territoriale Teilung der Westbank und des Gaza-Streifens.

In den 20 Artikeln dieses Protokolls geht es zum einen um Sicherheitsfragen und zum anderen um die Regelung der Zivilangelegenheiten nach der Umgruppierung der israelischen Truppen. Zum Protokoll gehören ein Vermerk von Dennis Ross, in dem die israelischen und palästinensischen Verantwortlichkeiten aufgelistet werden, eine kurze Protokollnotiz über die Normalisierung des Lebens in der Altstadt von Hebron, die auf Druck der USA zustande kam, sowie ein Brief des amerikanischen Außenministers Warren Christopher an Netanyahu.[41]

Auch nach Unterzeichnung und Umsetzung des Hebron-Protokolls ist kein Optimismus angebracht. 450 Siedler blockieren 20 Prozent der Stadt, insbesondere den Geschäftsbereich, und werden von mehr als 1 000 israelischen Soldaten bewacht, wohingegen die mehr als 100 000 Palästinenser dort quasi in einer israelischen Enklave leben. Die israelische Siedlung im Zentrum ist durch das Abkommen legitimiert worden. Israel zog sich zwar aus 80 Prozent der Stadt zurück (H-1-Zone), hat aber über die Siedlung und die Pufferzonen, in denen über 20 000 Palästinenser leben (H-2-Zone), weiterhin das alleinige Sagen. Eine »schnelle Eingreiftruppe« (Rapid Response Teams/RRTs) zur Terrorbekämpfung, die aus acht Israelis und acht Palästinensern besteht, ist an vier zentralen Punkten in der H-1-Zone stationiert. Hebron war keinesfalls »befreit«, wie Arafat durch seine triumphalistischen Reden glauben machen wollte. Wie die anderen Abkommen wird das Hebron-Protokoll den Konflikt letztendlich verschärfen und beide Kontrahenten noch weiter entfremden. Dies läßt sich täglich beobachten.

Netanyahu wollte ursprünglich einen Teil Hebrons an die Palästinenser abtreten, den bis September 1997 zugesagten Rückzug aus der Westbank auf Mai 1999 verschieben und sofort über die zentralen Streitfragen wie Jerusalem, Siedlungen, Flüchtlinge und Grenzen verhandeln. Er mußte zugestehen, den Rückzug in drei Etappen bis August 1998 zu vollziehen und die Statusendverhandlungen zwei Monate nach der Umgruppierung der Streitkräfte in Hebron wieder aufzunehmen.

Warum ist das Hebron-Protokoll dennoch ein großer Erfolg israelisch-amerikanischen Verhandlungsgeschicks? Benjamin Netanyahu sagte am 16. Januar 1997 in der Knesset, dem israelischen Parlament: »Wir verlassen Hebron nicht. Wir verlegen nicht unsere Truppen aus Hebron, sondern nur in Hebron ... Wir wollen nicht die jüdische Gemeinde aus Hebron entfernen. Wir wollen sie erhalten und sie konsolidieren. Wir selbst wollen nicht aus Hebron weggehen; wir wollen dort bleiben.« Die Konsequenz für die Palästinenser ist dem Bürgermeister von Hebron, Rafiq Natsche, zufolge klar: »Hebron war und ist der Fehler des Interimsabkommens. Es hat uns eine geteilte Stadt beschert.« Der Bürgermeister hatte vergeblich versucht, Arafat von der Unterzeichung des Abkommens abzuhalten.

Benjamin Netanyahu erreichte auch bei den gegenseitigen Verpflichtungen weitere Konkretisierungen. Die Palästinenser mußten nochmals schriftlich zusichern, endlich ihre Charta abzuändern, die Zusammenarbeit in Sicherheitsfragen zu intensivieren, die feindselige und aufrührerische Propaganda einzustellen, die Terrororganisationen und deren Infrastruktur systematisch zu bekämpfen, die Terroristen zu verfolgen, sie anzuklagen und zu bestrafen, Verdächtige an Israel auszuliefern sowie Waffen zu beschlagnahmen. Netanyahu konnte die Umgruppierung um ein Jahr hinauszögern und sein Prinzip der »Gegenseitigkeit« durchsetzen, auf dem in Zukunft die Einhaltung und Umsetzung aller anderen Abkommen beruhen wird. Wer kann eine hundertprozentige Umsetzung dieses Prinzips garantieren, das nur auf die Sicherheit der Israelis ausgerichtet ist und z. B. den notwendigen Schutz der Palästinenser vor der Gewalt des Militärs und der Siedler ausklammert? Daß ein großer Teil der Siedler mit diesem Ergebnis unzufrieden ist, resultiert aus ihrem Fanatismus, der für Außenstehende nicht nachvollziehbar ist.

Der größte Erfolg der israelischen Regierung ist jedoch das Schreiben des ehemaligen amerikanischen Außenministers Warren Christopher, in dem es u. a. heißt: »Herr Ministerpräsident, Sie können sicher sein, daß die amerikanische Verpflichtung in bezug auf die Sicherheit Israels unumstößlich ist und einen fundamentalen Bestandteil unserer besonderen Beziehungen darstellt. Das zentrale Element in unserer Einstellung zum Frieden, einschließlich der Verhandlungen und der Umsetzung der Abkommen zwischen Israel und seinen arabischen Partnern, war immer die Berücksichtigung der israelischen Sicherheitsanforderungen. Mehr noch, ein Kennzeichen der amerikanischen Politik bleibt unsere Verpflichtung, kooperativ zusammenzuarbeiten, um die Sicherheitsbedürfnisse zu erfüllen, die sich Israel vorstellt. Letztendlich möchte ich nochmals unsere Position wiederholen, daß Israel ein Recht auf sichere und verteidigbare Grenzen hat, die es mit seinen Nachbarn in Übereinstimmung direkt aushandeln soll.« Der Brief Christophers an Netanyahu läßt Arafat als einen amerikanischen Vasallen erscheinen. Er enthält Sätze, die sich wie ein Diktat lesen. »Ich habe dem Vorsitzenden Arafat eingeschärft …«; »Ich habe den Vorsitzenden Arafat angewiesen …« und »Ich habe ihm nachdrücklich klargemacht …«

Diese Diktion zeigt, daß die weitere Umgruppierung israelischer Truppen keine Sache von bilateralen Verhandlungen ist, sondern die alleinige Angelegenheit Israels. Von Arafats Bereitschaft hinge nicht nur die Erfüllung des »Interimsabkommens« ab, sondern auch der Friedensprozeß generell. Der PLO-Vorsitzende hat dieses Schreiben nie veröffentlicht. Netanyahu konnte in der Tat Verbesserungen gegenüber den ursprünglichen Modalitäten anführen, insbesondere was die angeblichen »mündlichen Zusagen« der Vorgängerregierung betrifft, auf die er in seiner Rede in der Knesset Bezug genommen hat. Das Abkommen war Netanyahu kein Herzensanliegen, sondern er schloß es nur ab, weil er keine andere Option hatte. Zu groß war das Interesse der USA, daß die Zusage der vorherigen Regierung auch eingehalten werde. Durch die amerikanischen »Annexe« gelang es der israelisch-amerikanischen Verhandlungsdelegation, die »Schlupflöcher«, die noch im »Interimsabkommen« waren, zu beseitigen. Den USA ging es nicht mehr um die UN-Resolutionen, sondern nur noch um Israels Sicherheit. Dieses Sicherheitsdenken wurde zur bestimmenden Größe des Friedensprozesses. Die völkerrechtswidrigen Aktionen Israels wie Häuserzerstörungen und Landenteignungen werden nicht einmal mehr erwähnt. Ross gesteht der Autonomiebehörde in dem »Vermerk« sogar zu, die Menschenrechte der eigenen Landsleute zu verletzen, um die Sicherheit der Israelis zu garantieren. »So gibt das ›Prinzip der Gegenseitigkeit‹ Israel nicht nur die letzte Kontrolle über den Prozeß, sondern wird auch dazu führen, daß sich die Bedingungen für die Einhaltung der Menschenrechte in den palästinensischen Autonomiegebieten verschlechtern.«[42] Die »israelischen Verantwortlichkeiten« sind fakultativ und hängen von der israelischen Sicherheit ab, wohingegen die »palästinensischen Verantwortlichkeiten« Verpflichtungen darstellen, die die Palästinenser einzuhalten haben. So war es nicht verwunderlich, daß das Votum in der Knesset so eindeutig ausfiel: 87 stimmten dafür und nur 17 dagegen. Dieses Ergebnis zeigt, daß es einen übergreifenden Konsens auch über die Gebiete gibt, die von Siedlern bevölkert sind. In dieser territorialen Frage wird es auch in den Endverhandlungen keinen Kompromiß geben. Konkret heißt das: Teilung der besetzten Gebiete zwischen Israel und den Palästinensern nach der Formel: das Maximum an Land für Israel und das Maximum der Menschen für die Autonomiebehörde.

Für die Palästinenser bedeutet das Hebron-Protokoll einen weiteren Rückschlag auf dem Weg zur Eigenstaatlichkeit, weil darin erstmalig die israelischen Siedlungen als ein De-facto-Teil Israels und nicht als Teil eines besetzten Gebietes betrachtet werden. Damit wird die völkerrechtliche Position der Palästinenser weiter geschwächt. Die Umsetzung der diversen Bestimmungen aus den Abkommen benachteiligt die Palästinenser ebenfalls.

Die USA, vertreten durch Dennis Ross, sehen zwar in den Siedlungen »ein Hindernis zum Frieden«, bewerten sie aber nicht mehr als »illegal«, sondern nur noch als »umstritten«. Teile der amerikanischen Administration sehen das im Hebron-Protokoll fixierte Teilungsmodell als zukunftsweisend für Gaza und die Westbank an. Die Palästinenser behaupten zwar, sie würden sich einem solchen Ansinnen widersetzen, überschätzen dabei aber ihre reale Macht. Selbst wenn sich Israel aus der Zone B zurückziehen würde, behielte das Land dort die übergeordnete Sicherheit. Weder die Abkommen noch das Hebron-Protokoll definieren den Grad der Autorität der Palästinenser, wenn die einzelnen Phasen der Umgruppierung abgeschlossen sein sollten. Netanyahu wird den gesamten Prozeß auf die UN-Resolution 242 und das Prinzip »Land für Frieden« reduzieren, das heißt, daß die Besetzung nicht beendet wird, weil die Resolution 242 weder etwas über die Palästinenser noch etwas über den Rückzug aus allen besetzten Gebieten aussagt. Die Hoffnung der Palästinenser, ein Stück von »Palästina« könnte sich als Kern eines palästinensischen Staates erweisen, hat getrogen. Die Berater Netanyahus prognostizieren für die Palästinensergebiete künftig keine Souveränität, sondern einen Status, der dem Puerto Ricos vergleichbar ist. Ob die Palästinenser eine symbolische »Unabhängigkeit« akzeptieren werden, ist die Frage[43].

Nach Abschluß des Hebron-Protokolls reiste Netanyahu am 13. Februar 1997 in die USA, dort bereitete Clinton ihm einen herzlichen Empfang. Beide konferierten mehr als drei Stunden. Auf einer Pressekonferenz machte Clinton einen möglichen Verkauf von F-16-Bombern an Saudi-Arabien von möglichen Sicherheitsbedenken Israels abhängig. Dies war auch eine offene Brüskierung der Saudis, die sich ebenfalls als »Freund der USA« verstehen. Clinton sagte, er würde jeden Plan der Israelis zur Sicherung ihrer Nordgrenze unterstützen. Er billigte damit indirekt sogar die Besetzung Südlibanons durch Israel, obwohl die USA diese Aktion auf der Grundlage der UN-Charta ablehnen. Dieser vierte Besuch Netanyahus fand in einer freundlichen Atmosphäre statt. Am nächsten Tag warnte der israelische Ministerpräsident in einer Rede vor dem Institute for Near East Policy die Palästinenser davor, einen eigenen Staat auszurufen, da dies zum völligen Zusammenbruch des Friedensprozesses führen würde. Politisch gestärkt, traf Natanyahu nach seiner Rückkehr eine weitere Entscheidung, die die Palästinenser brüskieren mußte.

Er genehmigte am 26. Februar den Bau einer weiteren israelischen Siedlung auf dem Berg Abu Ghneim (israelisch Har Homa) in Ost-Jerusalem. In der israelischen Presse war nur von Har Homa die Rede. Der kulturellen Inbesitznahme folgte logischerweise die territoriale. Tausende palästinensische Orte wurden durch Umbenennung in die jüdische Tradition eingegliedert und mit Zähnen und Klauen verteidigt. Dies sollten die Palästinenser und die Weltöffentlichkeit mit in Betracht ziehen, wenn sich solche Vorgänge ereignen. Rabin hatte diese Siedlung genehmigt, die Planungen waren bereits unter Wohnungsbauminister Benjamin Ben Eliezer abgeschlossen worden, doch mit dem Bau wurde aus Opportunitätsgründen noch nicht begonnen.

Mit Netanyahus Entscheidung war der Siedlungsring um die Stadt geschlossen. Für die Palästinenser war es ein erneuter Beweis für die Unglaubwürdigkeit von Netanyahus Politik. Ihre Frustration nahm weiter zu. Ergebnis dieser Hoffnungslosigkeit war der Terroranschlag am 21. März in einem Tel Aviver Café, bei dem drei Israelinnen umkamen und 61 verletzt wurden. Das für den 18. März vorgesehene Treffen zwischen Arafat und Netanyahu platzte. Es kam zu Protesten und Zusammenstößen, bei denen über 400 Palästinenser verletzt wurden. Arafat war aber nicht an einem größeren Konflikt wie im vergangenen September bei der Tunnelöffnung interessiert. Seine Strategie zielte auf die diplomatische Isolierung Israels und die internationale Unterstützung für seine Position. Mit dieser Intention reiste er am 3. März zu Clinton. Dieser äußerte sein Bedauern über die israelische Entscheidung, da sie nicht zu Vertrauen, sondern zum Mißtrauen beitrage. Eine bemerkenswerte Aussage Clintons im Lichte seiner ansonsten proisraelischen Statements. Der Journalist William Safire hatte Clinton einen Tag vor Arafats Ankunft in der »New York Times« ermahnt, ihm keine »falschen Hoffnungen« zu machen. Falls die Palästinenser darauf bestehen würden, Ost-Jerusalem als ihre Hauptstadt zu beanspruchen, würde dies »eine fremde Insel innerhalb Jerusalems schaffen, die ebenso provokativ wäre wie die israelische Annexion der ganzen Westbank«. Dieser Vergleich ist eine bewußte Irreführung der amerikanischen Öffentlichkeit. In der Tat zeigte sich schon am 6. März, auf wessen Seite die USA stehen. An diesem Tag legten sie gegen eine UN-Sicherheitsratsresolution, die den Siedlungsbau auf dem Berg Har Homa verurteilen sollte, ihr Veto ein.

An dem Beispiel Har Homa läßt sich der »Unterschied« zwischen der Strategie der Arbeitspartei und der Likud-Regierung verdeutlichen, deren Endziel identisch ist. So sagte Yossi Beilin in einer Fernsehdiskussion am 17. März 1997: »Ich befürworte die Bebauung überall in Jerusalem, einschließlich Har Homa, da es unser Recht ist. Wir (die Rabin-Regierung – L. W.) erhöhten die Zahl der Siedler um 50 Prozent. Wir bauten in Judäa und Samaria, aber wir taten es leise und mit Weitsicht. Sie (die Netanyahu-Regierung – L. W.) verkündet jeden Morgen ihre Absichten, erschreckt die Palästinenser und macht Jerusalem als die vereinigte Hauptstadt Israels – worüber Einigkeit unter allen Israelis herrscht – zu einem weltweiten Streitpunkt. Das Hauptanliegen muß es sein, die Palästinenser davon zu überzeugen, daß Jerusalem die Hauptstadt Israels ist. Ohne ihre Zustimmung dazu, wird es kein weiteres Abkommen geben. Was ich vorschlage, ist eine Übereinkunft mit den Palästinensern: Wir anerkennen einen palästinensischen Staat, und sie müssen Jerusalem als die vereinigte Hauptstadt Israels anerkennen.«

Daß sich auch arabische Herrscher mit der Linie der Arbeitspartei abgefunden hatten, zeigt das Statement des ägyptischen Präsidenten Hosni Mubarak: »Sie haben die ganze Zeit in Jerusalem gebaut, aber Sie haben darüber nicht gesprochen.« Eine solche insgeheime Übereinkunft kam bereits am 23. Februar 1996 zwischen Beilin und Mahmoud Abbas zustande, was aber letzterer bestritt. Im einzelnen erzielte man in drei Streitfragen »Kompromisse«:

– Die Siedlungen bleiben erhalten. 300 qkm, in denen die meisten Siedlungen liegen, werden von Israel annektiert.
– Die palästinensischen Flüchtlinge müssen sich um die Einbürgerung in ihrem jeweiligen Aufenthaltsland bemühen, konkret heißt das, kein Rückkehrrecht.
– Ein Kompromiß über Jerusalem sieht wie folgt aus: Arafat erhält ein Gebiet, das al-Quds – die Heilige – genannt wird und zu dem alle von Palästinensern bewohnten Dörfer gehören, die um Jerusalem herum liegen. Israel erhält die Souveränität über die Altstadt von Ost-Jerusalem und die israelischen Siedlungen, die Jerusalem umgeben.

Am 28. März 1997 legte Beilin in »Ha'aretz« nochmals die zentrale Grundlage für einen Statusendvertrag: »einen demilitarisierten Palästinenserstaat mit begrenzter Souveränität und im Gegenzug die Anerkennung des vereinigten Jerusalem«. Auf dieser Grundlage trafen sich auch Beilin und Michael Eitan vom Likud-Block, um einen Konsens über die weitere Politik zu erzielen. Vertreter beider Lager glauben bis heute, sie könnten diese völkerrechtswidrige Position auf Dauer aufrechterhalten, ohne den Zorn und die Ablehnung der internationalen Staatengemeinschaft hervorzurufen. Clintons Nachsicht nährt diese Illusion.

Zugleich versuchen die USA, durch ihre Vermittlungsbemühungen den Friedensprozeß am Leben zu erhalten. So reiste Dennis Ross im Mai und Juni 1997 mehrmals in die Region. Nach Treffen mit Mubarak, Netanyahu, Arafat und König Hussein verkündete er, daß der »Friedensprozeß noch am Leben ist, weil es zu ihm keine Alternative« gebe. Die Palästinenser waren weniger tautologisch. Saeb Erekat warf den USA vor, keine Strategie zu haben. Und nach dem Treffen zwischen Ross und Arafat am 8. Mai gestand er die Verärgerung der Palästinenser über Ross und seine Delegation offen ein. Der amerikanische Unterhändler warnte die Palästinenser davor, auf den Sturz der Netanyahu-Regierung zu hoffen und ihre Pflichten in Fragen der Sicherheit zu vernachlässigen.

Von der unprofessionellen Leitung seiner Regierung und den zahlreichen Skandalen, die ihm um Haaresbreite eine Anklage eingebracht hätten, abgesehen, sind Netanyahus außenpolitische Ideen wenig inspirierend. So ist er mit seinem Vorschlag, direkt mit den Statusendverhandlungen zu beginnen, gescheitert und hat mit der Wiederauflage seines »Allon-plus-Planes« am 4. Juni wenig Unterstützung erfahren. Die Medien sahen darin einen erneuten Beweis für Netanyahus legendäre Verschlagenheit. Im einzelnen schlug er vor: Israel behält Groß-Jerusalem, einschließlich der 1967 ausgedehnten Stadtgrenzen, die im Norden bis Beit El, im Osten bis nach Ma'ale Adumim und im Süden bis zum Etzion-Block sich erstrecken; der Korridor zwischen Jerusalem und Tel Aviv wird über die Grenzen von 1967 hinaus ausgedehnt; das Jordantal wird annektiert, einschließlich der existierenden und neuen Siedlungen; ein »Sicherheitsgürtel« von 15 Kilometern parallel zur »grünen Linie« wird sich ostwärts ausdehnen, um alle Siedlungen jenseits dieser Linie einzuschließen. Nach diesem Plan würden die Palästinenser höchstens 40 Prozent ihres Landes zurückerhalten. Nach Aussagen von Sicherheitsminister Avigdor Kahalani können die

Palästinenser ihre eigene Fahne und Nationalhymne haben. »Wir sind aber gegen eine palästinensische Armee. Ohne eine solche können sie alle ihre Rechte bekommen.« Die palästinensische Seite betrachtete diesen Plan als eine Beleidigung. Ebenfalls heftige Kritik erntete Netanyahu von rechtsnationalistischer Seite. Der fanatischste Likudabgeordnete Michael Kleiner warf dem Ministerpräsidenten »Verrat« am revisionistischen Traum von Eretz Israel vor. Außenminister David Levy rügte den Plan am 6. Juni öffentlich. Die Beziehung zwischen Netanyahu und seinem Außenminister ist generell gestört, da Levy das Nachsehen hatte, als es um den Vorsitz des Likud-Blocks ging.

Nicht nur die Veröffentlichung dieses Planes, sondern auch die Tötung von palästinensischen Grundstücksmaklern, vermutlich durch Arafats Sicherheitsdienste, trugen zu erneuten Spannungen zwischen Israelis und Palästinensern bei. Die Grundstücksmakler hatten Hausverkäufe von Palästinensern und Juden vermittelt. Die israelische Regierung warf Arafat vor, für den Tod dieser Menschen verantwortlich zu sein. Angeblich existiere eine Liste mit 16 Namen. Die Arafat-Behörde bestritt jede Verwicklung in die Tötungen. Justizminister Frei Abu Middein löste indirekt die Jagd auf diese Grundstücksmakler aus, als er öffentlich bekanntgab, wer Land an Juden verkaufe, müsse mit der Todesstrafe rechnen. Der ehemalige Generalstaatsanwalt Khaled Al-Qidrah bestand auf dem Recht, »jeden überführten Verräter zu bestrafen«. Keiner habe jedoch das Recht, das Gesetz in seine eigenen Hände zu nehmen. Die Spannungen zwischen Israel und den Palästinensern hielten auch im Juli und August an. Es kam zu heftigen Zusammenstößen in Hebron und Jerusalem, bei denen Hunderte Palästinenser verletzt wurden. Verschärft haben sich die Spannungen, als israelische Sicherheitskräfte in Nablus drei palästinensische Polizisten festnahmen. Israel warf ihnen vor, einen Anschlag auf eine Siedlung geplant zu haben. Die Regierung behauptete, die Polizisten hätten gestanden. Arafats Behörde forderte die sofortige Überstellung gemäß den Vereinbarungen von Oslo. Der palästinensische Vertreter im Sicherheitsausschuß, Khaled Tantash, wies die Anschuldigungen Israels zurück und behauptete, die Israelis wollten das Image der Autonomiebehörde beschädigen. Die Polizisten hätten nach Drogenhändlern gefahndet. Die israelische Regierung warf den Palästinensern weiter vor, die Vereinbarungen von Oslo seit der Unterzeichnung des Hebron-Protokolls 22mal verletzt zu haben. Arafat legte eine Liste mit 30 nicht gehaltenen Zusagen vor.

Zwei Selbstmordattentäter sprengten sich am 31. Juli 1997 auf dem Mahne-Yehuda-Markt in die Luft, töteten dabei 16 Menschen und verwundeten über 170. Zwei Tage vor diesem Anschlag hatten sich Netanyahu in einem Fernsehinterview damit hervorgetan, daß sein Konzept von »Friede durch Sicherheit«, was er im Wahlkampf versprochen hatte, aufgegangen sei. Dieser Terroranschlag führte zur drastischen Abriegelung der Autonomiegebiete. Der militärische Arm der Hamas übernahm die Verantwortung. Während zahlreiche palästinensische Politiker den Anschlag verurteilten, stufte Arafat die miltärische Belagerung als »Kriegserklärung« ein. Israel und die USA forderten von der Autonomiebehörde die totale Zerschlagung der »Infrastruktur des Terrors«, sprich der Hamas und des Islamischen Jihad. Alle Gespräche wurden ausgesetzt, und die israelische Regierung beschloß zwölf drakonische Maßnahmen. Dazu gehörten Sanktionen jeder Art. Niemand durfte die Gebiete verlassen. Die Palästinenser und ihre Autonomiebehörde saßen in einem Käfig. Die Wirtschaft, das Bildungs- und Gesundheitssystem sowie alle Aspekte palästinensischen Lebens waren total paralysiert. Da die israelischen Maßnahmen jeder Logik entbehren, sind sie im Endeffekt immer wieder Wasser auf die Mühlen der radikalen Opposition gegen den Friedensprozeß. Arafat befand sich ebenfalls in einer mißlichen Lage. Seine Bewegungsfreiheit sowie die seiner Sicherheitsdienste war stark eingeschränkt, so daß er der Aufforderung nach effektiver Terrorbekämpfung nicht nachkommen konnte. Auch übte er dieses Mal Zurückhaltung bei Verhaftungen von Hamas-Aktivisten, da nicht sicher war, ob die Terroristen aus den Autonomiegebieten gekommen waren. Arafat wollte sich nicht einem israelischen Befehl beugen, da dies die radikalen Kräfte gestärkt hätte.

Auch die internationalen Medien übernahmen wieder die israelische Position: Sie fragten Arafat, warum er nicht genug gegen den Terror tue oder ob er gar selber grünes Licht für den Terror gegeben habe. Keiner fragte nach den Versäumnissen Israels. Haben die repressiven Maßnahmen seitens Israels nicht gerade seit dem Oslo-Prozeß zugenommen? Liegen nicht die Ursachen des Terrors in der Dehumanisierung, der Repression und der täglichen Erniedrigung der Palästinenser begründet? Sind vielleicht die Expansion der Siedlungen, die Landenteignungen und die Transformation der Palästinensergebiete in isolierte Enklaven eine humanitäre Politik? Ist nicht die rassistische Erziehung, die zu einer Verunglimpfung des Islam führt, der beste Nährboden für Extremismus und Terrorismus? Netanyahu und auch die USA wollten fortan mit Arafat nur noch über Terrorbekämpfung und die Sicherheit Israels reden, ohne auch nur im entferntesten die Frage nach der Mitverantwortung Israels zu stellen.

Zu den wenigen Einsichtigen gehörte Nurit Elhanan-Peled, Mutter der 14jährigen Smadar Elhanan, die bei dem Terroranschlag ums Leben kam. Sie war die Enkelin von General Matti Peled, dem Vorsitzenden und Gründer des Israeli Council for Israeli-Palestinian Peace. Elhanan-Peled sagte am 7. September 1997 gegenüber »Ma'ariv«: »Ich glaube immer noch, daß mein Vater recht hatte. Die letzten Bombenanschläge sind ein direktes Resultat der Unterdrückung, der Unterwerfung, der Demütigung und der Belagerung, die Israel über die Palästinenser ausübt. Unsere Regierung ist schuldig, weil sie das Äußerste tut, um den Friedensprozeß zu zerstören. Sie bringen Tod und Zerstörung über uns. Ich kritisiere nicht die Terroristen. Sie sind unsere Kreation. Fast jede palästinensische Familie wurde durch uns verletzt, und sie leben in Schmutz und Verzweiflung. Die Selbstmörder sind unser Spiegel.« Der Kolumnist Haim Baram schreibt dazu: »Vielen wird jetzt bewußt, vielleicht zum ersten Mal, daß Aggression ein zweischneidiges Schwert ist und daß Terror und Furcht uns alle treffen kann, Israelis und Araber gleichermaßen.«[44] Ironischerweise werde jedem Israeli von klein auf indoktriniert, daß die Araber nur die Sprache der Gewalt verstehen, so Baram. Dies bestätigt auch eine Untersuchung von Daniel Bartal von der Tel Aviver Universität. Ihr zufolge werden die Araber in den Schulbüchern als »Räuber«, »Mörder« und »Pogromisten« dargestellt. Die israelische Unterdrückung kann die Tötung von Unschuldigen niemals rechtfertigen, aber sie ist ein Grund für solche Anschläge. Wenn Menschen an den Rand der Verzweiflung getrieben werden, reagieren sie unberechenbar.

Netanyahu benutzte die Bedrohung der Sicherheit als einen Vorwand, von seiner desaströsen Politik abzulenken. Er hatte mehrmals erklärt, Hauptziel der Oslo-Vereinbarungen sei es, den palästinensischen Widerstand zu brechen. Er gab später zu, daß er dem Shin Bet freie Hand gegeben habe, alle religiösen und Frontorganisationen von Hamas in der Zone B zu schließen. Als Arafat ihm sein Beileid aussprechen wollte, erwiderte Netanyahu: »Erfüllen Sie

Ihre Verpflichtungen. Erzählen Sie mir nichts von Beileid.« Arafat sagte: »Ich werde die Zusammenarbeit in Sicherheitsfragen verstärken.« Netanyahu antwortete: »Zuerst müssen Sie Ihr eigenes Haus in Ordnung bringen.« Israel nannte Arafat 30 Personen, die ausgeliefert werden sollten. Auf der Liste standen weiter 150 Namen, deren Verhaftung Israel verlangte. Auch die amerikanische Außenministerin Madeleine Albright bekam eine Liste mit 1 500 Personen, die von Arafat verhaftet werden sollten. Erstmalig seit der Besetzung waren sogar die Allenby-Brücke zu Jordanien und der Übergang nach Ägypten für eine Woche geschlossen. Der Druck auf Arafat war enorm, so daß auch er Massenverhaftungen vornehmen mußte.

Die am 9. August begonnene Nahostmission von Dennis Ross ventilierte das Sicherheitsproblem nur im israelischen Sinne. Somit war es Netanyahu gelungen, diese Problematik von der Realität vor Ort abzukoppeln. Bereits die Rede von Madeleine Albright am 6. August hatte dies signalisiert. Bis zum 14. August bemühte sich Ross vergebens, die Verhandlungen wieder zu beleben. Sicherheit nach den Oslo-Vereinbarungen ist aber eine bilaterale Angelegenheit. Sie betrifft auch die Sicherheit der Palästinenser, und die ist nicht gewährleistet. So erregten der Tod eines 10jährigen Palästinensers, der durch einen Siedler erschlagen wurde, oder der Tod eines Tankwarts am 12. August keinerlei Aufsehen oder Aufmerksamkeit im In- und Ausland.

Arafat wurde von Ross und Netanyahu so in die Ecke gedrückt, daß er intern geschwächt ist. Um diese Blöße zu übertünchen, ist er gezwungen mit der Opposition einen Dialog zu führen und martialische Reden zu halten, anstatt sich um Wirtschaftsfragen zu kümmern. Die Amerikaner ignorieren, daß der Friedensprozeß auch Erstebenswertes für die Palästinenser bereithalten muß. Anstatt Arafat ständig zu demütigen, sollten sie ihm positive Perspektiven bieten, mit denen er gegenüber der Opposition wuchern kann. Die Kooperation in Sicherheitsfragen mit Israel sollte sich auch für die Palästinenser auszahlen.

Albrights Nahostreise vom September, geplant als »Deus ex machina«-Trip, war ein glatter Fehlschlag. Albright mußte einsehen, daß man einen langen Atem benötigt, um die Dinge im Positiven zu verändern. Sie übernahm die israelische Position und erschien dadurch den Palästinensern als »unehrliche Maklerin«. Sie hätte jedoch eine Mittlerrolle einnehmen und allen Beteiligten klarmachen müssen, daß die Sicherheitsfragen nur bilateral zu bewältigen sind. Die Verschlechterung der Sicherheitslage ist die Folge des Niedergangs auf politischem Gebiet. Albright sprach auch nie direkt die einseitigen Maßnahmen wie Siedlungsbau oder Landenteignungen an. Wenn sie einmal beide Seiten kritisierte, verband sie die Kritik an den Palästinensern immer mit Druck, indem sie versuchte, ihre Sicht der Dinge durchzusetzen. Völlig unverständlich war ihre Rede in Ramallahs »Friends school«, wo sie den Palästinensern erzählte, ihre größten Feinde seien Hamas und Islamischer Jihad! Folglich hinterließ sie mehr Enttäuschte als Unterstützer. Einen Tag nach Albrights Abreise besetzten jüdische Siedler Häuser im Ost-Jerusalemer Stadtteil Ras Al-Amud. Netanyahu hatte gebeten, mit der Aktion bis nach dem Besuch zu warten. Die Siedler wurden finanziell von dem Amerikaner Irving Moskowitz unterstützt, der sich zum Ziel gesetzt hat, im arabischen Teil Jerusalems jüdische Wohneinheiten zu errichten. Der Ministerpräsident verhandelte mit Moskowitz und erreichte einen »Kompromiß«. Zehn Siedler durften bleiben, um über das Anwesen zu wachen und das »Recht auf Besitz« zu wahren.

Arafat nützt den Interessen der USA in dreifacher Weise: Erstens indem der den Kampf gegen die Hamas und ähnliche Organisationen führt, die eventuell die Stabilität anderer Staaten, insbesondere Saudi-Arabiens, gefährden könnten; zweitens indem die USA den anderen proamerikanischen arabischen Regimen gestatten, gleichzeitig etwas für den Kampf der Palästinenser zu tun, und dabei alle anderen Aspekte geringschätzen, die den Status quo fördern, und drittens durch die Erhaltung des Status quo unter den Palästinensern selbst. Sollte Arafat eines dieser Ziele, insbesondere das erste, verfehlen, werden sich die Amerikaner gegen ihn stellen. Selbst einen begrenzten militärischen Konflikt zwischen Israel und den Palästinensern würden die USA in Kauf nehmen, wenn dies ihren Interessen nützen würde. Im Augenblick ist dem PLO-Chef aber daran gelegen, die Stabilität seines Regimes zu sichern, um die Gunst der USA nicht zu verlieren.

Einer der größten politischen Fehler Netanyahus war der Befehl, ein Mitglied der Hamas, Khaled Masha'al, am 25. September 1997 in Amman durch Mossad-Agenten ermorden zu lassen. Die Ermordung unliebsamer Palästinenser gehörte zwar immer zum Repertoire des israelischen Auslandsgeheimdienstes, aber dieses Mal lagen die Dinge etwas anders. Erstmalig wurden die mit gefälschten kanadischen Pässen ausgestatteten israelischen Agenten gefaßt. Damit war der Beweis erbracht, daß die israelische Regierung Killer in andere Länder entsendet, um unliebsame Personen liquidieren zu lassen. Masha'al ist ein nachgeordnetes Mitglied der Hamas; er stellte keine Gefahr für Israel dar. Die Agenten wollten ihn mit einer Giftspritze umbringen, was nicht gelang, da sie von einem Leibwächter in die Flucht geschlagen und von der Polizei direkt verhaftet wurden. König Hussein schaltete sich umgehend ein und forderte von Netanyahu, sofort das Gegengift zur Verfügung zu stellen. Der Ministerpräsident reagierte unverzüglich, da er erkannte, was für einen Schaden er angerichtet hatte. Er erfüllte auch eine andere Forderung Husseins, und zwar ließ er den paralysierten Scheich Ahmad Yasin, der seit Jahren im israelischen Gefängnis saß, nach Jordanien ausreisen, von wo er nach Gaza zurückkehrte. Zusätzlich wurde vereinbart, 22 weitere Gefangene freizulassen. Durch die Aktion des Mossad desavouierte Netanyahu Israels einzigen Freund in der Region. Der König war so erzürnt, daß er Netanyahu nicht sehen wollte, Yitzhak Mordechai und Ariel Sharon mußten durch Besuche Abbitte leisten, um den Schaden in Grenzen zu halten. Letztendlich werden die Beziehungen zwischen Israel und Jordanien aber nicht unter diesem Zwischenfall leiden, weil Jordanien selbst dem Mossad ein Gebäude im Zentrum von Amman für seine Operationen zur Verfügung gestellt hat. Jordanien ist schon aus eigenem Interesse heraus an der Weiterarbeit des Mossad in seinem Land interessiert. Auch die kanadische Regierung fühlte sich durch den Akt diplomatisch beleidigt. Arafat ist mit Scheich Yasin ein politischer Gegenspieler entstanden, der die Position von Hamas stärken wird. Für ihn war die Befreiung Yasins durch König Hussein eine große Niederlage. Er mußte auf Anweisung Israels Hamas-Mitglieder verhaften, wohingegen es dem König gelang, den geistigen Inspirator der Organisation freizubekommen.

Wie ging die israelische Presse mit dem mißglückten Mordanschlag israelischer Agenten um? Verurteilten sie ihn als einen Akt von Staatsterrorismus, oder rechtfertigten sie ihn? Israel Shahak schreibt, daß solche Fragen nicht gestellt wurden. »Die Tatsache, daß Israel ein terroristischer Staat ist, ist nicht neu; er hat seit seiner Gründung seinen Geheimdienst dafür eingesetzt, Menschen in anderen Ländern durch Gewalt und Terror zu töten.«[45] Ähnlich ging der israelische Geheimdienst gegen Yahya Ayyash und Fathi Sha-kaki vor. Die Presse diskutierte nicht, ob dieses Attentat ein Akt von Staatsterrorismus war, sondern befaßte sich mit der Frage, ob es zu diesem Zeitpunkt »klug« war und wer die Verantwortung für den Fehlschlag trage. Am 25. Februar 1998 flog eine geplante Abhör-aktion israelischer Mossad-Agenten in der Schweiz auf. Obwohl der israelische Ministerpräsident die endgültige Entscheidung über einen Einsatz des Geheimdienstes fällt, wurde Netanyahu im Masha'al-Fall von einer Untersuchungskommission freigesprochen. Mitte Fe-bruar kündigte er öffentlich an, daß sich Israel auch weiterhin das Recht herausnehme, »Terroristen« in anderen Staaten zu jagen. Warum sich souveräne Regierungen dieser anmaßenden Haltung nicht widersetzen, ist unverständlich. Für Israel gelten keine Son-dergesetze, sondern das Land muß sich ebenfalls dem Völkerrecht und den international akzeptierten Normen unterwerfen.

Auf die Frage, warum Netanyahu so viele innenpolitische Miß-griffe unterlaufen wie bei der Öffnung des Tunnels unter der Al-Aqsa-Moschee, der Besetzung der Häuser in Ras Al-Amud, der Bau-genehmigung für 300 Wohnungen in der Siedlung Efrat, dem Treffen zwischen Sharon und Mahmoud Abbas oder der Masha'al-Affäre gibt Ze'ev Shiff, der militärpolitische Kommentator, im »Ha'aretz« vom 21. November 1997 die Antwort, daß Netanyahu ein gestörtes Verhältnis zum Sicherheitsestablishment habe.

Netanyahu hat mit innenpolitischen Problemen zu kämpfen. Auch Druck seitens der Europäischen Union und in gemäßigter From von den USA haben ihm deutlich gemacht, daß man mit seinem Vor-schlag, umgehend über den Endstatus zu verhandeln, nicht einver-standen ist. So unterbreitete er nach tagelangen internen Kabinetts-beratungen den Palästinensern seinen Rückzugsplan, der weder einen genauen Zeitplan noch den Umfang des Gebietes genauer be-stimmte. Diesen Vorschlägen Netanyahus liegt der »Allon-plus-Plan« als endgültige Lösung zugrunde. Sie beruht nach Aussagen von Verteidigungsminister Mordechai auf »Israels nationalen und Si-cherheitsinteressen«. Nach diesem Plan würden 70 Prozent der Westbank unter totaler Kontrolle Israels bleiben, nur ein kleines Ge-biet – konzentriert um Nablus, Hebron und Jenin – fiele an die Palä-stinenser. Ariel Sharon beansprucht 60 Prozent der Westbank. Zum Jahresende 1997 begab sich Netanyahu mit seinen Ministern Mor-dechai und Sharon auf Inspektionsreise in die Westbank um die Ge-biete festzulegen, die für Israel nicht verhandelbar sind. Beschlossen wurde im Januar 1998, daß das Grenzgebiet entlang des Jordans, eine Zone entlang der alten Grenze von 1967, die Umgebung von Groß-Jerusalem und die jüdischen Siedlungen zu den »nationalen Interessen« gehören. Wichtig seien ferner die Militärbasen, jüdische historische Stätten, die Wasserressourcen, das Stromnetz und die wichtigsten Verkehrswege, zu denen auch die Umgehungsstraßen für die Siedler gehören. Die Palästinenser lehnten dieses Angebot ab und beanspruchen 90 Prozent des Gebietes nach dem Rückzug. Eine solche Zahl ist aber in den Abkommen nirgendwo genannt. Madeleine Albright verlangte von Israel einen »glaubhaften« zweiten Rückzug und eine »Auszeit« für den Siedlungsbau.

Bevor Israel an Rückzug denke, müßten die Palästinenser nach David Bar Ilan, Medienberater Netanyahus, »alle Teile des Hebron-Protokolls erfüllen«. Dazu gehöre auch, daß Arafat Hamas entwaffnet, die »terroristischen Mörder« an Israel ausliefert und die Artikel der PLO-Charta vollständig eliminiert. Netanyahu gehört zwar nicht zu den Fanatikern der »Groß-Israel-Ideologie« oder den Vertretern eines »Kein-Zentimeter-Land-Ansatzes«, aber bevor er letztendlich Gebiete zurückgibt, wird er aus den Palästinensern jede irgend mögliche Konzession herauspressen und Arafats Behörde weiter demütigen.

Wie die Ereignisse und die Dokumente zeigen, bestand von Beginn des israelisch-palästinensischen Friedensprozesses an keinerlei Grund, auf einen souveränen Palästinenserstaat zu hoffen. Dennoch verbreiten einige Wissenschaftler und Kommentatoren bis heute diesen Glauben und diffamieren Kritiker der Abkommen als »Friedensfeinde«. So wirft Bassam Tibi dem palästinensischen Literaturwissenschaftler Edward Said vor, in den USA »Pamphlete gegen den Friedensprozeß« zu veröffentlichen und die Oslo-Abkommen zu diskreditieren.[46] Said hat zu Recht unter anderem in einem Interview mit Focus vom 24. Februar 1997 den Friedensprozeß als eine »zynische Idee« bezeichnet, die »keine Vision für die Zukunft der beiden Völker« biete. Er verweist in seinen Publikationen stets auf die Einseitigkeiten der Abkommen sowie auf die Fehler der Palästinenser.[47] Hätte Tibi die Abkommen unvoreingenommen gelesen, so hätte er 1997 nicht mehr ein Buch aus »arabischer Perspektive«, d. h. ethnozentrischer Sicht schreiben können. Wer nicht ein einziges Mal auf die Dokumente Bezug nimmt und diese noch verwechselt, muß völlig neben der Wirklichkeit liegen. In der Tat läßt sich aus den Oslo-Dokumenten auch beim besten Willen keine Perspektive für einen Palästinenserstaat herauslesen. Selbst Mahmuod Abbas war sich dessen bewußt. »Wir behaupten nicht, daß wir ein Abkommen unterzeichneten, das einen unabhängigen Staat schaffen würde; keine Bestimmung der Prinzipienerklärung erhebt solch einen Anspruch.«[48]

Bassam Tibi gehörte immer zu den europhorischen Befürwortern des Friedensprozesses. Als er seine Position jüngst revidierte, verfiel er wie viele andere in den Denkfehler, die Schwierigkeiten allein der Politik Netanyahus anzulasten.[49] Die Öffentlichkeit hat an der »linken Regierung« unter der Führung der Arbeitspartei kaum Kritik geübt. Als wäre unter ihr alles zum besten bestellt gewesen und als hätte sie nicht ähnliche Ziele wie die Likud-Koalition verfolgt – nur mit anderen Methoden. Wer ist denn für das Chaos in den autonom-besetzten Gebieten verantwortlich? Wer hat denn die Abkommen ausgehandelt, die zur Bantustanisierung der Westbank und des Gaza-Streifens führten? Die gesamte politische Klasse Israels muß sich von ihren Eroberungsplänen in der Westbank verabschieden. Erst dann kann die Vision eines »Palästinenserstaates« entstehen. Den »Revisionisten« ging es um die Wiederherstellung des »biblischen Israel«, während die Arbeitspartei aus »Sicherheitsgründen« nach mehr Land strebte. Shimon Peres meint, die Unterzeichnung des Hebron-Protokolls habe die seit der Gründung Israels bestehende ideologische Kluft zwischen beiden Lagern beseitigt. Zwischen einer eingeschränkten Kolonisierung durch die Arbeitspartei und einer totalen, wie sie die nationalistisch-religiöse Rechte anstrebt, bestehen jedoch Unterschiede.

Udo Steinbach fragt, welche Alternative es zum Friedensprozeß gegeben hätte.[50] Die Antwort kann nur lauten: Es gab nicht allein die Option Krieg oder diesen Frieden. Die israelischen Oktrois, die die Palästinenser aufgrund ihrer schwachen Position hinnehmen mußten, sind Dokumente der Unterwerfung. Israel hat keinerlei substantielle Konzessionen gemacht. Es hat sich immer geweigert, das Ziel des Prozesses zu nennen. Arafat wurde permanent öffentlich gedemütigt und damit in den Augen seines Volkes lächerlich gemacht. Nicht von ungefähr ist gegen ihn der Vorwurf der Kollaboration erhoben worden. Uri Avnery gibt zu bedenken, daß die Israelis die Palästinenser bei den Verhandlungen »aus der Sicht von überheblichen Herrenmenschen« betrachten und sie »gewissermaßen als Ungeziefer auf dem Boden umherkriechen sehen«[51]. Solange diese Herr-Knecht-Attitüde die Beziehungen prägt, wird kein Vertrauen entstehen.

Auch Wolfgang Günter Lerch betont: »Zunächst einmal ist es wichtig, daß beide Völker sich auch innerlich akzeptieren. Die Israelis … müssen zu wissen begehren, wer die Palästinenser sind, wie sie leben, welche Werte sie haben, was sie innerlich bewegt; welche Feste sie feiern und wie sie ihre Toten begraben. Und umgekehrt müssen die Palästinenser das gleiche tun.«[52] Lerch betont, beide Parteien müßten sich fragen, warum nach fast fünf Jahren Friedensprozeß von dem »neuen Nahen Osten« kaum etwas zu merken sei und sich »vielmehr der alte, problembeladene, gewaltbereite … immer wieder zu Wort meldet«[53]. Der Konflikt werde nur dann nicht in einem Desaster enden, wenn die Palästinenser einen unabhängigen Staat erhalten, der gleichberechtigt an der Seite Israels existieren könne.[54] Dies wissen sicherlich auch die Israelis, die sich zum Teil noch immer auf den Standpunkt stellen, sie als militärisch weit überlegene Macht brauchten den Palästinensern keine Zugeständnisse zu machen. Ist somit der »ganze sogenannte Friedensprozeß im Nahen Osten doch nichts anderes als eine Fortsetzung des Konflikts mit anderen Mitteln«, wie Victor Kocher vermutet?[55]

Die Befürworter der Abkommen beharren darauf, daß eine neue Realität geschaffen worden sei. Uri Avnery wischt alle Bedenken beiseite: »Ganz egal, was die Fehler des Abkommens sind, die Dynamik des Friedens wird es überholen.«[56] Amnon Neustadt erklärt, dieser Prozeß sei letztlich auch keine Frage des Vertrauens, hier walte von beiden Seiten das reine Kalkül, Vorteile für sich zu gewinnen.[57] Eine solche Argumentation unterschätzt die Bedeutung psychologischer Faktoren, dabei dominieren sie die Einstellung beider Kontrahenten seit über hundert Jahren. Wenn es jemals eine positive Dynamik des Friedensprozesses gegeben haben sollte, dann erlahmte sie bereits unter Rabin und Peres. Mit dazu beigetragen haben die Terroranschläge durch Hamas und den Islamischen Jihad. Sie waren Wasser auf die Mühlen der zahlreichen Friedensfeinde des rechtsnationalistischen Lagers in Israel. Die Positionen der Befürworter des Friedensprozesses können dessen Kritiker nicht überzeugen, solange vor Ort genau das Gegenteil von dem geschieht, was in den Verträgen vereinbart war. Oder geschieht nicht gerade das, was dort fixiert wurde? Dann haben die Kritiker die überzeugenderen Argumente.

Je mehr Zugeständnisse die Palästinenser machten, desto massiver und diffiziler wurde die Kontrolle. Moshe Zuckermann spricht von der Fortsetzung der Okkupation mit anderen Mitteln und von einem »Kapitulationsfrieden«.[58] Bereits 1994 habe ich angemerkt: »Kritik am Abkommen ist mehr als berechtigt … Israel hat kein einziges Essential geopfert und dennoch alles von den Palästinensern erhalten … Die Vorteile des Abkommens liegen für Israel darin, daß es die unangenehmen Seiten der Besatzung des Gaza-Streifens losgeworden ist, ohne dafür einen adäquaten Preis zu zahlen. In der westlichen Öffentlichkeit wurde der Eindruck erweckt, als seien die israelischen Besatzungstruppen abgezogen. Dies ist jedoch nicht der Fall. Im Gaza-Streifen ist eine Situation entstanden, die an Zeiten des klassischen Kolonialismus erinnert. Israel als Besatzungsmacht beherrscht und kontrolliert die 850 000 Palästinenser durch eine kleine palästinensische Elite. Diese ›indirect rule‹ wurde auch von den Engländern in ihren Kolonien praktiziert … Das Autonomiemodell von Gaza ist auch das Modell für die Westbank … Der Händedruck von Washington symbolisiert somit die Aufgabe der Souveränität für alle Zeit.«[59]

Ghassan Salamé fragt zu Recht: »Weshalb lehnen die Israelis einen ›Frieden‹ ab, den sie ihren Nachbarn aufzwingen wollen?«[60] Alle arabischen Staaten betrachten die Bildung eines unabhängigen Palästinenserstaates in den Grenzen von 1967 als vorteilhaft für Israel. Es behielte mehr als 70 Prozent des palästinensischen Mandatsgebietes, von der stark eingeschränkten palästinensischen Souveränität gar nicht zu sprechen. Mit Netanyahu und seiner Likud-Mehrheit in der Knesset sei eine dauerhafte Lösung zu einer reinen Utopie verkommen.

Arafat selbst erklärt immer wieder, die veränderte Weltlage habe ihm keine Alternative gelassen. Die Palästinenser hätten die neue Machtkonstellation im Nahen Osten bejaht, die durch die israelisch-amerikanische Achse symbolisiert wird. Dies ist zwar ein gewichtiges Argument, aber es darf nicht vergessen werden, daß sich die PLO seit ihrer unheiligen Allianz mit Saddam Hussein allmählich auflöste. Die Unterstützung Saddams hatte desaströse Folgen für die Organisation. Die arabischen Länder, allen voran Kuwait und Saudi-Arabien, stoppten die Transferzahlungen. Der Einfluß der PLO in den besetzten Gebieten ging gegen Null. Hamas und andere islamistische Gruppen gewannen zusehends an Macht. Hätte Arafat nicht den rettenden Strohhalm ergriffen, der ihm mit dem Oslo-Abkommen gereicht worden ist, wäre er am Ende gewesen. Auch sollte der persönliche Ehrgeiz eines Politikers nicht unterschätzt werden. In Anbetracht seines Alters und seiner Gesundheit stand Arafat vor der Frage, ob er als »Terrorist« oder als »Präsident Palästinas« Geschichte schreiben wollte. Da sich Arafat für letzteres entschied, mußte er alle israelischen Oktrois akzeptieren. Die PLO wollte Zeit gewinnen, um ihre Kräfte wieder bündeln zu können. Sie setzte all ihre Hoffnungen auf die Vereinbarungen von Oslo, doch sie übersah, daß gerade diese Abkommen den Weg zu einem eigenen Staat verbauten.

Edward Said führt das Verhalten der Palästinenser auf folgende Faktoren zurück: Solange der Friedensprozeß die Bedeutung der PLO und die ihrer Führung garantiert habe, schien alles mehr oder weniger so weiterzugehen wie bisher. Wenn man durch Israel so überlistet und übers Ohr gehauen wurde, sich chancenlos wähne, aber weitermache, müsse man sich gegenüber seinem Volk mit irreführenden Reden und utopischen Versprechungen legitimieren. Dann umgebe man sich mit Menschen, die einem nach dem Munde reden. Arafat habe immer mehr Konzessionen zu machen, in der Hoffnung, entweder eines Tages keine mehr machen zu müssen oder von Israel einige Zugeständnisse zu erhalten. Wer Politik für ein schmutziges Geschäft halte, verfahre mit den Israelis weiter nach der Devise: Sie haben zwar alle Vorteile bekommen, aber einige ökonomische Händel nützen auch uns.[61]

Die »arabischen Bruderstaaten« hatten die Palästinenser bislang nur rhetorisch unterstützt. Arafat wußte, daß sich daran nichts ändern würde. Die Palästinenser nahmen erstmals ihr Schicksal in die eigenen Hände und fanden sich damit ab, daß sie Jordanien, Syrien und den Libanon desavouierten. Insbesondere der syrische Präsident Hafez al-Assad hat dies Arafat bis heute nicht verziehen, da er nach dem Friedensvertrag zwischen Israel und Jordanien vom 26. Oktober 1994 in Ein Avrona kurzzeitig isoliert war. Assads Haltung ändert sich zusehends zum Positiven, weil sich die Vereinbarungen zwischen der PLO und Jordanien zum alleinigen Nutzen Israels auswirken, was er von Beginn an voraussagte. Arafats Isolation und Abhängigkeit von Ägypten, Jordanien und Israel ist größer als je zuvor. Sein mehrmaliger Versuch, die Garantiemächte der Vereinbarungen, die USA und Rußland, in ihre Pflicht zu nehmen, brachte bisher keinen Erfolg. Die USA sind in diesem Konflikt kein »ehrlicher Makler«, und Rußland hat noch nicht wieder zu seiner alten, globalen Weltmachtrolle zurückgefunden.

Während der Oslo-Verhandlungen betrachteten sich die Palästinenser immer als eine eigenständige Partei. Die USA förderten diese Selbsttäuschung. Sie lockten die PLO an den Verhandlungstisch, verlangten aber vor ihr einen hohen Preis für diesen Platz. Keine der UN-Resolutionen, die den Staat, das Land und die Palästinenser betrafen, wurde berücksichtigt. Selbst Resolution 181 der UN-Generalversammlung, auf der der Staatsanspruch des Palästinensischen Nationalrates beruhte, bleibt außen vor. Lediglich die Resolutionen 242 und 338, die sich auf den generellen israelisch-arabischen Konflikt beziehen, wurden einbezogen.

Nachdem das Kind in den Brunnen gefallen war, bemühte sich die palästinensische Führung um Schadensbegrenzung. Sie verfiel darauf, die »Prinzipienerklärung« von Oslo mit der Balfour-Deklaration gleichzusetzen, obwohl in der Osloer Erklärung nicht von einer »nationalen Heimstätte« der Palästinenser die Rede ist. Vielleicht glauben diese Politiker tatsächlich, sie könnten durch die Schaffung neuer Tatsachen bei den Statusendverhandlungen die Fragen der Eigenstaatlichkeit, Selbstbestimmung und Rückkehr auf die Tagesordnung setzen. Sie haben die israelische Verhandlungsstrategie noch immer nicht durchschaut. Selbst in den Gesprächen mit Syrien erfanden die Israelis immer wieder neue Positionen und Ziele, um von den eigentlichen Streitfragen abzulenken.

5. Die territoriale Realität des Friedensprozesses

Die Umsetzung der Verträge von Oslo zeigt das ganze Ausmaß der Katastrophe dieses Friedensprozesses für die Palästinenser. Die im folgenden beschriebenen Karten demonstrieren, worüber in Deutschland so gut wie nie gesprochen und diskutiert wird. Die Frage, was bleibt von den besetzten Gebieten, hat die Palästinenser seit nunmehr fast 31 Jahren beschäftigt. Im Augenblick hat sie eine dramatische Wende genommen, weil sich die Menschen der Tatsache bewußt werden, daß das Land wie eine Fata Morgana entschwindet, obwohl Palästinenser immer noch dort leben. Ausgangspunkt der Analyse soll eine Karte von vor dem Sechstagekrieg sein. Damals stand die Westbank noch unter jordanischer Souveränität und der Gaza-Streifen unter ägyptischer Verwaltung. Sie dokumentiert die offizielle palästinensische Position, die sich auch in der Resolution 242 wiederfindet.

Auf der Karte 3 sind zwei Linien zu erkennen: erstens die »grüne

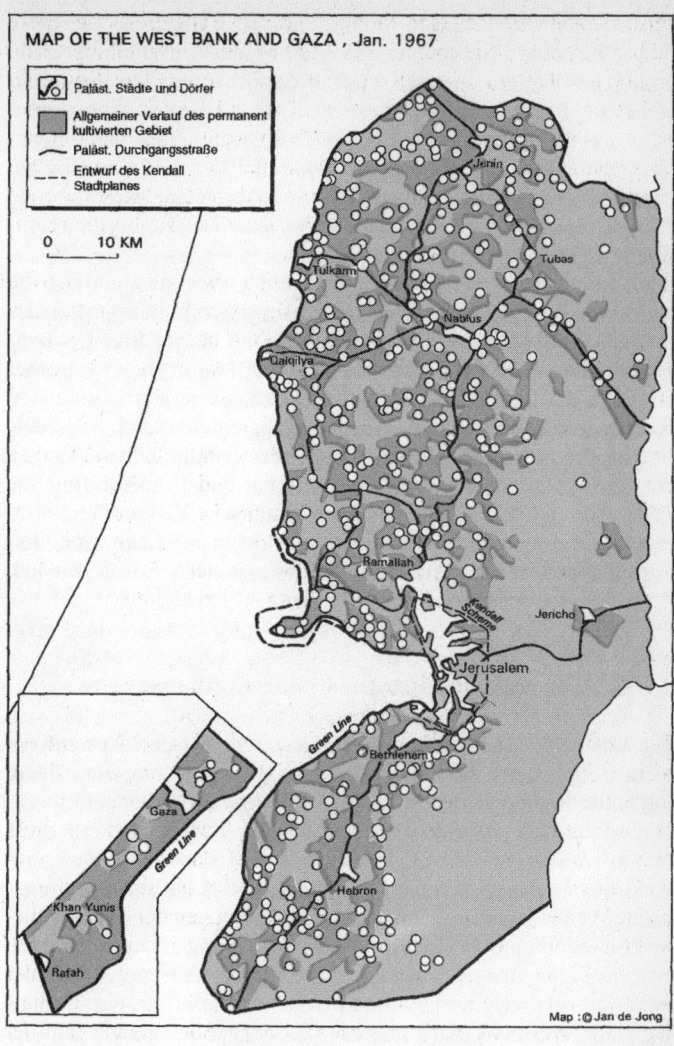

MAP OF THE WEST BANK AND GAZA , Jan. 1967

Palást. Städte und Dörfer

Allgemeiner Verlauf des permanent kultivierten Gebiet

Palást. Durchgangsstraße

Entwurf des Kendall Stadtplanes

0   10 KM

Jenin

Tulkarm

Tubas

Nablus

Qalqilya

Ramallah

Kendall Scheme

Jericho

Jerusalem

Green Line

Bethlehem

Gaza

Green Line

Khan Yunis

Rafah

Hebron

Map : © Jan de Jong

Karte 3

Linie«, die die Westbank, einschließlich Ost-Jerusalems, von Israel trennt; zweitens die sogenannte Kendall-Linie, die die Grenze für das arabische Ost-Jerusalem markiert und ein Planunginstrument darstellt, um das dringend benötigte städtische Zentrum für die Westbank bereitzustellen. Beide Faktoren sind wichtige Bestandteile für die Westbank und Gaza, um als eigenständiges palästinensisches Staatswesen bestehen zu können. Sie sind auch die Voraussetzung für eine ungehinderte Entwicklung der palästinensischen Landwirtschaft. Dies hängt natürlich von ausreichenden Wasservorräten ab. Ohne den Zugang zum Jordanwasser und zu Grundwasserreserven ist eine eigenständige Landwirtschaft unmöglich. Bei der Verdoppelung der Bevölkerung in den nächsten 15 Jahren ist eine solche Entwicklung der Landwirtschaft ein Muß. Die Karte zeigt die am stärksten bevölkerten Regionen; ihre Fläche entspricht ungefähr der des für die Landwirtschaft nutzbaren Landes. Schließlich ist noch ein Straßensystem erkennbar, das die bewohnten Regionen verbindet und in Ost-Jerusalem, dem wirtschaftlichen und kulturellen Zentrum der Palästinenser, zusammenläuft.

Karte 4 zeigt die Entwicklung von knapp 30 Jahren auf. Die »grüne Linie« wird nicht länger als Grenze zwischen zwei souveränen Einheiten gesehen, sondern als das, was Israel die »verwalteten Gebiete« nennt. Eine deutliche Veränderung bedeutet die Eingemeindung von Ost-Jerusalem in israelisches Hoheitsgebiet. Im Laufe der Besatzungszeit hat sich Israel die gestrichelten Gebiete, die 50 – 60 Prozent der Westbank ausmachen, durch Militär- oder Zivilgesetzgebung als Staatsland angeeignet. Wegen der Abwesenheit einer arabischen Verwaltung und der daraus resultierenden Handlungsunfähigkeit in Fragen der wirtschaftlichen Entwicklung war es für Israel relativ einfach, diese Enteignungsform der Öffentlichkeit zu vermitteln. Die palästinensischen Wohn- und Siedlungsgebiete wurden zunehmend unzusammenhängend und isoliert. Karte 4 zeigt deshalb deutlich den »Konflikt zwischen dem israelischen Bemühen, seinen souveränen Anspruch über das ganze Land zu etablieren, und der palästinensischen Notwendigkeit, die arabische Souveränität wiederherzustellen, um das Potential der natürlichen Ressourcen der Westbank und von Gaza zu entwickeln«[62]. Die Entwicklung, die sich in den Karten 1–4 widerspiegelt, bildet die Grundlage der vier Autonomiekonzepte für Palästina, die in Israel diskutiert und im folgenden vorgestellt werden sollen.

Plan A zeigt den bekannten Allon-Plan, genannt nach dem ehe-

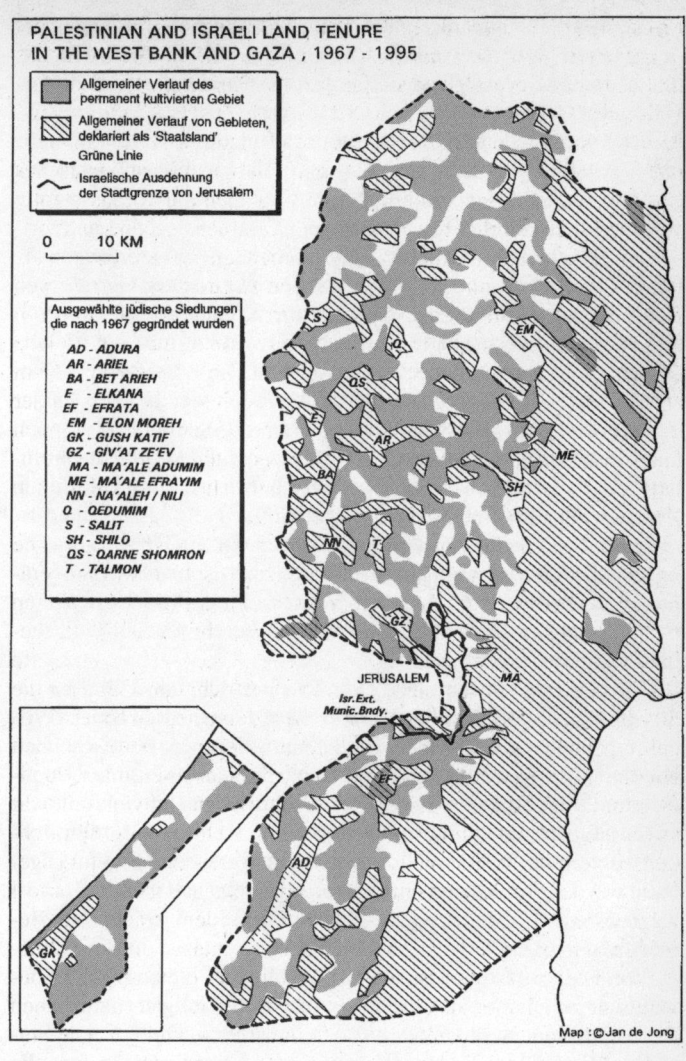

PALESTINIAN AND ISRAELI LAND TENURE
IN THE WEST BANK AND GAZA , 1967 - 1995

Allgemeiner Verlauf des
permanent kultivierten Gebiet

Allgemeiner Verlauf von Gebieten,
deklariert als 'Staatsland'

Grüne Linie

Israelische Ausdehnung
der Stadtgrenze von Jerusalem

0   10 KM

Ausgewählte jüdische Siedlungen
die nach 1967 gegründet wurden

AD - ADURA
AR - ARIEL
BA - BET ARIEH
E   - ELKANA
EF - EFRATA
EM - ELON MOREH
GK - GUSH KATIF
GZ - GIV'AT ZE'EV
MA - MA'ALE ADUMIM
ME - MA'ALE EFRAYIM
NN - NA'ALEH / NILI
Q   - QEDUMIM
S   - SALIT
SH - SHILO
QS - QARNE SHOMRON
T   - TALMON

JERUSALEM
Isr.Ext.
Munic.Bndy.

Map :©Jan de Jong

Karte 4

maligen Arbeitsminister Yigal Allon. Dieser Plan sah die Rückgabe des größten Teils der Gebiete unter jordanische Souveränität vor, mit Ausnahme des Jordantals, Groß-Jerusalems und der südlichen Hälfte des Gaza-Streifens. Dieser Plan entsprach der Siedlungspolitik der verschiedenen Arbeitsparteiregierungen, obwohl er niemals offiziell gebilligt worden ist. Mit diesem Plan wollte sich Israel die zentrale Lage des Gebietes sichern, aber mit der Bevölkerung im wesentlichen nichts zu tun haben.

Plan B scheint die geringste Unterstützung innerhalb der israelischen Elite zu besitzen. Er wurde von dem ehemaligen General und Verteidigungsminister Ariel Sharon, der die Libanon-Invasion von 1982 zu verantworten hatte und heute Infrastrukturminister ist, vorgelegt. Er entwarf einen Siedlungsplan zur Kolonisierung der besetzten Gebiete.[63] Den Palästinensern würden vier größere Enklaven bleiben, die sich um die Städte Nablus, Ramallah, Hebron und Gaza konzentrieren, während 90 Prozent der jüdischen Siedler innerhalb des israelischen Staatsgebietes beheimatet werden sollten. Sharons Plan sieht eine weniger starke Abschottung zwischen Israelis und den dicht besiedelten palästinensischen Zentren vor. Es ist jedoch nicht auszuschließen, daß sich Sharon mit seinen Vorstellungen durchsetzen wird. Diese Vermutung wird durch den vom israelischen Kabinett Mitte Januar 1998 beschlossenen Umgruppierungsplan bestätigt.

Plan C wurde von dem Jaffee Center für Strategische Studien unter seinem damaligen Leiter Joseph Alpher entworfen. Dieser Plan hat aber keinerlei Chance der Realisierung, weil die politische Entwicklung schon weiter fortgeschritten ist, als aus diesem Plan ersichtlich wird. 89 Prozent der Gebiete würden zwar unter palästinensische Souveränität fallen und Israels Bereitschaft zum Kompromiß dokumentieren. Ganz Ost-Jerusalem, die Siedlungsblocks Ma'ale Adumim, Giv'on, Etzion und Shomron wären nach diesem Plan allerdings nicht dabei. Gebiete von zentraler Bedeutung für die Palästinenser.

Plan D nimmt für sich in Anspruch, einen wirklichen Kompromiß zwischen israelischen Sicherheits- und Entwicklungsinteressen und den Vorstellungen der Palästinenser anzubieten. Diese Vorstellungen der Partei des »Dritten Weges«, einer Abspaltung der Arbeitspartei, die sich gegen die Rückgabe des Golan ausgesprochen hat, repräsentiert wohl den höchstmöglichen Konsens in Israel. Einer der Vorteile dieses Planes ist, daß er eine »relative Kontinuität« zwi-

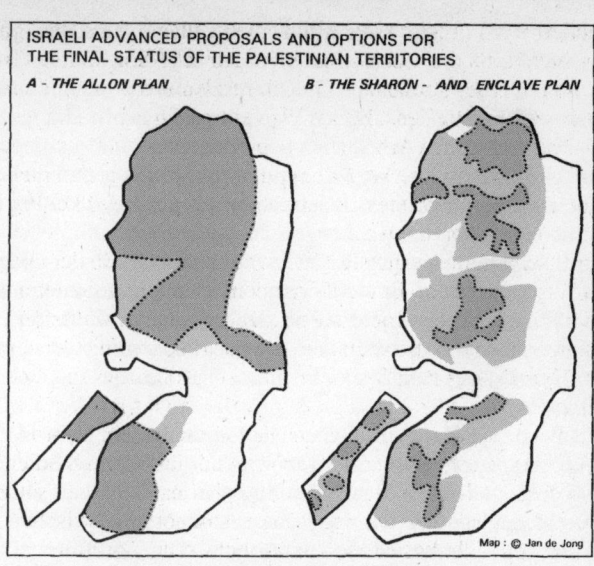

ISRAELI ADVANCED PROPOSALS AND OPTIONS FOR
THE FINAL STATUS OF THE PALESTINIAN TERRITORIES

A - THE ALLON PLAN   B - THE SHARON - AND ENCLAVE PLAN

Map : © Jan de Jong

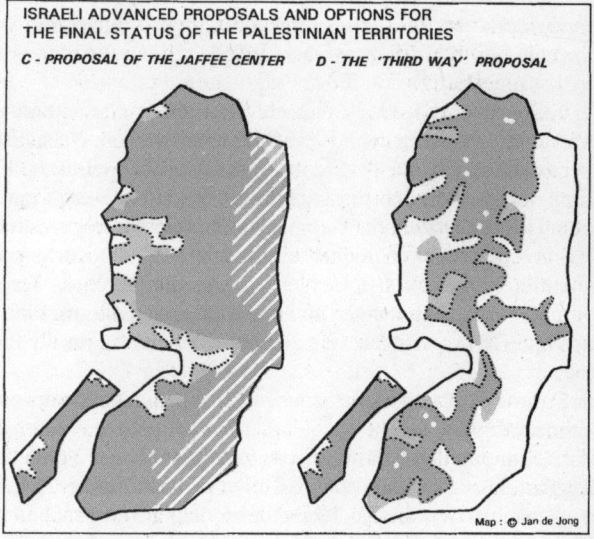

ISRAELI ADVANCED PROPOSALS AND OPTIONS FOR
THE FINAL STATUS OF THE PALESTINIAN TERRITORIES

C - PROPOSAL OF THE JAFFEE CENTER   D - THE 'THIRD WAY' PROPOSAL

Map : © Jan de Jong

Karten 5 und 6

151

schen den von Palästinern bewohnten Gebieten und den »jüdischen Nachbarn« garantiert. Inspiriert durch den Allon- und Enklave-Plan, wollte er die arabischen Wohngebiete zwar weiter einschränken, sie aber gleichzeitig der direkten Verwaltungskontrolle Israels entheben. Mit Ausnahme der Altstadt von Jerusalem sollte Ost-Jerusalem unter die autonome Verwaltung der Palästinenser gestellt werden. Außerdem war eine Landstraße vorgesehen, die den Norden mit dem Süden der Westbank sowie Jericho und die Autonomiegebiete mit Jordanien verbinden sollte. Es ist nützlich, Plan D in einen größeren Zusammenhang zu stellen, um besser verstehen zu können, wie die Palästinensergebiete in Zukunft aussehen werden. Hier unterscheiden sich die Vorstellungen der Arbeitspartei nur unwesentlich von denen des Likud-Blocks. Karte 7 gibt einen Ausblick bis zum Jahr 2010.

Wie aus dieser Karte zu ersehen ist, zerfällt das Palästinensergebiet in Kantone. Der erste im Norden zentriert sich um die Stadt Nablus, gefolgt von drei kleineren im Zentrum um die Städte Ramallah, Bethlehem und Jericho und einem südlichen Kanton um die Stadt Hebron. Diese Kantone könnten mit Gaza und Rafah durch einen schmalen Korridor verbunden werden. Allerdings wären Gebiete mit wichtigen Ressourcen von den Kantonen getrennt. Dazu gehören landwirtschaftlich nutzbare Flächen, Land für Bauzwecke und Wasserquellen. Durch diese Fragmentierung wären Ost-Jerusalem und der Gaza-Streifen benachteiligt, da beide das Potential zur Metropole besitzen, von der aus Handel getrieben und Industrieprodukte exportiert werden könnten. Am Beispiel des Jerusalem-Bezirks läßt sich dies gut verdeutlichen. Dieser Bezirk machte ursprünglich ein Drittel der Westbank aus. Nach vorliegenden Plänen würde er in drei Fragmente zergliedert und nicht mehr als 30 Prozent des ursprünglichen Gebietes umfassen. Durch die Expansion von jüdischen Siedlungen und den Bau der Umgehungsstraßen werden die palästinensischen Kantone noch stärker fragmentiert und zerstückelt. Zwischen Mittelmeer und dem Jordan-Fluß ist das Land für die Palästinenser durch die israelische Expansion weiter zusammengeschrumpft.

Deutlich sichtbar auf der Karte ist das metropolitane Herzstück der Region, das sich von Ashod im Süden bis nach Netanya im Norden und von dort ostwärts nach Nablus bis nach Efrata im Süden der Westbank erstreckt. Tel Aviv und Jerusalem bilden das ökonomische Rückgrat und Tor zum Hinterland. Dieses 60 mal 60 Kilometer

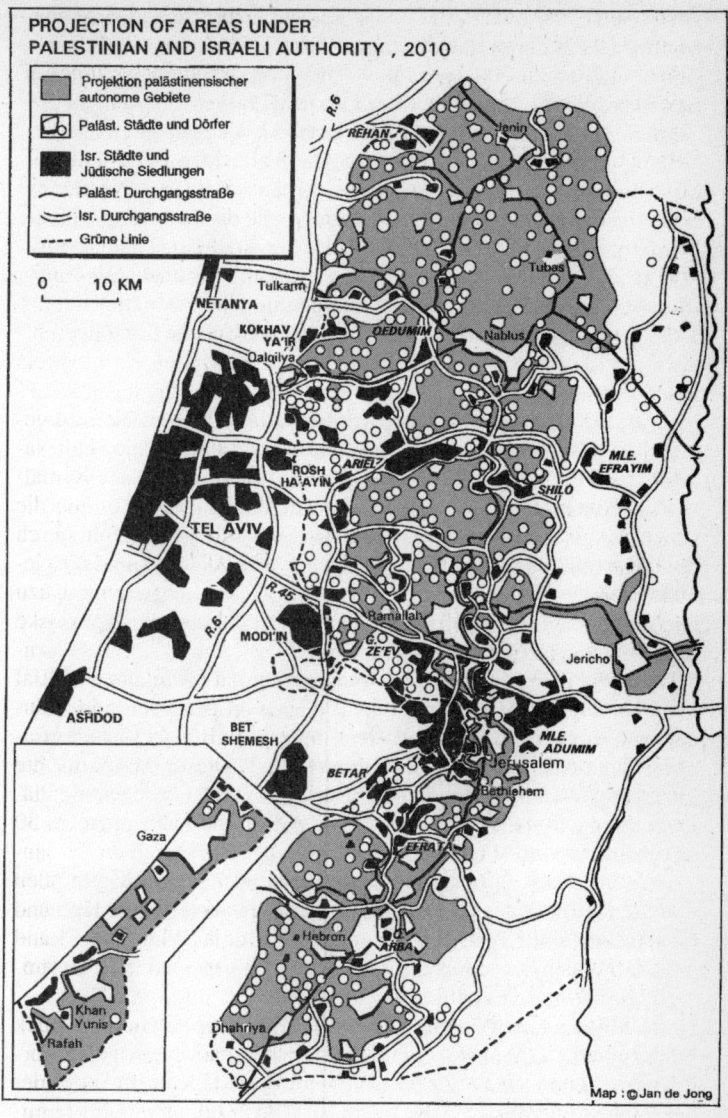

PROJECTION OF AREAS UNDER
PALESTINIAN AND ISRAELI AUTHORITY, 2010

Projektion palästinensischer
autonome Gebiete

Paläst. Städte und Dörfer

Isr. Städte und
Jüdische Siedlungen

Paläst. Durchgangsstraße

Isr. Durchgangsstraße

Grüne Linie

0   10 KM

R.6
REHAN
Jenin
Tubas
Tulkarm
NETANYA
KOKHAV
YA'IR
QEDUMIM
Qalqilya
Nablus
ARIEL
MLE.
EFRAYIM
ROSH
HA'AYIN
SHILO
TEL AVIV
R.45
R.6
Ramallah
MODI'IN
ZE'EV
Jericho
ASHDOD
BET
SHEMESH
MLE.
ADUMIM
BETAR
Jerusalem
Bethlehem
Gaza
EFRAT
Hebron
ARBA
Khan
Yunis
Dhahriya
Rafah

Map : © Jan de Jong

Karte 7

153

große Gebiet ist sowohl für Israel als auch für die Palästinenser von zentraler Bedeutung. Es steht augenblicklich unter starkem Expansionsdruck, um das bis zum Jahre 2010 prognostizierte israelische Bevölkerungswachstum von zirka zwei Millionen Menschen aufnehmen zu können. Bisher konzentrierte sich das metropolitane Leben auf Tel Aviv oder die Küste, aber die Siedlungen Bet Shemesh, Modi'in und Rosh Ha'ayin können in die Westbank, ins Hinterland, expandieren. Außerdem wird eine neue Straße Nr. 6 von Süden nach Norden gebaut. Das Straßensystem, das die Siedlungen und die militärischen Einrichtungen verbindet, sichert die Kontrolle der Palästinenser auch nach einer Truppenverlegung.

Geht man von der Annahme aus, daß Israel soviel Siedlungen unter seine direkte Kontrolle nehmen will wie möglich, so bleiben zirka zehn Prozent der Siedlungen in isolierter Lage, in denen nicht mehr als 7 000 Siedler leben. Sie würden unter palästinensischer Autonomieverwaltung leben. An Netanyahus »Allon-plus-Plan« überrascht, daß die Extremistensiedlungen in Kiryat Arba und Hebron von der Annexion ausgeschlossen sein sollen. 95 Prozent der palästinensischen Bevölkerung konzentrieren sich auf zirka 35 Prozent der Westbank. Die Palästinenser können von Israel maximal 40 bis 50 Prozent des Gebietes der Westbank als Autonomiegebiet erwarten. Wie wirken sich diese Planungen auf Ost-Jerusalem aus, das Israel ja als sein Hoheitsgebiet betrachtet?

Der palästinensische Distrikt Jerusalem umfaßt Ramallah, Bethlehem und den Distrikt Jericho. Auf diesen größeren Distrikt zielt der israelische Plan für Groß-Jerusalem, der von einem interministeriellen Ausschuß nach Unterzeichung des Oslo-Abkommens im Jahre 1994 entworfen wurde. Das bisher nicht veröffentlichte Dokument wird bereits realisiert, d. h. der Plan »Groß-Jerusalem« unter permanenter israelischer Kontrolle zu behalten.

Wie in Karte 9 zu sehen ist, stößt unten links die Straße Nr. 367 von Bet Shemesh mit Straße Nr. 369 in der Nähe von Efrata zusammen. Beide Straßen grenzen den »Trans-Judea«-Korridor von Siedlungen ein, der sich um den Etzion-Block gebildet hat. Die Straße Nr. 3 (im Westen) und Straße Nr. 90 (im Osten) mit Straße Nr. 5 im Norden bilden einen äußeren Ring um den »Trans-Samaria«- Siedlungskorridor. Ein inneres Straßensystem teilt Palästinensergebiete weiter auf, und zwar Straße Nr. 60, die um Ramallah und Bethlehem herumführt und Qiryat Arba (nicht im Bild) im Süden und Efrata mit Shilo und Ariel im Norden verbindet. Der zweite innere Sied-

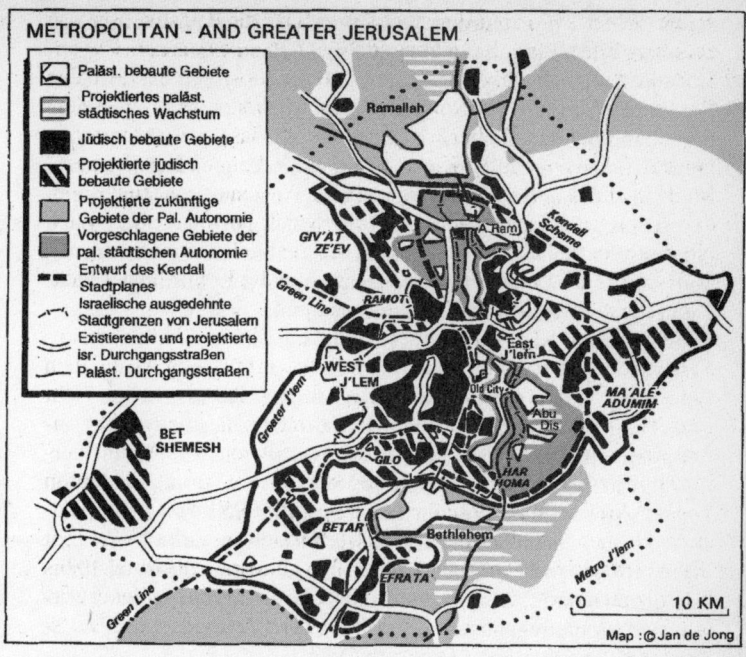

METROPOLITAN - AND GREATER JERUSALEM

Legend:
- Paläst. bebaute Gebiete
- Projektiertes paläst. städtisches Wachstum
- Jüdisch bebaute Gebiete
- Projektierte jüdisch bebaute Gebiete
- Projektierte zukünftige Gebiete der Pal. Autonomie
- Vorgeschlagene Gebiete der pal. städtischen Autonomie
- Entwurf des Kendall Stadtplanes
- Israelische ausgedehnte Stadtgrenzen von Jerusalem
- Existierende und projektierte isr. Durchgangsstraßen
- Paläst. Durchgangsstraßen

Labels on map: Ramallah, Kendall Scheme, A Ram, GIV'AT ZE'EV, Green Line, RAMOT, East J'lem, WEST J'LEM, Old City, MA'ALE ADUMIM, Abu Dis, BET SHEMESH, Greater J'lem, GILO, HAR HOMA, BETAR, Bethlehem, EFRATA, Green Line, Metro J'lem

0 — 10 KM

Map : © Jan de Jong

Karte 8

155

lungsgürtel wird von Straße Nr. 45 begrenzt, die als zukünftige Lebensader gilt. Was sind die Auswirkungen dieser Planung?

Zunächst wird Groß-Jerusalem mit den übrigen israelischen Siedlungen verbunden. So wird Groß-Jerusalem seiner Isolation enthoben und zum Zentrum des Landes. Diese Entwicklung trägt weiter zur demographischen und ökonomischen Marginalisierung der Palästinenser bei. Dieser Entwicklungsplan zeigt zwei sich entgegengesetzt auswirkende Tendenzen für das jüdische und das palästinensische Wachstum in der Stadt. Er nimmt den Druck von Tel Aviv und leitet ihn nach Jerusalem auf Kosten der Palästinenser um. Denn für sie bleibt nur eine Entspannungsmöglichkeit, und zwar entlang der Straße Nr. 60, weg von Ost-Jerusalem.

Auch auf demographischem Gebiet ist diese Entwicklung nicht ohne Konsequenz für die Palästinenser. Die palästinensische Bevölkerung wird sich bis zum Jahr 2010 im Jerusalemer Distrikt verdoppeln. Gleichzeitig ist eine Zunahme der jüdischen Siedler um Ost-Jerusalem von jetzt 300 000 auf 800 000 geplant. Diese Bevölkerungsentwicklung kann aus zwei Blickwinkeln betrachtet werden: Aus der Sicht der Westbank würde sich der palästinensische Anteil im Distrikt auf 60 Prozent der Gesamtbevölkerung reduzieren, die sich dann wiederum auf nur 30 Prozent des Gebietes konzentriert. Betrachtet man die Bevölkerungsentwicklung des ganzen Gebietes, das israelisch bleiben soll (einschließlich der Siedlungen Bet Shemesh, Modi'in und Rosh Ha'ayin sowie West-Jerusalems), würde sich die jüdische Bevölkerung im Jerusalemer Distrikt auf 1,6 Millionen erhöhen, was einer jüdischen Bevölkerungsmehrheit von 60 Prozent entspräche. Es braucht nicht ausdrücklich hervorgehoben zu werden, daß eine solche Entwicklung keinerlei eigenständige palästinensische Wirtschaftsentwicklung zulassen würde. Daß sich die geplanten Industrieparks am äußersten Rande des Gebietes in der Nähe der Siedlungen Ofarim, Modi'in und Betar befinden, wird die Ineffizienz der palästinensischen Ökonomie noch erhöhen.

Abschließend soll noch ein Blick auf die Entwicklung Ost-Jerusalems geworfen werden. Karte 8 zeigt das tatsächliche und das für die Zukunft vorgesehene Wachstum der Stadt, einschließlich des Straßensystems. Sie macht aber auch deutlich, wie die Zukunft der Palästinenser gebrochen und Ost-Jerusalem von den anderen arabischen Städten isoliert werden soll. Als Ausgangspunkt dient die Altstadt von Jerusalem mit der näheren Umgebung, die von der ge-

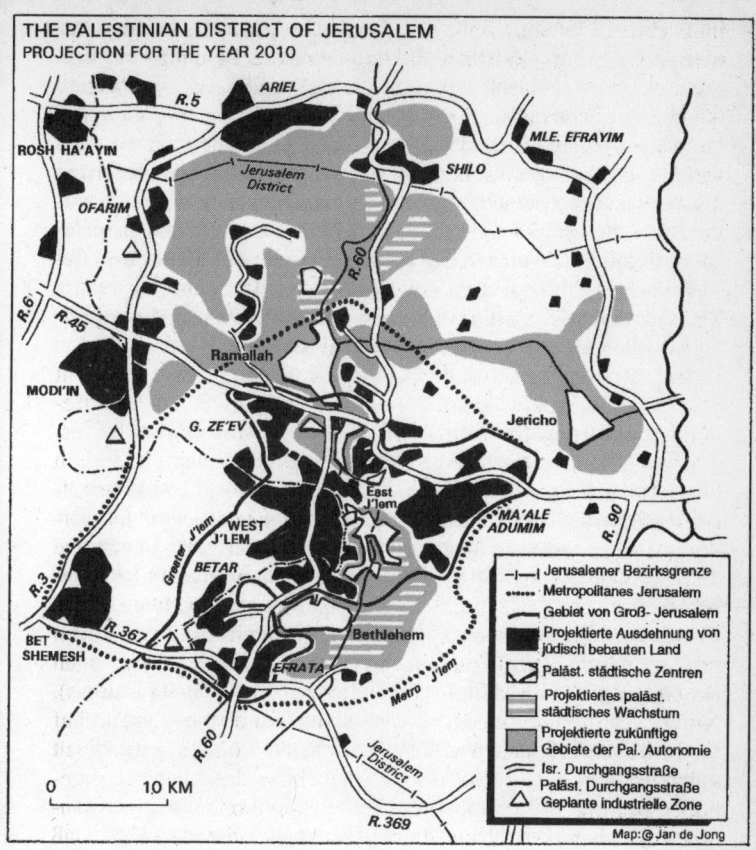

THE PALESTINIAN DISTRICT OF JERUSALEM
PROJECTION FOR THE YEAR 2010

ARIEL
R. 5
MLE. EFRAYIM
ROSH HA'AYIN
SHILO
Jerusalem District
OFARIM
R. 6
R. 45
R. 60
Ramallah
Jericho
MODI'IN
G. ZE'EV
East J'lem
MA'ALE ADUMIM
R. 90
Greater J'lem
WEST J'LEM
BETAR
R. 3
R. 367
Bethlehem
BET SHEMESH
EFRATA
Metro J'lem
Jerusalem District
R. 60
0   10 KM
R. 369

	Jerusalemer Bezirksgrenze
	Metropolitanes Jerusalem
	Gebiet von Groß- Jerusalem
	Projektierte Ausdehnung von jüdisch bebauten Land
	Paläst. städtische Zentren
	Projektiertes paläst. städtisches Wachstum
	Projektierte zukünftige Gebiete der Pal. Autonomie
	Isr. Durchgangsstraße
	Paläst. Durchgangsstraße
	Geplante industrielle Zone

Map: © Jan de Jong

Karte 9

punktete Linie umgeben wird. Diese Umgrenzung definiert das metropolitane Jerusalem, das als Unterscheidung zu Groß-Jerusalem dient, welches als primär jüdisches Einflußgebiet gilt. Eine eigenständige palästinensische Stadtentwicklung wurde dadurch unterbunden, daß man die Stadtgrenzen nach 1967 erheblich erweiterte und Ost-Jerusalem de facto annektierte, was aber erst 1980 durch ein Gesetz nachträglich »legalisiert« wurde. Der nächste Schritt war die Enteignung eines Drittels des neu hinzugekommenen Gebietes für »öffentliche Zwecke«, und zwar für den Bau der Siedlungen Ramot und Neve Ya'acov. Des weiteren wurde ein sich anschließender Teil als »reservierte offene Gebiete« deklariert, der für die Palästinenser ebenfalls nicht mehr zur Verfügung stand. Konkret blieben für sie nur noch 15 Prozent Ost-Jerusalems übrig, was für die augenblickliche Wohnungsnot dramatische Folgen hat. Dies kann in der Region zu einem natürlichen Bevölkerungsstop führen.

Obwohl die »Judaisierung« Ost-Jerusalems in vollem Gange ist, kann man sich von israelischer Seite letztendlich nie ganz sicher sein, ob Ost-Jerusalem auch in Zukunft zu Israel gehören wird. Deshalb kommt den Siedlungsblocks rund um die Stadt größte Bedeutung zu. Im Augenblick wird mit der Siedlung Har Homa der Ring geschlossen. Es werden Anstrengungen unternommen, weitere 120000 Siedler nach Ost-Jerusalem zu holen, was die Gesamtzahl auf 300000 erhöhen würde. Parallel dazu wird versucht, die anwachsende palästinensische Bevölkerung aus Ost-Jerusalem in die Vorstädte umzuleiten[64]. Hinzu kommt ein stille »ethnische Säuberung«, indem Bewohnern Ost-Jerusalems die Identitätskarte, die Wohnrecht garantiert, entzogen wird.

Die Aussicht auf palästinensische »Souveränität« über den Ostteil der Stadt dürfte sich zunehmend verringern. Wenn es überhaupt eine Möglichkeit für die Palästinenser geben sollte, die Entwicklung zu beeinflussen, dann nur in Form einer begrenzten Autonomie, wie sie sich in der Westbank und im Gaza-Streifen entwickelt hat.

Im folgenden Kapitel soll dargestellt werden, mit welchen Mitteln die israelische Politik versucht, den Palästinensern ihr Recht auf einen eigenen Staat vorzuenthalten. Es ist zu vermuten, daß eine solche Politik mit den Menschenrechten eines Volkes kollidiert, das seit fast 31 Jahren unter Besetzung leben muß. Es gibt zwar in dieser Region eine Entwicklung, die man »Friedensprozeß« nennt, sie hat aber mit Frieden in der ursprünglichen Bedeutung des Wortes nichts zu tun. Dieser Prozeß hat zur Einsetzung einer palästinensischen Verwaltung geführt, die ebenfalls mit den Rechten ihrer eigenen Bevölkerung nicht zimperlich umgeht. Die Autonomiebehörde ist verpflichtet, die ihr von Israel und den USA vorgeschriebene Sicherheitsagenda durchzusetzen, ohne Rücksicht auf Recht und Gesetz. Obwohl es eine begrenzte palästinensische Selbstverwaltung in einigen Teilen der besetzten Gebiete gibt, beeinflußt Israel weiterhin das Leben des größten Teils der Palästinenser. Auch in den »autonomen Gebieten« entscheidet letztendlich Israel. Dabei kommt es immer wieder zu Verletzungen der Menschenrechte. Zunächst soll auf die völkerrechtlichen Grundlagen hingewiesen werden, an die sich Israel als Besatzungsmacht formal zu halten hat und die bis heute bestimmend für die Gebiete sind.

Die Menschenrechte der Palästinenser unter israelischer Besatzung und palästinensischer Autonomie

Die Frage der Menschenrechte spielt in den Abkommen nur eine marginale Rolle. In Artikel 19 des »Interimsabkommens« heißt es, daß beide Parteien ihre Macht und Verantwortlichkeiten im Rahmen der international anerkannten Normen und Prinzipien des Rechts und der Menschenrechte ausüben werden. Diesem Vorsatz wird keine Seite gerecht.

Die Menschenrechtsverletzungen an Palästinensern durch die israelische Besatzungsmacht sind trotz Friedensprozeß nicht zurückgegangen – die Arbeitspartei oder der Likud-Block machen hier keinen Unterschied. Die Liste der Vergehen ist lang: Folter, willkürliche Tötungen und Verhaftungen, Häuserzerstörungen, Beschränkung der Reisefreiheit, Gewalt gegenüber Palästinensern, Landenteignungen und Siedlungsbau, die »stille Deportation« der Palästinenser aus Ost-Jerusalem, Kollektivstrafen wie Totalabriegelung der Gebiete und Ausgangssperren, Einschränkung des Rechts auf Bildung und der Arbeit.

Die palästinensische Autonomiebehörde verletzt die Menschenrechte der eigenen Bevölkerung in erheblichem Umfang durch: Folter und Mißhandlungen, Verweigerung eines fairen Prozesses vor Militärgerichten und dem Staatssicherheitsgericht, das auch Todesurteile verhängt; unliebsame Personen werden eingeschüchtert, die Rede- und Pressefreiheit eingeschränkt und die Arbeit der Menschenrechtsorganisationen behindert. Diese Vergehen können nur adäquat beurteilt werden, wenn man berücksichtigt, daß Arafat sich im Oslo-Abkommen verpflichtet hat, die Sicherheit der Israelis im Autonomiegebiet zu garantieren. Wie er gegen die Kritiker des Friedensprozesses und den Terror vorgeht, bleibt ihm anheimgestellt. Diese Zwänge können die gravierenden Verletzungen der Menschenrechte der eigenen Bevölkerung durch Arafats Geheimdienste nicht entschuldigen. Menschenrechtsorganisationen in Israel und Palästina hatten schon frühzeitig darauf hingewiesen, daß sich mit der Einsetzung einer palästinensischen Behörde die Lage für die Palästinenser in den Autonomiegebieten noch verschlechtern würde.

In der israelischen Öffentlichkeit wird seit Beginn des Friedensprozesses eine absurde Diskussion geführt, die man in vier Punkten zusammenfassen kann: In Israel und in den Autonomiegebieten brauche man sich um die Menschenrechte nicht mehr zu sorgen, da es ja einen Friedensprozeß gebe; Menschenrechtsverletzungen sollten nicht öffentlich diskutiert werden; die Menschenrechte würden jetzt mit politischen Fragen verbunden; die Menschenrechte müßten zurücktreten, damit der Friedensprozeß gelingen könne, d. h., über die fortdauernden Landenteignungen, Tötungen oder Folterungen solle geschwiegen werden. Die politische Klasse versucht, durch Hinweise auf die Menschenrechtsverletzungen der Autonomiebehörde von Verstößen der eigenen Regierung abzulenken.

1. Völkerrecht und Besetzung

Der israelisch-palästinensische Regionalkonflikt trägt noch immer das Potential für einen größeren Konflikt in sich. Das Selbstbestimmungsrecht wird der arabisch-palästinensischen Bevölkerung von Jordanien und von Israel seit 1967 verweigert. Dieses Recht hat sich in der Geschichte als Recht gegen Fremdbestimmung und Kolonialismus entwickelt. Die Charta der Vereinten Nationen und die Menschenrechtspakte von 1966 gehen vom Grundsatz der Gleichberechtigung und der Selbstbestimmung der Völker aus. Alle UN-Vertragsstaaten sind verpflichtet, das Recht auf Selbstbestimmung zu achten und zu fördern. Es steht jedoch in einem gewissen Spannungsverhältnis zur territorialen Unversehrtheit und politischen Unabhängigkeit der einzelnen Mitgliedsstaaten. Auf der einen Seite tritt der Inhaber dieses Rechts nicht als Staat auf, sondern als ein Volk, in diesem Fall die Palästinenser, auf der anderen Seite reduziert sich die Inanspruchnahme des Selbstbestimmungsrechts gegenüber einem anderen Staat auf dessen Hoheitsgebiet. Israel hat als Besatzungsmacht nach geltendem Völkerrecht keinen legalen Hoheitsanspruch und auch keine legitime Souveränität über die Westbank und den Gaza-Streifen.

Die Behandlung der Palästinenser in den besetzten und autonombesetzten Gebieten wirft immer wieder die Frage nach den völkerrechtlichen Grundlagen der Besetzung auf. Das Völkerrecht gibt den Staaten ein Instrumentarium zur friedlichen Regelung ihrer Beziehungen an die Hand. Hauptquelle des humanitären Völkerrechts sind internationale Verträge sowie internationales Gewohnheitsrecht. Es mag paradox klingen, aber das gesamte internationale Kriegsrecht ist humanitäres Völkerrecht. In der Haager Landkriegsordnung (HLKO) vom 18. Oktober 1907 wurden wichtige Punkte des Rechtes des Kriegsgefangenen und der Zivilbevölkerung sowie die Gesetze und Gebräuche des Landkrieges erstmals niedergelegt. Die vier Genfer Abkommen vom 12. August 1949 regeln unter anderem die Behandlung der Zivilbevölkerung und der Kriegsgefangenen. Diese »Genfer Konvention« und die HLKO bilden die völkerrechtliche Grundlage für die Behandlung der von Israel besetzten Gebiete.

Die internationalen Menschenrechte dienen dem Schutz des Individuums. Das System des Menschenrechtsschutzes der eigenen Bevölkerung in Friedenszeiten beruht auf dem Willen der Staaten, da nur sie Völkerrechtssubjekte, sprich Träger von Rechten und Pflichten, sind. Im Internationalen Pakt über bürgerliche und politische Rechte vom 19. Dezember 1966 ist festgelegt, daß der einzelne auf völkerrechtlicher Ebene nur durch seinen Heimatstaat geschützt werden kann, weil er nicht als Völkerrechtssubjekt anerkannt ist. Eine »kriegerische Besetzung« – und darum handelt es sich – ist nur erlaubt im Falle der Verteidigung; sie ist demzufolge zeitlich begrenzt. Ein Besatzer erlangt über das betreffende Gebiet weder Souveränität, noch ist er zur Kontrolle über Ressourcen befugt oder kann gar originäre Gesetzesbefugnisse wahrnehmen. Die einheimische Bevölkerung behält ihr Selbstbestimmungsrecht. Die Annexion von Gebieten ist völkerrechtlich verboten und null und nichtig, wenn sie dennoch erfolgt. Der Besatzer ist verpflichtet, die öffentliche Ordnung, soweit es ihm möglich ist, wiederherzustellen; er hat das Recht, seine Armee zu schützen. Die Wiederherstellung der öffentlichen Ordnung schließt auch die Garantie eines normalen Lebens der Zivilbevölkerung mit ein.

Nach englischem Rechtsverständnis – und diese Tradition hat Israel übernommen – wird Völkergewohnheitsrecht immer dann innerstaatlich angewandt, wenn das Parlament nichts Gegenteiliges beschließt; internationales Völkervertragsrecht ist erst nach einer ausdrücklichen Übernahme in innerstaatliches Recht bindend. In Israel gilt demzufolge nur die HLKO. Die »humanitären Bestimmungen« der Genfer Konvention sind zwar anwendbar, aber nicht justiziabel vor israelischen Gerichten. Dies hat weitreichende Konsequenzen. Das Gericht vertrat die Ansicht, daß die Taten des Militärs nach Völkergewohnheits- und nicht nach Völkervertragsrecht zu beurteilen seien. Es hat zwar Völkergewohnheitsrecht als bindend für die besetzten Gebiete anerkannt, schränkte aber ein, dieses Recht dürfe nicht im Widerspruch zu innerstaatlichem Recht stehen. Daß israelisches Recht in den besetzten Gebieten überhaupt keine Anwendung finden kann, wurde ignoriert.

Obwohl Israel 1951 die Genfer Konvention ohne Vorbehalte unterzeichnet hat, bestreitet die Regierung die Anwendbarkeit auf die besetzten Gebiete. Sie begründete ihre Haltung mit Artikel 2 der Konvention. Danach sind die Regeln anzuwenden »in allen Fällen eines erklärten Krieges oder jedes anderen bewaffneten Konflikts, der zwischen zwei oder mehreren der Hohen Vertragsparteien entsteht, auch wenn der Kriegszustand von einer dieser Parteien nicht anerkannt wird ... Ist eine der am Konflikt beteiligten Mächte nicht Vertragspartei des vorliegenden Abkommens, so bleiben die Vertragsparteien in ihren gegenseitigen Beziehungen gleichwohl durch das Abkommen auch gegenüber dieser Macht gebunden, wenn diese dessen Bestimmungen annimmt und anwendet.« Kein Staat kann sich den Verpflichtungen entziehen, die aus der Konvention resultieren, ob eine Kriegserklärung erfolgt ist oder eine Partei den Kriegszustand leugnet, ist unerheblich.

Zudem stuft die israelische Regierung weder Jordanien noch Ägypten als »Hohe Vertragsparteien« ein: sie hätten keine rechtmäßige Souveränität, da Jordanien 1950 die Westbank illegal annektiert und Ägypten den Gaza-Streifen nur verwaltet habe, deshalb könne nicht von Besetzung, sondern nur von »verwalteten Gebieten« gesprochen werden. Einen solchen Terminus kennt das Völkerrecht nicht. Das Internationale Komitee vom Roten Kreuz (IKRK), die überwiegende Zahl der Rechtsgelehrten Israels, die Vereinten Nationen und alle Völkerrechtler von Rang haben diese Position zurückgewiesen. Die Frage der rechtmäßigen Souveränität habe für die Genfer Konvention keine Relevanz. Die Konvention sei vielmehr auf alle Gebiete anwendbar, die im Zuge eines bewaffneten Konfliktes besetzt würden, unabhängig vom Status.

2. Israelische Menschenrechtsverletzungen gegenüber Palästinensern

Eine Besatzungsmacht hat die Pflicht, für die Sicherheit der Zivilbevölkerung zu sorgen, ihr ist erlaubt, Militärgerichte einzurichten und Militärverordnungen zu erlassen. Insbesondere anhand dieser Militärverordnungen regiert Israel die besetzten Gebiete. Sie gelten auch in den sogenannten Autonomiegebieten weiterhin. Der ehemalige Direktor der israelischen Menschenrechtsorganisation B'Tselem, Yizhar Be'er, erklärte auf einem Menschenrechtsworkshop, der am 17. und 18. September 1994 in Jerusalem stattfand: »Alle Welt spricht von Veränderung, nur die israelischen und palästinensischen Menschenrechtsorganisationen sehen keinen fundamentalen Wandel.«[1] Im Resümee eines weiteren Workshops, den die israelische Menschenrechtsorganisation HaMoked nach Unterzeichnung des »Interimsabkommens« am 7. November 1995 in Jerusalem veranstaltete, wird bestätigt, daß sich an der absoluten Kontrolle Israels im politischen, wirtschaftlichen und kulturellen Bereich sowie an der Menschenrechtssituation nichts geändert habe.[2]

Die Westmächte nehmen bis heute nicht zur Kenntnis, daß die Menschenrechte der Palästinenser auch nach dem Friedensprozeß systematisch verletzt werden.[3] Seit 1994 wird im jährlichen Bericht des amerikanischen Außenministeriums behauptet, der Friedensprozeß habe die Lage der Menschenrechte positiv beeinflußt, im letzten wird zudem die israelische »Souveränität« über die besetzten Gebiete nicht mehr in Frage gestellt. Einige gravierende Verstöße der palästinensischen wie auch der israelischen Behörden verschweigt man bzw. man dokumentiert sie unvollständig.

Noch bevor Arafat in Gaza eintraf, riegelte die israelische Armee die Gebiete total ab und verhängte eine Ausgangssperre. Diese Maßnahmen hatten sich auch in der Vergangenheit als unwirksam erwiesen und beeinträchtigten das tägliche Leben der Palästinenser auf das schwerste. Bei massivem Einsatz von Militär in dichtbesiedelten Wohngegenden kam es zwangsläufig zu zahlreichen Toten. Das Leben der Soldaten war nur selten durch Angriffe bedroht gewesen, und stets wurden die Opfer im Oberkörper getroffen.[4]

Im Flüchtlingslager Jabalya im Gaza-Streifen erschossen Mitglieder einer »Verdeckten Einheit« (undercover units) – einige nennen sie auch »Todesschwadrone«, am 28. März 1994 sechs maskierte Palästinenser, die Flugblätter verteilten. Nach Augenzeugenberichten schossen diese als Araber verkleideten israelischen Soldaten nicht in Notwehr, sondern in der Absicht zu töten. Ein leicht verletzter Palästinenser, der fliehen wollte, wurde festgenommen und durch einen Kopfschuß regelrecht hingerichtet. Auch die andern fünf wurden aus nächster Nähe erschossen.[5] Ein Soldat, der seinen Reservedienst in einer solchen Einheit in Ramallah ableistete, erzählte, daß sie »Prozeduren für die Gewährleistung des Todes« regelrecht einüben. »Was bedeutet, den Tod zu garantieren?« »Wir schießen ihn in den Kopf.« Er war überrascht, daß er während seiner regulären Militärzeit noch nicht mit solchen Maßnahmen (»ensuring death«) konfrontiert worden sei. Diese »Verdeckten Einheiten« sind immer wieder in Aktion.

– Am 6. Januar 1995 erschossen laut amnesty international/London Soldaten in Zivil vier Palästinenser im Alter von 16 bis 32 Jahren bei Bet Liqya aus einem Volkswagen-Bus, ohne ihnen überhaupt eine Chance zur Kapitualtion zu geben. Minuten später schaffte die reguläre israelische Armee die Leichen fort.

– Am 6. Juni 1996 töteten sie den 28jährigen Daud Shweiki nachts vor seinem Haus in Ras al-Amud in Ost-Jerusalem. Als er sich einem weißen Ford Transit näherte, wurde auf ihn aus dem Auto heraus geschossen. Auch sein Bruder wurde durch einen Schuß in die Brust verletzt. Die Untersuchungen wurden nach Angaben von Eran Shendar, Leiter der Untersuchungsabteilung für Polizeioffiziere im Justizministerium, Anfang August eingestellt. Der Zwischenfall sei auf eine unglückliche Verkettung verschiedener Umstände zurückzuführen. Daud habe geglaubt, das Auto werde gestohlen, und die »Verdeckten Einheiten« hielten die Männer für Terroristen. B'Tselem merkt an, in zwölf von 13 Fällen werde ähnlich argumentiert.

– Am 13. November 1996 erschossen Soldaten einer »Verdeckten Einheit« an einer Straßensperre zwischen Ramallah und Nablus den 18jährigen Iyad Dadran. Nach Aussagen des Fahrers hatten sie auf das haltende Auto das Feuer eröffnet.

– Am 25. Februar 1997 »übten« Soldaten in Zivil im Dorf Hizmeh (Bezirk Ramallah). Sie begannen zu schießen und verwundeten Einwohner, darunter den 57jährigen Mohammad al-Hilu am Bein. Er mußte sich hinsetzen. Ein Soldat schlug ihm zirka 20 Minuten mit einem Radio auf den Kopf, daraufhin starb er. Die von Einwohnern informierten Sicherheitskräfte weigerten sich, das Dorf zu betreten. Der Pressesprecher der Armee behauptete, die Soldaten seien angegriffen worden und hätten erst dann das Feuer eröffnet, dabei seien ein Bewohner getötet und weitere verwundet worden.[6]

Sieben von zehn Kommandeuren sind angeklagt worden. Dennoch ist Israel stolz auf seine »Todesschwadronen«. General Jair Naweh erklärte: »Duwdewan (Kirsche) ist eine außergewöhnliche Einheit mit wunderbaren Kämpfern.« Mitunter muß bei den Einsätzen auch ein Israeli sein Leben lassen. Als ein Autofahrer aus Südisrael sich bei Hebron nicht kontrollieren lassen wollte, erschossen ihn die Soldaten. Seit Beginn der Intifada wurden 162 Palästinenser durch »Verdeckte Einheiten« getötet, 30 davon seit Unterzeichnung der Osloer Vereinbarungen.

Durch Terroranschläge radikaler Palästinenser wurden nach Beginn des Friedensprozesses immer wieder unschuldige Israelis getötet. Die israelische Regierung begründete ihre massiven Einsätze gegen Palästinenser und völkerrechtswidrige Maßnahmen mit Sicherheitsinteressen. Dazu gehörten Landenteignungen, Zerstörung und Versiegelung von Häusern, Einschränkungen der Bewegungsfreiheit, weitere Freiräume für die Gewaltanwendung bei Verhören durch Geheimdienstagenten sowie die Ausdehnung der Administrativhaft von sechs Monaten auf ein Jahr. Legitime Sicherheitsinteressen und der Übereifer der Behörden waren auch die Standardrechtfertigungen für die israelischen Übergriffe und Menschenrechtsverletzungen. Bei genauerem Abwägen der israelischen Politik gegenüber den Palästinensern kommt man zu dem Schluß, daß das Sicherheitsargument nur als ein Vorwand genutzt wurde, um die Palästinenser zu unterdrücken, ökonomisch auszubeuten und sich des Landes auf völkerrechtswidrige Weise zu bemächtigen.

Bevor die israelische Armee sich in den Autonomiegebieten aus den Bevölkerungszentren zurückgezogen hat, verhaftete sie zahlreiche Palästinenser, die als Gegner des Friedensprozesses bekannt waren, und steckte einige von ihnen in Administrativhaft. Vor der Unterzeichnung der Oslo-Abkommen saßen zirka 800 Häftlinge ein; im September 1993 befanden sich 277 in Verwaltungshaft. Seither schwankt diese Zahl, augenblicklich sind mehr als 500 in Haft. Die israelischen Behörden wählen diese Haftform, wenn eine bestimmte Person eine Gefahr für die Sicherheit darstellen könnte. Bei Verwaltungshaft ist keine Anklage erforderlich, und sie kann mehrmals halbjährlich, seit Februar 1996 jährlich verlängert werden. Manche Häftlinge verbringen Jahre in Administrativhaft, ohne jemals angeklagt zu werden. Somit erweist sich diese Art der Verwahrung als ein Instrument der Prävention und der Strafe. Die Häftlinge werden nur sehr vage über die Gründe unterrichtet. Die Haftdauer hat während des Friedensprozesses zugenommen. So sind 13 Häftlinge schon mehr als drei Jahre inhaftiert. Ahmad Qatamesh, der seit fünfeinhalb Jahren in Verwahrungshaft saß, wurde am 15. April 1998 freigelassen. Die Behörden setzen diese Haftform immer häufiger als eine alternative Form der Bestrafung ein, insbesondere dann, wenn ihnen hinreichende Beweise fehlen. Begründungen sind in der Regel allgemein. Da alle »Beweisstücke« als »geheim« unter Verschluß gehalten werden, besteht für die Beschuldigten keine Möglichkeit, sie zu widerlegen.

Die »rechtliche Grundlage« für diese Haftform bildet Militärbefehl Nr. 1 229 aus dem Jahre 1988. Das Völkerrecht erlaubt sie nur unter ganz bestimmten Bedingungen und legt andere Kriterien fest als die Militärbefehle.[7] Die israelische Regierung behauptet, sie wähle die Administrativhaft nur aus sicherheitspolitischen Erwägungen. Nach Angaben von B'Tselem gilt diese Haftform als eine »bequeme Alternative zu einem ordentlichen Prozeß und einer Strafe; und ›Sicherheit‹ wird so weit gefaßt, daß sie gewaltlose politische Betätigung und die Äußerung einer politischen Meinung einschließt«[8]. Wenn Israel von der »Gefährlichkeit« dieser Häftlinge überzeugt wäre, sollte es sie anklagen und nicht willkürlich jahrelang in Sicherheitsverwahrung halten.

Imad Sabi z. B. wurde im Dezember 1995 inhaftiert und nach 20 Monaten freigelassen. Die Armee stimmte zu, daß er zum Studium nach Holland ausreisen kann und für vier Jahre nicht in die Westbank zurückkehren darf. Diese Vereinbarung wurde zwischen dem Staatsanwalt und der Anwältin Tamar Pelleg-Sryck ausgehandelt, kurz bevor das Oberste Gericht sich mit dem Fall befassen wollte. Schon ein Jahr zuvor hatte Sabi einen gleichlautenden Entlassungsantrag gestellt, der aus »Sicherheitsgründen« abgelehnt worden war. Am 26. August 1997 wurde er schließlich entlassen, weil sein siebenjähriger Sohn an Nierenproblemen litt. Wäre er von Anfang an wirklich ein Sicherheitsrisiko gewesen, hätte ihn die Armee wohl nicht wegen der »humanitären Umstände« freigelassen.

Ein besonders heikles Thema sind die Folterungen von Palästinensern durch den israelischen Inlandsgeheimdienst Shin Bet. Im Juni 1994 hatte Human Rights Watch in Washington eine umfangreiche

Dokumentation vorgelegt. Auch ein Bericht von B'Tselem vom 17. November 1994 belegt, daß nach Beginn des Friedensprozesses weiterhin Folter bei Verhören angewendet wird. Es sterben zwar weniger inhaftierte Palästinenser als früher, aber das Foltern hat vermutlich zugenommen. Die Verhöreinrichtungen des Geheimdienstes befinden sich in einem gesonderten Teil der Gefängnisse oder in Einrichtungen des Militärs, über die weder der Militärkommandeur noch der Gefängnisleiter Befehlsgewalt besitzt. Der Shin Bet agiert in einem rechtsfreien Raum. Amnesty international und die Internationale Juristenkommission in Genf wiesen Anfang Februar 1995 ebenfalls auf die fortdauernden Folterungen durch den Shin Bet hin.[9] Anfang Juni 1997 bestätigte die Generalsekretärin von The Public Committee Against Torture in Israel (PCATI), Hannah Friedman, dies in einem Gespräch mit mir.

Der Palästinenser Abd el Samed Harizat starb am 26. April durch zu »heftiges Schütteln« (violent shaking), vier Tage nach seiner Verhaftung. Sein Tod löste in Israel eine kontroverse Diskussion über die Verhörmethoden des Shin Bet aus. Diese Methoden, die auf dem geheimen Teil des Landau-Berichtes beruhen, waren schon immer heftig umstritten, erlauben sie doch die Anwendung »moderater physischer Gewalt«, sprich Folter.[10] Harizat war nach Angaben des Mandela-Instituts als völlig gesunder Mann ins Gefängnis eingeliefert worden. Die israelischen Behörden warfen ihm vor, er sei Mitglied der Hamas und an einigen Anschlägen beteiligt gewesen. Die Autopsie ergab, daß er aufgrund von inneren Kopfverletzungen starb. Zum ersten Mal gab die israelische Regierung zu, daß ein Palästinenser durch Verhörmethoden des Shin Bet zu Tode gekommen ist. Der Bericht von B'Tselem schließt mit dem Appell: »Die israelische Regierung muß umgehend Schritte einleiten, die der Folter bei Verhören ein für alle Male ein Ende setzt.« Perfide ist, daß Harizat laut Angaben des israelischen Militärrundfunks von palästinensischen Kollaborateuren auf Befehl von Shin-Bet-Agenten gefoltert worden sei.

Das jüngste Todesopfer ist der 18jährige Nidal Abu Srour, der am 29. Januar 1998 angeblich Selbstmord durch Erhängen begangen haben soll. Am 6. Januar wurde er verhaftet und in die Verhörabteilung des Shin Bet im »Russian Compound« in Jerusalem gebracht. Am 17. Januar lieferte man ihn ins Hadassah Krankenhaus ein, wo er zwölf Tage später starb. Die Autopsie ergab, daß Abu Srour bereits seit zehn Tagen hirntot war. Nach Angaben des Mandela-Instituts wies der Körper keine Spuren äußerer Gewalt auf. Menschenrechts-organisationen vermuten, der Shin Bet habe bei diesem Gefangenen neue Verhörmethoden angewandt. Ein Selbstmord sei auszuschließen, da Srour mit gewöhnlichen israelischen Kriminellen in einer Zelle eingesperrt war. Sein Tod führte zu heftigen Ausschreitungen in Bethlehem.

Ministerpräsident Yitzhak Rabin hatte 1995 bestätigt, daß an etwa 8 000 Palästinensern die Schüttel-Methode angewandt worden sei. Während er die Schüttel-Methode generell verteidigte, forderten der damalige Justizminister David Libai und der Generalstaatsanwalt Michael Ben-Yair eine striktere Auslegung der Vorschriften. In einem Interview mit der juristischen Fachzeitschrift »HaLishka«, das in »Ha'aretz« vom 19. Oktober 1995 auszugsweise zitiert wurde, kritisierte Ben-Yair, daß der Shin Bet sich über das Gesetz stelle. Das »Schütteln« könne zum Tode führen und verursache Gehirnschäden. »Ich bin nicht bereit zu akzeptieren, daß jeder junge Palästinenser mit Bart, der verhaftet wird, einen Hirnschaden erleidet ... In diesem Land gilt das Gesetz für alle staatlichen Stellen einschließlich den Shin Bet und für solche, die für ihn verantwortlich sind, d. h. den Ministerpräsidenten.« Rabin und der Shin Bet warfen dem Generalstaatsanwalt postwendend vor, er binde dem Geheimdienst im Kampf gegen den Terrorismus die Hände. An den Verhörmethoden des Shin Bet änderte sich nichts. Nach einem Terroranschlag im Januar 1995 gestattete die Regierung dem Shin Bet sogar, für eine begrenzte Zeit nicht näher definierte »außergewöhnliche Methoden« anzuwenden. Zu den normalen Verhörmethoden des Shin Bet gehören: Schlafentzug, der sich über Wochen hinziehen kann, Schläge auf alle Teile des Körpers, Verbalinjurien, langes Stehen oder Sitzen in unbequemen Positionen, Einsperren in einem sehr engen Raum sowie den Häftling extremen Temperaturen auszusetzen.

Die meisten der gefolterten Gefangenen wurden freigelassen, ohne daß gegen sie Anklage erhoben worden wäre. Dazu B'Tselem: »Dies legt die Annahme nahe, daß physische Gewalt eher Standard als die Ausnahme in den GSS-Verhören darstellt.«[11] Am 1. Dezember 1995 mußte der 15jährige Abdel Rahman Asaad Shamlah nach zweimonatigem intensivem Verhör im Gefängnis von Ashkelon ins Krankenhaus eingeliefert werden, weil er seine Bewegungsabläufe nicht mehr kontrollieren konnte. Zur gleichen Zeit verlor der 18jährige Islam Sharif Abu Al-Izzah im Jalma-Gefängnis ein Auge, da seine Verhörer ihn heftig geschlagen hatten. Die palästinensischen Menschenrechtsorganisationen Mandela-Institute und Al-Haq berichteten über die Ermordung von drei Palästinensern in israelischen Gefängnissen durch Palästinenser. Zum Foltern setzen die Israelis mitunter palästinensische Kollaborateure ein. Von ihrer Verantwortung für die Mißhandlung Gefangener werden sie dadurch jedoch nicht entbunden.

Ebenso erschütternd ist die eidesstattliche Erklärung des 28jährigen Abdel Rahman al-Ahmar aus dem Flüchtlingslager Deheische in Bethlehem. Am 19. November 1995 wurde er in Administrativhaft genommen und am 14. Februar 1996 in die Verhörabteilung des Geheimdienstes Shin Bet in das Gefängnis in West-Jerusalem gebracht. Der Vorsitzende des Militärgerichtes, Shlomo Isaacson, verlängerte die Verhördauer, obwohl al-Ahmar über Folterungen berichtet hatte.[12] Eine besonders perfide Art des Verhörs wandte der Shin Bet im Falle des Ehepaares Salem und Hanan Ali aus dem Dorf Bani Na'im in der Nähe Hebrons an. Das Ehepaar wurde gegeneinander ausgespielt und gedemütigt; einige dieser Verbalinjurien betrafen den Sexualbereich. Salem Ali wurde auch schwer mißhandelt.[13]

Am 11. Januar 1996 gestattete das Oberste Gericht dem Shin Bet erstmals die Anwendung »moderater physischer Gewalt«. Ein Novum in der israelischen Rechtsgeschichte. Betroffen war der am 6. Dezember 1995 verhaftete Palästinenser Abd el-Halim Balbisi. Die Menschenrechtsorganisationen sahen diese Entscheidung als einen Rückschlag in ihrem Kampf gegen die Folter und Mißhandlung von Palästinensern an. In einer gemeinsamen Presseerklärung vom 28. Januar 1996 verurteilten B'Tselem, HaMoked, PCATI und PHR die Verhörmethoden als Folter. Balbisi wurde 18 Tage vom Shin Bet verhört, der ihm Beteiligung am Terrorismus vorwarf. Auf Antrag seines Anwaltes Andre Rosenthal untersagte das Gericht dem Geheimdienst vorübergehend die gewaltsamen Verhörmethoden. Der Anwalt hatte schriftlich versichert, sein Mandant sei nicht in Terroranschläge verwickelt gewesen. Nach einigen Tagen, in denen er keiner Gewaltanwendung ausgesetzt war, gestand Balbisi jedoch, daß er in seinem Haus die Bomben hergestellt hatte, die durch zwei Selbstmordattentäter in Beit Lid zur Explosion gebracht wurden und 21 Israelis töteten. Eine dritte Bombe konnte nicht eingesetzt werden, da der potentielle Selbstmordattentäter nicht erschienen sei. Das Versteck gab Balbisi preis.

Dieses Geständnis und die mögliche Gefahr weiterer Terroranschläge veranlaßte das Gericht, die einstweilige Verfügung gegen den Shin Bet aufzuheben. Dies rechtfertige aber keine gesetzwidrigen Maßnahmen. Die Verhörmethoden seien nur zur möglichen Verhinderung von Attentaten erlaubt. Diese Begründung beruht auf Artikel 34 des Strafgesetzbuches, der Vertretern des Staates Straffreiheit garantiert, wenn ihre Maßnahmen dazu dienten, das Leben, die Person oder das Eigentum anderer vor Schaden zu bewahren. Eine ähnliche Begründung gab das Oberste Gericht in den Fällen von Muhammad Abd al-Aziz Hamdan vom 14. November und Khader Mubarak am 17. November 1996.[14]

Während der Verhandlung im Fall Hamdan geriet Anwalt Rosenthal in eine schwierige Lage. Das Gericht konstruierte folgende Situation: Ein Bombenanschlag auf ein Hochhaus wurde angekündigt und der Verhörer ahne, daß der Gefangene das Versteck kenne. Noch habe man die Chance, die Bombe zu entschärfen und damit Menschenleben zu retten. Was solle der Beamte tun? Als der Anwalt entgegnete, auch dann dürfe keine physische Gewalt angewendet werden, bemerkte der Richter: »Das ist doch unmoralisch: so eine Position habe ich ja noch nie gehört. Da sollen also womöglich tausend Menschen sterben, und Sie schlagen vor, nichts zu tun?«

Das Oberste Gericht entschied am 7. und 11. Januar 1998, daß der Shin Bet auch bei Abdel Ghneimat und Fuad Qu'ran weiter seine Verhörmethoden praktizieren könne. Die Befürchtungen der Menschenrechtsorganisationen sind nicht unbegründet, daß solche Einzelfallentscheidungen zu einer generellen Regel werden. Das Oberste Gericht gab dem Druck des Geheimdienstes nach, obwohl der Anti-Folterausschuß der Vereinten Nationen im Mai 1997 feststellte, daß die Verhörmethoden des Shin Bet im Widerspruch zur UN-Folterkonvention stehen, die von Israel 1991 unterzeichnet wurde. Das Oberste Gericht hatte auch gegen die Entscheidung des Militärgerichts nicht interveniert, die Verhöre von Ghneimat zu verlängern.

Die Güterabwägung, die das Oberste Gericht vornahm, ist problematisch. Ein Notstand kann kein Rechtfertigungsgrund für einen Bürger sein, eine Straftat zu begehen. Daraus kann ein Staat nicht die Möglichkeit ableiten, seinen Beamten in vorhersehbaren Situationen rechtswidriges Handeln vorzuschreiben. Nach dem Völkerrecht ist es sogar verboten, Kriegsgefangene zum Zwecke der Preisgabe von Geheimnissen zu foltern. Folter ist auch nach israelischem Recht verboten. Das Gericht machte sich die Ansicht der Polizei zu eigen, daß die Gefangenen »tickende Zeitbomben« seien. Auf dieser Annahme beruhte auch die Rechtfertigungstheorie, die nach Meinung von israelischen Rechtsexperten der systematischen Folter Tür und Tor öffnet. Die Theorie von »tickenden Zeitbomben« verhindert erstens keine Anschläge. Zweitens weiß man zu Beginn der Folterungen nicht, ob der Häftling lebensrettende Informationen besitzt. Damit wird die Unschuldsvermutung von den Füßen auf den Kopf gestellt und der Rechtsstaat in sein Gegenteil verkehrt. Führt moderate Gewalt nicht zum Ziel, werden die Maßnahmen verschärft, deshalb sterben immer wieder Menschen an den Folgen der Folter. Auch ein fälliges Strafverfahren wird zur Farce, wenn die Geständnisse erpreßt worden sind.

Im israelischen Parlament werden derzeit folgende Gesetze beraten, die die Anwendung von Gewalt bei Verhören legalisieren würden:
– Strafgesetz (Ergänzung – Verbot von Folter), 1995.
– Ergänzungsgesetz, das die Regularien in bezug auf das Geständnis des Angeklagten und die Umstände für eine Wiederaufnahme des Verfahrens regelt, 1995.
– Gesetz über den Allgemeinen Sicherheitsdienst, GSS (beabsichtigt ist, jede Tätigkeit des GSS zu regeln).[15]

Als diese Gesetze in die Knesset eingebracht wurden, protestierten einige Parlamentarier sowie israelische und internationale Menschenrechtsorganisationen heftig. Laut einem Paragraphen des Gesetzes über den Geheimdienst, das mit »Special Interrogation Powers to Prevent Terrorism« überschrieben ist, erhält der GSS-Verhörer die Befugnis, »Gewalt« anzuwenden, wenn der Verdacht besteht, dadurch könne ein Gewaltakt gegenüber dem Staat oder Menschen verhindert werden. Die Methoden der Gewaltanwendung werden durch Regeln bestimmt, die geheim bleiben sollen. Damit würden implizit alle Maßnahmen legalisiert, die der Shin Bet bereits anwendet und die im Landau-Bericht niedergelegt sind,. Er darf »Gewalt anwenden«, vorausgesetzt die Methode verursacht keine »starken Schmerzen« und schädigt die Gesundheit des Verhörten nicht. Was starke Schmerzen sind, bleibt offen. In dem Zusatz zum Gesetz gegen Folter wird diese definiert als »heftiger Schmerz oder Leiden, ob physisch oder geistig, mit der Ausnahme von Schmerz und Leiden, die durch Verhörmethoden oder gesetzmäßige Bestrafung verursacht wird«. Den Geheimdienstagenten wird Immunität zugesichert, und zwar für »begründete Akte, die im guten Glauben und in Erfüllung ihrer Pflicht« begangen worden sind. Dieser Gesetzentwurf widerspricht der von Israel unterzeichneten UN-Konvention gegen Folter, wird er in der Knesset angenommen, ist Folter in Israel erstmals ausdrücklich legalisiert.

PCATI kritisiert, daß das Gesetz gegen Folter und das Gesetz über die Geheimdienste als Junktim behandelt werden, obwohl laut UN-Folterkonvention ein Notstand nicht dazu mißbraucht werden dürfe, um Folter zu rechtfertigen. Dadurch gelingt der israelischen Regierung ein sophistischer Trick: sie würde niemals ihre eigenen Gesetze brechen, da die Anwendung von Folter durch den Shin Bet rechtlich keine Folter sei, und der Zusatz im Strafrecht, der Folter eindeutig verbiete, sichere die Regierung zusätzlich ab. Mordechai Kremnitzer, ein bekannter Rechtsgelehrter an der Hebräischen Universität in Jerusalem, schrieb am 4. Februar 1996 in »Yediot Aharonot«: »Nur der Form nach wäre dies ein Gesetz, vom Gehalt nach wäre es augenscheinlich illegal.« Israel wäre das einzige Land, das per Gesetz das Zufügen von Schmerz während der Verhöre legalisieren würde, dies fände in anderen Ländern gewiß Nachahmer. Durch die intensive Kampagne von B'Tselem und anderen Organisationen ist es gelungen, den Ausschuß, der für die Formulierung dieses Gesetzespakets zuständig ist, von der Problematik der Formulierungen zu überzeugen. Der Ausschuß entschied, sowohl die Definition von Folter als auch die »besonderen Verhörmethoden« für den Shin Bet in den Entwürfen zu streichen. Allein schon die Verabschiedung eines Gesetzes gegen Folter impliziert, daß es in Israel Folter gibt.

Das israelische Kabinett hat jetzt das Gesetz über den Shin Bet verabschiedet, das seine Arbeit erstmals auf eine rechtliche Grundlage stellt. Da darin die Verhörmethoden nicht erwähnt werden, wird der Shin Bet insgeheim seine alte Verhörpraxis weiter ausüben. Der Geheimdienst muß u. a. einem Geheimdienstunterausschuß und einem Komitee unter Vorsitz des Ministerpräsidenten alle drei Monate Bericht erstatten, dem der Verteidigungs-, Justiz- und der Minister für öffentliche Sicherheit angehören. Shin-Bet-Mitarbeiter dürfen weiterhin vor Gericht Pseudonyme benutzen.

Am 30. Juli 1997 behandelte die Knesset in erster Lesung ein Gesetz, das die Menschenrechtsorganisationen ebenfalls ablehnen.[16] Darin werden allen Palästinensern Entschädigungsansprüche abgesprochen, die durch israelische Sicherheitskräfte getötet oder verletzt worden sind. Den Gesetzentwurf hatte noch die Arbeitspartei eingebracht. Nach derzeit in Israel geltendem Zivilrecht erhält ein

173

Soldat Immunität, wenn er an einer »Kampfhandlung« beteiligt war. Das Oberste Gericht in Israel schränkt die Immunität auf »Kampfhandlungen« ein, die unter normalen Verhältnisse als Unrechtsakte gelten würden. In dem von der Regierung vorgelegten Entwurf sind alle Maßnahmen gegen Terror und die Sicherheit des Staates in die »Kampfhandlungen« einbezogen und die engen Ausnahmeregeln zur allgemeinen Regel erhoben. Die Umschreibung »zur Gewährung der Sicherheit« schließt das Risiko von Verletzungen und Tod mit ein, somit wären die Aktivitäten der Sicherheitskräfte vom Gesetz völlig ausgenommen. Nach diesem Entwurf hat ein Geschädigter nur ein Jahr lang die Möglichkeit, Klage einzureichen, und ihm wird die Beweislast übertragen. Falls dieses Gesetz verabschiedet werden sollte, wäre der israelische Staat während der Besetzung von Verstößen gegen Völkerrecht freigesprochen. Dieses wäre geradezu eine Offerte an die Sicherheitskräfte, rücksichtslos gegen die Palästinenser vorzugehen. Wenn sich der Staat Israel mit diesem Gesetz jeglicher Verantwortung gegenüber den Palästinensern entledigte, die durch die Okkupation Schaden erlitten haben, hätte dies verheerende Folgen: noch mehr Frust, noch mehr gewalttätige Auseinandersetzungen, neue Verzweiflungstaten.

Im Zusammenhang mit der Folter wird immer wieder die Rolle der Ärzte in diesem System diskutiert. Auf einer Konferenz im Juni 1993 in Tel Aviv[17] wurden heftige Vorwürfe gegen Mediziner erhoben, die in den Gefängnissen tätig sind. Darunter sind übrigens viele Einwanderer. Aus einem Bericht von amnesty international[18] geht hervor, daß sich viele für das Militär tätige Ärzte mit dessen Zielen identifizieren und die Sicherheit der Israelis bedroht sehen. Auch der Ärzteverband beziehe keine klare Position. »Indem sie zum einen weiterhin die Opfer der Folterungen versorgen, damit sie erneut gefoltert werden können, und zum anderen nichts unternehmen, um dieser Folterpraxis ein Ende zu bereiten, verletzen die israelischen Ärzte und anderen Angehörigen medizinischer Berufe, die für die palästinensischen Häftlinge während der Verhöre zuständig sind, ihr Berufsethos und lassen sich zu einem wesentlichen Bestandteil des Systems der Folterungen machen«, so der Bericht von amnesty international.

Die Besetzung der Westbank und des Gaza-Streifens führte immer wieder zu massiven Zusammenstößen zwischen Besatzungsmacht und Besetzten. Auch nach der teilweisen Abtrennung endeten die

Gewaltmaßnahmen nicht. Die Brutalität des Shin Bet wird in großen Teilen des Militärs, der Grenzpolizei und der regulären Polizei nachgeahmt. Palästinenser, die versuchen, illegal nach Israel zu gelangen, werden an den Kontrollpunkten oder im Kernland brutal mißhandelt und in die Autonomiegebiete zurückgeschickt. Dabei treibt sie die pure Not nach Israel, weil sie Arbeit benötigen, für die sie aber keine Erlaubnis erhalten. Am 20. November 1996 wurde im israelischen Fernsehen erstmals ein Videofilm gesendet, der solche Gewaltexzesse dokumentiert: Zwei Grenzpolizisten malträtierten sechs Palästinenser mit schallenden Ohrfeigen, brutalen Tritten gegen Kopf und Unterleib, demütigten sie durch Obszönitäten in Arabisch, zwangen sie zu Liegestützen und ritten auf ihren Schultern.

Die israelischen Politiker gaben sich nach der Fernsehsendung geschockt, sprachen von Schande und Scham, von moralischen Normen, der »Reinheit der Waffen« und der hohen Disziplin der Soldaten unter der Besetzung. Trotz dieser moralischen Entrüstungen hat sich nichts geändert, so B'Tselem, dessen Untersuchungen zeigen, daß solche Gewalt zum Alltag gehört.[19] Wie so oft wurde der Überbringer der schlechten Nachricht bestraft. Azzam Marakah, der das Video aufgenommen hatte, und seine beiden Brüder wurden von der Grenzpolizei, der Polizei und der Jerusalemer Stadtverwaltung dauernd belästigt, ohne daß sie sich jemals einer Straftat schuldig gemacht hatten. Am 28. November griffen Inspektoren und Grenzpolizisten Azzams Bruder Husam an. Azzam wurde ebenfalls verprügelt, verhaftet und beschuldigt, er habe die Polizei bei ihrer Pflichterfüllung gehindert. Am 19. Dezember wurde Azzams Bruder Ghasan verhaftet, weil er angeblich einen städtischen Angestellten gestoßen haben soll. Als Azzam seinem Bruder helfen wollte, wurde er erneut festgenommen. Am 21. Dezember mußte sich Azzam auf der Polizeistation völlig ausziehen. Er wurde mit Obszönitäten beschimpft, und vier Polizisten machten sich über ihn lustig, wie er gegenüber Majib Abu Rokaya, einem Mitarbeiter von B'Tselem, bestätigte. Daraufhin reichte die Organisation eine Beschwerde beim Generalinspekteur der Polizei ein. Obwohl B'Tselem keine Antwort erhielt, hörten die Belästigungen auf.

Die Brutalität der Armee und der Grenzsoldaten trifft reiche und arme Palästinenser gleichermaßen. Am 11. November 1996 erschoß ein israelischer Heckenschütze den 7jährigen Ali Jawariesh, der in einer Gruppe von jugendlichen Steinewerfern in der Nähe von Rachels Grab stand. Der 36jährige Jimmy Kanawati wurde 11 Tage später am Kontrollpunkt in Bethlehem von der israelischen Grenzpolizei getötet, als er von einem Abendessen aus Jerusalem zurückkehrte. Er stammte aus einer der reicheren Häuser in Bethlehem, Jawariesh dagegen gehörte zu einer armen Jerusalemer Familie. Nachdem Kanawati den Kontrollpunkt in Bethlehem passiert hatte, begannen die Soldaten zu schießen. Wie Augenzeugen berichteten, vergingen mehr als drei Stunden bis ein Krankenwagen eintraf. Der Beifahrer wurde verhaftet, nach Jerusalem gebracht und nach dem Verhör wieder freigelassen. Einen Tag später berichteten westliche Nachrichtenagenturen, Kanawatis Auto sei von der israelischen Polizei gejagt worden, die Grenzpolizei habe das Feuer eröffnet, als der Fahrer nicht anhielt. Beide Insassen seien betrunken gewesen. Der jüngste Gewaltakt ereignete sich am 17. März 1998 an einem Militärkontrollpunkt im Süden Hebrons, wo Soldaten »aus Versehen« drei palästinensische Bauarbeiter erschossen. Erstmalig entschuldigte sich ein israelischer Ministerpräsident öffentlich für diesen Zwischenfall und nannte die Namen der Soldaten.

Die Gewalt der Soldaten und Sicherheitskräfte schließt mitunter sexuelle Belästigungen mit ein. Bei Hausdurchsuchungen in Hebron, bei denen einige Pistolenkugeln, Waffen und Rauschgift gefunden wurden, zwangen Offiziere der Sicherheitskräfte Frauen im Alter von 17 bis 69 Jahren, sich vor ihnen, Familienangehörigen und Fremden nackt auszuziehen. Auch ein Mann sowie 18 Kinder im Alter bis 14 Jahren mußten sich vor ihnen entkleiden. Polizeioffiziere zwangen zwei Frauen, sich vor ihnen völlig zu entblößen. Zu diesen Befehlen kommen manchmal Beschimpfungen und Schläge. Bei den Hausdurchsuchungen richten die Sicherheitskräfte oft erheblichen Schaden an: Sie zerschlagen Möbel, werfen Lebensmittel auf den Boden, schlitzen Matratzen auf, vernichten Kleidung und Bilder. Mit solchen rechtswidrigen Aktionen zerstören die Polizeioffiziere mehr als den geringen Besitz der Betroffenen. Besonders gedemütigt wurde die 32jährige Itaf Abu Miyale. Sie mußte sich nackt ausziehen und hinsetzen, ihr wurden Handschellen angelegt. Obwohl die junge Frau sagte, sie sei im dritten Monat schwanger, wurde sie von einer Polizeioffizierin mißhandelt und geschlagen. Der Kommandeur der Truppe kam für 10 bis 15 Minuten in den Raum, griff aber nicht ein.[20]

Nur selten wird gegen Sicherheitskräfte Anklage erhoben. Entweder werden die Anträge der Opfer nicht angenommen, oder, was häufig geschieht, die Verfahren verlaufen im Sande. Oft kommt ein

Urteil eher einer Verhöhnung der Opfer gleich als einer Bestrafung der Täter. So wurden am 19. November 1996 vier Soldaten vor einem israelischen Militärgericht für schuldig befunden, einen 18jährigen Palästinenser fahrlässig erschossen zu haben. Als Strafe wurde eine Stunde Gefängnis auf Bewährung und eine Geldbuße von einem Agora, umgerechnet ein halber Pfennig, verhängt. Dies löste allenthalben Erstaunen aus, da die Agora-Münze nicht mehr als Wechselgeld ausgegeben wird.

Daß der Shin Bet oft mit brutaler Gewalt vorgeht, ist allseits bekannt. Hinweise von Menschenrechtsorganisationen, daß er dabei vor bewußtem Mord nicht zurückschreckt, wurden durch die Aussagen eines ehemaligen hohen Geheimdienstbeamten bestätigt. In »Yediot Aharonot« vom 26. Juli 1996 gab Ehud Yatom zu, auf Befehl des damaligen Geheimdienstchefs Abraham Shalom den Brüdern Subhi und Majdi Abu Jamea mit einem Stein die Schädel zertrümmert zu haben. Beide hatten mit zwei weiteren Palästinensern im Jahr 1984 einen Bus der Linie 300 entführt. Ihre Mittäter waren bei der Erstürmung des entführten Busses getötet worden. Yatom zufolge schlug auch der jetzige Verteidigungsminister Yitzhak Mordechai mit einer Pistole brutal auf die Brüder Abu Jamea ein. Trotz dieser Aussagen wurde der General nicht öffentlich zum Rücktritt aufgefordert. Der Zorn richtete sich wieder einmal gegen jenen, der das »Gesetz des Schweigens« durchbrach.

Yatom rechtfertigte, daß der Geheimdienst des öfteren Palästinenser einfach umbringe: »Im Kampf gegen Terroristen und um den Tod von Unschuldigen zu vermeiden, muß man Dinge tun, die nicht immer im Einklang mit perfekten Werten stehen. Gegen Terrororganisationen, die nicht zwischen Jung und Alt unterscheiden, gibt es nur einen Weg, sie zu stoppen, und das ist dieser.« Einen »Fehler« gestand er allerdings ein: Die Medien hätten zuviel von der »Operation« mitbekommen. Er habe unter vier Ministerpräsidenten den Terrorismus bekämpft und sei nach wie vor davon überzeugt, daß »diese Methode an sich korrekt war«.

Eine von der Regierung eingesetzte Untersuchungskommission wies Mordechai bereits vor zehn Jahren die Verantwortung für die Erstürmung des Busses und die Mißhandlung der Gefangenen zu, doch ein Militärgericht sprach ihn später von allen Vorwürfen frei. Auch der damalige Shin-Bet-Chef Shalom und weitere in die Affäre verwickelte Agenten wurden trotz öffentlicher Proteste nicht zur Rechenschaft gezogen. Der damalige Staatspräsident Chaim Herzog amnestierte die Agenten, und die Regierung weigerte sich, Shalom zu entlassen. Durch Yatoms Aussage sind zwar die Lügen des Geheimdienstes aufgedeckt worden, doch die Tatsache, daß Shin-Bet-Agenten, die sich ihrer Mordtaten öffentlich rühmen, nicht angeklagt werden, lädt geradezu ein zu weiteren Folterungen. Das Palästinensische Menschenrechtszentrum in Gaza hat auf ungeklärte Morde hingewiesen, die in den Jahren 1993/94 begangen wurden: Omar Khamis al Ghoula, Ayman Nassar, Jamaa und Yousel Abu Mohaisen, Saleem Mowafi sowie die Erschießung von sechs Mitgliedern der Fatah-Falken durch »Verdeckte Einheiten« in Jabalya.[21]

Nach Oslo machen die Zerstörung von Häusern, die Erweiterung von Siedlungen, die Konfiszierung von Land und der damit zusammenhängende Bau von Umgehungsstraßen sowie die Abriegelung der besetzten und autonomen Gebiete den Hauptanteil der von Israelis begangenen Menschenrechtsverletzungen aus. Angaben des israelischen Verteidigungsministeriums zufolge wurden 1996 140 und 1997 145 Häuser zerstört, allein in der Westbank sind rund 900 weitere »vorgemerkt«. Die Rate von 1987 bis 1997 beläuft sich auf zirka 1800 Häuser. Von Oslo (September 1993) bis März 1998 sind 469 Häuser zerstört worden. Angeblich alles »Schwarzbauten«. Da Palästinenser so gut wie keine Baugenehmigungen erhalten, sind sie oft zu solchen »illegalen« Handlungen gezwungen. Auch die abschreckende Wirkung der drakonischen Maßnahmen wird immer wieder als Begründung ins Feld geführt: Nicht nur der Täter soll bestraft werden, sondern seine Familie bzw. sein Umfeld.[22] In der Westbank wurden hauptsächlich Häuser zerstört, die in der Nähe von Siedlungen oder »Umgehungsstraßen« stehen.

Israel beruft sich bei diesen völkerrechtswidrigen Aktionen auf Artikel 119 der Notstandsverordnungen aus der britischen Mandatszeit. Laut Artikel 53 der Genfer Konvention darf jedoch eine Besatzungsmacht nur aus »absoluter militärischer Notwendigkeit« Häuser zerstören. Palästinenser können gegen den Zerstörungsbescheid beim zuständigen Militärkommandeur schriftlich Einspruch erheben. Wird dieser abgelehnt, hat der Betroffene das Recht, eine Eingabe beim Obersten Gericht einzureichen. Bisher wurde in fast allen Fällen der Zerstörungsverfügung der Armee stattgegeben. Seit der Besetzung Ost-Jerusalems verfolgen alle israelischen Regierungen das Ziel, die demographische Entwicklung zugunsten der jüdischen Einwohner zu verändern. Dank einer gezielten Siedlungspolitik gelang dies bis zum Jahr 1993: Nachdem um Ost-Jerusalem herum ein Siedlungsring errichtet worden war, lebten 155 000 Israelis und 150 000 Palästinenser in diesem Stadtteil. Bis 1996 hatten die israelischen Behörden 34 Prozent der Fläche von ganz Jerusalem für »öffentliche Zwecke« konfisziert und 40 Prozent zu »grünen Zonen« erklärt, um den Palästinensern das Bauen zu verweigern. Sollte eine Siedlung gebaut werden, hob man den Status auf wie im Fall des hügeligen Geländes westlich von Shufat und Abu Ghneim (Har Homa). Seit der Besetzung werden in Ost-Jerusalem lebende Palästinenser rassisch diskriminiert. Bürgermeister Ehud Olmert setzt die intensive Politik der »Judaisierung« fort. Nach seiner Wahl wurden erheblich mehr Anordnungen zur Zerstörung von Häusern in Ost-Jerusalem erteilt als während der Amtszeit des »liberalen« Teddy Kollek (1965–1994). Bei der im Augenblick laufenden politisch motivierten Kampagne wird Olmert durch seinen Stellvertreter Shmuel Meir unterstützt, hinter dem religiös-nationalistische Siedlergruppen stehen.[23]

Befehlen die Behörden einen Baustop, kann der Betroffene Einspruch erheben und sich um eine Genehmigung bemühen. Diese Methode wird fast nur in West-Jerusalem angewendet. Eine Zerstörungsanordnung aufgrund krimineller Taten zieht ein langes Verfahren nach sich. Gegen Palästinenser in Ost-Jerusalem wird meist eine Verwaltungsanordnung erlassen. In diesen Fällen läuft die Einspruchsfrist nach 24 Stunden ab, dann erfolgt umgehend die Zerstörung.

Seit der Regierungsübernahme durch Benjamin Netanyahu waltet vor allem in Ost-Jerusalem eine Politik, die Menschenrechtsorganisationen als »stille Deportation«[24] von Palästinensern charakterisieren. Die Hauptinstrumente dieser Politik sind neben der reduzierten Vergabe von Baugenehmigungen eine rigide Haltung bei der Familienzusammenführung, Landenteignungen und ein Minimum an Investitionen in die Infrastruktur.

1996/97 wurden in Jerusalem mehr als 500 Häuser zur Zerstörung freigegeben – eine neue Rekordmarke. Die palästinensischen Anwälte sind überzeugt, daß der Hohe Planungsrat nicht eine einzige Entscheidung zugunsten der Hausbesitzer fällen wird, so Khader Shkirat, Direktor von LAW, in einem Gespräch mit dem Verfasser im Juni 1997. Eine Baugenehmigung werde Palästinensern aus Prinzip verweigert und nicht, weil Bauvorschriften verletzt wurden. Seit der Besetzung Ost-Jerusalems wurden knapp 38 500 Wohneinheiten für Israelis und keine einzige für die Palästinenser errichtet oder gefördert. »Jerusalem wächst nur für Juden«, resümierte Jörg Bremer in der »FAZ« vom 1. April 1997. Der ehemalige Bürgermeisters Kollek wies in einem Leserbrief auf einige Dienstleistungen für die Bewohner Ost-Jerusalems hin, die aber eher aus Eigennutz erbracht wurden, da Israelis z. B. von unhygienischen Verhältnissen mitbetroffen gewesen wären. Kollek verfolgte keine andere Politik als Olmert, hatte sie aber rhetorisch geschickter verpackt, zeigt ein Interview, das am 10. Oktober 1990 in »Maariv« erschien. Nach dem Massaker in der Al-Aqsa-Moschee sprach er offen über Israels politische Ziele. »Wir sagten Dinge, ohne sie so zu meinen, und wir haben sie nicht verwirklicht. Wir erklärten immer wieder, daß wir die Rechte der Araber und die Rechte der Juden angleichen würden – alles leeres Geschwätz. Levi Eshkol und Menachem Begin versprachen ihnen gleiche Rechte – beide brachen ihr Versprechen … Niemals haben wir ihnen das Gefühl gegeben, sie seien vor dem Gesetz gleich. Sie waren und bleiben zweit- oder drittklassige Bürger. … Für das jüdische Jerusalem tat ich etwas in den letzten 25 Jahren. Für den Ostteil nichts! … Bürgersteige? Nichts! Kulturelle Einrichtungen? Keine einzige. Ja, wir bauten ein Abwassersystem für sie und verbesserten die Wasserqualität. Wissen Sie auch, warum? Sie glauben doch nicht, es war zu deren Vorteil oder Wohlbefinden? Das können Sie vergessen! Es gab einige Cholerafälle dort, und die Juden waren besorgt, daß sie sich infizieren könnten. Wegen der Cholera haben wir das Abwassersystem installiert und das Wasser verbessert.« In einer Sitzung des Stadtrates vom 27. Dezember 1994 sagte Kollek: »Jeder, der denkt, daß es die Araber hier gut haben, hat schlicht Unrecht … Nehmen Sie Beit Safafa als Beispiel. Ein Teil ihres Landes wurde für Katamon, ein Teil für ›Itri‹, einiges für Gilo und einiges für die Durchgangsstraße in der Nachbarschaft und für Pott gebraucht … Ich könnte ihnen die gleiche Geschichte für jedes Dorf erzählen.«

Die Politik der »leisen Deportation« hat dramatische Konsequenzen für die Bewohner Ost-Jerusalems. Nach israelischem Gesetz haben die in der Stadt lebenden Palästinenser ein dauerndes Aufenthaltsrecht. Ihnen ist im Gegensatz zu den Bewohnern der besetzten Gebiete die Aus- und Wiedereinreise gestattet, und sie können ohne besondere Erlaubnis in ganz Israel arbeiten. Das Einreisegesetz legt fest, daß die Palästinenser das permanente Aufenthaltsrecht verlieren, die einen ähnlichen Status in einem anderen Land innehaben oder dessen Staatsbürgerschaft annehmen oder mehr als sieben Jahre kontinuierlich im Ausland leben. Bis Mitte 1996 wurde diese Vorschrift nur sehr sporadisch angewandt. Zudem galten der Gaza-Streifen und die Westbank in der Vergangenheit nicht als Ausland. Von Ende der achtziger Jahre bis 1994 verloren zirka 50 Bewohner ihre Identitätskarte, im Jahre 1995 waren es 96, im Jahr darauf bereits 689, und 1997 erreichte die Zahl der Ausgebürgerten mit rund 1 000 ihren höchsten Stand. Die vermeintliche Liberalität der vergangenen Jahre erwies sich jetzt als »Falle«. In den letzten Jahren zogen immer mehr Palästinenser in die Westbank, weil ein Familienmitglied – trotz Heirat – keine Aufenthaltsgenehmigung für Ost-Jerusalem bekam. Anträge von Palästinenserinnen aus Ost-Jerusalem auf Familienzusammenführung lehnte das israelische Innenministerium mit der Begründung ab, es sei üblich, daß Frauen in das Haus der Männer ziehen. Entsprechende Anträge von Männern wurden genehmigt.

Für zirka 70 000 Palästinenser, die nicht ständig in Jerusalem leben, kann die jetzige strikte Handhabung des Einreisegesetzes gravierende Folgen haben. »Durch die Anwendung von Gesetzen, Verordnungen, Gerichtsentscheidungen und Tricks der Verwaltung verweisen die israelischen Behörden Tausende von Palästinensern aus der Stadt. Nicht nur werden sie gezwungen, ihre Wohnungen zu verlassen, sondern sie verlieren auch ihre sozialen Vergünstigungen und die Verbindungen zu ihren Familien. Sie müssen ein neues Leben an einem anderen Ort beginnen ... Diese leise Deportation ist eine direkte Fortsetzung von Israels genereller Politik in Jerusalem seit 1967, deren Ziel es ist, eine dauerhafte jüdische Mehrheit in der Stadt zu sichern, so daß die israelische Souveränität nicht in Frage gestellt werden kann.«[25] Jeder Palästinenser muß nachweisen, daß er in der Stadt lebt oder sein Lebensmittelpunkt dort ist, sonst muß er die Stadt innerhalb von 15 Tagen verlassen, darf künftig weder kulturelle Einrichtungen nutzen noch die religiösen Stätten besuchen. Die Beweislast liegt bei jedem einzelnen. So müssen Wasser- und Stromrechnungen, Schulzeugnisse und andere Dokumente vorgelegt werden. Die Behörden brauchen den Entzug der Identitätskarte nicht zu begründen.

Diese Politik ist eine elegante Variante »legaler ethnischer Säuberungen«. Sie verstößt aus mehreren Gründen gegen Völkerrechtsprinzipien: Ost-Jerusalem ist weiterhin besetztes Gebiet. Alle einseitigen Maßnahmen sind null und nichtig. Israels Unterscheidung zwischen jüdischen Siedlern und Palästinensern kommt einer offenen Diskriminierung gleich und widerspricht dem Grundsatz der Gleichheit. In den vergangenen 28 Jahren hat Israel auch Palästinensern, die in der Westbank wohnten, de facto das Wohnrecht in Ost-Jerusalem zuerkannt. Menschen, die ihr Leben darauf aufgebaut hatten, werden durch die rückwirkende Änderung der Politik mißbraucht. Die Kriterien für den Nachweis des »Lebensmittelpunktes« sind so detailliert und umfassend, daß selbst ständige Bewohner Ost-Jerusalems Probleme haben, sie vollständig zu erfüllen.

Mit den genannten Restriktionen korrespondiert die Expansion der israelischen Siedlungen. Hier sei noch einmal darauf hingewiesen, daß der Siedlungsbau und der Transfer der eigenen Bevölkerung zu Zwecken der Kolonisierung fremden Landes nach Artikel 49 der Genfer Konvention verboten sind. Das Oberste Gericht Israels hat jedoch in den siebziger Jahren die Beschlagnahme von privatem Land zu militärischen Zwecken sanktioniert, auf dem später Siedlungen gebaut wurden. Auch Enteignungen von »Staatsland« hieß es gut.

Die Oslo-Vereinbarungen schränkten den Lebensraum der Palästinenser weiter ein. So stehen 1 000 Siedlern 27,5 Quadratkilometer zur Verfügung, 1 000 Palästinensern dagegen nur 1,7. Die Rabin-Peres-Regierung konfiszierte fünf Prozent des Landes in der Westbank für den Ausbau der Siedlungen und für den Bau der Umgehungsstraßen.[26] Arafat hat zwei Prozent weniger unter Autonomieverwaltung. Seit der Besetzung der Westbank hat Israel zirka 65 Prozent des gesamten Gebietes beschlagnahmt.

Nach der Unterzeichnung des »Interimsabkommens« wurde aus »Sicherheitsgründen« mit dem Bau eines 400 Kilometer langen separaten Straßennetzes begonnen, das die Siedlungen untereinander und mit den Bevölkerungszentren direkt verbindet. Es basiert auf Plänen, die der Gush-Emunim-Block bereits in den achtziger Jahren entworfen hatte. Einige dieser Straßen sind nur für »jüdischen Verkehr« reserviert, so z. B. die »Tunnel-Straße«, die den Etzion-Block mit Jerusalem verbindet. Durch die Umgehungsstraßen wird die Westbank weiter fragmentiert und die militärische Kontrolle der Palästinenser dauerhaft gesichert.

Rabin bezeichnete zwar in der »Al Hamishmar« vom 27. Januar 1995 die Siedlungen als nicht bedeutsam für die Sicherheit Israels, ja sogar als Last, doch seine Regierung investierte 46 Millionen

US-Dollar für 160 000 Siedler in 144 Siedlungen, wesentlich mehr als die Vorgängerregierung unter Shamir. Diese Investition hat sich ausgezahlt: Bis 1996 nahm die Zahl der Siedler in der Westbank um 48 und im Gaza-Streifen um 62 Prozent zu. Der von der Rabin-Peres-Regierung offiziell verkündete »Siedlungsstop« war eine Farce. In ihrer Amtszeit wurden 93 Häuser zerstört und 32 495 Olivenbäume entwurzelt. Insbesondere Peres war gegenüber den rechten und nationalistischen Siedlern zu weitgehenden Konzessionen bereit, um sich deren Unterstützung bei den Wahlen zu sichern.

Diese Fakten verdeutlichen die Diskrepanz zwischen öffentlicher Wahrnehmung und Realität während der Regierungsperiode von Rabin und Peres (1992–1996). Diese »Friedenspolitiker« legitimierten Landenteignungen, eine expansive Siedlungspolitik und den Bau der Umgehungsstraßen durch Verhandlungen und den Abschluß der genannten Abkommen, die den Palästinensern nicht zu einem souveränen Staat verhelfen werden.

Netanyahu hob den »Siedlungsstop« auf. Aus den in der »Ha'aretz« vom 9. Januar 1998 veröffentlichten Plänen des israelischen Bauministeriums geht hervor, daß bis zum Jahr 2000 in den Siedlungen 30 000 neue Wohneinheiten errichtet werden sollen, die Hälfte davon bis Ende 1998. Die Zahl der Siedler soll sich bis zum Jahr 2000 auf 500 000 erhöhen. Der Entschluß, in Ost-Jerusalem die Siedlung Har Homa zu bauen, ist eine Konsequenz der von Arafat und der internationalen Gemeinschaft sanktionierten israelischen Politik.

Nach jedem Terroranschlag ordnete die israelische Regierung eine Totalabriegelung der Gebiete an, d. h., kein Palästinenser darf die 465 Autonomieinseln ohne Genehmigung verlassen. Diese Kollektivstrafe im Verein mit bürokratischen Schikanen hat sich als ein besonders effektives Instrument zur Strangulierung der Palästinenser erwiesen. Die Palästinenser werden gezielt zermürbt, damit sie eher bereit sind, die israelischen Sicherheitsvorstellungen in diesem Friedensprozeß zu akzeptieren. Die Politik der teilweisen oder permanenten Abriegelung, die Rabin eingeführt hat, wird mit der Sicherheit der israelischen Bevölkerung begründet. Für die Tat eines einzelnen wird in der Regel entweder ein Dorf oder aber die ganze Bevölkerung der Gebiete bestraft. Als über Hebron nach dem Massaker von Goldstein in der Ibrahimi-Moschee für sechs Wochen eine totale Ausgangssperre verhängt wurde, waren davon mehr als 100 000 Einwohner betroffen. Angemessener und verhältnismäßiger wäre es aber gewesen, die 450 radikalen Siedler in Hebron oder die 6 000 Bewohner der Siedlung Kiryat Arba mit einer Ausgangssperre zu belegen, da aus ihren Reihen der Massenmörder kam.

Während der Abriegelung können die Palästinenser nicht vom Gaza-Streifen in die Westbank gelangen, obwohl in den Abkommen eine spezieller Transitweg vorgesehen war. Vor Abschluß der Abkommen war dies zwar mit zahlreichen bürokratischen Auflagen verbunden, aber nicht ausgeschlossen. Auch der Flughafen Ben Gurion in Tel Aviv ist für die Palästinenser während der Abriegelung gesperrt. Sie können den Gaza-Streifen dann nur über Jordanien oder Ägypten verlassen.

Die Abriegelungen haben erhebliche Auswirkungen auf die medizinische Versorgung. Im Gaza-Streifen gibt es nur einen Basis-Gesundheitsdienst. Jede aufwendigere Behandlung muß entweder in den Krankenhäusern der Westbank oder in Israel erfolgen. Die Organisation Ärzte für Menschenrechte (PHR) beantragte bei israelischen Behörden zahlreiche Ausnahmegenehmigungen für Patienten, denen zum Teil stattgegeben wurde. Nach Meinung von PHR hat sich seit Oslo – insbesondere 1996/97 – die medizinische Versorgung in den Gebieten verschlechtert.[27] Die Vorsitzende der Organisation erklärte auf einer Konferenz in Beer Sheva im Juni 1997, Israel setze sein Monopol rücksichtslos als ein Mittel der Unterdrückung ein, um die Palästinenser von Israel weiter abhängig zu machen.[28] B'Tselem dokumentierte Vorfälle, die eindeutig den Sachverhalt bewußt unterlassener Hilfeleistung erfüllen. Am 11. März 1996 stoppten Soldaten beim Kontrollpunkt des Dorfes Husan ein Auto so lange, bis eine hochschwangere Frau darin Zwillinge zur Welt brachte. Schließlich fuhren die Insassen ohne Erlaubnis ins Krankenhaus von Bethlehem, dort konnte nur noch der Tod der Zwillinge festgestellt werden. Als in der Nähe des Dorfes Rantis der Palästinenser Ali Mustafa Thabet bei einer Kontrolle das Bewußtsein verlor, rief der Soldat einen Krankenwagen. Am anderen Ende der Leitung fragte man, ob es sich um einen Juden oder einen Araber handele, der Soldat antwortete, es sei ein Araber. Der Krankenwagen kam erst nach 45 Minuten, obwohl es nur drei Kilometer bis zur nächsten Siedlung waren. Der Palästinenser war bereits tot.[29] Solche Vorkommnisse ereignen sich immer wieder.

Die wochenlangen Abriegelungen des Gaza-Steifens und der Entzug der Arbeitsgenehmigungen haben – wie bereits dargestellt – verheerende Auswirkungen auf die gesamte Wirtschaft und auf jede einzelne Familie. Die Arbeitslosenzahlen sind auf über 65 Prozent angestiegen, und die Kaufkraft ist enorm gesunken. Da während einer Abriegelung keinerlei Warentransporte abgefertigt werden, verrottet ein Großteil der Ernte an den Grenzübergängen. Die Verluste durch Abriegelungen beliefen sich von 1992 bis 1996 auf rund sechs Milliarden US-Dollar.

Israel verletzt auch die Menschenrechte seiner arabischen Staatsbürger, also jener Palästinenser, die 1948 nicht geflohen sind. Sie leben hauptsächlich im Norden Israels, in Galiläa. Formal sind die zirka 850 000 israelischen Palästinenser – 18 Prozent der Gesamtbevölkerung – gleichberechtigt, sie werden aber durch zahlreiche Gesetze und Verwaltungsanordnungen diskriminiert und zu Bürger zweiter Klasse degradiert. Viele von ihnen stehen dem Staat loyal gegenüber, doch israelische Juden hegen gegenüber Arabern generell Mißtrauen. Mit Ausnahme der Drusen und der Circassians dürfen israelische Palästinenser keinen Militärdienst ableisten, der mit Vorteilen in der Gesellschaft verbunden ist. Sie können als Araber – wie ausländische Nichtjuden – keinen Grundbesitz erwerben, deshalb treffen sie Landenteignungen doppelt hart. Auch die Benachteiligungen im Bildungssystem sind nach wie vor erheblich. Der Lebensstandard der israelischen Palästinenser ist in den letzten Jahren dennoch gestiegen, doch finden sich in allen gesellschaftlichen Bereichen gravierende Unterschiede. Das Pro-Kopf-Einkommen der israelischen Palästinenser beträgt 400 US-Dollar, 30 Prozent leben unter der Armutsgrenze, aber nur 16 Prozent der Israelis, deren Pro-Kopf-Einkommen 1 000 US-Dollar beträgt. Knapp die Hälfte der Araber beendete das Gymnasium, aber 90 Prozent der Israelis. Die israelischen Palästinenser finden auch keine Arbeit in »sicherheitsrelevanten« Bereichen.

Die Beduinen, die zu den untersten Schichten der israelischen Gesellschaft gehören, sind gleichfalls Diskriminierungen ausgesetzt. Sie wurden 1952 zum ersten Mal aus ihrem angestammten Lebensraum in der Negev-Wüste vertrieben und sollten seßhaft werden. Die Armee brauche die Negev als Übungsgelände, und ein Nomadenleben sei nicht mehr zeitgemäß, so die offizielle Begründung. Sogar das Halten von Schafen wurde den Beduinen verboten, ihre Herden beschlagnahmte man.

Seit 1993 führte die katholische Menschenrechtsorganisation Society of St. Yves vor dem Obersten Gericht einen Kampf gegen die abermalige Vertreibung der Jahalin Beduinen, die der Expansion der Siedlung Ma'ale Adumim im Wege standen. Die Gesellschaft unterlag, und die Jahalin wurden in die Nähe der zentralen Mülldeponie in Jerusalem umgesiedelt.[30] Die israelische Regierung hätte ihnen Wohnungen in der Siedlung Ma'ale Adumim anbieten können, doch in den Siedlungen wie den Kibbutzim dürfen keine Nichtjuden leben.

Die Auswirkungen der erheblichen Diskriminierungen im wirtschaftlichen und sozialen Bereich werden von der Öffentlichkeit kaum wahrgenommen. Die palästinensische Wirtschaft muß sich den politischen und ökonomischen Interessen Israels unterordnen. Für Israel bieten die Gebiete trotz der »Politik der Abriegelung« ein immenses Arbeitskräftereservoir. Die Palästinenser, die sich zum Teil auf einem »Sklavenmarkt« ihren israelischen Arbeitgebern andienen, müssen mit Fremdarbeitern aus Rumänien, Thailand, den Philippinen, der Türkei, China, Kolumbien, Ecuador, Chile, Bolivien, Bulgarien, der Ukraine, Moldawien, Indien, Ghana und Nigeria konkurrieren. Von diesen Fremdarbeitern haben rund 120 000 eine Genehmigung, aber eine gleich große Zahl befindet sich illegal im Land.

Ein Fremdarbeiter kostet den israelischen Arbeitgeber nur zirka 2 100 Shekel pro Monat, ein palästinensischer Arbeiter dagegen 3 110 Shekel. Bei gleichem Bruttolohn von 2 085 Shekel erhält der Fremdarbeiter netto 1 363 der Palästinenser 1 812 Shekel ausgezahlt. Da die Fremdarbeiter ohne ihre Familien quasi am Arbeitsplatz leben, sind sie immer verfügbar. Der Arbeitgeber, auf den ihr Visum ausgestellt ist, zahlt ihre Anreisekosten voraus und zieht ihren Paß ein, um sie an sich zu binden. Nach zwei Jahren und drei Monaten müssen die Fremdarbeiter Israel wieder verlassen. Die illegalen Fremdarbeiter kommen mit einem Touristenvisum ins Land. Für sie gelten die Gesetzte des freien Marktes: Angebot und Nachfrage. Beide Gruppen haben keinerlei soziale Rechte. Bei einem Arbeitsunfall werden sie zwar medizinisch versorgt, müssen dann aber Israel verlassen. Den meisten ausländischen Regierungen ist es gleichgültig, wie ihre Bürger in Israel behandelt werden, wie Hannah Zohar von der Arbeiterorganisation Kav LaOved gegenüber dem Verfasser im Juni 1997 betonte. Seit der Autonomie ist Gaza eine geschlossene »Militärzone« und israelische Arbeitervertretungsorganisationen dürfen die Interessen der Arbeiter in Gaza nicht mehr vertreten.

Von den 3 000 palästinensischen Gefangenen in israelischen Gefängnissen spricht heute niemand mehr. Israel hatte nur ein Fünftel von ihnen nach der Unterzeichnung der Oslo-Abkommen entlassen, obwohl in Artikel 16 des »Interimsabkommens« die Freilassung aller zugesagt worden war, dafür aber wieder andere verhaftet, eingesperrt und vor Militärgerichten verurteilen lassen. Nelson Mandela, hatte darauf bestanden, daß alle Gefangenen, die gegen das Apartheid-Regime in Südafrika gekämpft hatten, freigelassen werden, bevor er das Abkommen unterzeichnete. Arafat nahm hingegen einen Bantustan mit zahlreichen Privilegien für sich und seine Gefolgschaft in Kauf. Viele, die für die Freiheit Palästinas und seine Rückkehr gekämpft haben, sitzen immer noch in Haft. Er fordert zwar ihre Freilassung, doch Israel hält sich nicht an die in den Verträgen gemachten Zusagen. Nur die 20 weiblichen Gefangenen wurden freigelassen.

Abschließend soll noch an die libanesischen Häftlinge in Israel und im Internierungslager in Khiam in der von Israel kontrollierten Sicherheitszone erinnert werden. Über sie verbreitet die Regierung oft wiedersprüchliche bzw. falsche Informationen, wenn sie nicht gar völlig verschwiegen werden. Diese Häftlinge dienen quasi als Geiseln, denn sie sollen gegen israelische Soldaten ausgetauscht werden, die im Libanon gefangengenommen worden sind.

Zu den bekanntesten Häftlingen gehören Scheich Abd al-Karim Obeid und Mustafa al-Dirani. Sie haben keinen Kontakt zur Außenwelt. Ihr Aufenthaltsort wird geheimgehalten. Gegenüber amnesty erklärte am 9. Februar 1996 der stellvertretende israelische Verteidigungsminister Uri Or: »Wir werden sie freilassen, wenn wir mehr Informationen über Ron Arad erhalten haben.« (Ron Arad wurde über dem Libanon abgeschossen und gilt seither als vermißt.) Rabin und Peres bestätigten diesen Zusammenhang.

Derzeit sind neben 21 Libanesen etwa 120 Häftlinge aus anderen arabischen Ländern und dem Iran in israelischen Gefängnissen inhaftiert. Für diese »vergessenen Häftlinge« treffen die üblichen Besuchsregelungen nicht zu, ihre Rechtsanwälte haben ebenfalls nur sehr begrenzte Befugnisse und müssen sich strengen Sicherheitsüberprüfungen unterziehen. Die Gerichtsverhandlungen finden unter Ausschluß der Öffentlichkeit statt. Elf haben die verhängte Strafe bereits abgesessen, werden aber trotzdem nicht freigelassen.

Shimon Peres hatte 1985 verfügt, daß Journalisten keinen Zutritt zur sogenannten Sicherheitszone im Süden Libanons haben. Im Kampf der israelischen und der Südlibanesischen Armee (SLA) gegen die Hisbollah gehören Abriegelungen, Ausgangs- und Straßensperren, Zerstörung und Versiegelung von Häusern zum Alltag. Hier herrscht absolute Rechtlosigkeit, und die Einwohner sind weit mehr Repressionen ausgesetzt als in den besetzten Gebieten. Human Rights Watch und amnesty international berichten übereinstimmend von massiven Menschenrechtsverletzungen, auch von intensiven Folterungen. Ein israelischer Anwalt erklärte: »Gerade wie im Wilden Westen macht der Scheriff, was ihm gefällt.«

Monique Weil, Vorsitzende des französischen Menschenrechtskomitees, nannte Khiam eine »Art Nazi-Konzentrationslager«. Die rund 150 Internierten leben unter extremen Bedingungen. Einige werden ohne Anklage seit mehr als zwölf Jahren gefangengehalten. Auch zu diesem Lager haben nur einzelne Anwälte Zutritt. Den Gefangenen steht zwar formal der Weg zum Obersten Gericht in Israel offen, doch bisher wurden sämtliche Anträge auf Freilassung abgelehnt. Verwaltet wird Khiam von der SLA, »aber es ist für alle offensichtlich, daß die SLA nur Subunternehmer, ein ungelernter Arbeiter ist, der nicht einen Schritt ohne seinen großen Meister, den Staat Israel, tut«, schreibt Aviv Lavie in einer erschütternden Reportage, die am 17. Januar 1997 in »Kol Ha'ir« erschien. »In Khiam gibt es keine Richter, Strafverfahren, Anwälte, Beweise oder Gegenbeweise. Es gibt weder Recht noch Gesetz. Ein israelischer Militärjeep oder ein Mercedes der SLA hält vor einem Haus und befiehlt irgend jemandem, auf ein Gespräch mitzukommen. Er kehrt vielleicht nach Jahren, fünf oder zehn Jahren oder vielleicht gar nicht mehr zurück«, so Aviv Lavie weiter. Nach Aussagen eines hohen israelischen Offiziers sind »im Vergleich zu Khiam die Gefängnisse in den besetzten Gebieten Fünf-Sterne-Hotels«. Amin Issa, ein ehemaliger Häftling, sagte aus: »Das Leben ist die Hölle. Jeden Tag lebten wir am Rande des Todes.« Vom Standpunkt des Völkerrechts ist Israel als Besatzungsmacht für die Zustände und die Mißhandlung der Gefangenen verantwortlich.[31]

Die einzigen verläßlichen Aussagen stammen von ehemaligen Häftlingen. Über die Insassen und deren Behandlung berichtete der israelische Soldat A.: »Bei den Verhören nehmen sie zwei Telefondrähte, befestigen sie am Körper und erhöhen den Stromfluß. Ab und zu kommen Geheimdienstmitarbeiter. Tatsächlich waren dies aber Todesschwadronen, die unsere Leute ausgebildet hatten. Diese Leute hatten freien Zugang zu Khiam und konnten ihre Angelegenheiten regeln. Wenn jemand eine Streitigkeit mit einem Gefangenen aus seinem Dorf hätte, käme er und würde ihn eliminieren. Wir wußten nicht, wer die Männer in dem Gefängnis waren. Einige waren Terroristen, andere Kollaborateure, und einige saßen ohne Grund ein, da jeder, der ohne wichtigen Anlaß auf der Straße ging, als potentieller Terrorist galt.«

1997 ist es dem Roten Kreuz erstmals gelungen, in dieses Straflager vorzudringen. Es darf darüber in der Öffentlichkeit nicht berichten. Bis 1988 konnten Familienangehörige die Gefangenen für fünf Minuten im Monat sprechen. Erst seit 1995 ist das Besuchsverbot bei einigen ausgewählten Gefangener wieder aufgehoben. Einer von ihnen sah seine neunjährige Tochter zum ersten Mal. Häftlinge, die sowohl in Khiam als auch in Gefängnissen in Israel einsaßen, sagten aus, daß sie zum Teil von den gleichen Sicherheitskräften verhört wurden. Oft stellen Israelis die Fragen, und die Mißhandlungen werden von SLA-Angehörigen begangen.

Wäre nicht im Falle Khiam die Europäische Union gefordert? Die US-Regierung und die -Medien schweigen zu den Folterungen. Dafür darf in der Nähe des Gefängnisses Pat Robertson als christlicher Fundamentalist mit seiner Fernseh- und Radiostation seine Heilsbotschaften und proamerikanische Propaganda in die Länder des Nahen und Mittleren Ostens verbreiten.

Formal ist Israel eine Demokratie geblieben, Meinungsfreiheit, Recht und Gesetz sind gesichert. Die Kluft zwischen der Fülle an Informationen und öffentlichen Reaktionen ist groß. Kein Israeli kann behaupten, er habe von den Menschenrechtsverletzungen nichts gewußt.

3. Palästinensische Menschenrechtsverletzungen gegenüber Palästinensern

Arafat wurde von den Israelis und den USA sowie von extremistischen Gruppen wie Hamas und Islamischer Jihad in Gaza in die Rolle des despotischen Friedensengels gedrängt. Die Sicherheitsgarantien können jedoch nicht rechtfertigen, daß die Autonomiebehörde von Beginn an gegen jegliche Opposition eine repressive Politik betrieben hat und elementare Rechte der Palästinenser verletzt – das Recht auf Leben, Versammlungs- und Redefreiheit, friedliche Opposition und persönliche Sicherheit.

Seit seiner Ankunft in Gaza läßt Arafat Kritiker des Friedensprozesses einschüchtern, bedrohen, willkürlich gefangennehmen und mißhandeln.[32] Die Arbeit von Journalisten, Menschenrechtsorganisationen und Anwälten wird ebenfalls behindert. Es ist ihm gelungen, einen Teil der säkularen Kritiker zu korrumpieren. Gegen die Hamas und den Islamischen Jihad, die seine Autorität untergraben und mit Terroranschlägen auch Gegenreaktionen der Israelis provozieren, geht Arafat mit harter Hand vor. Insbesondere nach den Terroranschlägen vom Februar, März 1996 und September 1997 ordnete er Massenverhaftungen von Mitgliedern oder Sympathisanten dieser Organisationen an. Den Festgenommenen wurde monatelang der Kontakt mit Anwälten erschwert oder verweigert. Zahlreiche soziale und karitative Organisationen, die Hamas leitet, sind inzwischen verboten worden, obwohl sie eine wichtige Funktion im Gaza-Streifen erfüllen.

Der PLO-Chef baute sofort einen umfassenden Sicherheitsapparat auf. Neben der regulären Polizei sind acht Sicherheitsdienste tätig: Der General Intelligence Service (GI), der Preventive Security Service (PSS), die Presidential Security, die Force 17, das Criminal Investigations Bureau, die Military Intelligence (MI), die Naval Police und die Disciplinary Police. Alle haben eigene Gefängnisse und arbeiten ohne gesetzliche Regeln. Am 7. Februar berief Arafat auf Druck der USA und Israels zudem ein »Staatssicherheitsgericht«. Es dient der »legalen« Terrorismusbekämpfung. Die palästinensischen Geheimdienste haben von ihrem Vorbild, dem Shin Bet, gelernt und arbeiten mit ihm sowie dem amerikanischen Geheimdienst eng zusammen.

Folter und willkürliche Verhaftungen zählen zu den gängigen Methoden,[33] doch es kommt auch zu Morden, die nicht aufgeklärt werden können. Bereits am 4. Juli 1994 – also sofort nach Arafats Ankunft – war das erste Folteropfer zu beklagen. Dessen Vater erklärte gegenüber der Presse: »Ich machte mir keine Sorgen, weil ich wußte, daß er in den Händen der eigenen Leute und nicht in denen der Israelis war. Ich habe niemals geglaubt, daß sie schlimmer als die Juden sein würden.«

Bei so vielen mteinander konkurrierenden Geheim- und Sicherheitsdiensten ist es für Angehörige schwer, zu ermitteln, wer ihre Verwandten verschleppt oder gefoltert hat. Selbst der Distriktgouverneur, dem die Dienste unterstehen, ist nicht immer über deren Aktionen informiert und kann sich bei Übergriffen auf Personen nicht einschalten. Arafats Dienste beeinträchtigen auch die Arbeit der Menschenrechtsorganisationen. Der Leiter des Gaza Center for

Rights and Law, Raji Sourani, und Jan Abu Shakrah vom Palestine Human Rights Information Center mußten wegen Kritik an Arafats Vorgehen und am »Staatssicherheitsgericht« zurücktreten. Der Aufsichtsrat des Gaza Center for Rights and Law begründete übrigens die Absetzung von Sourani mit dessen »Führungsstil«. Beide Organisationen, die viel zur Aufdeckung israelischer Menschenrechtsverletzungen beitrugen, verloren unter ihrer neuen Leitung an Glaubwürdigkeit. Raji Sourani hat mit dem Palestine Centre for Human Rights eine neue Organisation aufgebaut; Abu Shakrah ist in die USA zurückgekehrt, weil es für sie unter diesen Umständen in Palästina keine Zukunft gibt, wie sie in einem Gespräch mit dem Verfasser erklärte.

Der Menschenrechtler Bassem Eid gehört zu jenen, die Mißstände in den palästinensischen Behörden offen kritisieren. Im Bericht seiner Organisation[34] heißt es: »Die Palästinensische Nationale Behörde hat sich entschlossen, das Recht zu untergraben ... Sie ignoriert Gerichtsentscheidungen, einschließlich diejenigen des Obersten Gerichts.« Rolle und Funktion der Militärgerichte seien nicht eindeutig festgelegt, sie akzeptierten unter Folter erzwungene Aussagen. Haidar Abd al-Shafi bestätigte in »The Jerusalem Times« vom 30. Januar 1998 diese Kritik. »Ich kann die negativen Aspekte des Rechtssystems gar nicht nachdrücklich genug betonen. Der Generalstaatsanwalt ist jeglicher wirklichen Macht beraubt, und die Gerichtsurteile werden nicht respektiert.« Die palästinensische Behörde sei durch »nichts in Verlegenheit zu bringen«.

Der PSS und die anderen Sicherheitsdienste halten sich weder an Recht noch Gesetz. Zu ihren Aktivitäten gehören Straftaten, Entführungen, Folter und willkürliche Festnahmen von Palästinensern in der Westbank und dem Gaza-Streifen. Die Verhafteten werden entweder in Polizeistationen vor Ort verhört oder gewaltsam nach Jericho gebracht. Ihnen werden »moralische Verstöße« wie Prostitution oder außerehelicher Sexualverkehr zur Last gelegt, Drogenkonsum, Diebstahl oder Kollaboration mit israelischen Behörden. Nur in wenigen Fällen wird ein Haftbefehl erlassen, formal Anklage erhoben oder ein Verteidiger zugelassen. »Folter ist zur Routine und zur täglichen Realität in den Autonomiegebieten geworden.«[35] Die Methoden gleichen denen des Shin Bet bis ins Detail. Nach Angaben des Mandela Instituts für Politische Gefangene in Ramallah wird jedoch noch nicht so systematisch gefoltert wie beim Shin Bet, d. h., nicht alle palästinensischen Gefangenen werden mißhandelt.

Bisher kamen 18 Palästinenser dadurch zu Tode. Die palästinensischen Behörden führen wie die israelischen einige Todesfälle auf Selbstmord, Herzversagen oder gar auf ein »Versehen« zurück. Diese Erklärungen trafen zwar mitunter zu, doch konnte nicht widerlegt werden, daß bei Verhören massive Gewalt eingesetzt wird. Weder die Berichte über die Untersuchung von 16 Todesfällen noch über die Arbeit der Behörden wurden bisher zugänglich gemacht. Es geht der Autonomiebehörde nicht in erster Linie darum, Unrecht aufzudecken und künftig auszuschließen, sie will vor allem negative Schlagzeilen verhindern. Familien erfahren meist durch Nachbarn oder die Presse vom Tod oder der Festnahme ihrer Angehörigen.

Einige Todesfälle sollen erwähnt werden. Der 26jährige Mahmoud Jumayyel wurde unter falschem Namen ins Krankenhaus in Nablus eingeliefert, weil ihn Mitglieder der »Dahariyye« (Marinepolizisten) im Gefängnis der Stadt schwer verletzt hatten. Von dort wurde er nach Ramallah verlegt, wo er am 31. Juli 1996 verstarb. Daraufhin kam es zu gewaltsamen Demonstrationen gegen die Machenschaften von Arafats Sicherheitsdiensten. Das Staatssicherheitsgericht in Jericho verurteilte zwei beteiligte Offiziere zu 15 und den dritten zu zehn Jahren Haft mit Zwangsarbeit.

Unter ungeklärten Umständen starb am 7. August 1996 der 24jährige Nahed Mojahed Dahlan im Nasr-Krankenhaus in Khan Younis, wohin man ihn aus dem Gefängnis Al-Qarara gebracht hatte. Nach offiziellen Angaben der Autonomiebehörde hat er Selbstmord begangen. Mahmoud Yousuf Dahman, Direktor der Menschenrechtsorganisation Addameer (Gewissen), der eine Untersuchung des Todes gefordert hatte, wurde am 12. August verhaftet und der Verbreitung falscher Informationen beschuldigt, nach internationalen Protesten aber am 27. August freigelassen.

Am 11. August 1966 starb im Polizeigewahrsam von Ramallah der 66jährige Khalid Issa al-Habal. Angeblich hat auch er Selbstmord begangen. Das Ergebnis der in Tel Aviv durchgeführten Autopsie wurde nicht mitgeteilt.

Mehr als 1 000 Gefangene sitzen seit Jahren in palästinensischer Haft, ohne daß gegen sie Anklage erhoben wurde. Am 22. August 1996 besuchte Rechtsanwalt Hosni Kalboni von der Palästinensischen Gesellschaft für den Schutz der Menschenrechte und der Umwelt (LAW) Gefangene im Jneid-Gefängnis in Nablus. Beim Verlassen der Haftanstalt beschlagnahmte die Marinepolizei seine Materialien mit der Begründung, er habe nur als Menschenrechtler und nicht als Anwalt eine Besuchserlaubnis erhalten; Gefangene dürften keinen Rechtsbeistand haben.

Nach Angaben der »Jerusalem Times« vom 2. Februar 1996 wurden im Gebiet von Bethlehem 15 Palästinenser vom eigenen Sicherheitsdienst schwer mißhandelt. Mehrere Abgeordnete des »Palästinenser-Rates« verlangten, solche Folterungen einzustellen. Nasser Radwan war der letzte Palästinenser, der erwiesenermaßen auf diese Weise zu Tode kam. Er wurde am 23. Juni 1997 von der Force 17 verhaftet, geschlagen und mit schweren Schädelverletzungen ins Krankenhaus eingeliefert; dort verstarb er am 30. Juni. Der Offizier gab an, er wollte Radwan eine Lektion erteilen, weil dieser der Frau eines Sicherheitsbeamten geraten hatte, sich in der Öffentlichkeit moderater zu kleiden. Die Verurteilung der Sicherheitsoffiziere erfolgte am 3. Juli vor einem Militärgericht, das Artikel 384 und 165 des »Gesetzes der Palästinensischen Revolution« anwandte.

Am 3. Februar 1998 verstarb im Dura-Gefängnis in der Nähe von Hebron der 25jährige Nasser Hiroub. Am Abend des 2. Februar hatte ihn die »Criminal Investigation Unit« der Polizei verhaftet. Nach Angaben des Polizeichefs von Hebron wurde er am nächsten Morgen mit einem Schuhriemen um seinen Hals tot aufgefunden. Die palästinensischen Menschenrechtsorganisationen LAW und PHRMG bezweifeln diese Selbstmordthese. Der Arzt, der den Tod feststellte, bemerkte, daß Blut aus Mund und Ohren floß: »Dies weist auf innere Verletzungen hin, die durch Schläge, vermutlich auf den Kopf verursacht worden sind.«

Immer wieder wird im Zusammenhang mit Folterungen von Palästinensern auch der Sicherheitschef von Jericho erwähnt. Jibril Rajoub, der Chef des Preventive Security Service (PSS), saß 17 Jahre in israelischen Gefängnissen, bevor er 1988 in den Libanon deportiert worden ist. Auf einer Pressekonferenz im Oktober 1995 griff er die »politisch motivierten« Menschenrechtsaktivisten an, insbesondere Bassem Eid, einen langjährigen Mitarbeiter von B'Tselem. Rajoub beschuldigte Eid für die israelische Polizei als »Agent« zu arbeiten. Dies kommt einem Todesurteil gleich. Bassem Eid und Mitarbeiter anderer Menschenrechtsorganisationen beschwerten sich bei Yassir Arafat. Er ließ durch seinen Sprecher erklären, Eids Leben sei nicht in Gefahr, nahm aber die Anschuldigungen nicht zurück. Am 2. Januar 1996 wurde Eid aus seiner Wohnung im Flüchtlingslager Shuafat in Ost-Jerusalem zur Polizeistation in Ramallah gebracht und dort 24 Stunden im Hauptquartier der »Force 17« festgehalten. Hintergrund dieser Attacke war, daß Eid in einem offenen Brief an Arafat das Verbot der Zeitung »An-Nahar« als »einen schweren Angriff auf die Menschenrechte« verurteilt hatte, dies »läßt für die Demokratie in einem zukünftigen palästinensischen Staat Schlimmes befürchten«.

Die Versuche der palästinensischen Behörden, ihre Opponenten einzuschüchtern, waren erfolgreich. Die israelische Menschenrechtsorganisation B'Tselem ist eine rühmliche Ausnahme. Sie hat in ihrem Bericht vom August 1995 die vom PSS angewandten Foltermethoden aufgelistet: heftiges Schlagen, Schlafentzug, Drohungen, Erniedrigungen und stundenlanges Fesseln. Einigen Gefangenen oder Personen, die man dazu machen wollte, wurde ohne Grund in die Beine geschossen. PSS-Chef Rajoub bestritt die Angaben, hat sie aber nicht widerlegt. Seine Drohung gegenüber einem Journalisten, dessen Folterungen er überwacht hatte, wird ebenfalls zitiert: »Ich kann den Präsidenten persönlich anrufen und ihm sagen, daß ich Dich töten will, und der Präsident gibt mir seinen Segen.«[36] Der Bericht spricht Rajoubs Erklärung in »Al-Quds« vom 10. Juli 1994 hohn: »Als einzigen Faktor müssen wir Recht und Gerechtigkeit befolgen, einschließlich der Prinzipien und der Achtung der Menschenrechte ...«

Offiziell darf die PSS nur im Gaza-Streifen tätig werden, aber de facto wirkt sie durch Arafats Fatah in jedem Ort oder Flüchtlingslager in der Westbank. Nach Artikel 43 der HLKO ist Israel weiter für die Sicherheit und das Wohlergehen der Bevölkerung unter seiner Besetzung verantwortlich. Da es diese Aktivitäten toleriert, trägt es Mitverantwortung für die massiven Verstöße gegen die Menschenrechte der Palästinenser.

Die enge Kooperation zwischen den israelischen und den palästinensischen Sicherheitsdiensten hat bereits zu einer geheimen Vereinbarung zwischen GSS und PSS geführt. Die PSS-Chefs in der Westbank, Rajoub, und in Gaza, Mohammad Dahlan, trafen sich zudem im Januar 1994 mit dem ehemaligen israelischen GSS-Chef Ya'acov Peri und dem damaligen stellvertretenden Generalstabschef Lipkin-Shahak in Rom. Der kürzlich verstorbene Knesset-Abgeordnete und Umweltminister Zevulun Hammer kritiserte am 24. Juli 1995, daß das Abkommen mit Jibril Rajoub niemals in der Knesset besprochen oder zur Bestätigung vorgelegt wurde, die Regierung sei verpflichtet dieses Dokument sowie das Abkommen von Rom der Knesset vorzulegen. Inzwischen arbeiten beide Geheimdienste geräuschlos und effektiv auf der Basis dieser »Rom-Vereinbarungen« zusammen. 15 »gesuchte« Palästinenser konnten aufgrund von PSS-Informationen vom israelischen Geheimdienst verhaftet werden.

Insbesondere das Staatsicherheitsgericht ist ein Skandal. Es arbeitet außerhalb des regulären Justizsystems. Ihm sitzen drei inkompetente Militärrichter vor, deren Entscheidungen Arafat bestätigen muß. Im Gründungserlaß wird darauf hingewiesen, daß dieses »Gerichts« auf ägyptischen Verfahrensregeln von 1962 basiere. Dieses »Gericht« soll sich mit Verbrechen befassen, »die die Sicherheit im Land und außerhalb« betreffen, sowie »anderen Verbrechen, die die Sicherheit und das Wohlergehen der Sicherheitsbehörden unterminieren«, dies gilt auch für Straftaten, die Mitglieder der palästinensischen Sicherheitskräfte begangen haben. Jeder, der »absichtlich eine Tat begeht, die der Unabhängigkeit des Staates schadet, wird zum Tode verurteilt«.

Das Gericht verletzt selbst die minimalsten Standards für einen fairen Prozeß. Die Gefangenen und ihre Angehörigen werden erst kurz vor der Eröffnung des Prozesses über die Anklage informiert, es sind keine Pressevertreter zugelassen und nur vom Gericht gestellte Anwälte, die zum Teil den Sicherheitskräften angehören. Über die Verhandlungen gibt es keine Protokolle. Das Gericht tagt fast ausschließlich nachts, da es sich tagsüber in den Fall einarbeiten müsse, wie der frühere palästinensische Generalstaatsanwalt Khaled al-Qidrah erklärte. Die Prozesse enden in der Nacht, in der sie beginnen, manche dauern nur Minuten. Für Außenstehende ist es unmöglich, mit den »Richtern« oder den Verurteilten zu sprechen. Das Gericht verhängt drakonische Strafen, gegen die kein Einspruch erhoben werden darf. Die Verurteilten können nur an die Gnade Arafats appellieren. Er hat die Macht, die Strafen zu erhöhen oder zu reduzieren.[37] Verhängte Todesstrafen wurden bisher nicht vollstreckt.

Die Geheimhaltung schützt das »Gericht« vor der Kritik der Öffentlichkeit, der Presse oder den Menschenrechtsorganisationen. Es ist von einigen Seiten gelobt worden, die eher an der Aufrechterhaltung einer Diktatur als an rechtsstaatlichen Standards interessiert scheinen. Bevor das Gericht zum ersten Mal getagt hatte, würdigte US-Vizepräsident Al Gore es laut »Los Angeles Times« vom 26. März 1995 als »einen wichtigen Schritt in Richtung vertrauensbildende Maßnahmen in diesem Friedensprozeß und dem Bemühen der Behörde, die Gewalt zu kontrollieren und den Terrorismus zu stoppen sowie die Feinde des Friedensprozesses zu besiegen«. In einer Rede, die Gore am 5. April vor dem Institute For Near East Policy in Washington hielt, sprach er von Kontroversen über dieses Staatssicherheitsgericht. »Ich persönlich glaube, daß die Anschuldigungen falsch sind und die Palästinenser das Richtige tun und daß sie vorwärts gehen mit der gerichtlichen Verfolgung.« Auch der frühere israelische Umweltminister Yossi Sarid zeigte sich zufrieden nach den ersten Verurteilungen, wie in der »Jerusalem Post« vom 12. April 1995 zu lesen war: »Wir hatten besondere Forderungen, eine davon war, die Terroristen vor Gericht zu bringen, was gestern geschehen ist, und so sollte es auch sein. Wenn uns klar wird, daß dies keine einmaligen Aktionen sind, sondern ein Teil einer bestimmten und dauerhaften Politik, dann glaube ich, daß die Chancen für eine Beendigung der Verhandlungen zum 1. Juli und deren Umsetzung im Herbst steigen werden.« Weder die stellvertretende Sprecherin des State Departments, Christine Shelly, noch der Außenamtssprecher Nicholas Burns sahen sich im April 1995 veranlaßt, die Arbeit dieses Gerichts zu bemängeln. Auf eine Frage hin meinte Burns lediglich, er hoffe, daß gewisse Menschenrechtsstandards und rechtsstaatliche Prinzipien durch dieses Gericht geachtet werden. Die palästinensischen Menschenrechtsorganisationen und die palästinensische Anwaltskammer hatten dagegen sogleich Bedenken.

Diesem »Staatsicherheitsgericht« sind spezielle Militärgerichte untergeordnet. Sie arbeiten auf Arafats Befehl. Er stellt kurz vor jedem Prozeß die Richter neu zusammen. Die Obersten Gerichte in Gaza und in Ramallah sind dem Obersten Gericht Israels nachgebildet. Arafat und seine Geheimdienste ignorieren deren Entscheidungen, wenn sie ihnen nicht opportun erscheinen. So hatte das Oberste Gericht am 18. August 1997 die Freilassung von zehn Studenten der Bir-Zeit-Universität angeordnet, die ohne Anklage seit März im Gefängnis in Ramallah einsaßen. Tatsächlich kamen sie erst Monate später frei.

Wie die Gerichte in den Autonomiegebieten funktionieren, ist kaum bekannt. Folgender Bericht gibt über die Arbeit der Militärgerichte Auskunft. Arafat hatte Jibril Rajoub, dem Geheimdienstchef in Jericho, befohlen, drei Palästinenser im August 1997 wegen der Ermordung eines israelischen Taxifahrers innerhalb einiger Stunden zu verurteilen, doch das Verfahren dauerte nur 15 Minuten. Zwei Stunden vor Prozeßbeginn wurde das Gericht auf Anweisung Arafats zusammengestellt: Es bestand aus drei Polizisten, zwei hatten gerade ihre juristische Prüfung absolviert, der dritte besaß keine Rechtskenntnisse. Der Prozeß fand im Polizeiquartier statt. Da alle drei Angeklagten ein umfassendes Geständnis abgelegt hatten, verstand ein Polizist nicht, warum man noch mit einem Prozeß seine Zeit vertun sollte. Der Ankläger belehrte die Angeklagten, und kurze Zeit später wurde das Urteil verkündet: zwei erhielten lebenslängliche und einer 15 Jahre Zwangsarbeit.

Generalstaatsanwalt Fa'ez Abu-Rahmeh war bestürzt: »Als ein palästinensischer Jurist bin ich beschämt über das, was an diesem Wochenende in Jericho passiert ist. Ich kann nicht verstehen, daß solch ein Verfahren stattfinden kann, ohne mich vorher davon in Kenntnis zu setzen. Niemand machte es etwas aus, mich weder vor noch nach dem Prozeß zu informieren«, so in »Yerushalayim« vom 22. August 1997. Bevor Abu-Rahmeh seinen neuen Posten übernahm, war er Vorsitzender der Palästinensischen Anwaltskammer. Wie machtlos der Generalstaatsanwalt ist, zeigte sich auch, als er die Entlassung von Rajab Hasan Al-Baba verfügt hatte, der Mann aber am gleichen Tage wieder vom Geheimdienst verhaftet wurde. Als er zu diesem Vorfall befragt wurde, entgegnete Abu-Rahmeh, »daß einige Zuständigkeiten anderer Abteilungen vorbehalten sind«. Dies sei eine rechtlich unhaltbare Situation. Jede Reform des Rechtswesens müsse bei den Geheimdiensten ansetzen.

Zwei Wochen nach dem erwähnten Prozeß trat das Militärgericht in Nablus in völlig anderer Besetzung zusammen, um fünf Palästinenser aus Tulkarem wegen Störung der öffentlichen Sicherheit zu langen Freiheitsstrafen zu verurteilen. Sie waren während einer Demonstration gegen die Autonomiebehörde verhaftet worden.

Arafat ist laut Oslo-Abkommen verpflichtet, Kriminelle an Israel auszuliefern. Da ihm dies als Versagen angelastet werden könnte, toleriert er »rechtsstaatlich« fragwürdige Verfahren. Nur wenige Palästinenser wagen so deutliche Kritik wie ein bekannter Rechtsanwalt aus Ramallah: »Wir machen unsere ganze Profession und das Rechtssystem lächerlich, indem wir vor diesem Gericht (Staatssicherheitsgericht L. W.) erscheinen.« Das sogenannte »Friedenslager« in Israel um »Frieden Jetzt« oder der Meretz-Partei hat die entwürdigenden Prozesse nie beanstandet.

In den Autonomiegebieten herrsche Chaos, Willkür, Unterdrückung und völlige Rechtsunsicherheit, erklärte der palästinensische Psychiater Eyad al-Sarraj am 6. Mai 1996 in einem Interview mit der

»New York Times«: »Die Menschen fühlen sich eingeschüchtert. Es gibt ein überwältigendes Angstgefühl. Das Regime ist korrupt, diktatorisch und unterdrückerisch. Ich sage das mit einem Gefühl der Traurigkeit, aber während der israelischen Besatzung war ich hundert Mal freier. Ich schieb in der israelischen und arabischen Presse. Heute werde ich von unserer Presse und unserem Fernsehen boykottiert. Es gibt viele willkürliche Verhaftungen, ohne Anklage, ohne Grund. Die Behörden unterhalten neun Sicherheitsdienste, jeder mit eigenen Gefängnissen. Menschen werden systematisch gefoltert.« Zur israelischen Besatzung sagte er: »Unter der Besatzung fühlten wir die brutale Gewalt, aber wir fühlten nicht die tägliche Erniedrigung, da wir heute von der eigenen Regierung unterdrückt werden. … Dieser Prozeß hat Gaza und die Westbank in ein neues Gefängnis verwandelt. Präsident Arafat wird gedemütigt; sein Volk wird gedemütigt. Wir sind nicht stolz auf unsere Regierung.« Der Druck werde durch die katastrophale wirtschaftliche Lage noch verschärft. »Die Menschen sind auf ihre natürlichen Instinkte zurückgeworfen. Sie reagieren apathisch, wenn sie etwas über Demokratie und Menschenrechte hören. Was sie beschäftigt ist Brot. Die Stimmung in Gaza ist nicht positiv. Die Menschen fühlen sich entfremdet, deprimiert und hoffnungslos.«

Sarraj leitet die Palästinensische Unabhängige Kommission für Bürgerrechte (PICCR), die von Arafat durch einen Erlaß vom 30. September 1993 (veröffentlicht im Amtsblatt, Nr. 59/1995) eingesetzt wurde. Er hat sich schon seit vielen Jahren für einen »Frieden in Würde« mit Israel eingesetzt. »Die Art des Friedens, den wir haben, kommt einer totalen psychologischen Aufgabe gleich. Er ist viel schädlicher für den einzelnen, als einen Krieg zu führen«, resümierte er in dem Interview mit der »New York Times«.

Auch gegenüber dem Verfasser betonte al-Sarraj am 22. September 1996, das Oslo-Abkommen habe weder Menschenrechte noch Frieden gebracht, »die Lage ist schlimmer als vorher«. Arafat habe ihm seine Mission mit den Worten beschrieben: »Ich gebe nichts auf Menschenrechte. Ich habe für Sicherheit zu sorgen. Niemand wird mich aufhalten, diesen Staat zu gründen.« Seit zwei Jahren beantwortet der Generalstaatsanwalt die Briefe von al-Sarraj nicht. »Ohne Menschenrechte und Demokratie haben wir keine Zukunft.« Bevor die Palästinenser einen Ausweg aus ihrem eigenen Dilemma finden könnten, müßten sie mit »ihren eigenen Pathologien fertig werden«, so al-Sarraj.[38]

Al-Sarraj hat sowohl gegen die Verhaftungen von Anwälten und Menschenrechtlern als auch gegen Folter und andere gewaltsame Übergriffe der Autonomiebehörden interveniert. Im Jahresbericht 1995/96 empfiehlt PICCR der Arafat-Behörde Maßnahmen, die einen wesentlichen Beitrag zur Rechtssicherheit und zur Gewährleistung bürgerlicher Freiheitsrechte leisten könnten: eine Reduktion des Sicherheitsapparates, die Abschaffung der Todesstrafe, einen Präsidentenerlaß, der die Rechte der Bürger garantiert u. v. m.[39]

Am 18. Mai 1996 wurde al-Sarraj vom PSS-Sicherheitsdienst in Gaza verhaftet und erst nach intensiven internationalen Protesten am 26. Mai freigelassen. Die Untersuchungen gegen ihn gingen laut Generalstaatsanwalt Khaled al-Qidrah weiter. Sarraj mußte ein »bindendes Versprechen« unterzeichnen, keine Äußerungen gegenüber der lokalen oder internationalen Presse abzugeben, die den Gesetzen widersprechen. Die Sicherheitskräfte drohten an, ihn zu ermorden, falls er noch einmal öffentliche Kritik übe.

Am 10. Juni wurde er erneut festgenommen, da der Sicherheitsdienst Haschisch in seinem Büro gefunden hatte. Weil er einen Sicherheitsbeamten »angegriffen« habe, stellte man ihn drei Tage später vor das Staatssicherheitsgericht. Der Offizier hatte eine verbundene Faust, und Sarraj identifizierte ihn als jenen Mann, der ihn geschlagen hatte. Sein Aufenthaltsort blieb zunächst geheim, er durfte weder die Familie noch seine Anwälte sehen. Im September 1996 schilderte er mir seine physische Verfassung, nachdem er von seinen eigenen Landsleuten mißhandelt worden war.

Die Repressionen gegen al-Sarraj hatten die erhoffte Wirkung. Kurz nach seiner Freilassung gaben die Behörden keine öffentliche Stellungnahme zu den Vorfällen ab, und auch al-Sarraj übte Zurückhaltung im Interview mit dem Verfasser, das in der »taz« vom 16. Juli 1997 erschien.

Die vielen unbekannten Palästinenser, die in Arafats Gefängnissen eingesperrt sind, weil sie an den Autonomieverträgen Kritik übten, sollten die internationale Öffentlichkeit ebenfalls zu Protesten gegen die Willkür der palästinensischen Behörden veranlassen.

Die Ermordung von palästinensischen Grundstücksmaklern Mitte 1997 entfachte eine kontroverse Diskussion in Israel und in den Autonomiegebieten. Wer Land an Juden abtritt oder verkauft, gilt in Palästina als Kollaborateur. Nach islamischem Recht ist der Verkauf von Land an »das Volk des Buches« (auch Juden – L. W.) nicht grundsätzlich verboten, wenn er jedoch wie in Palästina die Interessen der Gemeinschaft beeinträchtigt, gilt er als ungesetzlich. Die Autonomiebehörde ordnete bei »Landverkauf an Feinde« die Todesstrafe an, nachdem einige israelische Palästinenser Grundstücke an israelische Juden verkauft hatten. Drei Grundstücksmakler wurden vermutlich von Arafats Geheimdienst ermordet. Ein vierter beging im Gefängnis von Jericho Selbstmord, weitere wurden verhaftet. Dutzende sitzen noch in den Gefängnissen, auch in der B- und C-Zone, wo Arafat keine Regierungsgewalt ausüben kann.

Die Ermordung der Makler Farid el-Bashiti und Harbi Abu Sara erregten in der internationalen Öffentlichkeit Aufsehen. Die Leichname wurden auf einer Straße in Ramallah gefunden. El-Bashitis Hände waren gefesselt, Gliedmaßen gebrochen und der Mund mit einem Klebeband verklebt. Abu Sara wurde durch vier Kopfschüssen getötet. Alle Indizien deuteten darauf hin, daß der palästinensische Geheimdienst hinter diesen Morden steht, da ja das »Todesurteil« vom eigenen Justizminister ausgesprochen worden war. Die israelische Polizei machte PSS-Chef Rajoub für die Morde verantwortlich, nannte allerdings seinen Namen nicht.

Der Landverkauf richtet sich nach den Gesetzen von Angebot und Nachfrage. Warum reagiert die palästinensische Führung in diesen Fällen so hart, haben nicht vorige Generationen Palästina verkauft? Vielleicht trifft die Behauptung der israelischen Regierung zu, daß drei Viertel von Har Homa jüdischer Grundbesitz ist.

Obwohl nach Artikel 2 des palästinensischen Pressegesetzes Pressefreiheit herrscht, werden immer wieder Zeitungen verboten oder Journalisten eingeschüchtert. Daß sie Arafats Geheimdiensten völlig ausgesetzt sind, die sie mit Folter oder Verhaftung bedrohen, ist bis zu einem gewissen Grade der totalen Abriegelung durch Israel geschuldet.

»Al-Umma« mußte im Mai 1995 – vier Monate nach ihrer Gründung – aufgeben, weil in den Redaktionsräumen Feuer gelegt wurde und der Herausgeber Drohanrufe erhielt, nachdem sie einige kritische Artikel und Karikaturen über Arafat veröffentlicht hatte. Die Pressorgane der Hamas und des Islamischen Jihad wurde nach den Bombenanschlägen im Februar und März 1996 geschlossen. Arafat spendierte der Hamas 31 000 US-Dollar, damit sie unverzüglich die neue Zeitung »Al-Risala«gründen konnte.

Eine Lokalzeitung in der Stadt Jenin mußte ihr Erscheinen einstellen, nachdem der Herausgeber vorübergehend verhaftet worden war. »An-Nahar« wurde von August bis September 1994 verboten; die größte Zeitung, »Al-Quds«, die eine Anzeige der Hamas-Bewegung und ein Statement von PLO-»Außenminister« Farouq Qaddumi veröffentlicht hatte, der Oslo einen »Ausverkauf« nannte, nur im August.[40]

In den ersten beiden Jahren der Autonomie wurden 25 Journalisten verhaftet. Am 24. Dezember 1995 erhielt Maher Alameh, ein Herausgeber von »Al-Quds«, telefonisch den Auftrag, auf der ersten Seite über das Treffen zwischen Arafat und dem griechisch-orthodoxen Patriarchen zu berichten. Seine Ablehnung brachte ihm fünf Tage Haft ein. Keine einzige palästinensische Zeitung berichtete darüber. Der Herausgeber von »Al-Bilad«, Asad al-Asad, mußte bei Geheimdienstchef Rajoub vorsprechen, weil er einen Artikel über Korruption veröffentlicht hatte. Wegen eines Beitrags über die Annahme von Bestechungsgeldern entzog man dem Korrespondenten der Zeitung im Gaza-Streifen die Identitätskarte und verhaftete ihn für zwei Tage. Zu Beginn des Jahres 1997 bestellte die Autonomiebehörde einige Journalisten zu »Konsultationen« ein, d. h, sie oktroyierte ihnen Verhaltensregeln auf.

Aufsehen erregte im Juli 1997 die Verhaftung des Palästinensers Daoud Kuttab, der einen amerikanischen Paß besitzt. Kuttab wurde spätabends zur Polizei zitiert – auf eine Tasse Kaffee. Er mußte nach vier Tagen in Polizeiarrest und drei Tagen im Gefängnis von Ramallah aufgrund von Protesten lokaler Menschenrechtsgruppen und der US-Regierung wieder freigelassen werden. Um keine Mitarbeiter zu gefährden, überträgt Al-Quds-TV Parlamentsdebatten nicht mehr direkt im Bildungskanal, denn die Abgeordneten übten Kritik an Arafat und seiner Behörde.

Der Autonomiebehörde ist es gelungen, die Journalisten und Herausgeber so stark einzuschüchtern, daß viele von ihnen Selbstzensur als patriotische Pflicht auffassen. Sie berichten vornehmlich über die politischen Aktivitäten der Fatah und blenden Hintergründe von Menschenrechtsverletzungen aus. PSS-Chef Rajoub legt täglich mit dem Chefredakteur von »Al-Quds« fest, welche Artikel auf der ersten Seite erscheinen sollen. Arafats Büro interveniert bei anderen Zeitung in gleicher Weise, natürlich weist es auch die Publikation von Erfolgsstories an. Die Preisgabe des kritischen Denkens verhindert, daß die Medien Mißstände aufdecken und der Gesellschaft Impulse vermitteln. Sie werden zum Propagandainstrument bzw. zum Sprachrohr der Autonomiebehörde. Ihr Status in Palästina ähnelt dem der halboffiziellen Presse in Ägypten. Das Palästinensische Menschenrechtszentrum in Gaza hat das Pressegesetz zutreffend charakterisiert: es »kontrolliert die Informationen, die die Palästinenser durch das geschriebene Wort erhalten«.

Wie in jeder Diktatur unterliegen auch im Ausland erschienene Publikationen der Zensur. So wurden zwei Bücher Edward Saids in den Autonomieinseln beschlagnahmt. Der renommierte und in den USA lehrende palästinensische Literaturwissenschaftler gehört seit Jahren zu den schärfsten Kritikern Arafats und des Friedensprozesses. Er sieht in Arafat den »Statthalter der israelischen Besatzung mit anderen Mitteln«.

In den Autonomiegebieten kommt es nicht nur nach palästinensischen Terroranschlägen in Israel immer wieder zu willkürlichen Verhaftungen. Oft will die Arafat-Behörde einfach demonstrieren, daß sie gegen »Extremisten« oder »Terroristen« generell vorgeht. Im Frühjahr 1996 wurden nach Terroranschlägen im gesamten Autonomiegebiet zirka 900 Palästinenser festgenommen, etwa 85 davon im Distrikt von Ramallah. Ihnen wurde gesagt, sie müßten 100 Tage im Gefängnis bleiben. Ein Geheimdienstoffizier teilte sie in drei Kategorien ein: »Gruppe A sind jene, die Israel im Gefängnis sehen will. Zur Gruppe B gehören die, die die Autonomiebehörde im Gefängnis haben will. Gruppe C besteht aus einer gewissen Quote, um Israel zufriedenzustellen.« Der Politoffizier für den Distrikt Ramallah, Saib Abu Walid, erklärte gegenüber dem »Gefangenen-Komitee«: »Wir sind ein Volk und müssen untereinander zusammenarbeiten. Die Autonomiebehörde hat nicht viel Geld, deshalb müssen Sie für Ihre Verpflegung selber aufkommen. Sie sind unsere Gäste hier, aber auf Ihre Kosten.« Ein Mann, der einigen Gefangenen Essen bringen wollte, wurde ebenfalls für vier Wochen inhaftiert. Der Wächter erklärte ihm, er sehe aus wie ein Mitglied von Hamas (er trug einen Bart). Die Zustände in diesem Gefängnis waren katastrophal, es kam zu einem Hungerstreik, über den die Zeitungen aber nicht berichteten.

Ahmad Saadat, ein PFLP-Funktionäre mußte jahrelang in israelischen Gefängnissen einsitzen. Als die PFLP im Sommer 1996 in der Nähe von Ramallah eine Siedlerin und ihren Jungen getötet hatte, wurde er wieder festgenommen, obwohl eindeutig feststand, daß er mit der Tat nichts zu tun hatte. Nach sechs Monaten entschloß Saadat sich zum Hungerstreik, um seine Freilassung zu erzwingen. Die Gefängniswärter ließen ihn erst frei, als er schon vom Tod gezeichnet war. Kurz darauf kollabierte er, nach tagelanger Behandlung auf der Intensivstation konnte sein Leben jedoch gerettet werden. Sein Fall hatte eine Welle der Solidarität hervorgerufen.

Viele Palästinenser vermitteln den Eindruck, sie hätten unter israelischer Besetzung größere Freiheiten gehabt als unter Arafats Herrschaft. Die Menschenrechtsorganisationen konnten während der Besetzung frei arbeiten. Eyad al-Sarraj äußerte in einem Interview mit dem Verfasser in der »taz« vom 16. Juli 1997: »Auf dem Gebiet der Meinungs- und Pressefreiheit gab es ein größeres Spektrum an Möglichkeiten … Im Alltag gibt es eine gewisse Furcht, seine Meinung frei zu äußern. Man hat Angst, daß man bei den Sicherheitsdiensten denunziert wird. Das heißt nicht, daß das in jedem Fall geschieht. Aber das Gefühl ist da.«

Mit dem Aufbau eines internen Repressionsapparates ging die Herausbildung mafioser Strukturen im Gaza-Streifen einher. Minister und andere hohe Regierungsvertreter läßt die Kontrolle der wichtigsten Wirtschaftsbereiche zu Millionären werden, während der größte Teil der Bevölkerung weiter verarmt. Solange die Autonomiebehörde keine demokratischen Institutionen aufbaut und sich niemand für Gesetzesverstöße verantworten muß, schafft sie den Nährboden für Korruption und Menschenrechtsverletzungen. Damit die Spirale von Gewalt und Terror unterbrochen wird, müssen die Sicherheitskräfte endlich die Menschenrechte respektieren.

David Hirst schreibt in einem beeindruckenden Artikel über das »System Arafat« und die internationalen Förderer: »Selten konnte eine Revolution so degenerieren wie die Arafats und trotzdem überleben. Sie überlebt nur, weil sie ihre Bürger ausraubt und ihre Bürokraten besticht. Es hat sich als so wichtig erwiesen, Arafat in den Friedensprozeß einzubinden, daß die Partner, von denen er total abhängig ist, – die Israelis, die Amerikaner und die internationale Gemeinschaft –, bereit sind, seine offenkundige Korruption zu ignorieren, wenn nicht sogar zu ermutigen.« (»The Guardian weekly«, 27. April 1997) Kommt die Europäische Gemeinschaft nicht in Verlegenheit, wenn sie feststellen muß, daß Arafat und seine »Tunesier« durch Korruption und Monopolwirtschaft privat mehr zur Seite schaffen, als die EU an Fördergeldern bereitstellen kann? Wie lange will man noch die horrenden Gehälter ausländischer »Berater« finanzieren, die im »Orient-House« in Ost-Jerusalem Trübsal blasen?

Wie selbstherrlich sich die neue Klasse verhält, zeigen die immensen Mietschulden einiger hoher Funktionäre. Einer der höchsten Repräsentanten der Autonomiebehörde blieb die Miete für eine Luxuswohnung in Ramallah über ein Jahr schuldig. Er riet dem Hausbesitzer, seinen Fall vor Gericht zu bringen oder sich an das palästinensische Finanzministerium zu wenden. Letzteres schrieb, es könne wegen der angespannten Finanzlage die Miete nicht begleichen. Die Hausbesitzer sind hilflos, da ihnen die Betrüger mit den palästinensischen Sicherheitsdiensten drohen und die Gerichte sich weigern, die Klagen der Vermieter anzunehmen.

Die Bilanz ist bedrückend: Die Israelis setzen ihre willkürliche Politik gegenüber den Palästinensern ungehindert fort und verletzen weiterhin deren Menschenrechte. In Arafats Herrschaftsbereich ist das Demokratiedefizit noch größer; der Legislative Rat ist zur Staffage verdammt; es gibt ein großes Ausmaß von Vetternwirtschaft und Korruption; die Autonomiebehörde toleriert die Exzesse der Sicherheitsdienste; das Justizsystem verhöhnt das Recht; die Medien werden wie in allen arabischen Staaten zensiert. Die palästinensische Behörde ist letztlich nur eine Fassade für Arafats Ein-Mann-Diktatur. Arafat ist Präsident, Regierungschef, oberster Richter, Staatsanwalt und Verteidiger. Er steht über dem Gesetz, hält alle Macht in seinen Händen und kontrolliert das gesamte Geld, inklusive großer Mengen der Hilfsgelder.

Jede organisierte abweichende Meinung sieht die Autonomiebehörde als Verrat an. Renommierte Kritiker wie Edward Said oder Eyad al-Sarraj werden verleumdet oder gefoltert. Arafat hat das Vertrauen der palästinensischen Diaspora verloren; auch in den Autonomieinseln schwindet seine Reputation. Für Demokratie und Menschenrechte besteht unter den obwaltenden Umständen wenig Hoffnung.

Die Rolle Israels im internationalen System und im Nahen Osten

Der vornehmlich von den USA initiierte Friedensprozeß sollte u. a. Israels Position im Nahen Osten langfristig normalisieren, da der 1979 mit Ägypten geschlossene Friedensvertrag den Paria-Status des Landes nicht aufgehoben hatte.

Israel befindet sich nach dem Ende des Kalten Krieges in einer strategisch günstigen Position. Das Land besitzt eigene Atomwaffen[1] sowie ein ausgezeichnetes Raketensystem mittlerer Reichweite und schloß als Juniorpartner der USA ein militärisches Bündnis mit der Türkei. Seit Unterzeichnung der Prinzipienerklärung haben zahlreiche Staaten mit Israel diplomatische Beziehungen aufgenommen. Die gegenwärtige Regierung unter Benjamin Netanyahu ist auf dem besten Wege, die Beziehungen zu den arabischen Nachbarn wieder zu zerrütten, da sie in den Abkommen getroffene Vereinbarungen nicht einhält und den Palästinensern selbst kleinste Zugeständnisse verweigert.

Israel – obwohl Regionalmacht – ist in einen »Großmachtstatus« hineingewachsen, der Staat will seinen Einfluß bis Marokko und Pakistan[2] geltend machen. Jeder hegemoniale Anspruch einer anderen Macht im Nahen Osten, z. B. des Iran, wird gemeinsam mit den USA unter dem Motto Kampf dem islamischen Fundamentalismus zurückgewiesen.

1. Die US-amerikanisch-israelischen Beziehungen

Die Außenpolitik der USA verfolgte nach dem Ende des Zweiten Weltkrieges drei Ziele: erstens wollte man den Kommunismus eindämmen, zweitens Rohstoffquellen in der Dritten Welt für die US-amerikanischen Konzerne sichern und drittens dem amerikanischen Verständnis von Demokratie und dem damit verbundenen Freihandelsprinzip universelle Geltung verschaffen. Befreiungs- oder Unabhängigkeitsbewegungen wurden automatisch als Bedrohung amerikanischer Interessen eingestuft, unter »Kommunismusverdacht« gestellt und bekämpft.

Nachdem die Franzosen und Briten ihre kolonialen Positionen nicht mehr halten konnten, übernahmen die USA deren Rolle auch im Nahen Osten. Sie hatten bis zum zweiten Golfkrieg im Jahre 1991 in der Region keine Truppen stationiert. Gemäß dem britischen Herrschaftsmodell der »indirect rule« sollte ihre Politik auf einer »arabischen Fassade« aufbauen. John Foster Dulles zufolge mußte diese »arabische Fassade« schwach und abhängig sein, und die USA durften niemals die Kontrolle über sie verlieren. Als »Polizisten«, die die amerikanische Position vor Ort unterstützen sollten, kamen seinerzeit die nichtarabischen Staaten Iran, Pakistan, Israel oder die Türkei in Frage. Ihnen wurde die Rolle zugewiesen, jede Form von internen Unruhen in Form von nationalen Erhebungen niederzuschlagen.

Die USA und Israel unterhalten seit der Anerkennung des Landes durch Präsident Harry Truman im Jahre 1948 enge bilaterale Beziehungen. Der Nationale Sicherheitsrat der USA wies dem Staat bereits 1958 die Rolle eines Alliierten gegen den arabischen Nationalismus zu.[3] Im Sechstagekrieg vom Juni 1967 hat Israel den arabischen Staaten eine vernichtende Niederlage beigebracht und damit seine Mission als Bollwerk der westlichen Zivilisation erfüllt.

Seither haben sich die Beziehungen zwischen beiden Staaten stetig vertieft. Die UN hatte 1967 die Resolution 242 verabschiedet, in der Gebietserwerb durch Krieg verurteilt und Israel aufgefordert wird, sich im Gegenzug für Frieden aus den besetzten Gebieten zurückzuziehen. Gleichzeitig wurde die Souveränität und territoriale Integrität aller Staaten der Region – einschließlich des jüdischen – betont. Auch der Rogers-Plan sah einen kompletten Rückzug Israels auf die Grenzen von 1967 im Gegenzug für Frieden vor. Der ägyptische Präsident Sadat nahm diesen von UN-Vermittler Gunnar Jarring unterbreiteten Vorschlag an, Israel dagegen lehnte ihn ab.

Henry Kissinger, seit 1969 Präsident Nixons Sicherheitsberater, brachte 1971 den Rogers-Plan zu Fall und richtete die Nahostpolitik der USA auf Israel aus.[4] Kissinger betonte, die Region sei wie Lateinamerika eine Domäne der USA, Europa und Japan sollten sich auch diplomatisch »fernhalten«. Die Sicherheitspartnerschaft zwischen den USA und Israel führte zu einer gemeinsamen Verweigerungshaltung: Beide Staaten haben bis heute eine internationale Konferenz über den Nahen Osten unter der Schirmherrschaft der

Vereinten Nationen und unter EU-Beteiligung verhindert und nur jeweils bilaterale Verhandlungen akzeptiert. Die USA legten in den Vereinten Nationen zahlreiche Vetos zugunsten Israels ein.

Durch den Jom-Kippur-Krieg formierten sich die erstarrten Fronten neu. Kissinger, seit 1973 auch US-Außenminister, sicherte mit seiner Pendeldiplomatie einen Waffenstillstand sowie das Entflechtungsabkommen zwischen Ägypten und Israel. Im 2. Sinai-Abkommen, das im September 1975 unterzeichnet wurde, garantieren beide Kontrahenten, in Zukunft ihre Konflikte nicht mehr mit Waffengewalt auszutragen.

Als »Schutzpatron« Israels fühlten sich die USA für das wirtschaftliche Wohlergehen und die Sicherheit des Landes verantwortlich. Nach dem Jom-Kippur-Krieg verstärkten sie die finanzielle Untersützung für den zivilen Sektor in Israel – seit 1976 ist das Land der größte Einzelempfänger US-amerikanischer Auslandshilfe –, und nach der Unterzeichnung des Camp-David-Abkommens wurde die Militärhilfe erheblich aufgestockt, die auf diesem hohen Niveau blieb. 1983 unterzeichneten beide Länder ein Abkommen über eine »Strategische Kooperation«, das die Gründung dreier gemeinsamer Arbeitsgruppen nach sich zog: »Joint Political Military Group« (JPMG), »Joint Security Assistance Planning Group« (JSAP) und »Joint Economic Development Group« (JEDG). Durch diese Arbeitsgruppen ist Israel an wesentlichen Entscheidungen der USA in bezug auf die Auslandshilfe beteiligt.

Nachdem Ägypten aus der arabischen Front ausgebrochen war, konnten die »Administrationen in Jerusalem … ihre oberste Priorität, kein Land mehr zurückzugeben, weiterverfolgen, da ihr Handlungsspielraum groß genug war«[5]. Sofort nach Unterzeichnung des Camp-David-Abkommens intensivierte die Begin-Regierung die Siedlungspolitik.

Die USA verfolgten eine doppelgleisige Politik: Sie versuchten einerseits, eine Lösung des Nahost-Konfliktes auf der Basis des Prinzips »Land für Frieden« zu erreichen, andererseits blockierten sie jede Initiative, die auf einer authentischen Interpretation der UN-Resolution 242 fußte, und unterstützten den Siedlungsbau unter Begin und Shamir indirekt. Selbst die massive israelische Technologiespionage in den USA und der Weiterverkauf von Raketen an Länder wie China, das zu Amerikas Feinden gehörte, veranlaßten die Administration in Washington nicht zu Konsequenzen. Der Kongreß hat das von Präsident Jimmy Carter initiierte Kontrollwaffenexportgesetz nicht durchgesetzt. Nach Aussagen von John Davitt, einem früheren Leiter der Internen Sicherheitsabteilung des amerikanischen Justizministeriums, unterhält Israel »den zweitaktivsten Spionagedienst in den USA«, dennoch wird es weiter mit Hightechnik beliefert.[6] Auch bestanden die USA bisher nicht darauf, daß Israel den Atomwaffensperrvertrag unterzeichnet und seine Anlagen für Inspektoren öffnet.

Der Ausbruch der Intifada im Jahre 1987 bewirkte ein langsames Umdenken in Israel und den USA. Dieser Aufstand dehnte sich auf alle Schichten der Palästinenser aus und zeigte, daß dieses Volk nicht länger bereit war, die Besetzung mit all ihren Demütigungen zu ertragen. Bemühungen der US-Administration unter Reagan und Bush, die Kontrahenten an den Verhandlungstisch zu bekommen, scheiterten. Die Besetzung Kuwaits durch Saddam Husseins Truppen brachte wieder Bewegung in den Nahen Osten. Im ersten Golfkrieg hatten die USA und Frankreich den Irak massiv aufgerüstet, weil er sich als nützliches Instrument gegen das Mullah-Regime im Iran einsetzen ließ. Die Bush-Administration sicherte Saddam noch in den ersten Monaten des Jahres 1990 nicht nur normale Beziehungen zu, sondern auch den Verkauf sensibler Technologie und Kredite der Import-Export-Bank. Die USA ließen jedoch von Anfang an keinen Zweifel daran aufkommen, daß sie gewillt waren, die irakischen Truppen mit Gewalt aus Kuwait zu vertreiben, zumal sich der Diktator gegen die »arabische Fassade« wandte und die Sicherheit Israels bedrohte.

Die Verknüpfung der Invasion mit der Besetzung der palästinensischen Gebiete durch Israel tangierte fundamentale Interessen der USA. 1990 hatte Saddam den USA angeboten, der Irak werde seine chemischen und biologischen Waffen vernichten, falls Israel bereit wäre, seine nichtkonventionellen Waffen ebenfalls zu zerstören. Das US-Außenministerium lehnte diesen Deal ab. Das Eingeständnis der Existenz israelischer Nuklearwaffen hätte die Frage nach der Rechtmäßigkeit der finanziellen Unterstützung für Israel aufgeworfen, da die amerikanische Gesetzgebung aus den siebziger Jahren finanzielle Hilfen für Länder verbietet, die Atomwaffen besitzen. Selbst die Entkoppelung der Kuwait- und der Palästina-Frage konnten die USA von einem Waffengang nicht mehr abhalten. Es gelang der Bush-Administration, eine Koalition aus westeuropäischen und arabischen Staaten gegen den Irak zu bilden und alle diplomatischen Initiativen zurückzuweisen.

Die Palästinenser gerieten in diesem Konflikt zwischen alle Fronten. Sie sahen in Saddam den starken Mann, der sich des Problems Palästina annehmen wollte, erkannten aber nicht, daß er sie nur für seine eigenen Ziele instrumentalisierte. Aufgrund dieser Parteinahme war die PLO für Israel noch weniger akzeptabel als früher.

Nach dem Ende des zweiten Golfkrieges und der Proklamation der »Neuen Weltordnung« durch Präsident Bush bemühten sich die USA verstärkt, den israelisch-palästinensischen Konflikt beizulegen. Sie mußten diplomatisch und politisch Druck ausüben, damit die Shamir-Regierung ihre Blockadehaltung aufgab und am 31. Oktober 1991 die Friedenskonferenz in Madrid eröffnet werden konnte. Die sich anschließenden Verhandlungsrunden waren von Beginn an zum Scheitern verurteilt, weil die israelische Regierung nach Aussagen von Shamir nicht an Ergebnissen interessiert war. Als Bill Clinton im Januar 1993 die Amtsgeschäfte von George Bush übernahm, wurde die amerikanische Israelpolitik noch einseitiger.

Die früheren US-Regierungen hatten die Annexion Ost-Jerusalems und der Golan-Höhen sowie den Siedlungsbau als völkerrechtswidrig abgelehnt, für die Clinton-Administration sind die Gebiete nicht mehr besetzt, sondern nur noch »umstritten«. Sie hat auch die von Shimon Peres im Frühjahr 1996 befohlene »Operation Früchte des Zorns« im Libanon blind unterstützt. Jede Verurteilung durch die Vereinten Nationen wurde durch die USA blockiert, die gar den Opfern selbst Schuld am Tod von mehr als hundert Zivilisten in einem Lager der Unifil-Truppen gaben. Bei seinem anschließenden USA-Besuch erhielt Peres von Clinton Absolution für die Invasion. Der Soziologe Baruch Kimmerling schrieb am 26. April 1996 in »Ha'aretz«, daß Israel einen Krieg gegen die Zivilbevölkerung geführt habe. »Nur Menschen, denen es an jedem moralischen Standard fehlt, können sich eine solche Politik ausdenken und sie ausführen. Es ist eine Art der Politik, zu der nur die übelsten Regime dieser Welt Zuflucht nehmen.« US-Außenminister Christopher bemühte sich, Assad davon zu überzeugen, gegen die Hisbollah vorzugehen.

Seit dem Ende der Bipolarität verfolgt die US-Regierung eine unverhüllte »hands off«-Politik gegenüber allen anderen möglichen Akteuren in bezug auf den Nahen Osten, insbesondere Europa und den Vereinten Nationen. Sie erklärt zwar stets, daß alle Streitfragen zwischen Israelis und Palästinensern ohne Einfluß von außen gelöst werden müßten, zieht jedoch im Hintergrund die Fäden. Parallel dazu versucht sie, in den Vereinten Nationen die Geschichte des Nahost-Konflikts in ihrem Sinne umzuschreiben. Insbesondere die ehemalige UN-Botschafterin und jetzige US-Außenministerin Madeleine Albright betrieb diesen Umdeutungsprozeß mit großem Engagement. In einem Kommunique forderte sie von der UN-Vollversammlung die Zurücknahme von »obsoleten, strittigen und irrelevanten Resolutionen, die politische Differenzen betonen, ohne Lösungen zu fördern«. Dazu gehören die Resolution Nr. 181, die das Land aufteilt und Jerusalem zur internationalen Stadt erklärt, und die Resolution Nr. 194, die die Rückkehr der palästinensischen Flüchtlinge oder deren Kompensation regelt. Würden sich die USA durchsetzen, hieße dies, daß der bilaterale Konflikt nur noch machtpolitisch gelöst werden kann, ohne die Berücksichtigung etwaiger Rechtspositionen.

Die Hoffnungen der arabischen Länder, daß sich die Pro-Israel-Haltung Bill Clintons nach seiner Wiederwahl ändern würde, sind auf der ganzen Linie enttäuscht worden. Amerikanische und israelische Wirtschaftskreise äußern zunehmend Kritik an der harten Haltung Netanyahus, die sich zum Nachteil der israelischen Wirtschaft auswirkt. Der Ministerpräsident wies alle Argumente ab, schuld sei die internationale Presse, die »unerhört falsche Berichte« veröffentliche und ihn als »Saddam des Westens« darstelle. Er zieh die Medien gar des Antisemitismus, weil sich ihre Kritik auch gegen das »jüdische Volk« und nicht allein gegen die »israelische Regierung« richte.

Netanyahu erklärte vor seinem USA-Besuch in »Yediot Aharonot« vom 9. Januar 1998, daß er die amerikanischen Vorstellungen über einen Siedlungsstop in »Judäa« und »Samaria« nie geteilt habe. Eine sogenannte »Auszeit« beim Siedlungsbau lehnt er gegen den Wunsch der USA ab. Mit dieser Weigerung kann sich Netanyahu als Hardliner profilieren, der arabischen und amerikanischen Forderungen nicht nachgegeben hat. Arafat scheint aus lauter Macht- und Ratlosigkeit weiterhin auf den »Druck« Washingtons auf Israel zu setzen. Weder Clinton noch der Kongreß werden jedoch vor den kommenden Kongreß-Wahlen zum Nutzen der Palästinenser intervenieren. Die USA schlagen vor, daß sich die Israelis in der vorgesehenen zweiten Phase aus zwölf Prozent des Westjordanlandes zurückziehen sollten. Selbst dies wird von der israelischen Regierung verweigert. Sie will sich nur aus neun Prozent des Gebietes zurückziehen – wenn die Palästinenser ihre Bereitschaft zur Bekämpfung des Terrorismus erneuern. Arafat muß in Ermangelung einer anderen Schutzmacht oder anderer Friedenskonzepte akzeptieren, daß sich Clinton widerspruchslos Netanyahus einseitigem Umgruppierungsplan angeschlossen hat. Auch der US-Kongreß bleibt bei einer konservativen Pro-Israel-Politik.

Netanyahu traf sich auch mit Vertretern der »Christen für Israel«, einer fundamentalistischen Organisation, die die Hardliner im US-Kongreß sowie die Expansions- und Siedlungspolitik Israels vorbehaltlos unterstützt. Ihre Dollar-Spenden fließen zum größten Teil in den Siedlungsbau. Pastor Jerry Falwell, führender Repräsentant der christlichen Fundamentalisten in den USA, bereitete dem Ministerpräsidenten einen begeisterten Empfang. Es gibt Indizien dafür, daß diese Organisation für einen Bericht von Netanyahus Büro verantwortlich war, in dem Arafat vorgeworfen wurde, daß seine Autonomiebehörde Christen rücksichtslos verfolge. Sie kooperiert auch mit der Organisation der »Christlichen Zionisten« in Jerusalem, die jeden territorialen Kompromiß mit den Palästinensern ablehnen und die jüdischen Siedlungen zu Wegbereitern des »zweiten Kommens von Christus« deklarieren.

Die Vasallentreue gegenüber Israel bringt die USA in Widerspruch zu ihren traditionellen demokratischen Gepflogenheiten und macht ihre Außenpolitik unglaubwürdig. Anstatt zu den Prinzipien von Gerechtigkeit und Freiheit zurückzukehren sowie für die Unterprivilegierten einzutreten, beliefern sie Israel massiv mit Waffen und gewähren ihm diplomatische Unterstützung, obwohl es große Teile besetzten Landes annektieren will, einem unterdrückten Volk weiterhin Menschenrechte vorenthält und mehrfach von der internationalen Staatengemeinschaft wegen des permanenten Bruchs von Völkerrecht verurteilt worden ist. Die USA legten wie zuletzt im Falle der israelischen Siedlungspolitik in Jerusalem im UN-Sicherheitsrat ständig ihr Veto ein, um eine Verurteilung Israels zu verhindern. Auch hatten sie alles versucht, die Veröffentlichung des UN-Berichtes über das Qana-Massaker der israelischen Armee zu unterbinden. Die arabischen Länder ließen sich von der Clinton-Regierung Anfang 1998 nicht wieder in eine Allianz gegen Saddam Hussein einspannen, viele hatten auch die Einladung zur MENA-Wirtschaftskonferenz in Doha am 17. November 1996 ausgeschlagen. Ob die Amerikaner die Nachricht verstanden haben?

Die USA können im Nahostkonflikt nur dann wieder an Glaubwürdigkeit gewinnen, wenn sie als Sachwalter des Völkerrechts auftreten und Druck auf Israel ausüben, damit es die geschlossenen Abkommen einhält. Dies müßte den Stop der Siedlungen und neue Verhandlungen über den Status von Jerusalem einschließen. Jerusalem sollte Hauptstadt beider Völker und den Vereinten Nationen unterstellt werden. Den drei Weltreligionen wäre damit der freie Zugang zu den heiligen Stätten gesichert. Die USA würden durch eine solche Politik ihr Ansehen in den Vereinten Nationen aufbessern. Von der Clinton-Regierung sind in dieser Hinsicht keine positiven Initiativen mehr zu erwarten. Wäre nicht in einer solch verfahrenen Situation die Europäische Union gefragt?

2. Die Nahostpolitik der Europäischen Union

Von einer kohärenten und überzeugenden Nahostpolitik der EU kann nicht gesprochen werden. Zu divergierend sind nach wie vor die nationalen Interessen der 15 Einzelstaaten der Gemeinschaft. Abgesehen von der Zusage, 1994 bis 1998 600 Millionen US-Dollar für den Aufbau in den palästinensischen Autonomiegebieten bereitzustellen, und von den Vermittlungen Frankreichs zwischen der Hisbollah und Israel bei den militärischen Auseinandersetzungen im Südlibanon, hat die EU wenig getan, um die Ereignisse seit Beginn des Friedensprozesses zu beeinflussen.

Der Verfasser vertritt die Meinung, die europäischen Mächte können eine »Monroe-Doktrin« für den Nahen Osten nicht akzeptieren.[7] Daß die EU es versäumt hat, ihre ökonomische Macht in politischen Einfluß zu transformieren, ist zu einem guten Teil Deutschland zuzuschreiben. So hat die Bundesregierung die Mission des französischen Außenministers Hervé de Charette im April 1997 nicht unterstützt. Frankreich war es gelungen, trotz amerikanisch-israelischen Widerstands, ein Abkommen zwischen Israel und der Hisbollah zu vermitteln, in dem beide Parteien übereinkamen, nur noch Soldaten bzw. Freiheitskämpfer direkt anzugreifen und die Zivilbevölkerung zu schonen. Auch zur nicht glücklich verlaufenen Nahostreise von Jacques Chirac im Jahre 1997 schwieg Bonn. Der französische Präsident hielt sich fast drei Tage in Syrien auf, aber nur knapp einen Tag in Israel, dann reiste er nach Ramallah und sprach vor dem Parlament der Palästinenser. Chirac hätte seine Kritik an der israelischen Besatzungspolitik vor der Knesset äußern sollen, die Aufmerksamkeit der internationalen Öffentlichkeit wäre ihm gewiß gewesen. Nach der Reise folgte keine französische Initiative auf EU-Ebene, wenn man einmal von der Ernennung des EU-Vertreters Miguel Angel Moratinos absieht. »Die Abwesenheit Europas im Nahen Osten, die nur als anormal bezeichnet werden kann, wird gewöhnlich mit der großen Disparität zwischen der Macht der USA und der der europäischen Staaten erklärt.«[8]

Die seit Mai 1971 im Rahmen der Europäischen Politischen Zusammenarbeit (EPZ) – (nach dem Vertrag von Maastricht = GASP) koordinierte Nahostpolitik der europäischen Mächte oszilliert zwischen der proarabischen Politik Frankreichs und der proisraelischen Deutschlands und Großbritanniens. In einer gemeinsamen Erklärung vom 13. Mai 1971 wurde Israel aufgefordert, sich aus den Gebieten, die es während des Sechstagekrieges erobert hatte, zurückzuziehen. Ferner forderte man die Rückkehr und Entschädigung der Flüchtlinge, sichere Grenzen für Israel und die Internationalisierung Jerusalems. 1973 erkannten die EG-Staaten ausdrücklich die »legitimen Rechte« der Palästinenser an und verlangten eine Lösung im Rahmen der UN-Sicherheitsratsresolutionen 242 und 338 sowie den Rückzug Israels aus allen besetzten palästinensischen Gebieten.

Zwischen 1973 und 1980 stand die Palästinenserfrage des öfteren auf der Agenda der europäischen Regierungschefs. Für diplomatische Turbulenzen sorgte die 11-Punkte-Erklärung vom 13. Juni 1980 in Venedig, die auf Drängen Frankreichs zustande kam. Darin wurde die Schaffung einer regionalen Sicherheitsstruktur und eine uneingeschränkte Garantie der Existenz des Staates Israel gefordert, ferner die Beendigung der israelischen Siedlungspolitik in den besetzten Gebieten, die Anerkennung des Selbstbestimmungsrechts des palästinensischen Volkes »mit allen Konsequenzen« und die Beteiligung der PLO am nahöstlichen Friedensprozeß.[9] Menachem Begin verglich die Erklärung mit dem »Münchner Abkommen« von 1938. Der ehemalige Pressesprecher der israelischen Botschaft in Bonn, Amnon Noy, kam 1997 zu einem völlig anderen Urteil: »Rückblickend läßt sich heute behaupten, daß die Europäer mit ihrer Haltung den richtigen Weg wählten.«[10]

Die USA waren an dieser Initiative nicht interessiert, sie sahen darin wohl einen Störfaktor, der die Entwicklung nach Abschluß des Camp-David-Abkommens gefährden könnte. Israel bot die pro-palästinensische Haltung der Europäer Anlaß, sich enger an die USA anzulehnen. Als die EG-Außenminister im Herbst 1980 mit Vertretern arabischer Staaten zusammentrafen, bezichtigte der israelische Außenminister Shamir die EG der Unterstützung des Antisemitismus. Die EU wurde von Israel als Vermittler nicht mehr akzeptiert, konnte aber auch die Forderungen der arabischen Gegenpartei nicht realisieren, die ihrerseits den Druck ständig erhöhte. Während der Intifada verfolgte die Union eigene politische Ziele, die sie in ihrer Erklärung von Madrid vom 27. Juni 1989 darlegte. So trat die EU für den Schutz der palästinensischen Zivilbevölkerung unter israelischer Besetzung, die Achtung der Menschenrechte und die Einhaltung der Vierten Genfer Konvention ein. 1990 beantragte die EU-Kommission bei der israelischen Regierung die Entsendung eines Vertreters für die besetzten Gebiete.

Im Golfkrieg hatte die EU ihre Solidarität mit Israel unter Beweis gestellt, britische, französische und italienische Truppen kämpften an der Seite der US-Amerikaner gegen den Irak. Im Laufe des Jahres 1991 geriet die Union mit ihrer Nahostpolitik gegenüber den USA völlig ins Hintertreffen. Israel hatte die Forderung der Europäer nach einer Konferenz unter der Schirmherrschaft der Vereinten Nationen und unter Beteiligung der PLO vehement mit dem Argument zurückgewiesen, sowohl die UNO als auch die EU seien einseitig. Bei der Eröffnung der Madrider Konferenz spielten die EU und die Vereinten Nationen nur eine Statistenrolle. Die EU konnte sich nur in den multilateralen Gesprächen einbringen, die durch die Madrider Konferenz ins Leben gerufen worden waren. Nach Abschluß der Friedensverhandlungen sagte die EU für den Aufbau der palästinensischen Selbstverwaltung umfangreiche Gelder zu.

Die ökonomischen Beziehungen zwischen Israel und der EU beruhen auf dem Freihandelsabkommen aus dem Jahre 1975, das Israel Zollsenkungen für Ausfuhren landwirtschaftlicher Produkte einräumte. 1978 wurde ein Zusatzvertrag über industrielle, wissenschaftliche und landwirtschaftliche Zusammenarbeit geschlossen. Darüber hinaus erhielt Israel umfangreiche Finanzhilfen. Die Europäer versuchten stets, wirtschaftliche Kooperation von politischen Fortschritten abhängig zu machen. Grundlage für die Zusammenarbeit mit den Palästinensern in den besetzten Gebieten und in Israel sind die Richtlinien des EU-Rates von 1986 sowie die Resolution der EU über Menschenrechte, Demokratie und Entwicklung vom 28. November 1991. Die EU verfolgt damit vier Ziele: 1. Die Hilfe soll den Palästinensern in der Westbank, Ost-Jerusalem und dem Gaza-Streifen nutzen. 2. Sie wird ohne Zustimmung der Israelis gewährt. 3. Sie entbindet die israelische Regierung nicht von ihrer Verantwortung für die Erhaltung und Entwicklung der Infrastruktur in den besetzten Gebieten. 4. Sie zielt auf die Stärkung des ökonomischen, sozialen und produktiven Sektors. In seiner Straßburger Erklärung von 1989 bekräftigte der Europäische Rat seine früheren Positionen und sein weiteres Engagement für die Palästinenser in den besetzten Gebieten, speziell Bildung und Gesundheitswesen sollten gefördert werden. Das im Herbst 1989 von der EU beschlossene ehrgeizige Entwicklungsprogramm für die besetzten Gebiete überstieg das der USA um 100 Millionen US-Dollar. Das 1987 geschlossene Abkommen über weitere Darlehen trat erst 1989 in Kraft, da das Europäische Parlament forderte, es müsse auch auf die besetzten Gebiete angewandt werden. Mit der Abschaffung der letzten Zölle gegenüber der Gemeinschaft durch Israel wurde ab 1. Januar 1989 eine Freihandelszone im Bereich der Industrieprodukte verwirklicht. Die EU ist seither der wichtigste Handelspartner Israels. 1992 schloß Israel ein Freihandelsabkommen mit den EFTA-Staaten.

Die Deportation von 415 Palästinensern durch die Rabin-Regierung im Dezember 1992 in den Südlibanon hatte erhebliche Verstimmung zwischen Israel und der EU ausgelöst, doch nach Unterzeichnung der Prinzipienerklärung wurde der Dialog wiederaufgenommen. Unter der deutschen EU-Präsidentschaft wurden die Verhandlungen mit Israel über die Erweiterung des Freihandelskonzeptes über gewerbliche Erzeugnisse hinaus auf das Niederlassungsrecht, transnationale Dienstleistungen, Kapitalverkehr und wissenschaftlich-technische Zusammenarbeit bis auf einige Detailfragen erfolgreich abgeschlossen. Helmut Kohls Engagement beim EU-Ratsgipfel vom 10./11. Dezember 1994 in Essen und in Cannes im Juni 1995 ist es zu danken, daß Israel in der gemeinsamen Erklärung eine privilegierte Stellung eingeräumt wurde und dem Status eines Mitglieds des Europäischen Wirtschaftsraumes (EWR) sehr nahe kam. Dem Bundeskanzler wurde bei dessen letztem Staatsbesuch im Jahre 1995 ein überaus herzlicher Empfang bereitet. Die Hebräische Universität taufte ihr Europainstitut auf seinen Namen um.[11]

Beim Besuch einer EU-Delegation unter Leitung des damaligen

französischen Außenministers Alain Juppé am 8. Februar 1995 in Israel hatten beide Seiten gegeneinander heftige Vorwürfe erhoben. Die Europäer kritisierten die Abriegelung als Kollektivstrafe und den Weiterbau von Siedlungen und forderten ein stärkeres Engagement im Friedensprozeß. Andernfalls habe Israel nicht die Vorteile zu erwarten, die die Staaten Osteuropas bei einem EU-Beitritt bekämen. Die israelische Regierung beschuldigte die Europäer, die Friedensbereitschaft des Landes nicht genügend zu honorieren.

Im November 1995 initiierte die EU in Barcelona ein Kooperationsprogramm mit den Mittelmeeranrainerstaaten, das den Aufbau einer Euro-Mediterranen Freihandelszone bis zum Jahr 2010 vorsieht. Damit will die EU ihre Präsenz im Nahen Osten stärken, obwohl das Programm nicht direkt mit dem Friedensprozeß verbunden ist. Im Februar 1997 unterzeichnete die EU ein Kooperationsabkommen mit Arafats Autonomiebehörde, das den Bauern der Westbank und des Gaza-Streifens einen leichteren Zugang zum europäischen Markt garantiert. Es liberalisiert den Handel zwischen beiden Partnern und ermöglicht den Palästinensern einen schnelleren Zugriff auf den europäischen Entwicklungsfonds. Bis zum Jahr 2001 sollen alle Zölle und Handelsbeschränkungen beseitigt werden.

Der machtpolitische Spielraum der EU im Nahen Osten ist sehr begrenzt. Frankreich hat vergeblich Mitsprache in dem von den USA beeinflußten Friedensprozeß verlangt. »Die EU ist nur der nahöstliche Zahlmeister, ohne eine Rolle in der Region zu spielen«, erklärte Jean Michel Dumont, Generalsekretär der Parlamentarischen Vereinigung für Euro-Arabische Kooperation, in Brüssel. Sowohl gegenüber Israel als auch gegenüber der palästinensischen Autonomiebehörde sollte die EU jedoch Wirtschaftsbeziehungen und Transferzahlungen stärker von der strikten Einhaltung der Menschenrechte abhängig machen. Dieser Zusammenhang ist auch in Artikel 2 des Freihandelsabkommens zwischen Israel, Palästina und der EU geregelt. Der Europäische Rat hat in seiner Luxemburger Erklärung vom Oktober 1996 Israel mit Sanktionen gedroht, falls es EU-Projekte für die Palästinenser blockiere, letztendlich aber keine entsprechenden Maßnahmen eingeleitet.

Die Europäer sollten stärker auf die Einhaltung des Völkerrechts drängen, das vom amerikanischen Prinzip »Macht ist Recht« ersetzt wird. Sie haben genügend wirtschaftliche Druckmittel, um die schlimmsten Verletzungen des Völkerrechts durch die USA und Israel zu verhindern. Israels Handelsaufkommen mit der EU ist um einiges größer als das mit den USA. So könnte sich die EU zu einem Boykott von Waren aus den völkerrechtswidrigen Siedlungen entschließen wie weiland im Falle Südafrikas.

Ein möglicher Krieg oder ernsthafte Spannungen in der Region hätten direkte Rückwirkungen auf Europa. In ihrer Amsterdamer Erklärung von Mitte Juni 1997 haben die europäischen Regierungschefs erklärt, daß die »Völker Europas und des Nahen Ostens durch ein gemeinsames Schicksal« verbunden sind. Friede sei eine Notwendigkeit. Er sei nur zu erreichen, wenn das Recht der Palästinenser, über ihre Zukunft selbst zu entscheiden, sowie die UN-Sicherheitsratsresolutionen 242 und 425 (Libanon) anerkannt werden. Der ehemalige britische Außenminister Malcolm Rifkind erklärte, Israels Herrschaft über Ost-Jerusalem sei illegal, das Land besitze nur die »de facto Autorität über West-Jerusalem«. Ebenso deutlich wie Rifkind äußerte sich sein Nachfolger Robin Cook während seiner jüngsten Nahostreise als EU-Ratsvorsitzender am 16. März 1998. Cook hatte sich dem Druck der israelischen Regierung nicht gebeugt und die umstrittene Siedlung Har Homa besucht und sich anschließend mit dem Repräsentanten Bethlehems, Salah Tamari, getroffen. Cook sprach sich für einen Siedlungsstop aus. Die Israelis machten daraus einen Skandal und warfen der EU erneut Einseitigkeit vor. Der Affront gegenüber Cook ist auch ein Affront gegenüber der EU, die ein weiteres Mal von Gesichtsverlust bedroht ist, da sie keinerlei Gegenmaßnahmen ergriffen hat. Langfristig ist ein stärkeres politisches Engagement der Europäer notwendig, damit es zu einem dauerhaften Frieden zwischen Israel und den Palästinensern kommt.

3. Die israelisch-türkische Allianz

Für die Türkei haben sich nach den Umwälzungen von 1990 und insbesondere nach dem Golfkrieg Chancen eröffnet, wieder ein Machtfaktor im Nahen Osten zu werden. Es gab »ein signifikantes revirement des alliances«,[12] weg von Europa und hin zu Zentralasien und dem Nahen und Mittleren Osten.

Seit 1949 unterhält die Türkei diplomatische Beziehungen zu Israel. Unter dem Ministerpräsidenten Turgut Özal orientierte sich das Land stärker nach Zentralasien, hielt aber innergesellschaftlich an der Ausrichtung nach Westen fest. Nach dem Sechstagekrieg 1967 hatte es sich eher mit palästinensischen Positionen identifiziert, aber seine neutrale Haltung im arabisch-israelischen Konflikt beibehalten.[13] Im zweiten Golfkrieg reihte sich Ankara in die von den USA geführte Allianz gegen Saddam Hussein ein. Die Regierung stellte die Infrastruktur einschließlich der Flugplätze für den Aufmarsch gegen den Irak und für die Anti-Saddam-Allianz zur Verfügung.

Das Gedenken an den 500. Jahrestag der Vertreibung der Juden aus Spanien und deren Aufnahme im Osmanischen Reich führte zu einer atmosphärischen Annäherung zwischen der Türkei und Israel, die sich in einer Reihe von gegenseitigen Besuchen fortsetzte und 1994 mit dem Besuch der türkischen Ministerpräsidentin Tansu Ciller ihren ersten Höhepunkt fand. Abkommen über Terror-, Drogen- und Kriminalitätsbekämpfung wurden unterzeichnet. Anstatt die Beziehungen zu seinem alten Einflußgebiet zu erneuern, entschied sich die Türkei, den Antagonismus in der Region noch zu fördern. Diese Haltung fand ihren Niederschlag in dem Militär- und Ausbildungsabkommen vom 24. Februar 1996 zwischen Israel und der Türkei, das anläßlich des Besuches des türkischen Generalstabschefs Ismail Hakki Karadayi vom 24. bis 28. Februar unterzeichnet worden ist. Unterschrieben wurde das Abkommen vom Stellvertreter General Cevik Bir. Alle Informationen, die die Länder erhalten, sollten geheimgehalten werden. Darüber hatten sich beide Staaten bereits in einem geheimen Sicherheitsabkommen vom 31. März 1994 verständigt. Ohne die Förderung der USA wären solche Abkommen nicht zustande gekommen. Historisch war die Türkei im Nahostkonflikt immer auf Distanz bedacht. Das Land vermied jede Verwicklung in den innerarabischen Disput und den arabisch-israelischen Konflikt. Auch im iranisch-irakischen Krieg verhielt man sich neutral. Nur im zweiten Golfkrieg schlug sich das Land auf die Seite der Alliierten. Die Türkei versuchte, zu allen arabischen Ländern, mit Ausnahme Syriens, sowie zu Iran und Israel gute Beziehungen zu unterhalten. Die türkische Souveränität über die ehemals syrische Alexandretta-Provinz trübt die Beziehungen bis heute.

Der Zustrom irakischer Kurden wurde zu einer großen Belastung für die Innenpolitik des Landes sowie zum Irak und Syrien. Insbesondere Syrien wurde verdächtigt, der Kurdischen Kommunistischen Arbeiterpartei (PKK) strategische Stützpunkte im Lande zur Verfügung zu stellen. Während Syrien die türkischen Vorwürfe zurückwies, kritisierte es im Gegenzug die Türkei für die Ausnutzung des Wassers des Euphrates. Die Verschlechterung der Beziehungen zu Syrien war ein wichtiger Grund für den Abschluß des Militärischen Trainings- und Ausbildungsprogramms mit Israel. Formal soll die Kooperation in den militärischen Ausbildungsprogrammen zwischen beiden Ländern erleichtert werden. Dies soll durch eine Reihe von Maßnahmen einschließlich eines gemeinsamen Trainings der Luftwaffe, gegenseitigen Flottenbesuchen, Austausch von Militärs und deren gemeinsame Ausbildung an den Militärakademien erreicht werden. Die israelisch-türkische Luftwaffe soll sich viermal im Jahr zu gemeinsamen Übungen treffen. Den Anrainerstaaten ist natürlich bewußt, daß sich das bilaterale Abkommen gegen Syrien und den Irak, in zweiter Linie aber auch gegen den Iran richtet, gemäß der amerikanischen »doppelten Eindämmungsstrategie«. Militärmanöver am 5. Januar 1998 zwischen der Türkei, Israel und den USA lassen die Stoßrichtung erkennen. Udo Steinbach weist zu Recht darauf hin, daß das »militärische Aneinanderrücken der beiden stärksten Mächte der Region von weitreichender Bedeutung« ist.[14] Sollte Syrien in einen militärischen Konflikt entweder mit Israel oder der Türkei geraten, ließe sich das Abkommen leicht in einen militärischen Beistandspakt verwandeln. Obwohl die Türkei Nato-Mitglied ist, könnte das Land in diesem Fall auf die Unterstützung der USA zählen.

Daß die türkisch-israelisch-amerikanische Achse auf einen längeren Zeitraum hin angelegt ist, zeigt der Besuch des türkischen Ministerpräsidenten Masut Yilmaz vom 17. bis 21. Dezember 1997 in den USA. Yilmaz stattete der jüdisch-amerikanischen Lobby einen Besuch ab und wurde von dieser wie ein israelischer Ministerpräsident gefeiert. Der Präsident der Anti-Defamation League (ADL), Abraham Foxman, sicherte Yilmaz die Unterstützung seiner Organisation zu. Foxman verlangte von Yilmaz, daß die Türkei in ihren Schulen den Holocaust unterrichte. Er sprach die Politik der »ethnischen Säuberungen« der türkischen Regierung gegen die Kurden in Anatolien mit keinem Wort an, ebenso ließ er den türkischen Genozid gegen die Armenier unerwähnt. Die Türkei möchte im Gegenzug von Israel, daß es seine Position gegenüber der US-Administration vertritt. Das heißt, keine Kritik der Amerikaner an der Unterdrückung der Kurden. Auch erhofft sich die Türkei durch die Fürsprache Israels und der jüdisch-amerikanischen Lobby verstärkte amerikanische Waffenlieferungen. Israel und die Türkei verfolgen beide eine Politik der Diskriminierung gegenüber ihren jeweiligen Minderheiten. Dazu bedarf es vor allem der stillschweigenden Unterstützung der USA.

Am 26. August 1996 wurde ein spezielles Abkommen unterzeichnet, das die Modernisierung der türkischen F-4-Phantom-Jagdflugzeuge regelt. Die Kosten von 650 Millionen US-Dollar tragen die israelische Regierung und israelische Privatbanken. Die türkische Seite spielt die Vereinbarung mit dem Argument herunter, es handele sich nicht um eine formale Allianz, weil das Land solche Abkommen mit vielen anderen Ländern habe. Der islamistische ehemalige türkische Ministerpräsident Necmettin Erbakan unterschrieb das Abkommen kurz nach seiner Rückkehr aus dem Iran, wo er einige Abkommen über Sicherheit, Handel und die Erschließung von Gasvorkommen unterzeichnet hatte. Dieses Abkommen zielt darauf ab, das syrisch-griechische Militärabkommen von 1995 auszugleichen. Des weiteren will die Türkei dadurch einen neuen Waffenlieferanten finden, da es für das Land zusehends schwieriger geworden ist, in den USA Waffen wegen seiner Menschenrechtspolitik gegenüber den Kurden einzukaufen. Damit wird nach Jordanien und Ägypten auch noch die Türkei militärtechnologisch von Israel und den USA abhängig. Die Syrer sollen dadurch einer feindseligen Politik gegenüber der Türkei abgehalten werden. Die islamische Welt reagierte auf die israelisch-türkische Allianz besorgt. Bei ihrem Treffen im Juni 1996 verlangten Ägypten, Saudi-Arabien und Syrien von der Türkei, den Abschluß dieses Abkommens nochmals zu überdenken. Auf dem arabischen Gipfeltreffen Ende Juni in Kairo gelang es wegen des Widerstandes von Jordanien nicht, die Türkei zu verurteilen.

Die israelisch-türkische Kooperation sieht auch eine intensive Wirtschaftskooperation vor. Anfang Dezember 1996 traf sich in Istanbul der gemeinsame Wirtschaftsrat, um das Handelsabkommen vom März desselben Jahres umzusetzen. 40 Vertreter aus Israel und 97 Firmen aus der Türkei nahmen daran teil. Am 26. Dezember 1996 unterzeichnete der Rat in Jerusalem ein Handelsabkommen, in dem die Zölle auf Textilien gesenkt wurden. Für Israel ist diese Kooperation wichtig, da die Türkei die größte expandierende Wirtschaftsmacht in der Region darstellt. Israel erhielt darüber hinaus auch den Zugang zum östlichen Mittelmeerraum sowie den gesamten Nahen und Mittleren Osten, was seiner Integration förderlich sein dürfte.

Die Brisanz der Reise des Generalstabschefs der Türkei am 24.

Februar 1997 lag darin, daß Karadayi nicht die eigene Regierung konsultierte. Dies zeigt die realen Machtverhältnisse in der Türkei zwischen der demokratisch gewählten Regierung und der Generalität auf. Neben den Fragen über die Ausgestaltung der Beziehungen zwischen Israel und der Türkei wurde über die angeblichen iranischen Transporte von Skud-Raketen nach Syrien gesprochen, durch die das Land israelische Ziele erreichen kann. Die Kooperation zwischen der Türkei und Israel zeigt, daß sich beide Länder über pragmatische Ziele verständigt haben. Es scheint, als ob Israel den Kampf der Türkei gegen die PKK und den kurdischen Nationalismus unterstützen wird. Als Gegenleistung kann die Türkei Israel beim Wasserproblem behilflich sein. Die Türkei ist weiterhin bereit, zusammen mit Israel Druck auf Damaskus auszuüben, damit Assad gefügiger gegenüber israelisch-amerikanischem Druck wird und sich deren Bedingungen für den Friedensprozeß beugt. Dadurch würden auch die Beziehungen zwischen Syrien und Iran beeinträchtigt, was Auswirkungen auf die Unterstützung Teherans für die Hisbollah hätte. Welches sind die geopolitischen Konsequenzen der türkisch-israelischen Allianz?

Obwohl die Türkei immer wieder betont, daß sich die israelisch-türkischen Beziehungen gegen keinen Drittstaat richten und in ihrer Ausrichtung begrenzt seien, richten sie sich doch gegen Iran und den Irak, insgeheim aber auch gegen Syrien, insbesondere seit die rechten Nationalisten in Israel die Regierung übernommen haben. Ihre offensive Komponente kann aber nur mit Zustimmung der Amerikaner verwirklicht werden, da beide Länder von den USA abhängig sind. Des weiteren stärkt das Abkommen Israels dominante Rolle über das östliche Mittelmeer. Auch ist Israel an den neuen Ölvorkommen in Aserbaidschan interessiert, dem Verbündeten der Türkei. Ende August 1996 besuchte Ministerpräsident Netanyahu das Land. Ebenso ermöglicht das Abkommen, den Iran insbesondere in der Golfregion einzudämmen. Auch die iranischen Verbindungen nach Syrien und den Libanon sollen dadurch eingegrenzt werden. Die Verbindung, die beide Länder eingegangen sind, relativiert jeden regionalen Machtanspruch, komme er vom Iran oder dem Irak. Die Türkei verfügt über die zweitgrößte Armee in der NATO, und Israel ist die einzige Atommacht in der Region. Insbesondere Syrien muß sich eingekreist fühlen, vom Norden durch die Türkei und vom Süden durch Israel. Dadurch entsteht ein Klima der Polarisierung und Konfrontation in der Region. Um diesen Druck etwas zu mildern, lud Damaskus eine Delegation von israelischen Palästinensern– unter ihnen drei Knesset-Abgeordnete – nach Syrien ein. Organisiert wurde diese Reise durch einen Syrer mit amerikanischer und syrischer Staatsbürgerschaft, und Israel ließ ihn einreisen. Die Annäherung Syriens an den Irak schreibt Amir Oren in »Ha'aretz« vom 25. Juli 1997, wurde von Israel, und hier insbesondere durch Ariel Sharon dadurch versucht zu relativieren, daß Israel dem Irak angeboten hat, die seit langem ungenutzte Pipeline von Irak nach Haifa wieder zu eröffnen. Der Ex-General war es auch, der dem Iran angeboten hat, einen Teil der Schulden Israels aus der Zeit des Schah-Regimes zurückzuzahlen und die Pipeline von Eilat zum Mittelmeer zu nutzen, was den Transport durch den Suez-Kanal überflüssig machen würde. Sharon scheint der einzige israelische Politiker zu sein, der solch ein Angebot unterbreiten kann. Die Arbeitspartei war zu sehr damit beschäftigt, beide Länder zu dämonisieren. Trotz dieser Offerten sieht der Iran die türkisch-israelische Allianz im Verein mit den USA auch gegen sich gerichtet. Ebenso interpretiert Griechenland den türkisch-israelischen Pakt als feindseligen Akt gegen sich und warnt Israel, daß dadurch die bilateralen Beziehungen wieder beeinträchtigt werden könnten, die sich seit 1987 verbessert haben. 1990 nahm Griechenland diplomatische Beziehungen zu Israel auf und unterzeichnete im Dezember 1994 ein Verteidigungsabkommen. 1995 unterschrieb Griechenland auch mit Syrien ein solches, das identisch mit dem israelisch-griechischen ist.

Assads Sorge ist, daß er von der Türkei und Israel in einen kriegerischen Konflikt verwickelt werden könnte. Der türkische Ministerpräsident Mazut Yilmaz hatte jedenfalls noch vor seiner Amtsübernahme verkündet, daß man »Syrien eine Lektion erteilen muß«. Einen Zweifrontenkrieg könnte Syrien nur mit Hilfe Irans und Iraks führen. Auch die Diskussion über ein Gesetz in der Knesset, das die Annexion des Golan unumkehrbar machen würde, besorgt die Syrer. Syrien glaubt, daß die USA ihre Rolle als Sponsor des nahöstlichen Friedensprozesses aufgegeben haben. Somit würden sie nicht mehr als Puffer zwischen dem Land und Israel stehen. Syrien braucht sich aber so lange nicht über einen Angriff Israels Sorgen machen, solange es die Hisbollah an der kurzen Leine führt. Sollten jedoch bei einem Angriff der Organisation auf den Norden des Landes Israelis zu Tode kommen, würde sich eine andere Lage ergeben. Sollte sich Israel zu einem einseitigen Rückzug aus dem Südlibanon entschließen, so würde Syrien die Hisbollah als Instrument der Provokation Israels verlieren.

In einem nächsten Schritt wollen wir uns dem Verhältnis Israels zu Syrien zuwenden, da es von diesem Land abhängt, ob Israel dauerhaft in Frieden in der Region leben kann. Der Libanon wird in diesem Zusammenhang nicht behandelt, da eine Friedenslösung mit Syrien eine mit dem Libanon zur Folge haben würde. Ein unilateraler Abzug der israelischen Besatzungstruppen aus dem Süden des Landes hätte für den Libanon jedoch noch nicht volle Souveränität zur Folge, weil sich immer noch über 30 000 syrische Besatzungstruppen im Land befinden. Die Beziehungen zwischen Israel und Jordanien können hier vernachlässigt werden, da diese zwischen beiden Staaten schon immer gut waren und beide Länder seit Oktober 1994 einen Friedensvertrag unterzeichnet haben. Auch Ägypten, das seit fast 20 Jahren einen »kalten Frieden« mit Israel praktiziert, stellt für das Land keine Bedrohung mehr dar. Präsident Mubarak spielt in dem Konflikt die Rolle eines Vermittlers, der Arafat auf »Friedenskurs« halten soll. Die Vermittlerrolle sollte Ägyptens regionale Bedeutung unterstreichen, die sich besonders in der Frage der nuklearen Nonproliferation herauskristallisierte.[15] Der ägyptische Präsident spielt im Friedensprozeß gegenüber den Palästinensern eine ähnliche Rolle wie die USA gegenüber Israel. Seit der Regierungsübernahme durch Netanyahu hat Ägypten diese Position jedoch eingebüßt, da das Land nach israelischer Ansicht zu wenig Druck auf Arafat ausübt.

4. Die israelisch-syrischen »Beziehungen«

Der weitere Aufschub einer Aussöhnung zwischen Israel und Syrien birgt das Potential für einen weiteren Nahostkrieg mit verheerenden Folgen in sich. Friede hat nicht nur für Syrien, sondern auch für Israel eine strategische und politische Bedeutung. Der Streit zwischen beiden Ländern bildet das geopolitische Herzstück des Konfliktes. Israel wird es eher gelingen, den Palästinensern ein endgültiges Abkommen aufzuzwingen, als mit dem Syrer Hafez al-Assad zu einem Friedensvertrag zu kommen. Denn es ist nicht wahrscheinlich, daß der Syrer für weniger abschließt als Ägypten, nämlich der Räumung des ganzen Golan. Der syrische Präsident kennt die legalistische israelische Verhandlungsposition und versucht seinerseits, auf das Völkerrecht zu setzen. Seitdem Peres die bilateralen Verhandlungen im Februar 1996 suspendiert hatte, herrscht Funkstille zwischen beiden Ländern. Es ist auch nicht zu erwarten, daß sich unter der Regierung von Netanyahu die Beziehungen positiv entwickeln, so lange wie die israelische Regierung auf ihrem Standpunkt beharrt, sie fühle sich an die Absprachen der Vorgängerregierung nicht gebunden. Die Frage, um die gerungen wurde, war, zu welchem Preis sich Israel vom Golan zurückziehen würde. Angeblich haben Rabin und Peres einem Rückzug vom Golan auf die Waffenstillstandslinie vom 4. Juni 1967 zugestimmt und Warren Christopher dies im Auftrage Präsident Clintons Assad übermittelt. Sollte dies zutreffen, ist es ein schwerer Fehler, wenn sich die israelische Regierung nicht mehr an diese Zusage gebunden fühlt, wie dies Netanyahu deutlich gemacht hat, weil es darüber nichts Schriftliches gebe. Die USA begehen aber einen taktischen Fehler, wenn sie die Netanyahu-Regierung nicht dazu bewegen wollen, sich an diese frühere Zusage gebunden zu fühlen. Es scheint generell ein Charakterzug der Netanyahu-Regierung zu sein, sich an nichts gebunden zu fühlen, auch an die Oslo-Abkommen nicht. Als Madeleine Albright während ihrer ersten Nahostreise Assad überzeugen wollte, auf Netanyahus Vorschlag der Wiederaufnahme von Gesprächen »ohne Vorbedingungen« einzugehen, konterte dieser mit der Bemerkung, er wolle keine Gespräche um der Gespräche willen. Die Syrer haben sicherlich noch Shamirs Hinhaltetaktik bei den Verhandlungen in Washington in Erinnerung.

Assads Pragmatismus kam in dem Interview mit dem Nachrichtensender CNN vom 28. September 1996 zum Ausdruck, als er den Moderator rhetorisch zurückfragte: »Wenn der Friede nicht das Land seinem Besitzer zurückbringt, warum sollen wir dann Frieden schließen? Kann auch nur ein einfühlsamer Mensch in der Welt von Syrien erwarten, Frieden mit Israel zu schließen, während syrisches Gebiet von Israel besetzt bleibt? Falls Netanyahu bei seiner augenblicklichen Position bleibt, glaube ich nicht, daß es einen Weg gibt, zu einem gerechten und umfassenden Frieden in der Region zu kommen.« Assad machte aber auch klar, daß Krieg nicht die logische Folge eines Scheitern des Friedensprozesses sein müsse.

Syrien vertritt den Standpunkt, daß die Zusagen von Rabin und Peres für die Syrer die Voraussetzung dafür waren, ihrerseits die israelischen Bedingungen für Sicherheit und Normalisierung zu akzeptieren. Daher handele es sich um eine formale Angelegenheit, an die auch Netanyahu gebunden sei. Die Gespräche sollen deshalb dort wieder aufgenommen werden, wo sie unterbrochen worden sind. Netanyahu dagegen meint, bei den Zusagen seiner Vorgänger habe es sich nur um »hypothetische Aussagen« gehandelt, die nirgendwo schriftlich niedergelegt worden seien. In »Ha'aretz« vom 24. Oktober 1996 wird der ehemalige Außenminister Warren Christopher zitiert, der die israelische Position stützt: »Ich glaube, daß vom Standpunkt des Völkerrechts Israels Position gut begründet ist: über nichts wurde eine Verständigung erzielt, da kein Abkommen unterzeichnet worden ist. Keine Seite kann eine vorübergehende Position der Gegenseite aufzwingen ... Alles, was Israel vorgeschlagen hat, war relativ.« Wurde Christopher nicht von Rabin am 18. Juli 1994 beauftragt, Assad die mündliche Zusage für die israelische Rückzugsbereitschaft zu übermitteln? Aus innenpolitischen Überlegungen heraus bestand Rabin darauf, daß die Zusage geheim bleiben sollte, woran sich Assad auch hielt. Syrien war immer bereit, über alles zu verhandeln, nur nicht über syrisches Land. Der syrische Präsident fragte Christopher mehrmals, ob Israel irgendwelche Ansprüche auf Teile des Golan erhebe, worauf Christopher mit »Nein« antwortete. »Versteht Rabin, daß das gesamte Territorium, das am 4. Juni 1967 unter syrischer Kontrolle und Souveränität war, zurückgegeben werden muß?« »Ja«, antwortete Christopher. Erst durch die formale Zusage Rabins kam es zu ernsthaften Gesprächen zwischen Israelis und Syrern.

Die bilateralen Gespräche brachten aber nur kleine Fortschritte, da die Syrer gegenüber den Israelis sehr vorsichtig agierten und die Israelis exzessive Forderungen stellten. Wären die Syrer auf Rabins Forderungen eingegangen, hätten sie sich an die türkische Grenze zurückziehen müssen, wie Beobachter feststellten. Trotzdem kam es im Mai 1995 zwischen den USA, Israel und Syrien zu einer gemeinsamen Vereinbarung, in der »Ziele und Prinzipien von Sicherheitsvereinbarungen« festgelegt wurden. Nach Rabins Ermordung beauftragte Ministerpräsident Peres den israelischen Verhandlungsleiter Itamar Rabinowitz, Rabins Zusagen an Assad schriftlich zu fixieren. Obwohl Rabinowitz Peres warnte, ein solches Dokument könne an die Öffentlichkeit gelangen, bestand Peres darauf. Während seines USA-Besuchs erklärte Peres gegenüber Clinton, daß er zu Rabins Zusagen stehe. Daraufhin telefonierte Clinton mit Assad und kündigte den Besuch seines Außenministers mit einer guten Nachricht an. Mitte Dezember 1995 traf Christopher Assad in

Damaskus und teilte ihm mit, daß auch Peres zu der Zusage Rabins steht, die dieser den Syrern gegeben habe. Assad hat somit nicht nur das Wort der israelischen Ministerpräsidenten, sondern auch das von Bill Clinton. Shimon Peres war bereit, mit Syrien zu einer Vereinbarung zu kommen. Dabei unterliefen ihm jedoch einige taktische Fehler, die mit zu seiner Wahlniederlage beitrugen. Anstatt nach Rabins Ermordung umgehend Neuwahlen auszuschreiben, um sich ein Mandat für weitere Verhandlungen bescheinigen zu lassen, entschied sich Peres im Januar 1995 für vorgezogene Wahlen im Mai. Ebenso verhängnisvoll war die Entscheidung, den »Ingenieur« der Hamas, Yahya Ayyash, in Gaza durch den Shin Bet ermorden zu lassen. Dieser Mord führte zu den verheerenden Terroranschlägen im Februar und März 1996 in Jerusalem. Die »Operation Früchte des Zorns« gegen die Hisbollah endete mit einem Desaster. Insbesondere die letzte Aktion trug zur Wahlniederlage von Peres bei.

Nachdem Netanyahu von den Zusagen seiner Vorgänger erfahren hatte, leugnete er diese. Um nicht als »Lügner« dazustehen, sah sich Assad gezwungen, diese öffentlich zu machen und darauf hinzuweisen, daß die Gespräche an diesem Punkt wiederaufgenommen werden müssen.

Für die Syrer ist die Rückgabe des Golan nicht nur eine Prestigefrage und um des Landes willen bedeutsam, sondern auch wegen der dort vorhandenen Wasservorräte. Die Frage des Wassers scheint sich neben der Landfrage zum zentralen Streitpunkt überhaupt zu entwickeln. Man kann die These vertreten, daß es in dem israelisch-palästinensisch-arabischen Konflikt nicht mehr so sehr um Statusfragen, sondern vielmehr um die Kontrolle der Wasservorkommen geht. Da Israel den größten Teils des Wassers des Nahen Ostens kontrolliert und mit der Türkei, die ebenfalls einen erheblichen Teil der Wasserreserven für die arabischen Länder unter ihrer Kontrolle hat, eine Allianz gegen die arabischen Staaten gebildet hat, kann Israel seine arabischen Nachbarn politisch unter Druck setzen. Sollte die Türkei ihr Projekt Südostanatolien (GAP) bis zum Jahre 2010 realisiert haben, wird durch die Umleitung des Euphrates die jährliche Durchflußmenge durch Syrien von 30 Milliarden Kubikmeter Wasser auf die Hälfte reduziert. Die arabischen Staaten werden aufgrund ihres hohen Bevölkerungswachstums in einigen Jahren in größte Wassernöte kommen. In einer Studie des Strategischen Instituts in Tel Aviv wird die israelische Regierung davor gewarnt, sich nicht vom Golan zurückzuziehen, da es dadurch die Kontrolle über 40

Millionen Kubikmeter Wasser verlöre. Ein Rückzug könne nur in Betracht kommen, wenn eine für Israel befriedigende Lösung der Wasserfrage erreicht worden sei. Übergebe man auch noch die Wasserrechte in den besetzten Gebieten an die Palästinenser, bestünde die Gefahr, daß die Hälfte der israelischen landwirtschaftlichen Anlagen vertrockneten. Auch bei der sogenannten Sicherheitszone in Südlibanon geht es letztendlich um die Kontrolle der Wasserquellen des Litani- und des Hasbani-Flusses. Wasser entwickelt sich somit zu einem politischen Konflikt, der vielleicht eines Tages mit militärischen Mitteln gelöst werden muß. Daß es zu einem militärischen Konflikt um das Wasser kommt, hält dagegen der Wissenschaftler Manuel Schiffler für unwahrscheinlich, weil die Kosten gegenüber anderen Strukturmaßnahmen oder einem Einsparungspotential zu hoch wären.[16] Dieser Sichtweise steht die Tatsache entgegen, daß der steigende Wasserbedarf der Türkei, Syriens und des Irak sich mit den anderen Problemen zu einem politischen Sprengstoff entwickeln könnte, »der einen bewaffneten Konflikt nicht ausgeschlossen erscheinen läßt«.[17] Das israelisch-türkische Militärabkommen könnte entscheidend zu einem möglichen Konflikt beitragen, weil es eine schon hinreichend labile geopolitische Lage weiter destabilisiert.

1978 marschierten israelische Soldaten zum ersten Mal im Libanon ein. Die USA stimmten damals für die UN-Resolution 425, in der ein Rückzug und die Einsetzung einer UN-Friedenstruppe, United Nations Interim Force in Lebanon (Unifil), beschlossen wurde. Die Regierung Netanyahu hat diese Resolution im April 1998 endlich anerkannt. Als ein wichtiger Beitrag zum Frieden sollte Israel ohne Vorbedingungen die Besetzung des Südlibanon einseitig beenden, was zum Ansehen der Netanyahu-Regierung erheblich beitragen könnte. Ein einseitiger Rückzug hätte mehrere Vorteile für Israel. Nicht nur die libanesische Regierung, sondern auch die Syrer wären gezwungen, an der Nordgrenze Israels für Ruhe zu sorgen. Für die Provokationen der Hisbollah wäre direkt Syrien als Besatzungsmacht verantwortlich. Die Hisbollah-Führer haben wiederholt erklärt, daß ihr Widerstand gegen Israel nur wegen der Besetzung ihres Landes erfolge. Syrien verlöre also das Instrument für seine Politik der Nadelstiche gegen Israel. Sollte die Beschießung Nordisraels auch nach einem Rückzug seiner Besatzungsarmee nicht enden, hätte das Land jederzeit wieder die Möglichkeit, Stellungen der Hisbollah anzugreifen.

5. Die deutsch-israelisch-jüdischen Beziehungen

Die deutsch-israelisch-jüdischen Beziehungen waren noch nie so gut wie unter der Regierung von Helmut Kohl. Für Israel rangiert das Verhältnis zu Deutschland in seiner Bedeutung gleich hinter den Beziehungen zu den USA. Die deutsche Regierung ist zu Israels wichtigstem Fürsprecher in der Europäischen Union geworden. Wie konnte es dazu kommen? Die dramatischen Veränderungen der Jahre 1989/90 haben die Rolle Deutschlands und Israels als Akteure im internationalen System grundlegend verändert. Beide Staaten schicken sich an, ihre Außenpolitik den neuen Gegebenheiten anzupassen, d. h. zu normalisieren. Am Ende eines solchen Normalisierungsprozesses sollten sowohl Deutschland als auch Israel als gleichwertige Akteure im Konzert der Nationalstaaten agieren können. Bis es dazu kommt, ist noch eine gewisse Wegstrecke zurückzulegen.

Zur Zeit kann in den deutsch-israelisch-jüdischen Beziehungen auch 53 Jahre nach dem Ende der Terrorherrschaft der Nationalsozialisten noch immer nicht von »Normalität« gesprochen werden. Das historische Erbe stellt für Deutschland bis heute eine besondere Verantwortung und Last dar, die das Land noch für einen längeren Zeitraum zu tragen haben wird. Dieses Faktum rufen nicht nur die israelischen Politiker den Deutschen immer wieder ins Bewußtsein, sondern die deutschen Politiker sind sich dessen bewußt. Eine Konsequenz dieser Sichtweise ist eine verengte Wahrnehmung der israelischen Ungerechtigkeiten gegenüber den Palästinensern und eine Zurückhaltung mit Kritik an Israel. Wenn es die deutsche Politik doch einmal wagte, sich »israelkritischer« im Rahmen der Europäischen Gemeinschaft/Union zu verhalten, was sie heute nicht mehr tut, führte dies in der Vergangenheit zu erheblichen Turbulenzen im bilateralen Verhältnis.

Zwischen souveränen Staaten gibt es in der Regel nur geschäftsmäßige, an den jeweiligen Interessen der Länder orientierte Beziehungen. Im Falle Israel ist dies anders. Die Mehrzahl der deutschen Politiker weigert sich bis heute, Israel als einen normalen Nationalstaat zu behandeln. Einerseits ist dies historisch verständlich, andererseits schränkt es den außenpolitischen Handlungsspielraum nicht nur gegenüber Israel, sondern in der Region, aber auch generell ein. Das Paradoxe ist jedoch, daß sich Israel selbst als ein normaler Nationalstaat versteht und auch als ein solcher gesehen und behandelt werden will. Ziel des Zionismus, der Staatsräson Israels, war und ist es, die Lage des jüdischen Volkes zu normalisieren. Israel soll unter den anderen Nationen eine gleichwertige und gleichberechtigte politische Einheit darstellen, die sich in das internationale System einfügt. Dazu schrieb Henryk M. Broder im »Spiegel« vom 12. Juni 1995: »Inzwischen ist Israel nicht ein normales, sondern ein durch und durch stinknormales Land geworden.« Der israelische Botschafter in Bonn, Avi Primor, vergleicht das deutsch-israelische Verhältnis mit einer Wunde, die längst verheilt sei. Trotzdem sei die zurückgebliebene Narbe aber immer noch überaus empfindlich.[18] Für den Botschafter wird Israel in den kommenden Jahrzehnten wie »selbstverständlich mit Deutschland verbunden und zugleich in Europa verankert sein«[19]. Das zukünftige Verhältnis zwischen beiden Ländern hänge jedoch zu einem erheblichen Teil von der Aufrichtigkeit und Stärke der gemeinsamen Verantwortung für die Vergangenheit ab, so Primor. Die Frage stellt sich natürlich, bei welcher Gelegenheit die Narbe des Verletzten zu schmerzen beginnt und über wieviel Generationen dieser Schmerz noch zu spüren sein wird. Auf eine Art historisches Paradoxon weist der Journalist Tom Segev in einem Interview mit dem »Spiegel« vom 3. April 1995 hin. »Inzwischen haben wir völlig normale Beziehungen – und das Gegenteil ist eingetreten: Der Holocaust ist präsenter denn je.« Diese Feststellung gilt für Israel und Deutschland gleichermaßen.

Durch eine Normalisierung der bilateralen Beziehungen würde nichts von der historischen Schuld relativiert. Von einer Anormalität der Beziehungen geht nach wie vor der Historiker Moshe Zuckermann aus. »Was im Holocaust passiert ist, ist nach üblichen Maßstäben keine normale Angelegenheit.«[20] Was stattgefunden habe, sei eine Normalisierung auf der Staatsebene, die sich aber von der in den Lebenswelten unterscheide. Auch die Deutschen seien nicht »normal« geworden, wie der Historikerstreit, die Wehrmachtsausstellung und die Goldhagen-Debatte zeige, so Zuckermann. Für den Historiker Moshe Zimmermann dagegen ist dieser normale Nationalstaat 1948 gegründet worden. Man wollte in Israel eine Mustergesellschaft aufbauen, die auf Gerechtigkeit fußen sollte. Diese Vorstellungen würden in letzter Zeit für eine »romantisch-nationalistische Ideologie« aufgegeben. »Deshalb ist für diesen normalen, jüdischen Nationalstaat noch viel zu tun.«[21]

Deutschland könnte gegenüber Israel nur eine Realpolitik wie

z. B. Frankreich betreiben, wenn die deutschen Politiker bereit wären, zwischen dem Holocaust einerseits, für den Deutschland die Verantwortung trägt, und der israelischen Politik andererseits, für die die jeweilige israelische Regierung verantwortlich ist, zu trennen. So schlägt Yvonne Deutsch von den »Frauen in Schwarz« in »Publik Forum« vom 4. Juni 1993 den Deutschen folgendes vor: »Sie müssen lernen, wie man mit dem Vorwurf des Antisemitismus umgeht. Kritik an der Politik Israels hat mit Antisemitismus nichts zu tun. Es ist an der Zeit, den Holocaust und Israel voneinander zu trennen. Die Vernichtung der Juden ist das eine, die Verfolgung der Palästinenser das andere. Wer das eine verurteilt, kann zum anderen nicht schweigen.« Ähnlich äußerte sich der Religionsphilosoph Yeshayahu Leibowitz in einem Fernsehinterview: Trotz Holocaust und der vielfältigen Schandtaten, die das jüdische Volk in seiner Geschichte erleiden mußte, werde es nicht von der Verantwortung für die Taten enthoben, die es während seiner 30 Jahre dauernden Besatzungsherrschaft gegenüber den Palästinensern begangen habe. Das Vergangene könne nicht mit dem Gegenwärtigen aufgerechnet werden. Eine solche Unterscheidung ist geboten, da vom Standpunkt der Verantwortung beides nicht gleichgesetzt, relativiert oder aufgerechnet werden kann. Trotz Holocaust kann die israelische Regierung nicht von der Verantwortung für die Maßnahmen enthoben werden, die zum Schaden der Palästinenser ergriffen worden sind. Das Vergangene darf nicht mit dem Gegenwärtigen aufgerechnet oder entschuldigt werden. Diese Haltung darf aber auch nicht dazu benutzt werden, um den Holocaust zu relativieren.

Auch die in Deutschland lebende israelische Rechtsanwältin und Trägerin des »Alternativen Nobelpreises« Felicia Langer fordert die Deutschen auf, nicht mehr zu diesen Vorgängen zu schweigen und trotz eines möglichen Antisemitismusvorwurfs sich von Israel nicht länger moralisch erpressen zu lassen. »In der Tat sind die Deutschen, gerade wegen ihrer Vergangenheit, dazu verpflichtet, sich überall dort einzumischen, wo Menschenrechte verletzt werden... Wir, die Israelis, die Juden können keinerlei Recht beanspruchen, als Opfer von gestern Täter von heute zu sein. Das Testament unserer Toten, der Toten des Holocaust, macht eine klare Aussage. Wir haben auch kein Recht, die Schuldgefühle der Deutschen zu funktionalisieren, so wie Israel das tut, und sie, was unsere Taten angeht, zum Schweigen zu verurteilen, damit wir ungestört, jeder

Einmischung und Kritik entzogen, die Palästinenser unterdrücken können. Wer behauptet, daß man die Menschenrechtsverletzungen Israels, die dem Völkerrecht zuwiderlaufen, nicht anprangern dürfe …, weil das Antisemitismus sei, wer das behauptet, der lügt wissentlich, frech und erpresserisch, um die Stimme der Kritik zum Schweigen zu bringen … Die Deutschen müssen ihre Verpflichtung, die aufgrund ihrer Vergangenheit im Vergleich mit anderen Völkern doppelt und dreifach wiegt, ganz entschieden wahrnehmen und gegen jedes Anzeichen von Rassismus, Menschenrechtsverletzungen, Antisemitismus oder Fremdenhaß, in welcher Form auch immer, ankämpfen … Wir Israelis und Juden haben auch kein Recht, die Deutschen wegen ihrer Vergangenheit über Generationen hinweg für untauglich zu erklären, ihren Standpunkt in Fragen der Moral zu äußern, oder aber sie kollektiv eines quasi angeborenen Antisemitismus zu bezichtigen. Das ist Rassismus, und dieser bleibt häßlich wie jede andere Form von Rassismus, auch wenn seine Vertreter die Opfer von gestern sind.«[22]

Deutschland sah in den Palästinensern über zwei Jahrzehnte nur ein Flüchtlingsproblem. Nach dem Sechstagekrieg vom Juni 1967 setzte die Bundesregierung auf strikte Neutralität, obwohl die Sympathie auf seiten Israels war. Die völkerrechtliche Neutralität bedingte keine Indifferenz. Das Palästinenserproblem drang erst allmählich ins Bewußtsein der Deutschen. Da aufgrund der deutschen Teilung die Betonung des Selbstbestimmungsrechtes der Völker im eigenen Interesse lag, war es nur konsequent, daß Deutschland jetzt auch auf das Selbstbestimmungsrecht der Palästinenser hinwies. Ihre Unterdrückung, Entrechtung, Diskriminierung und wirtschaftliche Strangulierung wurden jedoch weniger thematisiert. Der Politikwissenschaftler Kenneth Lewan vertritt die Meinung, daß Deutschland in bezug auf die Palästinenser mehr tun könne. »Das Büßergewand war in dem Verhältnis zu Israel nie angemessen, zumal der Schaden an den Palästinensern voraussehbar war und in Kauf genommen wurde. Daß die Bundesrepublik Deutschland sich in der Rolle eines parteilosen Schiedsrichters gefällt, soll uns nicht von der Tatsache ablenken, daß sie nach wie vor die eine Seite begünstigt. Es ist ebenso falsch, wenn sie beteuert, sie sei machtlos, irgend etwas in der Angelegenheit zu bewirken. Sie kann viel tun.«[23] Wenn die arabische Seite hier auf die junge Generation setzt, sollte sie sich nicht zuviel erhoffen. Das Bewußtsein für Ungerechtigkeit ist dort zwar verbreitet, aber im Falle Israels ist dies doch immer noch etwas anderes. Auch ihnen ist die besondere sittliche Verpflichtung Deutschlands Israel gegenüber bewußt.

Zu einer ersten Akzentverschiebung in den Beziehungen kam es unter der sozial-liberalen Bundesregierung. Bundeskanzler Willy Brandts Ziel war es, Deutschland einen größeren politischen und wirtschaftlichen Handlungsspielraum im Nahen Osten zu eröffnen. So erklärte der damalige Außenminister Walter Scheel 1969 gegenüber der israelischen Zeitung »Yediot Aharonot«: »Unser Verhältnis zu Israel ist wie auch mit anderen Ländern … Es gibt nichts besonderes daran.« Diese selbstbewußte Schlußfolgerung sollte sich jedoch schon bald als Trugschluß erweisen. In der ersten Erklärung der Europäisch Politischen Zusammenarbeit (EPZ) vom 13. März 1971 wollte Deutschland seine ersten »Normalisierungsübungen« im Nahen Osten vorführen, in dem es sich der Aufforderung der anderen fünf EWG-Staaten anschloß, Israel zum Rückzug aus den eroberten Gebieten aufzufordern und die arabischen Flüchtlinge zu entschädigen sowie Jerusalem zu internationalisieren. Obwohl in der Erklärung auch das Recht Israels auf sichere Grenzen betont wurde, reagierte das Land verärgert. Deutschland, so der Vorwurf, habe der proarabischen Politik Frankreichs nachgegeben. Diese EPZ-Erklärung machte Deutschland bewußt, auf welch sensiblem Terrain man sich befand.

Eine Abkehr von den »besonderen Beziehungen« zu Israel leitete Willy Brandt mit seinem Staatsbesuch vom 7. Juni 1973 ein. Brandt unterstrich in Israel, daß gute Beziehungen zu allen Staaten des Nahen Ostens im deutschen Interesse läge. Die bilateralen Beziehungen erfuhren somit eine Herabstufung zu Beziehungen mit »besonderem Charakter«. Brandt sprach anläßlich des 30. Jahrestages der Staatsgründung Israels davon, daß die Geburt des Staates den Preis neuer Opfer und Leiden verlangt habe. »Das Elend anderer, zumal der palästinensischen Araber, wiegt nicht leicht.«[24] Das Festhalten Israels an seiner Besatzungs- und Siedlungspolitik führte zu einem größeren Verständnis für die Anliegen der Palästinenser. Insbesondere in der Regierungszeit von Bundeskanzler Helmut Schmidt trat eine weitere Versachlichung der Beziehungen ein, ja es kam zu den schwersten Erschütterungen im deutsch-israelischen Verhältnis. Schmidts Politik wurde von israelischer Seite als Rechtsruck interpretiert. Fortan sprach sich die Bundesregierung für das Selbstbestimmungsrecht und ein »Heimatland« für die Palästinenser aus.

Mit dem Amtsantritt von Menachem Begin am 16. März 1977 und dessen expansiver Siedlungspolitik steuerten die bilateralen Beziehungen auf ihren Tiefpunkt zu. Schmidt trat offensiv für das Selbstbestimmungsrecht und einen Staat für die Palästinenser ein. Begin reagierte darauf undiplomatisch barsch: Ein Land, das sechs Millionen Juden, darunter 1,5 Millionen Kinder, umgebracht habe, solle Israel keine Ratschläge erteilen. Sich mit jüdischem Blut arabisches Öl zu erkaufen sei »absolut widerwärtig«, so Begin.

Mit der Kanzlerschaft Kohls kamen die Beziehungen wieder in ruhigeres Fahrwasser. Der Grund dafür liegt in der unkritischen Israelpolitik der CDU. Die Bundesregierung schloß sich der Linie der Amerikaner kritiklos an. Dies führte zwangsläufig zu einer größeren Distanz gegenüber den Palästinensern. Diese kam darin zum Ausdruck, daß man das Prinzip der Selbstbestimmung der Völker in bezug auf die Palästinenser nicht mehr erwähnte. Es verschwand aus dem Wortschatz der deutschen Diplomatie.

Könnte es bei einem Regierungswechsel zu Rot/Grün zu neuen Irritationen zwischen Israel und Deutschland kommen? Generell sind solche nie auszuschließen, aber doch eher unwahrscheinlich. Es wird eine Kontinuität geben, wie der Kanzlerkandidat der SPD, Gerhard Schröder, bei seinem Israelbesuch betonte. Auch sind die Zeiten vorbei, als Teile der Linken gegen Israel demonstrierten und sich lautstark für die Rechte der Palästinenser und anderer unterdrückter Völker eingesetzt haben. Heute ist auch sie in ihrer Mehrheit auf die amerikanische Linie eingeschwenkt und verteidigt vehement deren Politik. Zu einer Spaltung innerhalb der Linken kam es während des zweiten Golfkrieges, als Teile der Linken gegen die USA und damit implizit gegen Israel demonstriert hatten. Einen schwerwiegenden Fehler machte der ehemalige Abgeordnete der Grünen Christian Ströbele bei seinem Israelbesuch, als er betonte, Israel habe sich selber zuzuschreiben, daß es von Scud-Raketen angegriffen werde. Dies führte zu einem Aufschrei der Empörung in Israel und zur vorzeitigen Abreise der Delegation. Mosche Zuckermann vertritt die These, daß ein Israeli zwar so etwas sagen könne, Ströbele aber nicht, weil es zwischen Tätern und Opfern keine Symmetrie gebe. »Hier liegt klar ein Fall von Quod licet jovi, non licet bovi vor.«[25] (Eines schickt sich nicht für alle.) Israelkritische Stimmen haben sowohl in der SPD als auch bei Bündnis 90/Die Grünen keine Mehrheit.

Seit der Unterzeichnung der Osloer Abkommen zwischen Israel

und den Palästinensern konzentriert sich die Kritik Deutschlands auf die Siedlungspolitik Israels. Die massiven Menschenrechtsverletzungen der israelischen Regierung gegenüber den Palästinensern sowie die Verletzungen der Menschenrechte durch das Arafat-Regimes gegenüber seinen eigenen Landsleuten werden von Deutschland nicht öffentlich kritisiert. Eine Kritik wäre jedoch angebracht, da Völkerrechtspinzipien auf das schwerste verletzt werden. Außenminister Kinkel hatte noch beim Antrittsbesuch von Israels Außenminister David Levy der Regierung Netanyahu die volle Unterstützung Bonns zugesichert. Während Arafats letztem Bonn-Besuch im Herbst 1997 übte er dann doch Kritik an der israelischen Siedlungspolitik.

Wie vorsichtig die deutsche Außenpolitik operiert, macht der Artikel von Klaus Kinkel im Berliner »Tagesspiegel« vom 13. September 1997 deutlich. Den Deutschen stehe nur eine Rolle zu, die die »legitimen Interessen beider Seiten berücksichtigt, nicht einseitig Partei ergreift und nicht durch laute Verurteilungen Verschlossenheit erzeugt und Gesprächsbereitschaft zerstört«. Die deutsche Politik müsse einerseits auf die besonderen Sicherheitsinteressen Israels Rücksicht nehmen, andererseits dürfe das Recht der Palästinenser auf Selbstbestimmung, »frei von israelischer Besetzung«, nicht vergessen werden. »Unsere Vergangenheit verbietet uns in besonderer Weise, die Rolle eines unwillkommenen Ratgebers einzunehmen.« Verlangt nicht gerade unsere Geschichte eine aktivere Rolle? Felicia Langer fordert uns Deutsche gerade zu einer solchen auf. Auch Tom Segev vertritt eine ähnliche Meinung. In dem bereits erwähnten Interview im »Spiegel« widerspricht Segev der Ansicht, daß die Deutschen kein Recht der Kritik an Israel hätten. »Jeder Mensch hat die Pflicht, die Politik eines anderen Landes zu kritisieren, wenn dort gegen die Menschenrechte verstoßen wird. Das ist doch gerade eine der Lehren des Holocaust. Ein Deutscher sollte allerdings niemals von Israel etwas verlangen, was die Deutschen nicht von sich selber verlangen.«

Sah sich vielleicht Außenminister Kinkel zu dieser Klarstellung veranlaßt, nachdem die Bundesregierung sich in der UN-Vollversammlung im März 1997, als es um die Verurteilung der israelischen Siedlungspolitik in Ost-Jerusalem (Har Homa) ging, der Stimme als einziges europäisches Land enthalten hat und die arabischen Botschafter daraufhin protestierend im Auswärtigen Amt vorstellig geworden sind? Der Außenminister wies seine Beamten gegen deren ursprünglichen Rat an, aufgrund »unserer Geschichte« sich der Stimme zu enthalten, eine heute mehr als anachronistische Begründung. Kinkel reiste jedenfalls umgehend nach Ägypten und versicherte dort Präsident Mubarak, daß die deutsche Enthaltung nicht gegen die arabischen Länder gerichtet gewesen sei und warb für Verständnis für die deutsche Haltung. Mitte November stimmte Deutschland schließlich in der UN-Generalversammlung für die Verurteilung der israelischen Siedlungspolitik.

Könnte Deutschland auch eine Rolle im Nahen Osten spielen? Bei seinem Deutschland-Besuch im August 1994 hatte der damalige Außenminister und ehemalige Ministerpräsident Shimon Peres nicht nur den Wunsch geäußert, Deutschland solle Mitglied im UN-Sicherheitsrat mit allen Rechten und Pflichten werden, sondern er provozierte sogar das Thema »Deutsche Blauhelmsoldaten im Nahen Osten«. Mit den Worten »Warum nicht?« stieß er ein Thema an, das die deutschen Gastgeber überhaupt nicht hören wollten. Peres kam auf dieses Thema anläßlich einer Ehrung Bundeskanzler Kohls durch die jüdische Wohltätigkeitsorganisation Bnai Brith in München abermals zurück. Würde nicht eine Aufforderung Israels an Deutschland, eventuell Blauhelme für den Golan bereitzustellen, Deutschland endgültig die moralische Eintrittskarte in die Weltpolitik ausstellen? Wer, wenn nicht Israel, wäre dazu legitimiert?[26] Auch Avi Primor bestätigte in einem Interview mit dem »Spiegel« vom 5. Mai 1997, daß Israel wohl nichts dagegen hätte, wenn im Rahmen eines Friedensvertrages mit Syrien auch ein deutsches Truppenkontingent in Form einer UNO-Truppe auf dem Golan stationiert werden würde. Bisher hat sich kein deutscher Politiker zu den Stellungnahmen israelischer Politiker und Diplomaten geäußert.

Deutschland könnte mit einem eigenen Truppenkontingent auf dem Golan eine vermittelnde Rolle spielen. Seine ausgezeichneten Beziehungen zu den arabischen Staaten könnten auch für Israel nützlich sein. Die deutschen Politiker sollten nicht schon von vornherein ein solches Engagement kategorisch ablehnen, da es langfristig im eigenen Interesse ist. Auch die arabische Seite könnte von einem solchen Einsatz profitieren, weil Deutschland als ehrlicherer Makler angesehen wird als die USA. Nur mit dem Einsatz finanzieller Mittel allein kann man langfristig im Nahen Osten seine Interessen nicht durchsetzen. Da Deutschland nicht bereit ist, ohne die EU etwas zu tun, sollte es sich wenigstens in der EU für eine umfassendere Beteiligung am Friedensprozeß stark machen.

Neben dem Engagement hat die deutsche Politik eine moralische Pflicht, sich auch verstärkt für das Selbstbestimmungsrecht der Palästinenser einzusetzen, weil sie einerseits die Leidtragenden der israelischen Besetzung und Unterdrückung sind und andererseits die augenblickliche Entwicklung nicht auf einen Palästinenserstaat, sondern eher auf einen Bantustan à la Südafrika zuläuft. Diese südafrikanische Lösung liegt nicht im deutschen und europäischen Interesse, weil sie der Region keinen Frieden bringen wird und der Mittelmeerpolitik der EU langfristig schaden könnte. Auch darf die Entstehung einer weiteren arabischen Diktatur nicht länger finanziell gefördert werden. »Tacheles zu sprechen fällt den Deutschen allgemein schwer, besonders offensichtlich aber den deutschen Politikern und besonders offensichtlich in bezug auf Israel.«[27] Es ist kaum vorstellbar, wie von Deutschland die Weichen für einen Kurswechsel in der Nahostpolitik gestellt werden könnten, da selbst die USA dazu nicht in der Lage sind.

Im langfristigen deutschen und israelischen Interesse liegt eine weitere Intensivierung der bilateralen Beziehungen, die sich auch auf der europäischen Ebene niederschlagen muß. Nur darüber lassen sich die Beziehungen normalisieren. Die Geschichte wird weiterhin als eine Konstante zu berücksichtigen sein, doch sollte der Holocaust weder ein exklusives Thema für Israel noch für Deutschland bleiben, sondern die Lehren aus dieser Katastrophe müssen von beiden Ländern ins Universelle gewendet und politisch umgesetzt werden. Dies würde bedeuten, daß sich Israel und Deutschland global gegen Rassismus, Nationalismus, Chauvinismus und jegliche Form von Diskriminierung aussprechen und sich für die Menschenrechte einsetzen müssen.

Israel zwischen westlicher Demokratie und religiösem Fundamentalismus

Israel definierte sich von Beginn als ein »jüdischer Staat«. Nach der Eroberung Ost-Jerusalems, der Westbank und des Gaza-Streifens im Sechstagekrieg 1967 verschärfte sich die Kontroverse zwischen säkularen und religiösen Zionisten sowie orthodoxen Juden um den Charakter des Staates Israel. Der Wahlsieg des Likud-Blocks 1977, der eine Wende in der israelischen Politik herbeiführte, zeigte, wie stark die ursprüngliche zionistische Ideologie bereits unterwandert war. Die Ermordung Rabins und die Strategie Netanyahus nach dem erneuten Sieg des Likud in den Wahlen von 1996 sind Folgen der »unheiligen Allianz« zwischen Messianismus und Nationalismus. »Netanyahu ist Gefangener des schlimmsten Elements der israelischen Politik: der alten, fanatischen Rechten«, so der Schriftsteller Yoram Kaniuk in der »Frankfurter Rundschau« vom 31. Mai 1996. Diese Kräfte beeinflussen mittels ihrer religiösen Definitionsmacht den Diskurs und greifen nach der politischen Macht. Je stärker Israel sich auf das Judentum und seine fundamentalistische Variante orientiert, um so irrationaler wird seine Politik, das heißt auch um so gefährlicher für seine Nachbarn.

Die Allianz zwischen extremem Nationalismus und religiösem Fundamentalismus offenbart sich am sinnfälligsten im Anspruch auf Eretz Israel, der von einigen religiösen Zirkeln und politischen Gruppen aggressiv vorgetragen wird: Für die nationalistische Siedlerbewegung Gush Emunim, die rechtsextremen Gruppen Kahane und Kahane-Chai sowie die Nationalreligiöse Partei (Mafdal) ist es sogar ein »göttliches Gebot«, Land zu erobern, das zum »Land Israel« gehört. Diese »historischen Grenzen« werden zum Teil weit in Gebiete der Nachbarstaaten verschoben. Der säkulare Politiker Ariel Sharon schlug 1993 auf einem Likud-Parteitag vor, daß die Partei sich die »biblischen Grenzen« offiziell zu eigen machen sollte. Damals wurde ein solches Konzept nicht angenommen. Inzwischen befürworten die religiösen und nationalistischen Vertreter in der Netanyahu-Regierung einen solchen Expansionismus in »Eretz Israel«. Der Wissenschaftler Israel Shahak sieht im politischen Einfluß des »jüdischen Chauvinismus« und des »religiösen

Fanatismus« eine ebenso große Gefahr wie im Antisemitismus. Beide, der »Antisemitismus und der jüdische Chauvinismus, können nur gleichzeitig bekämpft werden«.[1]

1. Das Bündnis zwischen der nationalen Rechten und dem religiösen Fundamentalismus

Die Ermordung des Ministerpräsidenten Yitzhak Rabins offenbarte der Weltöffentlichkeit ein Paradoxon der israelischen Gesellschaft: die radikale Rechte. In Israel gibt es keine formal institutionalisierte »Rechtspartei«, wie wir sie in einigen Ländern Europas kennen, es existieren eine ganze Anzahl von Parteien, deren Gedankengut nach westlich-demokratischen Maßstäben als »rechtsextrem« und »nationalistisch« zu bezeichnen ist und die alle im Parlament vertreten sind. Nationalistisches Gedankengut reicht bis weit in die Arbeitspartei hinein. Ideen, die man in westlichen Demokratien als »rechts« bis »rechtsextrem« einstufen würde, sind in Israel ein Massenphänomen und in der Öffentlichkeit nicht diskreditiert. Zu den Vorläufern der heutigen Rechten gehörte auch Vladimir Jabotinsky, führender Repräsentant der revisionistischen Richtung im Zionismus, sowie die militärischen Kampf- oder Terrororganisationen Etzel, bekannt unter dem Namen Irgun, und die Stern-Bande oder Lechi, genannt nach ihrem Gründer Abraham Stern. Beide Organisationen beeinflußten vor 1948 durch ihre Ideologie und Terrorakte den Staatswerdungsprozeß Israels nicht unwesentlich. Trotz ihrer Auflösung nach der Gründung des Staates Israel ist ihr gesellschaftlicher Einfluß noch immer beträchtlich. In den fanatischen Siedlern hat die extreme Rechte nun eine Massenbasis.

Der Sechstagekrieg war der wichtigste Einschnitt in der Geschichte Israels und leitete die Rereligiösierung großer Teile der Bevölkerung ein. Was als politisches Faustpfand gedacht war, wurde zu einem »Objekt ideologisch begründeter Begierde«.[2] Fortan wollten diese Kreise nichts mehr von Abba Ebans »großzügigem Sieger« wissen, der sich als liberaler und demokratischer Beherrscher verhalten wollte. Das besetzte palästinensische Land hieß nicht mehr Westbank, die Nationalisten gaben ihm den Namen Judäa und Samaria. Der Sieg war in ihren Augen der göttliche Lohn für das jüdische Volk.

Am 14. Oktober 1967 wurde Meir Vilner, Generalsekretär der

Kommunistischen Partei Israels, die einzige Gruppierung, die den Krieg verurteilt hatte, bei einem Attentat schwer verletzt. Der Attentäter arbeitet in der Druckerei der Tageszeitung »Hajom«, dem Organ des Gachal-Blocks, dem Vorgänger des Likud-Blocks. Jahrelang bedrohten jüdische terroristische Gruppen – vor allem die DOV (Unterdrückung der Verräter) und TNT (Terror gegen Terror) – die Anhänger der Linken, weil diese die Übergriffe des israelischen Militärs auf Palästinenser kritisiert hatte. Trotz ihrer kriminellen Aktivitäten nahm die Polizei diese beiden Untergrundorganisationen nicht ernst.

Abraham Yitzhak Hakohen Kook hat den Boden für die Synthese zwischen Judaismus und Zionismus maßgeblich mitbereitet. 1904 übernahm Kook in Jaffa das Amt des Chefrabbiners. Er bezog sich auf die Schriften des jüdischen Philosophen Maimonides (auch Rambam genannt), einem Rabbiner des 12. Jahrhunderts aus Cordoba in Spanien, und legte das letzte Buch des jüdischen Rechts (Halacha), die Mischne Thora, neu aus. Laut Mischne Thora hatte es zwei Messiasse gegeben. In Kooks Interpretation waren die Zionisten kollektiv nichts anderes als der erste Messias, der Vorläufer der zweiten heiligen Phase der Erlösung. 1922 gründete Kook in Jerusalem die Jeschiwa merkasit olamit, die eine neue Elite formen sollte, die die Lehren des Judaismus und Zionismus vereint. Der Zionismus war also kein Hindernis mehr für die Erlösung, wie die Haredim glaubten, sondern nach Kook ein Instrument, das die Ankunft des Messias beschleunigen werden würde. Der Geist Gottes und der Geist Israels seien eins, so Kook.

Nach Kook akzentuierte sein Sohn Zwi Jehuda Hakohen die abstrakten Ideen seines Vaters neu und sorgte für deren Verbreitung. Im Unterschied zu seinem Vater glaubte er, der bevorstehenden Erlösung müsse Reue vorausgehen. Er ernannte die Steuereintreiber und Soldaten des Staates zu Agenten des »Königreiches Israel«. Die Juden seien aufgerufen, alle Länder zurückzuerobern, die Gott ihnen verheißen hatte. Für ihn waren »der Staat, die Regierung und die Armee heilig«. Kook entwickelte sich schnell zum geistigen Mentor der religiös-zionistischen Jugendgruppe B'nai Akiva. Seine Studenten gehörten zu den ersten Soldaten, die bei der Eroberung der Altstadt von Jerusalem im Juni 1967 an der Klagemauer waren. Motta Gur, ihr Befehlshaber, ließ Kook auf Bitten der Soldaten zur Klagemauer holen; dort erklärte er: »Wir geben hiermit dem Volke Israels und der gesamten Welt bekannt, daß wir in himmlischem Auftrag soeben zum heiligen Berg und in unsere heilige Stadt heimgekehrt sind. Wir werden sie nie wieder verlassen.« Ähnlich pathetisch erklärte Netanyahu fast 30 Jahre später anläßlich seiner Wahl in der »Jerusalem Post« vom 2. Juni 1996: »Wir werden die israelische Souveränität über das vereinte Jerusalem erhalten. Ich gebe dies heute Nacht in Jerusalem, der ewigen Hauptstadt des jüdischen Volkes, bekannt, daß die Stadt nicht wieder geteilt wird.« Die Befreiung urbiblischen Landes war in den Augen von Kooks Schülern der Beweis für die bevorstehende Erlösung. Sie allein schienen gerüstet, dem Messias den Weg zu bereiten. Als Mittel dazu betrachteten sie die Besiedelung der besetzten Gebiete.

In der Siegeseuphorie setzte sich die Ideologie des sogenannten Eretz Israel Haschlema (Groß-Israel-Ideologie) durch, die von der religiösen und politischen Rechten getragen war, aber auch Teile der damals regierenden Arbeitspartei umfaßte. Die Besiedelung des eroberten Landes wurde durch die Arbeitspartei und ihre jeweiligen Koalitionspartner initiiert; so entstanden jüdische Siedlungen auf dem Sinai, im Jordantal, um Hebron, Ost-Jerusalem und auf dem Golan. Das Siedlungskonzept basierte auf einer Sicherheitsdoktrin, die bis heute die gesamte israelische Gesellschaft blockiert. Sie dient als Herrschaftsinstrument gegenüber den Palästinensern und legitimiert die Dominanz der herrschenden Ashkenazim über die orientalischen Sephardim. Nachdem der Likud-Block 1977 die Macht übernommen hatte, änderte sich die Politik dramatisch. Die »Judaisierung« der Westbank und die Siedlungspolitik wurde intensiviert. Ein Palästinenserstaat sollte mit allen Mitteln verhindert werden. Die 1974 gegründete Siedlerbewegung Gush Emunim gewann beständig an Einfluß. Zu ihren Gallionsfiguren der ersten Stunde zählten der Rabbiner Moshe Levinger und Erziehungs- und Umweltminister Zevulun Hammer, der Mitte Januar 1998 verstarb. Ihr Spiritus rector war kein geringerer als der Rabbiner Zwi Jehuda Kook. Zu dessen Schülern zählten die Rabbiner Chaim Druckman und Elieser Waldman, die in ihren Talmudschulen (Hesder-Jeshiva) Tausende von Schülern und angehende Soldaten mit ihrer militanten Ideologie indoktrinieren. Beide haben offen zur Befehlsverweigerung aufgerufen, sollten die Soldaten zur Räumung von Siedlungen eingesetzt werden. Waldman vertrat in seinen Schriften die Meinung, daß Gott den Holocaust als Prüfung für die Juden selbst verhängt habe. Es sei ein verzweifelter Versuch Gottes gewesen, die Juden nach »Zion« zu treiben. Die Haredim dagegen interpretierten den Holocaust als Gottes Strafe für die Assimilation der Juden und das Einlassen mit dem weltlichen Zionismus. Der Sieg im Krieg von 1948 sei ein »Akt Gottes« gewesen. Mit dem Yom-Kippur-Krieg von 1973 habe Gott den Juden »einen weiteren Schock« versetzen wollen, damit sie endlich begriffen, daß sie das Land besiedeln sollten, so Waldman.

Der »Gush« ersetzte den Rechtsbegriff »Staat Israel« durch den biblischen Begriff »Land Israel« (Eretz Israel). Dieser Begriff rechtfertigte die Besetzung der Gebiete im Namen eines besonderen Bundes zwischen Gott und dem »auserwählten Volk«. Nach Ansicht des »Gush« verzögert sich die Ankunft des Messias, wenn Land an Nichtjuden zurückgegeben werde. Da sich die Anhänger des »Gush« als die Stellvertreter des Messias auf Erden verstehen, glauben sie ein Recht auf Widerstand gegen den »unreligiösen Staat« zu haben. Sie führen einen jüdisch-fundamentalistischen »Jihad« gegen die Netanyahu-Regierung und insbesondere gegen die vorhergehende unter Rabin. Verbündete dieser Ideologie finden sich in den Reihen der Nationalreligiösen Partei Mafdal, die viel von ihrer Toleranz und Aufgeschlossenheit verloren hat, seit sie Mitte der siebziger Jahre den »Gush« unterstützte. Diese sich früher Misrachi nennende Partei hatte den Zionismus schon immer akzeptiert und versucht, ihm eine religiöse Wendung zu geben. Die Partei vertritt eine kompromißlose nationalistische Linie, tritt für die Schaffung eines Großisrael und die Annektion der Gebiete ein.

Die Gush-Emunim-Bewegung war nur eine von vielen Rejudaisierungsbewegungen, die sich in Israel und der Diaspora formierten. Zusammen bilden sie den jüdischen Fundamentalismus. Ihre politische Speerspitze bildet die Nationalreligiöse Partei. Alle Gruppen fordern gegenüber den Palästinensern eine Politik der »eisernen Faust« und der rassistischen Diskriminierung. In ihren zahlreichen Thora- und Talmud-Schulen verbreiten sie nicht nur ihre religiösen, sondern auch ihre ideologisch-rassistischen Ansichten. In diesen Einrichtungen werden die Schüler einer Gehirnwäsche unterzogen, die im völligen Gegensatz zu den westlichen Wertvorstellungen der israelischen Gesellschaft steht. Ein ähnliches Phänomen stellt Joseph Algazy für die Schulen der Ultraorthodoxen fest. In »Le Monde diplomatique« vom 18. Februar 1998 schreibt er: »In den Schulen der Ultraorthodoxen werden die Jugendlichen – und über sie auch ihre Eltern – einer regelrechten Gehirnwäsche unterzogen, erhalten aber auch Hilfe bei der Bewältigung ihrer Probleme.«

Die Journalistin Stefanie Christmann schreibt in der Wochenzeitung »Freitag« vom 6. Juni 1997: »Rassistisches Denken kommt nach 30 Jahren Besatzung in Israel mittlerweile offen, stolz und ›frech‹ daher.« Die staatlichen Stellen finanzieren zum Teil diese Einrichtungen und haben mit diesen extremistischen Gruppierungen große Nachsicht gezeigt. In einem Interview mit dem Verfasser machte Israel Shahak auf die Gefährlichkeit der Mafdal aufmerksam. »Sie ist eine messianische Partei. Sie glaubt, daß wir in einer Zeit der Erlösung leben. Die Welt hat sich geändert, und Gott wird augenblicklich erscheinen. Deshalb müsse man Taten vollbringen, die uns hoffen lassen, daß Gott zu unseren Gunsten eingreifen wird ... Nur die Mafdal fordert die Gründung eines religiösen Staates, in dem das talmudische Gesetz anstatt des säkularen Gesetzes gilt. Des weiteren gibt es eine starke Tendenz in dieser Partei, den dritten Tempel wieder zu errichten. Das heißt, die Al-Aqsa-Moschee und der Felsendom müssen zerstört werden. Dies würde zu einem Konflikt mit der islamischen Welt führen, der viel gefährlicher wäre als alles, was die Zionisten bisher getan haben.«[3] Die Ideologie der Mafdal ist eine Mixtur aus politisch-nationalistischen und religiös-messianischen Elementen. Um die Abkapselung der Nationalreligiösen zu verhindern, plädiert der Schriftsteller Abraham B. Yehoshua in einem Interview mit der »Frankfurter Rundschau« vom 30. August 1997 für einen Dialog mit der Mafdal. Ein solcher Dialog sei aus kultureller Sicht wichtig, weil sonst die »amerikanische CNN-Identität unser eigenes Selbst« wegwische.

Weitere fundamentalistische Strömungen sind die Charedim (Gottesfürchtigen), die sich in aschkenasische und sephardische sowie zionistische und antizionistische Gruppen aufspalten. Am extremsten antizionistisch eingestellt sind die Neture Karta, eine Gruppe, die den Staat Israel völlig ablehnt, da die Erlösung Gottes Werk sei. Als nichtzionistisch gelten die Agudat Israel und die Degel Hatorah, die im Jahdut Hatorah-Block vereinigt sind. Sie galten in der Vergangenheit als politisch moderat, haben sich aber aus Opportunitätsgründen der harten Haltung der proannektionistischen Rechten angenähert. Im Gegensatz zu den aschkenasischen Charedim treten die sephardischen Juden von der Shas-Partei für einen Kompromiß mit den Palästinensern ein. In diesem Punkt unterstützten sie die Arbeitspartei in der Knesset, als die Oslo-Abkommen verabschiedet wurden. Die Shas ist eine Klientel-Partei, die ursprünglich aus der ashkenasischen Agudat Israel hervorging und die nach dem Grundsatz des Gebens und Nehmens funktioniert. Sie unterstützt nur religiöse Juden. Sie baut ein religiöses und soziales Netzwerk auf, unterhält Kindergärten und religiöse Schulen. »Insgesamt wenden die religiösen Parteien die gleichen Techniken der Rekrutierung von neuen Mitgliedern an wie die islamistische Bewegung in Israel und die Hamas im Westjordanland und in Gaza-Streifen«, so Joseph Algazy. Politisch nähert sich die Shas immer stärker dem Likud und den anderen rechtsreligiösen Parteien an, da diese die Abneigung gegen alle Nichtjuden und die ideologische »Exklusivität« der jüdischen Religion teilen. Ihr Fundamentalismus speist sich nicht zuletzt aus den Diskriminierungen, die ihnen von den Ashkenasim zugefügt worden sind. Als Beweis dafür gilt ihnen die Anklage gegen ihren Parteichef Arie Deri wegen Korruption. Ihr geistiges Oberhaupt ist der frühere sephardische Oberrabbiner Ovadia Yosef. Er widersprach Deri in der Frage der Rückkehr der Palästinenser, gegen die Deri votieren wollte. Für Yosef ist es mit einem moralischen und humanitären Standpunkt nicht vereinbar, Menschen, die entwurzelt worden sind, die Rückkehr an den Ort zu verwehren, an dem sie geboren sind. Für Yosef gilt ein Menschenleben mehr als die »Heiligkeit des Landes«. Um Frieden zu bekommen, ist die Rückgabe von Gebieten geboten. Die Shas lehnt den Terror vehement ab, weil er jüdisches Leben fordert. Das Urteil von Adel Elias, sie zähle zu den »extremistischsten religiösen Parteien« kann nur bedingt geteilt werden.[4]

Die politische Klasse Israels zeigte sich überrascht, als im April 1984 die Polizei Mitglieder einer jüdischen Terrorgruppe verhaftete, die verdächtigt wurde, mehrere Studenten der islamischen Universität in Hebron ermordet und Attentate gegen palästinensische Bürgermeister verübt zu haben. Diese Organisation traf gerade letzte Vorbereitungen für die Sprengung des Felsendoms auf dem Tempelberg. In einem Verhör, das der Inlandsgeheimdienst Shin Bet (Shabak) durchführte, enthüllte ein Verhafteter die satanische Logik dieser Terroristen: »Die Zerstörung dieser Moscheen hätte Abermillionen Muslime in Wut versetzt. Ihr Zorn hätte sehr wahrscheinlich einen Krieg ausgelöst, der zu einem Weltkrieg eskaliert wäre. Solch ein Krieg würde mit seiner enorm hohen Todesrate den Erlösungsprozeß der Juden und des Landes Israel vorantreiben. Denn zu diesem Zeitpunkt wären dann alle Muslime verschwunden und somit alles bereit für die Ankunft des Messias.« Damit sei das Palästinenserproblem im »gelobten Land« endgültig gelöst.

Einige dieser Terroristen gehörten auch dem »Gush« an. So bekräftigte der »Gush«-Aktivist Yehuda Etzion, »der Herr« habe ihn dazu beauftragt. Der ehemalige Polizeiinspektor Assaf Hefets enthüllte am 31. Dezember 1997, daß Mitglieder des »Gush« die heiligen islamischen Städten zerstören wollen, um »den Salomonischen Tempel an deren Stelle wieder zu errichten«, dies würde den »Prozeß der Erlösung des jüdischen Volkes« beschleunigen. Die israelischen Behörden sollten die Absichten der extremistischen Elemente ernst nehmen. Felicia Langer kann nur zugestimmt werden: »Man muß kein Prophet oder Mitglied des Geheimdienstes sein, um zu begreifen, welch ein Gefahrenpotential von den Anhängern solch einer Lehre ausgeht, sobald sich ihr Glaube mit den vielen und mörderischen Waffen verbindet, die in ihrem Besitz sind, und wenn ihr Glaube in einer Atmosphäre von Nachsicht, wohlwollendem Verständnis und manchmal sogar mit direkter Unterstützung durch die Armee praktiziert wird.«[5]

Der 1971 in Israel eingereiste amerikanische Rabbiner Meir Kahane förderte die Radikalisierung und Gewaltbereitschaft der Rechten wesentlich. Er war der Anführer der als rassistisch und terroristisch bekannten »Jüdischen Verteidigungsliga« in den USA. 1984 wurde er zum Knesset-Abgeordneten gewählt. Seine »Philosophie der jüdischen Gewalt« setzte sich immer stärker in religiösen Kreisen durch. Kahane war anscheinend von den Morden an den Juden so traumatisiert, daß er nur an Rache dachte. Jüdische Gegengewalt deutete er als »Glorifizierung Gottes«. Er gründete die rassistisch-faschistische Kach-Bewegung (So ist das), hetzte gegen die Palästinenser und brachte als Knesset-Abgeordneter einen Gesetzesentwurf ein, der den Geist der Nürnberger Rassegesetze atmete. Für die Kach galten Hinterlist, Gewalt und Terror als typisch »arabische Eigenschaften«. So schlug Kahane im Hinblick auf die Vertreibung aller Araber aus Groß-Israel vor: Zwangsdeportationen aller Nichtjuden, die sich weigerten, den zweitklassigen Status eines »ausländischen Bewohners« anzunehmen; Verbot für alle Nichtjuden, in der Region von Jerusalem zu wohnen; Verurteilung zu fünfzig Jahren Gefängnis für jeden Nichtjuden, der sexuelle Beziehungen zu einer Jüdin hatte; die Einrichtung von »getrennten Ständen« für Juden und Nichtjuden.

Das Oberste Gericht verbot eine weitere Kandidatur von Kahane, da seine Partei »faschistisch« sei. Nach seiner Ermordung 1990 in

New York gründete sein Sohn Benjamin Kahane die Gruppe Kahane Chai (lebt). Beide, Kach und Kahane Chai, agitieren gegen den Friedensprozeß und provozieren Gewalttätigkeiten, sie organisieren tödliche Attentate auf Palästinenser. Sie wurden zwar nach dem Massenmord von Goldstein verboten, setzten aber ihre Aktivitäten unbehelligt fort. Weitere Parteien, die extremes und rassistisches Gedankengut vertreten, sind Tsomet (Wegkreuzung) des ehemaligen Generalstabchefs und jetzigen Landwirtschafts- und Umweltministers Raphael Eitan und Moledet (Vaterland), des Generals Rechawan Zeevi, der ein Programm der Umsiedlung der Palästinenser verfolgt. Für Zeevi ist Arafat »kein Neonazi. Er ist ein Nazi, klar und deutlich«, so in der Debatte in der Knesset vom 22. Januar 1998.

Eine Gruppe, die sich aus dem Dunstkreis um Kach und Kahane-Chai entwickelt hat, ist die Eyal-Gruppe, aus der der Rabin-Attentäter Yigal Amir kam. Alle diese Organisationen verschanzen sich hinter den rechten bürgerlichen Politikern des Likud und der Mafdal-Partei. Einige rechts gerichtete Politiker wollten die Ausstrahlung des Fernsehberichts von Michael Carpin verhindern, der diese Verbindungen aufdeckte, doch das Oberste Gericht gab ihrem Antrag nicht statt. Diese Parteien deckten zumindest indirekt die Aktivitäten des »Gush« oder auch von Zu Arzeno (Das ist unser Land), deren Aufruf zum zivilen Widerstand an offene Rebellion grenzt. Für sie waren das Camp-David-Abkommen sowie der Vertrag von Oslo eine Katastrophe, weil die israelische Regierung bereit war, Land zurückzugeben und damit Juden direkt in Gefahr gebracht habe. Eine solche Landrückgabe stellt nach ihren Vorstellungen eine »religiöse Rebellion gegen Gott« dar. Die Vereinbarung Rabins mit Arafat signalisiere, daß Gottes Nachsicht beendet sei und daß die apokalyptischen Leiden begännen. Daß solche Ansichten nicht nur religiöse Außenseiter vertreten, zeigt der gemeinsame Auftritt von Eliyakim Ha'etzni, eines ehemaligen Knesset-Abgeordneten, und Ariel Sharon vor israelischen Soldaten. Sogar in Hitlerdeutschland habe es Soldaten gegeben, die verstanden hätten, daß die Regierung das deutsche Volk ins Verderben führe. Auch die israelische Regierung führe ihr Volk ins Verderben, so Ha'etzni. »Sie will uns das Land unter den Füßen rauben, das Land der Bibel, das Heilige Land, ohne das der Staat Israel völlig sinnlos ist.« Dies sah auch Sharon so und versprach Abhilfe. Nicht die Palästinenser, sondern die Rabin-Regierung sei der eigentliche Feind des Friedens. »Die erste Tat einer anderen, jüdisch-nationalen Regierung, die mit Gottes Hilfe der jetzigen folgt, wird die Weiterentwicklung der Siedlungen sein.« Dieser Wunsch Sharons ist bereits in Erfüllung gegangen.

Ha'etzni bezichtigte Peres des »Verrats an den Juden« und beschimpfte ihn als »Rehabeam«, eine der schlimmsten Beleidigungen für einen Juden. Ein »Rehabeam« zettelt einen Bürgerkrieg an, so daß »Juden gegen Juden« kämpfen würden. Daher sei es Aufgabe, ja sogar »göttliche Pflicht« eines jeden Juden, gegen die Politik seiner Regierung anzugehen und wie auch immer gearteten Widerstand zu leisten, wenn diese territoriale Kompromisse mit den Arabern einginge. Jede Gebietsverletzung komme einem Sakrileg gleich. Ha'etzni lehnte die demokratische Mehrheitsentscheidung ab, er verglich sie mit der Mehrheit, die damals um das »Goldene Kalb« getanzt habe. Für die fundamentalistische Siedlerzeitung »Nekuda« gibt es keinen Raum mehr für einen Dialog mit der Regierung, weil sie die Entstehung eines palästinensischen Staates fördere. Die Arbeitspartei sei zu einer Partei der »Feiglinge« und »Ängstlichen« geworden; sie verteidige die Rechte der Palästinenser in Eretz Israel. Eine solche Behauptung geht nicht nur an der Realität vorbei, sondern ist bloße Demagogie. Haetzni, Moshe Levinger, der »Gush«, der Siedlerrat und andere extremistische Gruppen gehörten zu den schärfsten Kritikern der Politik von Rabin.

Die Logik der Rechten ist schlüssig: Ha'etzni fragt, warum die Israelis Tel Aviv beanspruchten, wenn sie auf Hebron verzichten wollten. Wenn Israel nicht auf das gesamte Eretz Israel Anspruch erhebe, verliere Israel seine Existenzberechtigung in den Grenzen von 1948. Würden die Israelis keinen Anspruch auf das ganze Land erheben, seien sie nichts anderes als bloße Landräuber, quasi Eindringlinge, die sich der Vertreibung der indigenen Bevölkerung schuldig gemacht hätten. Innerhalb des religiösen Systems ist diese Argumentation stringent. Sie sollte aber auf internationaler Ebene irrelevant sein, da dort religiös-mythische »Rechtskonstruktionen« keine Rechtsgültigkeit besitzen. Diese Extremisten spielen sich somit als die Hüter der wahren Legitimität Israels und der Bibel auf. »Unabhängig von Mehrheitsverhältnissen nehmen sie die israelische Politik zur Geisel«, so Dan Diner in der »FAZ« vom 19. Oktober 1996.

Die extremistischen Siedler lieferten sich schon früh mit den israelischen Ordnungskräften Straßenschlachten, bezeichneten Rabin als »Verräter« und schickten ihm Morddrohungen. Insbesondere nach dem Mord von Chaim Mizrahi aus der Siedlung Beit El, der von drei Palästinensern erstochen und verbrannt worden war, richtete sich der Zorn der Siedler gegen den Regierungschef, der die extremistischen Siedler in die Nähe der Hamas gerückt hatte. Die »Jerusalem Post« schieb dazu: »Eine der niederträchtigsten Äußerungen, die je ein israelischer Spitzenpolitiker getan hat.« In dem Ort Or Akiva tauchte ein Aufkleber mit der Forderung auf: »Rabin muß umgebracht werden!« Auch Hamas-Fundamentalisten sowie Siedler-Fundamentalisten kooperierten und waren bestrebt, das Abkommen zu Fall zu bringen, wie Armin Wertz am 3. November 1993 in der »Frankfurter Rundschau« schrieb.

Gershon Salomon, Chef der israelischen »Getreuen des Tempelbergs« und der Hamas-Funktionär Gamiel Hamani versicherten sich gegenseitiger Sympathie im gemeinsamen Kampf. Eine andere Initiative von 105 prominenten, rechten Persönlichkeiten unterschrieb einen »ethischen Verhaltenskodex gegen eine Regierung von Kollaborateuren, die eine Allianz mit dem Feind« eingegangen seien. Die Unterzeichner lehnten die Oslo-Vereinbarungen ab und sprachen der »terroristischen Rabin-Regierung« jegliche Legitimität ab, da sie sich auch auf die Stimmen der »Araber« stütze. Ein Rückzug aus den Siedlungen wurde als »Verbrechen« bezeichnet, dem man widerstehen müsse. Gegen eine eventuelle Räumung von Siedlungen sollte mit Waffengewalt Widerstand geleistet werden. Dieser »Kodex« forderte die Registrierung der »Friedensverbrechen« der Rabin-Regierung für einen späteren Prozeß.[6] Es gab also einen geistigen Nährboden für das Attentat.

Yigal Amir – der Rabin-Attentäter – war Jurastudent an der namhaften Universität Bar-Ilan in Tel Aviv, einem Zentrum des religiösen Fundamentalismus und extremer Gesinnung. Vor Gericht erklärte Amir, daß gemäß der Halacha ein Jude, der »sein Volk und sein Land dem Feind überläßt, wie Rabin es getan hat, getötet werden muß. Mein Leben lang habe ich die Halacha studiert, und ich bin über alles auf dem laufenden.« Amir zufolge war Rabin persönlich für die Ermordung von Juden durch palästinensische Terroristen verantwortlich. Rabin sei ein Verbündeter der Palästinenser (Rabin-Judenrat). »Als ich zielte, war es, als zielte ich auf einen Terroristen.« Er habe es für Volk, Land und Thora Israel getan. Amir war von einem tiefen Haß auf die Araber und alle diejenigen durchdrungen, die mit ihnen auch nur in entferntesten zu tun hatten.

Für Amir hatte die Rabin-Regierung ihre Legitimität verloren, als er die Menschen auf dem »Platz der Könige« sah, bemerkte er: »Schaut euch das Publikum an, die Hälfte davon sind Araber.« Bei der Vernehmung versuchten die Beamten vergebens, Amir Informationen über Hintermänner oder die Rabbiner zu entlocken, die ihm die religiöse Dispens für den Mord gegeben hatten, ohne die er die Tat nicht ausgeführt hätte, wie er gestand. Wäre der Attentäter ein Araber gewesen, hätte »moderate physische Gewalt«, sprich Folter, auf der Tagesordnung gestanden. »Die Mitarbeiter des Shin Bet unterlassen es nicht, dieses erlaubte Mittel bei Palästinensern einzusetzen.«[7]

Bei seiner Vernehmung offenbarte Amir, daß zwei Rabbiner Rabin als Rodef und Mosser bezeichnet haben. Ein Rodef, das heißt ein Verfolger, bringt einen Juden in Todesgefahr. Wenn es keine andere Möglichkeit gibt, muß dieser Verfolger getötet werden, um andere Menschenleben zu retten. Das ist keine Strafe, sondern eine Erlösung. Ein Mosser ist ein Spitzel oder jemand, der einen anderen ausliefert, vor allem Juden oder ihre Güter an Nichtjuden. Ebenso wie ein Rodef kann er ohne Urteil getötet werden. Die Ermordung war also ein Befehl von oben und keiner konnte sie verhindern, wie Haggai, der Bruder Yigal Amirs, sagte. Die Tat Amirs war nach dem jüdischen Gesetz kein Mord. Die Tat war zwingend notwendig, um Gefahr von jüdischen Volk abzuwehren. Der langjährige Chefarzt der psychiatrischen Abteilung an der Universitätsklinik Tel Hachomer in Tel Aviv, Aron Ronald Bodenheimer, macht Gott als den einzig Schuldigen aus. »Wer über Amir richtet, der richtet über Gott … der Täter wohnt im Himmel. Wenn es derselbe Gott ist, der die biblischen Bücher beider Testamente in die Welt getragen hat, so ist er der Schuldige.«[8]

Amir hatte zwar eine paramilitärische Talmudschule besucht, stammte aber aus Herzliya im israelischen Kernland. An der Bar-Ilan-Universität lebt der Campusrabbiner Israel Hess, der Anfang der achtziger Jahre ein Traktat mit dem Titel veröffentliche: »Das Gebot zum Völkermord in der Thora«. Alle, die dem »Volk Gottes« den Krieg erklärten, seien »Amalekiter« (Erzfeinde Israels). Gott erkläre den Gegen-Jihad, so Hess. In einem solchen Krieg müßten die »Amalekiter« bis zum letzten Weib und Kind ausgerottet werden. Hess lehrt noch immer an Bar-Ilan, wo die Anhänger Meir Kahanes rassistische Plakate anbringen durften, die Rabin zeigten, wie er sich Blut von den Händen wäscht.

Rabbiner waren federführend beteiligt an aufrührerischen Aktionen gegen die rechtmäßig gewählte Regierung, die sie bezahlt. Mit ihren Reden und »religionsgesetzlichen« Entscheidungen haben sie mit dazu beigetragen, der Regierung die Legitimität abzusprechen. Sie argumentierten, die Regierung habe »kein Mandat« und stütze sich nicht auf eine jüdische Mehrheit, noch schlimmer sei, daß sie in der Knesset die Stimmen der arabischen Abgeordneten benötige, d. h. der »nichtjüdischen Knesset-Angehörigen«, die ihre Weisungen von Arafat erhielten. Diese Abgeordneten sind aber israelische Staatsbürger.

Auch der jetzige Ministerpräsident Netanyahu hat die Atmosphäre mit vergiftete, die zu Rabins Ermordung geführt hat. Er, Sharon und Ehud Olmert sprachen auf Demonstrationen, auf denen man Plakate zeigte, die Rabin quasi zu »Freiwild« erklärten, ohne sich davon zu distanzieren. David Lev und andere Likud-Politiker warnten Netanyahu davor, den Likud nicht »zum Schwanz der extremistischen Parteien« werden zu lassen.

Auf diesen Plakaten wurde Rabin als »Verräter«, »Mörder« oder als »Rabin-Judenrat« bezeichnet. Dies ist eine der übelsten Verleumdungen, da sie Rabin eine Kollaboration mit den Palästinensern unterstellt, die zur Vernichtung Israels führen würde. Auf Demonstrationen wurde eine Rabin-Puppe gezeigt, mit einer palästinensischen Keffieh, in SS-Uniform und mit Hackenkreuzbinde, am Galgen baumelnd oder auf einem Sarg liegend mit der Aufschrift »Rabin, Mörder des Zionismus«. Während einer Kundgebung schrien Rechtsextremisten: »Mit Blut und Feuer, werden wir Rabin vertreiben.« Die Redner hämmerten dem Publikum diese feindseligen Parolen regelrecht ein. Sie verglichen Rabin mit Marshall Petain, präsentierten eine Anklageschrift für einen späteren Hochverratsprozeß. Eine Gruppe von »Mystikern«, hauptsächlich Rabbiner, veranstaltete eine gespenstische Zeremonie vor Rabins Wohnung, die unter Eingeweihten als die furchtbarste Stigmatisierung gilt. Sie beschworen »Racheengel«, die Rabin mit »peitschenden Feuerhieben« (Pulsa denura) töten sollten. »Und gegen ihn, Yitzhak, Sohn der Rosa, den man als Rabin kennt, ist es uns erlaubt, die Engel der Vernichtung anzurufen, damit sie das Schwert erheben, um diesen schlechten Menschen zu töten; denn er händigt das Land von Israel an unsere Feinde aus, an die Söhne von Ismael.« Ein Teilnehmer äußerte vor der Fernsehkamera: »Der Verräter Rabin wird verdammt. Dieses Urteil ist das stärkste und wenn angewandt, funktioniert es immer.« Drei Tage nach diesem religiösen Mummenschanz war Rabin tot. Diese Aktionen gehören gewiß zu den politischen und moralischen Tiefpunkten in der Geschichte Israels. Auch Lea Rabin ist davon überzeugt, daß der Likud-Block aus politischen und ideologischen Gründen eine Kampagne gegen ihren Mann führte.[9] Bezeichnenderweise sind die Debatten über adäquate Antworten auf den »Verrat am jüdischen Volk« seit der Wahl Netanyahus und dem so gut wie toten Friedensprozeß völlig verstummt.

Heftige Kritik am Verhalten und den Aussagen der Rabbiner übte der Wissenschaftler Haim Gordon. »Was einzigartig an diesem Götzendienst ist, daß er durch nationalistische, politische Ansicht bestimmt wird und von Juden kommt, die sich als religiös bezeichnen«, so auf einer Konferenz im Juni in Beer Sheva. Dieser Götzendienst verbreite sich wie ein »Krebsgeschwür« und wurde zur Norm. Keine der führenden Rabbiner und Politiker habe sich gegen diesen Götzendienst gewandt. »Die Rabbiner sind keine ›spirituellen Führer‹. Sie sind Schwindler ... Hunderte von Rabbiner in Israel sind Götzdiener, weil sie ihre Anhänger nicht zu einem Leben in Gerechtigkeit gemäß den Geboten anhalten, statt dessen ermutigen diese Rabbiner ihre Anhänger die Gebote zu mißachten und das Land Israel zu verehren.« Diese Art des Judentums wurde zu einer »fanatischen und wahnsinnigen Religion, die völlig die Spiritualität der Bibel vermissen läßt«. Viele Israelis haben sich gegenüber ihren Nachbarn »versündigt«, was zu Wiedergutmachungsleistungen führen müsse.[10] Diese religiösen Kräfte, schreibt Stefanie Christmann im zitierten »Freitag«, blockieren nicht nur die Rückgabe der Gebiete, »sondern bekämpfen und unterminieren darüber hinaus auch den säkularen Rechtsstaat, um an seiner Statt einen fundamentalistischen Judenstaat zu errichten«.

Teile der Linken und die Arbeitspartei bewerteten die Tat als die eines »verrückten Siedlers« (Ehud Barak) oder als ein »ausländisches Implantat« (Amos Oz). »Diese Morde mögen Wahnsinn sein, aber die Weltanschauung, die ihnen zugrunde liegt, ist kein fremdes Implantat, nichts, was Israels politischer Kultur äußerlich wäre. Ihre geistigen Wurzeln reichen vielmehr tief in die Geschichte des Zionismus hinein.«[11] Amir und Goldstein sind zwar Terroristen, aber Wahnsinnige waren sie nicht. Deshalb kann der Einschätzung Amos Elons nicht gefolgt werden, der Amir als den im Lande aufgewachsenen guten Jungen von nebenan und Goldstein als amerikanischen Cowboy auf der Suche nach dem Wilden Westen charakterisierte.[12] Dieses Argument geht völlig an der theologischen Tradition vorbei, in der beide stehen. Die Taten wurden nicht von politischen Wirrköpfen oder Wahnsinnigen verübt, »sondern von rational handelnden Intellektuellen«[13].

Für die Arbeitspartei und Meretz sowie andere liberale und linke Gruppierungen trugen die Rechten Schuld an dem Attentat. Die Linke stilisierte Yitzhak Rabin zu einem »Heiligen«, »Friedenspolitiker« oder wie Lea Rabin zu einem »Denkmal«.[14] Nach seiner Ermordung verstieg sich die Linke zu kuriosen Äußerungen: »Yitzhak, Du siehst von oben auf uns herab« oder »Rabin, sage Gott, dem Du so nahe bist, schaffe Netanyahu weg.« Auch die »Denkmal-Pose« wird Rabin nicht gerecht, der den größten Teil seines Leben ein »Mann des Krieges« war. 1948 und 1967 war er an den Vertreibungen der Palästinenser maßgeblich beteiligt. Erst seit 1993 zeigte er sich aus strategischer Notwendigkeit bereit, zu einem Ausgleich mit den Palästinensern zu kommen. Wenn man die Abkommen betrachtet, die er ausgehandelt hat, kann man es nur schwer nachvollziehen, warum die westliche Öffentlichkeit ihn einen »Friedenspolitiker« genannt hat. Der Verfasser schrieb über Lea Rabins Buch in der »FAZ« vom 26. August 1997: »Zum Andenken Rabins gehört auch, daß er gegen einen souveränen Palästinenserstaat, gegen die Auflösung der Siedlungen, gegen das Rückkehrrecht der Palästinenser und gegen Ost-Jerusalem als Hauptstadt für die Palästinenser war.« Es muß daran erinnert werden, daß er Ende März 1993 die Politik der Abriegelung initiierte, die bis heute in Kraft ist, und im Juli 1993, als schon in Oslo Geheimverhandlungen liefen, einen Kurzkrieg im Libanon geführt hat, durch den willkürlich 500 000 Menschen vertrieben worden sind.

Nach dem Attentat auf Rabin schien die Rechte in Israel wie gelähmt. Plötzlich wollte keiner von ihnen die Hetztiraden geäußert haben und an den Anti-Regierungsdemonstrationen beteiligt gewesen sein. Die Linke verfiel in den Fehler, den Geheimdienst mit allen Mitteln zu verteidigen. Dies nutzte natürlich die Rechte und ging nach der Regierungsübernahme durch Netanyahu in die Offensive und beschuldigte ihrerseits die Linke sowie den Geheimdienst Shin Bet. Die Rechte verbreitete zwei Versionen über den Mord an Rabin: eine extreme und eine moderate.

Nach der extremen Variante, die am 31. Oktober 1997 in der Zeitung der Nationalreligiösen Partei, »Hatzofe«, veröffentlicht und am 2. November von »Ha'aretz« nachgedruckt wurde, soll der Geheimdienst von dem Mordplan Amirs gewußt und den Ministerpräsidenten informiert haben. Er habe den Anschlag gebilligt, aber den Geheimdienst angewiesen, die Kugeln gegen Platzpatronen auszutauschen. Ein leitender Shin Bet-Agent soll Peres informiert haben, und beide beschlossen, die Patronen nicht auszutauschen. Fast alle israelischen Persönlichkeiten einschließlich Netanyahu und Peres haben diese Spekulationen zurückgewiesen. Am 9. November berichtete »Ha'aretz« in einem Beitrag, daß ein nicht unerheblicher Teil von gemäßigten Besuchern von Synagogen diese Theorie glaube. So gab Yitzhak Ben-Nun zu Protokoll: »Ist es nicht eine Schande, daß die Linke die Hälfte der israelischen Bevölkerung des Mordes bezichtigt? Bin ich ein Mörder? Wenn sie wissen wollen, wer der Mörder ist, sollen sie Shimon Peres fragen ... Ich glaube, daß der Shabak Rabin umgebracht hat, um ihn durch Peres zu ersetzen.« Und Ya'akov Malka sagte: »Hätte der Shabak Rabin nicht umgebracht, warum hätte er dann Avishai Raviv anstellen sollen, um gegen ihn zu hetzen ... Ich bin gegen Bibi, aber wie lange soll ich auf Befehl der Linken um Rabin trauern? Ich bin nicht länger bereit, mich wie ein Hund behandeln zu lassen!« Israel Shahak vermutet, daß zirka 20 Prozent der Israelis die These über Peres und den Geheimdienst glauben.[15]

Die moderate Version geht auch von Peres' Verwicklung aus und wirft dem Geheimdienst vor, bei dem Mord entweder geholfen oder ihn arrangiert zu haben. Die Behauptungen beruhen auf zwei Argumenten: Einerseits auf den Aktivitäten von Raviv und seiner Verbindung zu Amir und andererseits auf dem nachlässigen Schutz von Rabin. Der Shin Bet wird auch beschuldigt, keinerlei Vorkehrungen getroffen zu haben, um den Mord zu verhindern.

Durch neue Enthüllungen erscheint der Geheimdienst in einem immer schlechteren Licht, weil er seine elementaren Pflichten so sträflich vernachlässigt hat. Dieses Versagen des Shin Bet schädigt den ansonsten exzellenten Ruf des Geheimdienstes immens. Der Shin Bet ist ein Exportschlager Israels. Allein in Afrika sollen 20 000 Israelis Sicherheitsaufgaben ausführen. Der Untersuchungsbericht unter Leitung des ehemaligen Präsidenten des Obersten Gerichts, Meir Shamgar, kam zu dem Schluß, daß der Shin Bet nicht gut funktionierte. Über das Umfeld und das religiöse Milieu, in dem Leute wie Amir gedeihen konnten, fiel kein Wort.

Seit 1987 ist Raviv für den Shin Bet tätig. Er war von einem abgrundtiefen Haß auf alle Araber und »Verräter der Linken« besessen und mit 14 Jahren bereits Mitglied der faschistischen Kach. Er stammt aus einer nicht-religiösen Familie. Um die Siedler von seiner »Religiosität« zu überzeugen, verprügelte er Palästinenser, besonders Kinder und ältere Menschen auf eine üble Weise. Er zerstörte auch ihren Besitz. Deshalb wurde er verhaftet, aber der Geheimdienst veranlaßte seine umgehende Freilassung. Wegen seines hedonistischen Lebensstils und seiner saloppen Kleidung konnte er aber nie das Vertrauen der religiösen Extremisten gewinnen. Er hatte wenig Einfluß in der rechten und religiösen Szene, insbesondere in Hebron. Amir wollte Raviv in den engeren Kreis von Eyal aufnehmen, doch sein Bruder Haggai lehnte dies ab.

Raviv erregte vor allem durch seine »exzentrischen« Aktionen die Aufmerksamkeit der Presse. Er stellte das Poster mit Rabin in SS-Uniform her. Und er stand auch hinter einer bizarren Szene, als er Jugendliche veranlaßte, »Loyalität gegenüber Eretz Israel« zu schwören, während sie das Blut von gerade geschlachteten Hähnen tranken. Diese Aktion sollte als charakteristisch für die rechte Szene sein, die sie jedoch als tödliche Beleidigung auffaßte. So ist die Vermutung des Journalisten Elie Elitzur, die er am 9. November 1997 in »Yediot Aharonot« äußerte, nicht von der Hand zu weisen. Raviv ging auch auf Geheiß des Geheimdienstes nach Gaza, traf sich mit Hamas-Führern, um gemeinsame Terroranschläge zu vereinbaren, wie ein lokales Blatt in Jerusalem schrieb. »Keiner kann mir weismachen, daß ein Shin Bet-Agent nach Gaza geht, um Hamas-Führer zu treffen, ohne daß er vom Shin Bet gesandt wurde.« Könnte nicht auch der Shin Bet hinter den schrecklichen Aktionen in Hebron gestanden haben, die dort gegen Palästinenser verübt worden sind?

In der Tat bleiben zahlreiche Fragen nach der Ermordung von Rabin offen. So kann man nicht glauben, daß der Shin Bet nichts von einem geplanten Anschlag gewußt haben will, obwohl Amir offen über die Notwendigkeit der Tötung Rabins gesprochen hat und dazu von Raviv immer wieder ermuntert worden ist. Auch ist es schwer verständlich, daß es kein Bild von Amir oder wenigstens eine Personenbeschreibung von ihm in Polizeikreisen gab. Warum wurde Rabin an dem Abend seiner Ermordung nur von einem Leibwächter begleitet, obgleich man einen »islamischen Terroranschlag« vermutete? Selbst dieser Leibwächter war nicht anwesend, als Amir abdrückte. Angeblich wurde er von Rabin zu seiner Frau gesandt. Auch kann nicht mehr geklärt werden, wer »Platzpatronen, Platzpatronen« rief, obwohl es die Umstehenden – einschließlich Lea Rabin – gehört haben. Raviv, der sich nicht am Tatort aufhielt, gab die Nachricht aus, dieses Mal sei es nicht gelungen, aber beim nächsten Mal werde es klappen. Die einzige Erklärung dafür ist, daß eine Vertrauensperson Raviv erzählte, es seien Platzpatronen benutzt worden. Der Widerspruch blieb ungeklärt, weil Raviv nicht von einem unabhängigen Staatsanwalt verhört werden konnte. Raviv bezieht bis heute vom Shin Bet ein hohes Gehalt, ohne dafür etwas zu tun.

Klingt dies nicht alles sehr nach »Verschwörungstheorie«? Das israelische Parlament muß endlich ein Gesetz verabschieden, das dem Shin Bet legale Fesseln anlegt. Er ist an fast allen Vorgängen in der israelischen Politik direkt involviert und beeinflußt Entscheidungen, wenn er sie nicht selber trifft. Die Öffentlichkeit sollte seine rechtswidrigen Aktionen nicht mit dem »Sicherheitsargument« rechtfertigen und seine bestimmende innergesellschaftliche Rolle nicht länger akzeptieren.

Auf welche geistigen Fundamente berufen sich die nationalistische Rechte und die Religiösen in Israel? Baruch Goldstein und Yigal Amir und Hunderttausende andere, die Gruppen wie dem »Gush«, »Kach«, »Kahane Chai«, »Zu Arzeno« angehören, haben eine religiöse Erziehung genossen, ohne die die Morde dieser beiden und der latente Ethnozentrismus der israelischen Gesellschaft nicht zu verstehen sind. Obwohl die extrem nationalistische Rechte des Landes immer wieder ihren Mitgliedern eingeimpft hatte, kein Mitglied des eigenen »Stammes« zu töten, wurde dieses Tabu in Folge der Radikalisierung der Gesellschaft gebrochen. Da die Israelis sich immer um die äußeren Feinde gekümmert haben, blieben ihnen die inneren Feinde verborgen. Hinzu kommt, daß man die Tötung von Palästinensern quasi als Kavaliersdelikt jahrzehntelang akzeptiert und in den seltensten Fällen strafrechtlich geahndet hatte. Straftaten der Siedler wurden überwiegend lax verfolgt. Ihren illegalen Aktivitäten gaben beide Regierungslager zu oft nach. Die Regierung hat auch zu lange geduldet, daß sich die Religiösen und die Nationalisten im Widerspruch zum säkularen Recht immer wieder auf »göttliches« Recht berufen haben.

Die Idolisierung von Extremisten treibt in der israelischen Gesellschaft seltsame Blüten. So errichtet man dem Massenmörder

Baruch Goldstein im Meir-Kahane-Park in der Extremistensiedlung Kiryat Arba ein Grabdenkmal, das zu einer Wallfahrtsstätte aller religiösen Extremisten und Nationalisten in Israel geworden ist. Auch der Rabin-Mörder wurde in Israel zum »Idol«. So berichtet das israelische Fernsehen am 9.August von drei ungefähr 17jährigen Schülerinnen, die einen Yigal Amir-Fanclub gegründet haben. Sie erklärten, Eltern und Lehrern duldeten, rechtfertigen und förderten dies sogar aktiv. Vor der Kamera reichten sie Fotos ihres »Helden« herum, rühmten seinen Mut und priesen das Lächeln, das er während seines ganzen Prozesses auf den Lippen trug. Die Mädchen besuchen religiöse Schulen und gehören dem orthodoxen Flügel der israelischen Gesellschaft an. Die Schuldirektorin sprach von »wirren« Ideen irregeleiteter Halbwüchsiger, aber an den Wänden der Schule fanden sich Schmierereien, die Shimon Peres den Tod wünschten.

Die Journalisten Ariel Weiss und Avi Segal berichten am 6. Dezember 1996 in »Yerushalayim«, daß ein Viertel der jüdischen, nationalreligiösen Öffentlichkeit die Tat von Yigal Amir unterstützt. Der Leiter der religiösen Schule »Dugma Uziel« lehnte es ab, der Ermordung Rabins in seiner Schule offiziell zu gedenken, da es zu Unruhen kommen könne, weil ein erheblicher Teil der Schüler zu Familien gehöre, die die Ermordung guthießen. Eine Untersuchungskommission, die vom Erziehungsministerium mit dem Ziel eingesetzt worden war, die religiösen Schulen reinzuwaschen, kam zu dem Schluß, daß es eine besorgniserregende Minderheit gebe, »die sich entweder gegenüber der Ermordung indifferent verhält, oder die in einigen Fällen sich sogar damit identifiziert«. Auf einer Pressekonferenz erklärte der Erziehungsminister Zevulun Hammer: »Falls es diese Lehrer gibt, die eine solche Position beständig vertreten, haben sie keinen Platz im Bildungssystem.«

Israel ist ein »jüdischer« Staat, dadurch diskriminiert er qua definitionem alle Nichtjuden. Die orthodoxe Richtung der jüdischen Religion betrachtet alle Nichtjuden als nicht gleichwertig. Eine Auseinandersetzung mit dieser Tatsache ist letztendlich auch der Schlüssel zum Verständnis der Vorgänge im Lande. Religiöse Fundamentalisten und extreme Nationalisten berufen sich immer auf das jüdisch-orthodoxe Gesetz, das den Boden des »Landes Israel« für heiliger erklärt als ein Menschenleben und feststellt, daß dieser Boden von den Gojim (Nichtjuden) befreit werden müsse.

Professor Israel Shahak schreibt zu diesem Thema am 8. April

1994 in der Zeitung »Davar«: »Nach der Aufdeckung der Mordanschläge des ›Jüdischen Untergrunds‹ wurde kein Versuch gemacht, die halachischen Wurzeln dieser Taten zu begreifen. Meiner Ansicht nach ist das der Hauptgrund dafür, daß der Mörder Goldstein seinen Plan ausführen und die Sympathie und das Verständnis so weiter Kreise gewinnen konnte. Ich hoffe, daß jenem Teil der Öffentlichkeit, der nicht wünscht, daß wir in Zustände wie im khomeinischen Iran geraten, die einmalige Erfahrung im Ignorieren grundlegender Probleme genügt, und daß er den abscheulichen Mord zur Klärung der ideologischen Wurzeln nutzen wird.

Beginnen wir mit der Tatsache, daß es einem Juden gemäß der Halacha generell verboten ist, einen Gojim vom Tode zu erretten, diese Regel gilt auch für einen jüdischen Arzt – sofern er die Halacha praktiziert. Und so stellt der Rambam fest: ›Aber Nichtjuden, die mit uns keinen Krieg führen, und Viehhirten und ähnliche, denen hebt man nicht den Tod auf, und es ist verboten, sie zu retten, wenn sie sich in Todesgefahr befinden. Zum Beispiel, wenn man einen von Ihnen sah, der ins Meer fiel, dann holt ihn nicht hinauf, denn es heißt: ‹Man steht nicht untätig bei dem Blut des Nächsten, das heißt, das ist nicht sein Nächster.‹ (Halacha vom Mörder und Seelenschutz, 4. 11.) …
An einer Stelle ergänzt Rambam dieses Gesetz. ›Hieraus lernst du, daß es verboten ist, Nichtjuden selbst gegen Bezahlung zu heilen, wenn man sich vor einem fürchtet oder man der Feindschaft verdächtigt wird, dann heilt man gegen Bezahlung, umsonst ist es aber verboten.‹ (Halacha vom Götzendienst, 10. 2.) …

Wenn ein religiöser Jude Goldstein daran gehindert hätte, Nichtjuden zu töten, hätte er sich gemäß der Halacha nur von der Frage leiten lassen, ob dieses Töten ›zum Guten der Juden‹ oder zum ›Guten der jüdischen Siedlungen‹ sei, so wie wir es tatsächlich von gewissen religiösen Wortführern hören. Die Grundregel, daß das Leben eines Nichtjuden nach Dafürhalten der Halacha keinerlei Wert besitzt, sieht man noch deutlicher bei einem in aller Ausführlichkeit behandelten Thema in der Halacha, nämlich dem Problem der Entweihung des Sabbats im Fall der Behandlung eines kranken Gojim. Handelt es sich um einen Juden, dann gilt das Gesetz von der ›Errettung aus Lebensgefahr‹, das das Sabbatgesetz aufhebt. Der Halacha (und Kabbala) zufolge haben aber die Nichtjuden keine Seele, und daher entscheidet die Halacha, daß ein Jude, inklusive ein jüdischer Arzt, den Sabbat nicht entweihen will, um einen Gojim zu retten oder zu behandeln, außer es geht um die oben genannte ›Errettung aus Lebensgefahr‹ oder um befürchtete ›Feindschaft‹, das heißt um die Befürchtung einer Gefahr für Juden …

Kein Zweifel, das sind die religiösen Gesetze, denen die meisten Nationalreligiösen in der Praxis und alle Orthodoxen theoretisch folgen, und hierauf gründet ihr Standpunkt, den sie zum Töten von Arabern durch einen Juden einnehmen, so wie das im Fall des ›Jüdischen Untergrunds‹ geschah. Es besteht auch kein Zweifel daran, daß diese Gesetze nicht nur die gesamte religiöse Öffentlichkeit beeinflussen, sondern auch jene säkularen Kreise, die sich nicht gänzlich von der Religion befreit haben, speziell in ihrem Verhalten zu den Nichtjuden.«

Da sich der latente Rassismus der israelischen Gesellschaft aus der in der Religion fixierten »Auserwähltheit« des jüdischen Volkes speist, betont Israel Shahak: »Obwohl der Kampf gegen den Antisemitismus (und alle anderen Formen des Rassismus) niemals nachlassen sollte, ist der Kampf gegen den jüdischen Chauvinismus und Exklusivität, der eine Kritik des klassischen Judentums mit einschließt, jetzt von gleicher oder größerer Wichtigkeit.«[16]

Indirekt weist auch der Rabbiner David Hartman in der »Jewish Week« auf dieses Problem hin: »Ich denke, wenn wir dies alles als etwas uns Fremdes, als eine Art Unfall betrachten, dann müssen wir uns nie wirklich über uns selbst klar werden. Das ist kein Unfall. Es ist eindeutig etwas, das in diesem Land (Israel) gedeiht. Etwas, das aus unserer Tradition erwächst … Es besteht gar kein Zweifel daran, daß es so manches in der jüdischen Religion gibt, was zu solch einem rassistischen Verständnis anleiten kann … Was Goldstein tat, gemahnt mich daran, wie gefährlich es ist, das Reden über Amalek unwidersprochen zu lassen. Goldstein hat an mich die Herausforderung gestellt, zu erkennen, welche Art von Verbrechen man gegen die Menschlichkeit und die Moral unter dem Vorwand begehen kann, es gäbe nur einen Wert, der alles andere ausschließt, nämlich das Land (Israel), und daß die Souveränität über das ganze Land der Endzweck sei … Das ist keineswegs nur verrücktes Beiwerk. Das ist ein kranker Bestandteil, der das jüdische Selbstverständnis zu infiltrieren vermag.«

Goldstein hat sich aus religiösen Gründen immer geweigert, Nichtjuden zu behandeln. Dies gab er auch gegenüber dem Obersten Militärrabbiner Gad Navon laut »Yediot Aharonot« vom 1. März 1994 zu Protokoll: »Ich bin als Arzt nicht bereit, jemanden zu behandeln, der kein Jude ist. Ich erkenne nur den Rambam und Kahane an.« Shahak erklärt: »In der Tat gibt die Halacha die Weisung, sich genau so zu verhalten: Besteht das Risiko, daß die Weigerung eines frommen jüdischen Arztes, Nichtjuden zu behandeln, den Behörden gemeldet werden könnte, dann darf er sie behandeln, doch nur, um sich selbst und anderen Juden irgendwelche Unannehmlichkeiten zu ersparen. Es gibt gute Gründe, anzunehmen, daß immer dann, wenn fromme Ärzte – und Goldstein war solch ein frommer Arzt – durch die Umstände dazu gezwungen worden sind, Araber zu ›behandeln‹, sie diese in der Tat nicht zu heilen versuchten. Selbst wenn sie den Tod ihrer Patienten nicht ausdrücklich herbeiwünschten, so unternahmen sie doch nichts Wirksames, um ihren Zustand zu verbessern.«

Daß der Rabbiner Dov Lior aus Kiryat Arba einen Massenmörder als »Gerechten« bezeichnet, ist logisch: »Da Goldstein das, was er tat, im Namen Gottes tat, muß er als ›Gerechter‹ angesehen werden.« Goldstein bekam ein pompöses Begräbnis mit einem Trauerumzug in Jerusalem und der Beisetzung in Kiryat Arba. Miriam Goldstein, die eine Kach-Aktivistin ist, wurde insgeheim zur Heldin. Für ihren und ihrer vier Kinder Unterhalt ist gesorgt. Sie äußerte auch kein Wort des Bedauerns, sondern forderte die Bestrafung der Mörder ihres Mannes. In welcher religiösen Wahnwelt die Bewohner Kiryat Arbas leben, verdeutlicht das Tagebuch von June Leavitt: »Baruch Goldstein hat unser aller Bewußtsein verändert … (er) konfrontiert jeden von uns erneut mit dem Prinzip des ›Märtyrertums‹ … (er) hat wie die Juden in der Bibel gehandelt … Wenn sie unsere Basis ist, dann geht auch Baruchs Verhalten damit konform.«[17] In Hebron warnten einige Zeloten davor, die Stadt der Patriarchen im Stich zu lassen, da dies eine »Perversion zionistischer Ideale« darstelle.

Die nationalistischen und religiös-fundamentalistischen Juden konnten den säkularen Staat in Frage stellen. Nach dem Sechstagekrieg hat sich zunehmend auch das Militär mit der religiösen Variante des Zionismus identifiziert. Die oberen Ränge des Offizierskorps fühlen sich noch dem säkularen Zionismus à la Arbeitspartei verpflichtet, doch Oberst Mikha Regev, ein stellvertretender Batallionskommandeur, verwies in einem Interview, das am 23. November 1995 in der Zeitung »Davar« erschien, auf eine wachsende Zahl von Soldaten, die aus den Hesder-Jeshivas kommen und von Rabbinern in der messianischen Tradition erzogen würden und »eine tiefe Verachtung für das säkulare Regime in Israel« hätten. »Innerhalb dieses nationalreligiösen Trends gibt es eine nicht unbedeutende Zahl, die sehr gefährlich ist. Sie betrachtet den Zionismus als einen Prozeß von kosmischer Erlösung. Sie definieren den säkularen Zionismus als einen kollektiven Messias.« Insbesondere die Eliteeinheiten der israelischen Armee werden auf Anweisung der Rabbiner von Extremisten mit dieser Gesinnung infiltriert. »Diese Yeshiwot verkörpern par excellence eine Verbindung von Thorastudium und Militärdienst«, so Moshe Zimmermann.[18] Ihr Motivation zu kämpfen ist religiös bedingt. Sie ersetzen zunehmend die weltlich orientierten Soldaten und unterwandern stillschweigend die Armee.

Shahak sieht die Verflechtung von Militär und Religion langfristig als Gefahr für die Sicherheit Israels an. »Die Zahl der religiös orientierten Offiziere und Soldaten nimmt stark zu, weil die messianischen Juden die stärksten Militaristen in Israel sind. Sie erziehen ihre Kinder für den Militärdienst über die drei Jahre hinaus. Sie unterhalten Schulen mit einem militärischen Ausbildungsprogramm, in denen die Schüler mit dem Ziel erzogen werden, Offiziere in Elite-Einheiten zu werden. Zirka 30 Prozent eine Offiziersjahrganges gehören den messianischen Juden an. Sie sind exzellente Soldaten. Die Armee bevorzugt sie. Sie könnten versucht sein, einen Staatsstreich zu organisieren, der von ihrem ideologischen Standpunkt aus immer mehr eine Möglichkeit darstellt.«[19]

Das Attentat auf Rabin erhellte, wie stark der gesellschaftliche Konsens in Israel erschüttert ist. Durch den Machtzuwachs der Nationalisten und religiösen Fundamentalisten hat sich der Kulturkampf seither zugespitzt. In diesem Kampf geht es darum, ob Israel sich weiter als säkularer Staat verstehen will oder sich zu einem »Gottesstaat« entwickelt. Nicht nur die Zeitung »Maariv«, die jeden Tag eine bis zwei Seiten mit gegenseitigen Anschuldigungen zwischen Religiösen und Säkularen abdruckt, legt davon Zeugnis ab.

Der israelisch-palästinensische Konflikt tritt gegenüber dem Kulturkampf in den Hintergrund. Noch haben die religiösen Fundamentalisten nicht die geistige Hegemonie über die Gesellschaft errungen, die sie anstreben, aber sie agieren immer offensiver. Gezielt werden säkulare Israelis aus religiösen Wohnvierteln verdrängt. In der israelischen Siedlung Ramot in Ost-Jerusalem sprühten Extremisten an die Wände, daß sie das Schwimmbad in ein religiöses Reinigungsbad (Mikwe) umfunktionieren wollen. Immer öfter findet die Vereidigung der Rekruten vor der Klagemauer in Jerusalem und nicht mehr auf der ehemaligen Festung Massada statt. Die Fundamentalisten verlangen auch eine eigene Holocaust-Gedankstätte, weil in den Ausstellungsräumen von Yad Vashem Fotos gezeigt werden, auf denen nackte Menschen in die Gaskammern getrieben werden, die Religion aber Nacktheit verbiete.

Daß sich der Zorn der Fundamentalisten auch gegen Netanyahu wenden kann, zeigte die Reaktion nach der Unterzeichnung des Hebron-Protokolls. Das nationalistische Lager um die verbotene Kach-Bewegung stempelte ihn zum »Verräter«. Hinzu kommen die Drohungen der »Habad«-Bewegung, Netanyahu wegen gebrochener Versprechen vor ein Thora-Gericht zu stellen. Die Habad-Hassedim haben im Wahlkampf mit dem Slogan »Netanyahu ist gut für die Juden« die Trommel für ihn gerührt. Israel Shahak prophezeite sogar in einem Gespräch mit dem Verfasser einen Anschlag auf den Ministerpräsidenten. Nationalisten und religiöse Fundamentalisten haben ihre Macht bereits so weit ausgebaut, daß es für die säkular und westlich orientierten Israelis sehr schwer werden dürfte, ihre Rolle langfristig zu behaupten.

Der nächste Machtkampf, der der Regierung bevorsteht, dreht sich um das Konversionsgesetz, das regeln soll, wer Jude ist oder wie er zum Judentum konvertieren kann. Dieses Gesetz stellt ein Politikum ersten Ranges dar, es kann durchaus eine schwere Regierungskrise auslösen. Für die Orthodoxen ist das Problem der Konversion wichtiger als der Friedensprozeß oder die Wirtschaftspolitik. Sie bestehen darauf, daß nur solche Konversionen anerkannt werden, die vom Oberrabbinat anerkannte Rabbiner durchführen. Diese Konversionen garantieren das automatische Recht auf die Staatsbürgerschaft. Konkret würde dies bedeuten, daß alle, die sich zum liberalen und konservativen Judentum bekennen, durch den orthodoxen Raster fallen würden und vom institutionellen, religiösen Leben in Israel ausgeschlossen wären. In den Religionsräten der Städte sitzen bisher nur orthodoxe Juden, sie kontrollieren das Oberrabbinat in Jerusalem, und sie verlangen von Netanyahu, den augenblicklichen Status festzuschreiben. Sie berufen sich dabei auf eine Koalitionsvereinbarung vom Juni 1996. Dieser Alleinvertretungsanspruch, der alle Differenzierungen im Judentum der letzten 200 Jahre zunichte macht, hat heftigen Widerstand der US-amerikanischen Judenheit hervorgerufen. Die sechs Millionen jüdischen Amerikaner gehören zu 90 Prozent der liberalen und konservativen

Richtung des Judentums an. Die Konsequenz dieses Konversionsgesetzes wäre, daß die überwiegende Zahl der amerikanischen Juden nicht mehr als Juden anerkannt würde. Bei dieser »religiösen« Streitfrage geht es um viel Geld und Macht: Zum einen geht es um die Verteilung von 70 Millionen US-Dollar für den Bau von Synagogen sowie die Erhaltung der Kosher-Gesetze etc. Zum anderen streben die liberalen Juden die Trennung von Staat und Religion an. Daran können die Orthodoxen natürlich kein Interesse haben, da sie damit ihre Machtbasis einbüßen würden.

Netanyahu fürchtet nicht so sehr den Wegfall der jüdischen Spendengelder als vielmehr den Verlust der politischen Lobbyarbeit in den USA. Dies ist aber eher unwahrscheinlich. Die Regierung hat sich Ende 1997 eine Bedenkzeit ausbedungen. Sie bemüht sich um einen Kompromiß. In dem Streit geht es nicht nur um die Konversion, sondern auch um Eherecht, Riten, die Rolle der Frau sowie das Recht, an der Klagemauer zu beten.

Alle Gruppen wollen die Spaltung des Volkes vermeiden. Am 23. Januar 1998 schlug Finanzminister Yaakov Neeman vor, ein zentrales Institut für religiöse Konvertierungen aller drei Strömungen des Judentums zu gründen. Sein Plan sah weiter vor, daß Konversionswillige bei einem Rabbiner ihrer Wahl studieren können, aber unter Aufsicht eines orthodoxen Rabbiners konvertieren müssen. Die endgültige Anerkennung als Jude bliebe dem orthodoxen Rabbinat vorbehalten. Hochzeiten sollen dagegen auch von nicht-orthodoxen Rabbinern durchgeführt werden können, allerdings in Anwesenheit von zwei Zeugen des Oberrabbinats. Dies entspricht nicht den Vorstellungen der liberalen und konservativen Juden, doch auf diese Weise könnte ihnen erstmals der Einstieg in das institutionelle, religiöse Leben des Landes gelingen.

Die reformierten Rabbiner haben den Plan nicht unterzeichnet. Auch die Orthodoxen lehnen diesen Kompromiß ab. Sie verweigern ein Treffen mit den reformierten Kollegen, weil sie diese nicht anerkennen. Was die Orthodoxen von ihren nichtorthodoxen Kollegen halten, machte der Rabbiner David Yossef in »The Guardian weekly« vom 2. November 1997 deutlich: »Die Refom- und die konservative Bewegung haben eine andere Religion geschaffen, die mit dem Judentum nichts gemein hat. Wenn sie zum Judentum zurückkehren, müssen sie die von ihnen geschaffene bizarre Religion aufgeben.« Andere Orthodoxe nennen die Reformrabbiner »Terroristen«, ihr Reformjudentum sei eine »verächtliche Farce«.

Im Januar 1998 tagte eine Kommission unter dem Generalsekretär der Jewish Agency, Avraham Burg. Sie erörterte die Frage, wie die Religion von Konvertiten in die israelische Identitätskarte eingetragen werden solle. Burg schlug vor, in dem Dokument den Buchstaben »J« und das Jahr der Geburt oder der Konversion einzutragen. Die Art des Übertritts – orthodox, konservativ oder reformiert – soll nur berufenen, religiösen Kreisen zugänglich gemacht werden. Dieser ominöse Buchstabe steht zwar für »jüdisch« oder »israelisch«, weckt aber ungute Erinnerungen. Das Prozedere würde auch dem Gleichheitsgrundsatz zuwiderlaufen.

Mitte September 1997 kam es anläßlich des Gebetes von Tisha Be'au vor der Klagemauer zu Auseinandersetzungen zwischen Orthodoxen und Konservativen. Auf Geheiß des Religionsministeriums wurden unter Einsatz von Gewalt konservative Juden von dem Platz vor der Klagemauer und aus der Jerusalemer Altstadt vertrieben. Dies war das erste Mal, daß die Regierung konservative Gebete vor der Klagemauer verbot. Das Gebet, bei dem Männer und Frauen nicht getrennt waren, fand außerdem vor dem eigentlich für die Gebete reservierten Bereich statt. Dort flanieren auch leicht bekleidete Touristen, die die Orthodoxen nicht stören, wenn sie sich im direkten Gebetsdistrikt aufhalten. Das Ministerium wird von einem Orthodoxen geleitet.

Durch die Zunahme der religiösen Juden, der arabischen Bevölkerung und der ausländischen Arbeiter reagiert die israelische säkulare Elite des Landes immer neurotischer. Ihre Befürchtungen sind nicht ganz unbegründet, da die durchschnittliche Geburtenrate in Israel bei 2,9, die der Orthodoxen jedoch bei 5,9 liegt. Berücksichtigt man aber die anderen Aspekte des täglichen Lebens, zeigt sich, daß die israelische Gesellschaft noch nie so säkular war wie augenblicklich. So scheint es, als ob es sich primär um eine Identitätskrise der säkularen Israelis handelt, in die sie durch den Mord an Yitzhak Rabin gestürzt worden sind.

Obwohl die israelische Gesellschaft nach wie vor säkular ist, vollzieht sich doch ein schleichender Umorientierungsprozeß. Nach einer Umfrage der Zeitung »Yediot Aharonot« vom 15. Oktober 1997 haben 17 Prozent der Israelis in den letzten sechs Jahren eine enge Beziehung zur Religion aufgebaut. So sind 13 000 nichtreligiöse Juden zu Haredim geworden. 24 000 zu praktizierenden Gläubigen und 130 000 zu Traditionalisten. Gleichzeitig sind 175 000 Traditionalisten praktizierende Gläubige geworden und

24 000 praktizierende Gläubige zu Haredim. Der gleichen Umfrage zufolge bekennen 44 Prozent, daß sie der Religion näherstünden als ihre Eltern, in 33 Prozent der Fälle sei die Beziehung gleich, und nur 22 Prozent waren weniger religiös als ihre Eltern.

Im Streit zwischen religiösen und säkularen Israelis geht es nach Israel Shahak in erster Linie um die Haltung gegenüber den Nichtjuden. »Die wirkliche Frage ist, ob die israelischen Juden weiterhin eine Haltung von Haß, Verachtung und dem Wunsch nach Trennung von allen Nichtjuden pflegen sollten, die für die jüdische Haltung (mit wenigen Ausnahmen) gegenüber Nichtjuden charakteristisch war in der Zeit von 400 v. Chr. bis ins 19. Jahrhundert und für orthodoxe Juden bis heute gilt.«[20] Diese These Shahaks wird in »Ha'aretz« vom 15. August 1997 von dem Rabbiner Tzvi Elimelekh Halberstam bestätigt, der der Arbeitspartei nahesteht: »Die Gefahr, die von den Reformjuden für Israel ausgeht, ist größer als jede andere für das Land, weil sie nicht nur eine materielle, sondern eine spirituelle Gefahr ist. Die Nichtjuden, die von der reformierten Bewegung zum Judentum konvertieren, und die Israel als Juden betrachtet, behalten aber eine nichtjüdische Mentalität. Als solche fahren sie fort, Juden zu hassen, da die Nichtjuden immer Juden hassen. Aus diesem Grund bilden diese Juden eine fünfte Kolonne und deshalb muß man die Reformjuden in Tel Aviv und Netanya mehr fürchten als die Araber in Ramallah.«

Der Vorwurf des zu wenigen Hassens klingt für westliche Ohren geradezu unglaublich. Die Haß-Komponte in der israelischen Gesellschaft bestätigte auch Moshe Zuckermann in einem Interview mit dem Verfasser. Er berichtete von den Schülern, die nach Auschwitz fahren und den Holocaust nicht mehr mit Deutschland in Verbindung bringen und deshalb die Polen hassen, weil sie ja jemanden hassen müssen. Eine junge israelische Journalistin erklärte unumwunden, sie hasse Deutsche aufgrund ihres Deutschseins. Auch gegen die Palästinenser richtet sich dieser Haß. Statt zu differenzieren, konstruiert man zum Teil den universellen Amalek (Erzfeind). In diesem Fall erscheint dann Saddam Hussein als der »neue Hitler« oder der »neue Pharao«. Wichtiger sei jedoch, daß es zu einer Abkehr vom Haß kommt. Wenn Emotionen im Spiel sein sollten, müsse man sie im emanzipatorischen Sinne gebrauchen. Konkret könne dies so aussehen, daß man den Holocaust in dem Sinne verstehe: Nie wieder Opfer.[21]

2. Ashkenasim versus Sepahardim/Mizrahim

Die Auseinandersetzung zwischen der ashkenasischen und der sephardischen Juden sowie über das Definitionsmonopol der orthodoxen Juden legt die These nahe, daß es im Prinzip einen Gegensatz zwischen Judentum (Religion) und Nation (Israel) gibt. Die Lebenswelten dieser beiden auf unterschiedlichen kulturellen Fundamenten beruhenden Strömungen des Judentums sind grundverschieden; die Juden aus verschiedenen Herkunftsländern können nur zu einer Nation werden, wenn sie im »Israelismus« assimiliert werden. Hat der »ethnozentrische Zionismus« überhaupt noch etwas mit »Israelismus« zu tun, der das Produkt des säkularen Zionismus ist?

Die von Beginn an vorherrschenden Gegensätze im Zionismus sind bis heute erhalten geblieben. Die ashkenasische Hegemonie in den Bereichen Politik, Militär, Wirtschaft und Kultur wurde durch die demographischen Verschiebungen zugunsten der Sephardim nicht aufgehoben. Dabei mag der Impetus des westlichen Fortschrittsanspruchs gegenüber den »rückständigen« Orientalen eine Rolle gespielt haben.

Der ursprüngliche Zionismus hat sich immer als eine Emanzipationsbewegung für alle Juden verstanden. Die Bewegung hat keine Mühen gescheut, um die Begriffe »jüdisch« und »zionistisch« synonym zu verwenden. Praktisch war der Zionismus zunächst für eine kleine europäische Minderheit der Juden eine Art »Befreiungsbewegung«. Als sich herausstellte, daß europäische Juden nicht unbegrenzt als billige Arbeitskräfte zur Verfügung stehen, wurden Sephardim aus den arabischen Staaten »nach Hause« gebracht. Wie Tom Segev nachweist, gab es innerhalb der zionistischen Elite Israels heftige Widerstände gegen eine solche Politik. Eine Erste-Welt-Elite schuf eine Nation in der Nation mit einem Dritte-Welt-Volk, den Sephardim. Hinter einer Fassade von rhetorischem Egalitarismus wurden die Sephardim benachteiligt und nur aufgrund der Tatsache, daß sie Juden sind, etwas besser als die Palästinenser behandelt. Aus dieser latenten Diskriminierung resultiert die weitverbreitete Abneigung innerhalb der sephardischen Bevölkerung Israels gegenüber den Ashkenasim.

In ihrer großen Mehrheit unterstützen die Sephardim rechte und religiöse Parteien. Allgemein hin gelten sie in Israel als traditionell, emotional, nationalistisch, intolerant, extremistisch und als Araber-

Hasser sowie kompromißlos in den Fragen, die mit dem israelisch-palästinensischen Konflikt zu tun haben. Da die Medien speziell ihre Kommentare zu Anschlägen senden, erscheinen sie als extrem. Ashkenasim werden dagegen als rational, pragmatisch, kompromißbereit, als Unterstützer der Linken sowie als Friedensfreunde dargestellt.

Die üblichen ashkenasischen Interpretationen dieser Stereotypen sind:

– Die Sephardim sind stärker antiarabisch eingestellt, weil sie in ihren Ursprungsländern verfolgt wurden. In Israel dagegen erhalten sie die Möglichkeit der Vergeltung. Ihr geringer Bildungsstand und ihr religiöser Traditionalismus tragen zur Irrationalität und Intoleranz bei. Um sich von ihrem Arabertum zu befreien, müssen die Sephardim stärker antiarabisch eingestellt sein.

– Sephardim profitieren von der Besetzung stärker als die Ashkenasim, weil die palästinensischen Arbeiter sie bei der Ausübung der schlechtesten Arbeit ersetzten. Die Unterdrückung der Palästinenser ist deshalb in ihrem Interesse.

– Der Haß der Sephardim auf die Palästinenser resultiert aus den Friktionen, die durch den Wettbewerb um einen begrenzten Arbeitsmarkt entstehen.

Die gegensätzlichen Erklärungen einiger sephardischer Intellektueller lassen sich unter dem Motto: »Die Ashkenasim als Hindernis zum Frieden« zusammenfassen.

– Die Ashkenasim haben den Konflikt mit den Araber ausgelöst, als sie eine zionistische Bewegung gründeten, die sich als separatistisch und ethnozentrisch verstand. Sie führten sich im Land wie europäische Kolonialisten auf und schufen einen eigenen Staat – separat von den Arabern. Bis heute verachten sie die Araber und ihre Kultur und lehnen eine Integration ab. Es wird so lange keinen Frieden geben, bis die Ashkenasim ihre Haltung gegenüber den Arabern geändert, sich ihrer Kultur geöffnet, sich als Teil der Region verstehen sowie ihren Eurozentrismus aufgegeben haben.

– Die Ashkenasim sehen die Sephardim als eine Art Araber an und lehnen sie deshalb ab. Die Sephardim ihrerseits fühlen sich dadurch verletzt und unterstellen den Ashkenasim, daß ihre Friedensabsichten unehrlich seien. Auch seien sie nicht an einer Nivellierung der Klassenunterschiede interessiert. Somit können die Sephardim sie nicht als Verbündete im Kampf um Frieden betrachten.

Diese gegenseitigen Stigmatisierungen enthalten jedoch einen Kern von Wahrheit, und sie machen bewußt, wie komplex die gegenseitigen Beziehungen sind. Eine Gesellschaft, in der die Ashkenasim alle Bereiche dominieren, wird die Ansichten der Sephardim nur bedingt bestätigen. Es gibt zwar keine eindeutigen Umfragen darüber, doch rechnet man zu den 20 Prozent Groß-Israel-Ideologen in der Gesellschaft mehrheitlich Sephardim. Sie stehen in der Tradition von Jabotinsky, Kook und Yitzhak Tabenkin und bilden die soziale Basis der politischen Rechten in Israel. In den fünfziger und sechziger Jahren wählten die Sephardim eher links. In den siebziger Jahren wandten sie sich jedoch nach rechts, weil sie von dem Establishment der Arbeitspartei enttäuscht wurden. Vom Likud erhofften sie sich eine Verbesserung ihres Lebensstandards und eine Anerkennung ihrer Kultur und Tradition. Sami Smooha interpretiert die Wahlentscheidung für die Rechte als ein Ausdruck der Hoffnung auf soziale Mobilität und weniger als eine Bestätigung für die Befürworter der Groß-Israel-Ideologie.[22]

In den extremistisch-rassistischen Gruppierungen wie dem »Gush«, Kach, Kahane-Chai, Zu Arzeno oder den säkularen Rechtsparteien Tsomet und Moledet sowie der religiös-nationalistischen Mafdal und dem rechten Flügel des Likud geben die Ashkenasim den Ton an. Auch stellen sie die Mehrzahl der Mitglieder. Bei den wüsten Anti-Rabin-Demonstrationen überwogen die Ashkenasim ebenso wie beim jüdisch-terroristischen Untergrund, der einen planmäßigen Terror gegen Araber betrieb. Deshalb sehen sie die Sephardim insgeheim als eine Bedrohung von Israels europäischen Kultur an.

Dementsprechend verliefen auch die verschiedenen Versuche der Integration. Die Integration oder erste Befreiung begann mit David Ben Gurions Idee, »einen Jemenitischen Generalstabschef« als ein Ausruck von Gleichheit zwischen beiden Bevölkerungsgruppen einzuführen. Diese Gleichheit wurde durch eine Reihe von Maßnahmen vorgetäuscht, die wie der sephardische Sitz im Obersten Gericht kaum mehr als symbolischen Wert haben.

Zwischen der sogenannten ersten und zweiten Befreiung der Sephardim entwickelten sie eine eigenständige Protestbewegung. Anfang der siebziger Jahre begehrten hauptsächlich nordafrikanische Juden gegen die Ausgrenzung in den Gemeinden auf und forderten eine gerechtere Verteilung der ökonomischen Ressourcen. Sie orientierten sich am Protest der Afro-Amerikaner in den USA. Es entstand quasi eine Art »Black-Panther-Bewegung«, die jedoch die israelische Linke nicht beeinflussen konnte, obwohl es ihre Klientel gewesen wäre. Der Rechten dagegen gelang es durch geschickte Manipulation, sich dieses Protestpotentials zu bedienen, was schließlich zum Wahlsieg von Menachem Begin führte. Diese sephardische Protestbewegung richtete sich nur nach innen und wurde somit vom Ausland auch nicht wahrgenommen.

Seit der Einwanderung konnten die Sephardim keine Beziehung zu einem westlich orientierten jüdische Nationalismus entwickeln. Sie stellten immer häufiger die europäische Definition des Zionismus in Frage und bedienten sich eher religiöser Interpretationmuster. Vollends setzte sich diese alternative Interpretation des Judentums mit der Machtübernahme Begins durch. Die Sephardim wandten sich vom Zionismus der Arbeitspartei ab und der revisionistischen Form zu. Beide, die Sephardim und Begins revisionistische Linie, sahen sich als Opfer der Arbeitspartei. Mit der Abwahl der Arbeitspartei begann die zweite Befreiung in der Geschichte der Sephardim. Sie wurden zur neuen Machtbasis des Likud. Obwohl die Partei unter Begin mit den Sephardim eigentlich keine kulturellen und sozialen Gemeinsamkeiten hatte, bot sie sich als deren natürliche Heimat dar. Mit Slogans wie »30 Jahre« spielte man auf die Regierungszeit der Arbeitspartei an, die für die Sephardim eine Zeit der Erniedrigung und Unterdrückung war, und suggerierte, daß die Sephardim nach der Rückkehr nach 2 000 Jahren gleich zweimal vom Glück heimgesucht worden seien.

Wie geschickt der Likud unter Begin die sephardische Karte spielte, zeigt ein Zwischenfall in der Stadt Beit-Shemesh, als während eines Wahlkampfauftritts Shimon Peres mit verfaulten Tomaten begrüßt wurde. Später stellte sich heraus, daß die Leute vom Likud gekauft worden waren. Auf einer Wahlveranstaltung in Tel Aviv schlüpfte Begin auf der Bühne selbst in die Rolle eines Sephardim, was einen tiefen Eindruck hinterließ. Die Verbindung zwischen diesen im Grunde antagonistischen Klassen konnte nur so lange halten, weil sich auf eine eigentümliche Weise Religion und Nationalismus verbanden. In dieser Zeit bildete sich eine junge Generation von sephardischen Politikern heraus. Zu ihnen gehörten Meir Shitrit, Moshe Katsav, David Magan und David Levy. Letztere wurde von der Arbeitspartei in seinem Dorf Beit-Shean (arabisch Bisan) abgewiesen und wandte sich an den Likud. Nach Tom Segev universalisierte Begin den Holocaust: er ließ jeden zum Opfer werden, auch die Sephardim durften daran teilhaben.[23] Der Likud vermittelte den Eindruck, als sei die Kluft zwischen beiden Bevölkerungsgruppen überwunden.

Mitte der achtziger Jahre erfuhren die Sephardim erneut eine Wende in ihrer Geschichte, und zwar mit der Gründung der Shas-Partei. Eine Gruppe von Sephardim, die in den ultraorthodoxen Rabbinerseminaren der Ashkenasim studiert hatten, gründete sie mit dem Argument, daß alle Sephardim in ihrer Heimat religiös gewesen seien, aber in Israel von der Religion abgefallen wären. Sie stellten die eigenen Erfahrungen in Israel als eine »spirituelle Ausrottung« (Shmad) dar. Diesen Vorwurf richteten sie aber nicht gegen die israelische Gesellschaft im allgemeinen, sondern gegen bestimmte Institutionen wie die Kibbutzim. Shas orientierte sich primär auf die städtischen Armen. Die Partei erklärte die schlechte wirtschaftliche, soziale und kulturelle Lage der Sephardim mit dem Abfall Israels von seiner religiösen Tradition. Sie schuf ein gut funktionierendes System sozialer und finanzieller Unterstützung für arme Familien. Shas gelang es tatsächlich, die religiöse Lebensweise neu zu begründen.

Für die herrschende Klasse der Ashkenasim waren die Sephardim nur Objekte der Politik. Demzufolge kommen sie in der Historiographie nur in Fußnoten oder in marginalisierter Form vor. So werden die Masseneinwanderung der Jahre 1948–1951 und die Massenvertreibung der Palästinenser in Folge des Krieges von 1948 als Völkerwanderung dargestellt. »Die Auswanderung von Arabern, die das Land verließen, und die Einwanderung von Juden, die Aliya nach Israel aus arabischen Staaten unternahmen, war vergleichbar mit einem Austausch von Bevölkerungen. Ungefähr 650 000 Araber verließen das Land und zirka 750 000 Juden aus arabischen Staaten wanderten ins Land ein.«[24]

Dieses dunkelste Kapitel in der zionistisch-ashkenasischen Geschichtsschreibung mutiert hier zu einem Hin und Her von Bevölkerungsgruppen. Die Einwanderungen der fünfziger Jahre seien fast alle Rettungsaktionen gewesen, wird behauptet. Damit wird eine Verbindung zum Schicksal der Überlebenden des Holocausts und dem der Juden in den arabischen Ländern gezogen und unterstellt, daß die Ashkenasim die Juden der arabischen Länder gerettet hätten. Die Sephardim fühlen sich in Israel »rassisch« diskriminiert. Sie verweisen immer wieder auf den laufenden Korruptionsprozeß gegen ihren Parteichef Arie Deri. Alle Ashkenasim wurden freigesprochen, nur Deri wurde angeklagt. Des weiteren verweisen jemenitische Einwanderer, denen man vor 50 Jahren ihre Kinder mit der Begründung weggenommen habe, sie seien krank, aber sie dann zur Adoption an ashkenasische Holocaust-Überlebende freigegeben habe, auf rassistische Motive. Diese Beispiele zeigen, daß eine adäquate Aufarbeitung noch bevorsteht. Die »neuen Historiker« haben sich der Sephardim bisher auch nicht angenommen. Ihnen geht es primär um die Entzauberung der Geschichtslegenden des Zionismus.

3. Von Zionismus zum »Postzionismus« oder ethnozentrischen Zionismus

In Israel ist eine intensive Debatte um den ursprünglichen, d. h. säkularen Zionismus entbrannt. Moshe Zimmermann vertritt die These, daß mit der Ermordung Yitzhak Rabins auch der ursprüngliche Zionismus zu Grabe getragen worden sei. Dieses Attentat sei die Folge der Vereinnahmung der zionistischen Ideologie durch die ethnozentrische, orthodox-religiöse Variante des Judentums. Somit sei der ursprüngliche Zionismus delegitimiert worden.[25] Der säkulare Zionismus wurde seit Beginn der Kolonisierung Palästinas von den Vertretern des religiösen Zionismus bekämpft. Für sie konnte es nur eine »Wiedergeburt des jüdischen Volkes« im Zeichen der Thora geben. Dieses Ziel scheinen sie mit dem Wahlsieg Netanyahus fast erreicht zu haben. Damit wurden tatsächlich die ursprünglichen Intentionen des säkularen Zionismus ins Gegenteil verkehrt.

Seit den achtziger Jahren werden die Geschichtsdeutungen des ursprünglichen Zionismus, die sich am »nationalen Interesse« und der »herrschenden Klasse« orientierten, von den »neuen Historikern« hinterfragt. Dieser Historikerstreit wurde durch die Veröffentlichung neuer Dokumente und die Anwendung neuerer Forschungsansätze ausgelöst. Die »neuen Historiker« werden auch als »Postzionisten« bezeichnet. Zimmermann hält den Begriff für unpassend zur Bezeichnung der dem linken Akademikerspektrum angehörenden Wissenschaftler, seiner Meinung nach gebührt er eher den Verfechtern der neuen religiösen Form des Zionismus. Die »neuen Historiker« sollten sich eher »radikale« oder »ursprüngliche Zionisten« nennen. Der Wissenschaftler Uri Ram, der den Begriff »Postzionist« erfand, um die »neuen Historiker« besser von den »neuen Soziologen« unterscheiden zu können, teilt indirekt die Sichtweise Zimmermanns. Er identifiziert den »Postzionismus« mit dem Ende einer Epoche der Kolonisierung, der Besiedelung und dem Aufbau Israels, wie er in »Ha'aretz« vom 24. Juni 1994 erklärt hat. Ram und Zimmermann gehen von einem Ende eines monolithischen Bewußtseins aus. Die Ansichten der »neuen Historiker« haben zu einer Gegenoffensive der etablierten Geschichtswissenschaft geführt. Sie wirft ihnen vor, »antinational« und »antizionistisch« zu sein, letzteres ist gleichbedeutend mit staatsfeindlich. Die »Postzionisten« haben sich zum Ziel gesetzt, die Schattenseiten des Zionismus zu beleuchten. Ilan Pappe schlägt vor, sie als »Revisionisten« – analog zur revisionistischen Schule in der amerikanischen Geschichtswissenschaft während des Kalten Krieges – zu bezeichnen.[26] Dann wäre die Konfusion um die Bezeichnung dieser neuen Sichtweise israelischer Geschichte beendet. Für Pappe speist sich der »Postzionismus« aus antizionistischen Beweggründen und einer postmodernen Wahrnehmung der Realität.

Warum stellen die »Postzionisten« die Geschichte der letzten hundert Jahre in Frage, die für den Zionismus sehr erfolgreich verlief? Nach Meinung von Israel Shahak, einem Antizionisten, hätte der Zionismus auch dann kritisiert werden müssen, »wenn ein jüdischer Staat auf einer verlassenen Insel gegründet worden wäre, ohne jemanden zu verletzen. Der Grund dafür ist, daß ein Staat, der auf der Idee der Reinheit der Religion, der Rasse, der Nationalität beruht, kritisiert werden sollte … Der Grund für meine Kritik ist sehr einfach. Ich glaube, daß der Zionismus eine Form des Rassismus ist. Ich habe seit Jahren gesagt, daß er das Spiegelbild des Antisemitismus ist. Wie man Antisemitismus als Ausdruck des Hasses gegenüber Juden findet, so ist der Zionismus eine Ausdruck des Hasses gegenüber allen Nichtjuden (Gojim); nicht nur gegenüber Arabern, sondern auch gegen alle Gojim.«[27] Geht es den »neuen Historikern« oder den sogenannten »Postzionisten« auch primär um die Kritik des rassistischen Aspektes des Zionismus, oder geht ihre Kritik tiefer?

Die »neuen Historiker« behaupten, die Vergangenheit sei aus Gründen der nationalen Mobilisierung der Bevölkerung bewußt einseitig interpretiert. Für sie hat der Zionismus mit der Gründung des Staates Israel seine Aufgabe erfüllt. Er sei auch in der Aufbauphase nützlich gewesen, nunmehr aber überflüssig. Israel müsse ein normaler Nationalstaat, die Verbindungen zu den Juden in der Diaspora müssen gelockert und die Aufnahme von Immigranten gestoppt werden. Die Siedlungen und das Konzept der »Erlösung des Landes« seien ein Anachronismus. Diese Thesen stellen den Wahrheitsgehalt der offiziellen Geschichtsschreibung in Frage. Dabei geht es besonders um folgende Aspekte:

– die Unvermeidbarkeit der Kriege, die Israel führte oder führen mußte;
– die Gerechtigkeit der Kriege und die Frage nach dem palästinensischen Flüchtlingsproblems;
– die sogenannte »ashkenasische Lüge«, die kulturelle Hegemonie und Herrschaft der Ashkenasim über die Sephardim;
– die Beziehung zwischen Zionismus und Imperialismus, ohne die die israelische Geschichte nicht adäquat verstanden werden kann;
– dem Anspruch des Zionismus als einziger Antwort auf die Judenfrage;
– der Staat Israel als Antwort auf den Holocaust.

Alle diese Bereiche sind von zentraler Bedeutung, weil sie das Selbstverständnis der Israelis betreffen. In letzter Konsequenz stellen die »Postzionisten« die alte Werteordnung in Frage, was natürlich Folgen für die Legitimität des Staates hat. Sie werfen den etablierten Kollegen vor, den Holocaust als »Geheimwaffe« gegen jegliche Kritik am Zionismus einzusetzen. Ihren wissenschaftlichen Ansatz lehnen sie ab, weil dieser Elemente des Positivismus mit Ideologie verbindet. Diese Forschungen seien »elitär« und eine Mixtur aus Ideologie, Ethnozentrismus und empirischer Buchhaltung, dadurch seien die nationalen Mythen und die israelische Selbstwahrnehmung geprägt worden.[28]

Die Legende von der Flucht der Palästinenser 1948, die Kriegsziele von damals, das Verhalten der israelischen Soldaten in den verschiedenen Kriegen und die These von der Bereitschaft der Araber zum Frieden stehen als Dauerthemen im Zentrum der Debatten.

Die »neuen Historiker« zweifeln die Aussage der offiziellen Geschichtsschreibung an, daß die jüdische Gemeinschaft am Vorabend des Krieges von 1948 vor der Auslöschung stand. Der Verklärung des Krieges von 1948 stellt Ilan Pappe folgende drei Aspekte entgegen: Der Yishuv sei aufgrund des militärischen Kräfteverhältnisses nie der Gefahr der Vernichtung ausgesetzt gewesen, das Abkommen zwischen der Jewish Agency und dem Haschemitischen Königreich habe die Bedrohung durch die arabischen Armeen entschärft, und die Großmächte hätten die Gründung Israels unterstützt. »Allgemein ausgedrückt, waren die Zionisten dadurch erfolgreich, daß sie große Teile der öffentlichen Meinung von der Verbindung zwischen dem zionistischen Unternehmen und dem Holocaust überzeugen konnten.«[29] Hätte er abgesehen, daß der Preis für den Zionismus die Entwurzelung eines anderen Volkes sei, hätte er auf den Staat verzichtet, so Ilan Pappe am 27. August 1993 in »Yediot Aharonot«. Nach dieser Auffassung sind nicht mehr die Palästinenser Schuld an ihrer Lage, vielmehr haben die Israelis dieses Schicksal über sie gebracht. Israel gilt als Täter und nicht mehr als Opfer. Da über die Existenz Israels nicht mehr diskutiert werden kann, solle der Staat wenigstens zum »Staat aller seiner Bürger« werden und die Diskriminierung der Palästinenser beenden.

Gegen diese Sichtweise der »neuen Historiker« erhebt Natan Sznaider in der »taz« vom 22. August 1997 gravierende Einwände. Er hält den »Postzionismus« für ein intellektuelles Gespenst und wirft den Vertretern dieser Richtung vor, keine Juden mehr sein zu wollen, sondern nur noch Israelis, »Staatsbürger ohne Ethnos«. Universal wolle man sein und auf der Seite des »vermeintlichen Opfers« stehen. Israel solle ein westlicher, liberaler Staat sein, ohne Juden, sondern nur noch mit »guten Israelis«; die israelische Nationalidentität beruhe auf dem Territorialprinzip. »Das heißt Gleichheit vor dem Gesetz für alle Staatsbürger innerhalb des Staates Israel, ohne auf ethnische, religiöse oder andere Identitätskriterien Rücksicht zu nehmen: Verfassungspatriotismus israelischer Art.« Diese Kritik an der Intention der »neuen Historiker« provoziert die Frage, ob Sznaider die andauernde Diskriminierung der palästinensischen Israelis rechtfertigt und für gutheißt, die ja auf dem Ethnozentrismus des Zionismus und seinen Definitionen im Rückkehrgesetz beruht. Die gesamte spätere Gesetzgebung bezieht sich direkt oder indirekt auf das Rückkehrgesetz, das die Grundlage für die rechtliche Ungleichbehandlung der nichtjüdischen Israelis abgibt.[30]

Im Gegensatz zu Sznaider bewertet der französische Journalist Dominique Vidal in »Le Monde diplomatique« vom 12. Dezember 1997 die Leistungen der »neuen Historiker« positiv und hebt ihren Mut hervor. »Denn ihr Bemühen, die Wahrheit ans Licht zu bringen, betrifft keine x-beliebige Episode der Geschichte, sondern die israelische Erbsünde schlechthin. Soll das Recht der Überlebenden des Hitlerschen Völkermordes, in einem sicheren Staat zu leben, das Recht der Töchter und der Söhne Palästinas ausschließen, ebenfalls in Frieden in ihrem Staat zu leben? Fünfzig Jahre danach ist es Zeit, endlich mit dieser kriegerischen Logik zu brechen und den Völkern ein Leben im Miteinander zu ermöglichen, ohne weiter schamhaft zu verschweigen, wie die Ursprünge der Tragödie ausgesehen haben.«

»Die Originalität der Postzionisten liegt nicht in der Neuartigkeit dieser Ideen, die allesamt dem westlichen politischen Gedankengut entstammen. Vielmehr wird hier zum ersten Mal umfassend durchdacht, was für Konsequenzen die Anwendung des viel umstrittenen Begriffs der ›Normalität‹ auf Israel mit sich bringen wird.«[31] Der Status Israels wurde immer mit der »Auserwähltheit durch Gott«, mit dem latenten Antisemitismus, dem Holocaust sowie dem »Belagerungszustand« begründet. Da der Antisemitismus von Europa in den Nahen Osten transferiert wurde, ist das Leben der jüdischen Bevölkerung auf der ganzen Welt durch die Existenz Israels nicht sicherer, sondern gefährdeter als zuvor, so Moshe Zimmermann. Um sich einer kritischen Selbstreflexion zu entziehen, deklarierten die Vertreter des Status quo die zionistischen »Werte und Visionen« als weiterhin aktuell, anstatt den israelischen Partikularismus und die Exklusivität in einer gewandelten Umgebung zu analysieren, überzeugend darzulegen und zu begründen. Da einige Faktoren nicht mehr vorhanden oder durch die Geschichte im kollektiven Gedächtnis unscharf geworden sind, dürfte ein solcher Erklärungsversuch nicht einfach sein.

Neben den »neuen Historikern« spielen die »neuen Soziologen« bei der Kritik der zionistischen Weltanschauung eine zentrale Rolle. Deren Kritik setzte mit dem Yom-Kippur-Krieg 1973 ein, als sich erste Risse in der Fassade von israelischer Selbstzufriedenheit und moralischer Spießigkeit zeigten. Proteste der Juden aus Afrika verwiesen damals auf Widersprüche zwischen der multikulturellen Zusammensetzung der israelischen Gesellschaft und der »Melting-Pot-Ideologie«. Die Auffassungen der »neuen Soziologen« waren wesentlich heterogener als die der Historiker. Ihr wichtigster Beitrag zur Perzeption der israelischen Gesellschaft war die Neuinterpretation des Zionismus als kolonialistische Bewegung.

Durch die »Postzionisten« wurden noch zwei weitere Mythen entzaubert: die israelische Armee könne niemals Feindseligkeiten provozieren, und Sicherheit gehe über alles. Die Wissenschaftler wiesen die Erklärung der Regierung zurück, daß Sicherheitsüberlegungen für die Marginalisierung der Sephardim oder für die schlechte Behandlung der israelischen Palästinenser verantwortlich seien. Sie bezeichneten die Politik der Regierung als »rassistisch« und »nationalistisch«. Dies begründeten sie mit der Vertreibung der Palästinenser durch die israelische Armee.

Der Versuch jedoch, die Essenz des Zionismus in Frage zu stellen, wurde in Israel denunziert als ein Unterfangen von »sich selbst hassenden Juden« im »Dienste des Feindes«. Diese Angriffe kamen nicht von der Rechten, sondern von der zionistischen Linken. Sie akzeptiert zwar eine Kritik an der israelischen Politik nach 1967, blockt aber jedes Hinterfragen der Politik in der Zeit von 1882 bis 1967 ab. Die zionistische Linke setzt sich vornehmlich mit den Auswirkungen der Besatzungspolitik auf die eigene Moral auseinander, wie sich die Okkupation auf die Palästinenser auswirkt, interessiert sie nicht. Ihr Wunsch nach Frieden mit den Palästinensern entstammt eher einem Verlangen nach endgültiger Trennung als der Einstellung, historisches Unrecht einzugestehen oder eine unmoralische Verhaltensweise zu beenden. Die »Postzionisten« oder »Anti-Zionisten« identifizieren sich dagegen stärker mit den Palästinensern als den Opfern der Besatzungspolitik als mit den moralischen Problemen der israelischen Soldaten. Sie treten für einen säkularen »Staat aller seiner Bürger« ein, wohingegen die zionistische Linke (Frieden Jetzt, Meretz-Partei) für einen »jüdischen Staat« plädiert. In der israelischen Presse werden die postzionistischen Positionen nur hin und wieder veröffentlicht. Sie ist nach wie vor zionistisch orientiert.[32]

Letztendlich haben die »Postzionisten« bewirkt, daß die Israelis die Frage nach dem Selbstverständnis des Staates neu diskutieren. Welches soll in Zukunft der Fokus sein: das »Diasporajudentum« oder das »jüdische Israel«? Viele Intellektuelle lösen diese Spannung dadurch auf, daß sie Judentum mit Israelitum gleichsetzen. Seit seiner Gründung hatte Israel eine besondere Beziehung zum Diasporajudentum. Nachdem sich die Sicherheitslage entspannt hat, die Wirtschaft floriert und eine gewisse kulturelle Entfremdung zwischen den Israelis und den Diasporajuden spürbar ist, fragen sich mehr und mehr israelische Juden, was sie überhaupt noch mit den Juden anderer Länder verbindet. Die beginnende Debatte, die auch das Rückkehrrecht einschließt, offenbart die schleichende Entfremdung zwischen israelischen Juden und dem Diasporajudentum. Eine Aufhebung des Rückkehrrechts scheint unwahrscheinlich, da zwischen allen Lagern unstrittig ist, daß jedem verfolgten Juden die Tore des Landes offen stehen müssen. Die automatische Verleihung der Staatsbürgerschaft ruft jedoch ein gewisses Unbehagen hervor. Sie müsse man sich erst verdienen. So schreibt der Chefredakteur der Zeitung »Ha'aretz«, Chanoch Marmari, in »The Jerusalem Report« vom 8. Februar 1996, daß die Israelis zwar jede Rettungsaktion bedrohter Juden mit großem Interesse verfolgen, ihnen aber die Juden in der Diaspora gleichgültig seien.

Die israelischen Intellektuellen schwanken zwischen der Beibehaltung des Zionismus als der den Zusammenhalt des Landes garantierenden Ideologie und der Orientierung auf eine von Abraham B. Yehoshua in »Ha'aretz« vom 29. Dezember 1995 in die Debatte eingeführten »Mittelmeeridentität«, die Spannungen zwischen Ost und West auflösen könne. Die Identitätskrisen werden so lange fortdauern, bis Israel ein normaler Nationalstaat ist und sich seinen Nachbarn gegenüber so verhält. Ob dies die Netanyahu-Regierung leisten kann, bleibt abzuwarten.

Die Inhalte des ursprünglich säkularen Zionismus sind von den Vertretern der ethnozentrischen Variante des Zionismus aufgegeben worden. Dieses postzionistische Verständnis von Geschichte wird aber als der wahre Zionismus dargestellt. Dieser ideologisch umgedeutete Zionismus läßt die Geschichte nicht erst mit 1897, sondern im Altertum beginnen. Die den Staat tragenden Kräfte streben seit 1977 eine völlige Neuinterpretation des Zionismus an und sind somit nach Moshe Zimmermann die »eigentlichen Postzionisten«. Er nennt in der »Neue Zürcher Zeitung« vom 27. August 1997, die anläßlich des 100. Jahrestages des ersten Zionistenkongresses in Basel herausgegeben wurde, fünf Grundsätze, die die »eigentlichen Postzionisten« verfolgen:

– Palästinozentrismus: »Eretz Israel« wird mit dem Zionismus gleichgesetzt. Er gibt das Fundament und den Rahmen für ein jüdisches Leben ab. Dieser Palästinozentrismus stellt die Rechte der israelischen Palästinenser und die Legitimität des Diasporajudentums in Frage.
– Romantisch-territorialer Nationalismus: Gab sich der klassische Zionismus noch mit einem Teil Palästinas zufrieden, deklarierte man nach dem Sechstagekrieg die Westbank zu heiligem Land. Nablus, Hebron, die Altstadt von Jerusalem und die anderen religiösen Stätten wurden zum wichtigsten Inhalt und zur »Essenz des Zionismus«. Die säkulare zionistische Ideologie, die sich im

Kibbutz symbolisierte, wurde durch eine religiös-romantische Beziehung zum Land Israel ersetzt.

– Aufgabe des sozialen Experiments: Die Siedlungen in Judäa und Samaria wurden zum Kontrastprogramm gegenüber dem Kibbutz aufgebaut. Auch die mit der Kibbutzbewegung einhergehende Idee vom »neuen Menschen« und der »zionistischen Gesellschaft« wurde fallengelassen. Die angestrebte »Mustergesellschaft« wurde durch die Rückkehr zu den »traditionellen Werten« ersetzt, die fortan als die »zionistischen Werte« gelten.

– Enteuropäisierung: Ursprünglich sollte im Nahen Osten ein besseres Europa in Kleinformat entstehen. Der Holocaust und die Masseneinwanderung nichteuropäischer Juden machte diese Vorstellungen zunichte. Dadurch wurde die europäische Vorgeschichte Israels relativiert; dies ist für die Gegenwart des Landes von großer Bedeutung.

– Religiosisierung des öffentlichen Lebens: Das zentrale Merkmal des ethnozentrischen Zionismus ist die Identifikation von Zionismus und jüdisch-religiöser Orthodoxie. Der Zionismus wird nicht mehr als nationale Bewegung verstanden, sondern als die ewige Sehnsucht des jüdischen Volkes nach »Eretz Israel«. Der Judenstaat wird im religiös orthodoxen Sinne interpretiert. Im Falle eines Wertekonflikts zwischen Demokratie und Judentum hat letzteres Priorität. Es gibt nur noch eine legitime Art des Judentums: die Orthodoxie. Damit ist der Weg in die Theokratie geebnet.

Während sich die »Postzionisten« noch mit der Kritik an den Gesichtslegenden des ursprünglichen Zionismus beschäftigen, errichten die »eigentlichen Postzionisten« eine neue Ideologie für Israel, die weniger tolerant sein wird als die des säkularen Zionismus. Wenn eine Demokratie keine »jüdische Mehrheit« mehr garantieren kann, scheint die Demokratie »krank«, so die Argumentation der Religiösen.

Der Charakter des Staates Israel wird sich zweifellos wandeln. Zimmermann beschreibt, wie sich die Uminterpretation der Geschichte konkret vollzieht. Der Autor zeigt dies anhand der Kontroverse zwischen dem ehemaligen Erziehungsminister Amon Rubinstein und dem Rabbiner Yoel Ben-Nun, der das Curriculum und hier das Geschichtsverständnis fundamental angreift.[33] Ben-Nun stellt das bisherige Geschichtsverständnis völlig auf den Kopf. So sei der Zionismus nicht erst hundert Jahre alt, sondern zweitausend Jahre.

Die »Zionssehnsucht« sei eben Zionismus gewesen. Der Herzlsche Zionismus war somit ein Intermezzo. Gemeinsamer Gegner der Verteidiger des ursprünglichen Zionismus und der ethnozentrischen Variante des Zionismus sind die »Postzionisten«. Die säkularen Zionisten wie Rubinstein sollten sich nicht in diese »unheilige Allianz« mit den Gegner des Säkularismus begeben. Ihre natürlichen Verbündeten sind die »neuen Historiker«, die zu Recht einige Geschichtsmythen des ursprünglichen Zionismus in Frage stellen.

Ein Ministerpräsident, der sich mit Rabbinern wie Eliahu Chaduri trifft und bei dieser Gelegenheit der Linken in Israel vorwirft, sie wisse nicht, was jüdisch sein bedeute, zeigt die Richtung an, in die sich das Land entwickeln wird. Erste Signale des Zurückdrängens des liberalen Judentums gibt es auch schon in Tel Aviv. Im Vorort Ramat Aviv wurde ein neues Einkaufszentrum eröffnet. Der Eigentümer, der Diamantenhändler Lev Leviev, ein Orthodoxer, verlangte von den Ladenbesitzern, an Samstagen zu schließen, obwohl nach den Verträgen die Öffnung gestattet war. Trotz der Proteste von Anwohnern entschied das Gericht zugunsten Levievs.

Man könnte folgende Angelegenheiten unter Kuriosa abbuchen, wenn sie nicht symptomatisch für eine Entwicklung wäre, die in Israel unaufhaltsam scheint, und zwar ist es religiösen israelischen Soldaten verboten, bei ihren Bildungsausflügen in Jerusalem auch Moscheen und Kirchen zu besuchen. Die Knesset-Abgeordneten Moshe Gafni von der Yahadut Hatorah-Partei und Arie Deri von der Shas-Partei hatten diese Besuche moniert. Der Generalstabschef Amnon Lipkin-Shahak erließ daraufhin einen entsprechenden Befehl. Als Grund gab Lipkin-Shahak an, die Kameradschaft unter den jüdischen Soldaten wäre sonst gefährdet. Augenblicklich, so führte er aus, sei es für einen religiösen Soldaten eine Sünde, eine nichtjüdische heilige Stätte zu besuchen. (Um genau zu sein, ist der Besuch einer christlichen Stätte eine Todsünde und der Besuch einer muslimischen Stätte eine läßliche, so Israel Shahak. Akiva Eldar schließt seinen Artikel in »Ha'aretz« vom 13. März 1997 mit der leicht ironischen Feststellung: »Es ist wahrscheinlich unangenehm für sie (die religiösen Soldaten – L. W.) zu denken, während sie warten, welcher Schaden ihren Kameraden durch den christlichen und muslimischen Einfluß zugefügt werden könnte.«

Der Machtzuwachs der Orthodoxen wurde auch sichtbar, als die Bar-Ilan-Straße in Jerusalem, die die Nord- und Südviertel der Stadt miteinander verbindet, nach wochenlangen Straßenschlachten mit der Polizei und Säkularen am Sabbat teilweise geschlossen wurde. Als der Konflikt vor das Oberste Gericht kam, sah sich dieses außerstande, eine Entscheidung zu treffen. Es empfahl die Bildung eines Ausschusses, der die Auseinandersetzungen in Jerusalem innerhalb eines gesamt-israelischen Kontextes lösen sollte. Der daraufhin gebildete »Zamaret-Ausschuß« setzte sich aus acht Mitgliedern zusammen: vier nichtreligiöse traditionelle Juden, zwei Orthodoxe und zwei Nationalreligiöse. Kein israelischer Palästinenser gehörte diesem Ausschuß an. Das Ergebnis war ein Dokument, wonach die Bar-Ilan-Straße am Sabbat und an Feiertagen für den Verkehr gesperrt sein wird, aber nur unter der Voraussetzung, daß die Stadtverwaltung Verkehrsalternativen für die nichtreligiöse Bevölkerung findet. Die orthodoxen Mitglieder haben sich aus religiösen Gründen geweigert, das Dokument zu unterschreiben. Die Straße wurde geschlossen, und die Empfehlungen des Ausschusses ignoriert.

Eine weitere Bastion, die die religiösen Fundamentalisten schleifen wollen, ist die Verlegung der samstäglichen (Sabbat) Fußballspiele. Aus religiösen Gründen soll der Charakter des staatlich verordneten Ruhetages geändert werden. Moshe Zimmermann hält dies für so wesentlich, daß, wenn diese »als unantastbar geltende Bastion fällt«, sich die Debatte über das Geschichts-Curriculum erübrige.[34] Die Zeitung »Ha'aretz« berichtete, der Fußballverband sei von den drei orthodoxen Parteien gedrängt worden, die Ligaspiele künftig nicht mehr am Sabbat stattfinden zu lassen. Eine vom Fußballverband in Auftrag gegebene Studie soll nun nachweisen, daß eine Verlegung den Vereinen keine finanzielle Einbußen verursachen würde. Neben dieser Vereinbarung sollen den Vereinen finanzielle Zusagen von der Shas-Partei und Agudat Israel gemacht worden sein.

Die entscheidende Auseinandersetzung in Israel spielt sich nicht zwischen denjenigen ab, die den Palästinensern einige Quadratmeter mehr oder weniger Land überlassen wollen. Es geht um das grundsätzliche Staatsverständnis. Welches Gesetz wird das Leben Israels in Zukunft bestimmen: säkulares oder religiös-halachisches? Dies ist keine rhetorische Frage, sind doch die rassistischen Ansichten eines Meir Kahane für einen immer größeren Teil der politischen Klasse Israels akzeptabel. Kahanes Hauptanliegen war, Israel in einen theokratischen Staat zu verwandeln, in dem die Halacha als Gesetz gilt. Die gewaltsame Vertreibung der Palästinenser war in seinem Projekt nur ein Nebeneffekt. Die religiösen Gruppen in Israel haben Kahanes Botschaft nicht prinzipiell, sondern nur aus taktischen Gründen auf spezifische Weise zurückgewiesen. So haben die Orthodoxen die Prinzipien grundsätzlich akzeptiert, ihre Umsetzung sollte jedoch dem Himmel überlassen bleiben. Der Großteil der rechten Nationalisten hat die Richtigkeit der Ideen nicht abgestritten, sondern verwies auf das psychologische Klima und den unpassenden Zeitpunkt. Der »Gush« selber glaubt, daß es möglich ist, Israel in einen halachischen Gottesstaat zu verwandeln, will sich aber anderer Strategien und einer anderen Rhetorik bemächtigen.

Die Auseinandersetzung um Nation und Religion wird die Zukunft Israels bestimmen. Ob aus diesem Kampf der ethnozentrisch-religiöse Zionismus oder der säkulare als Sieger hervorgehen wird, ist noch nicht entschieden. Noch haben die Vertreter eines nach westlichen Maßstäben ausgerichteten Israel zentrale Machtpositionen inne, ob sie aber auf Dauer den Angriffen der rechten und der religiösen Nationalisten gewachsen sein werden, ist fraglich. Welche der fanatischen religiösen Parteien die Oberhand behalten wird und wie sich die jeweils unterlegenen damit abfinden werden, ist ebenfalls offen. Der säkulare Sektor der Gesellschaft wird trotz religiöser Übermacht nicht völlig verschwinden. Immerhin bezeichnen sich zwischen 60 und 70 Prozent der Israelis als nicht religiös. Die Liberalen sollten aber vor der Illusion gewarnt werden, die relative Zurückhaltung der Rechten und der religiösen Fundamentalisten nach der Ermordung Rabins als Schwäche auszulegen. Die Morddrohung einiger orthodoxer Rabbiner an den Obersten Richter Aaron Barak nach dessen Entscheidung in bezug auf die Bar-Ilan-Straße ist ein weiteres Zeichen für die Verrohung der politischen Sitten in Israel.

Könnte eine Liberalisierung der israelischen Gesellschaft einen Ausweg aus dem Marsch in den Fundamentalismus bieten? Umfragen der Hebräischen Universität zufolge, besteht zu Optimismus kein Anlaß. Nach dieser Untersuchung stufen sich 30 Prozent der israelischen Gymnasiasten als »Rassisten« ein. Davon entfallen 33 Prozent auf religiöse und 28 auf säkulare Schüler. Nur 50 Prozent stimmten zu, daß Araber Bürger mit gleichen Rechten seien. Auch sind 72 Prozent der Befragten dagegen, daß Araber für einen Sitz in der Knesset kandidieren, da sie ein Sicherheitsrisiko darstellen. Diese Zunahme des Rassismus bestätigt auch die Untersuchung von Deborrah Karmil von der Universität Haifa. Nach ihr sprechen sind 61,7 Prozent der israelischen Jugendlichen gegen gleiche Rechte für die israelischen Palästinenser aus. 73,5 Prozent halten eine arabische Vertretung in der Knesset für eine Gefahr Israels. Hätten nicht fünf Jahre »Friedensprozeß« andere Resultate zeigen müssen?

Obwohl sich die Leistungen der israelischen Demokratie in bezug auf den Aufbau des Landes und die Integration sehen lassen können, stehen die Zeichen für die Weiterentwicklung der Demokratie im westlichen liberalen Verständnis eher schlecht. Gefahr für den Bestand des säkularen Israel droht – so paradox es auch klingen mag – nicht von den Palästinensern allgemein oder den israelischen Palästinensern im besonderen, sondern von den extremen Nationalisten und den religiösen Fundamentalisten des Landes, die die Staatsordnung von innen aushöhlen und unterminieren und die säkulare Ideologie in ihr Gegenteil verkehren. Diese Kräfte befinden sich im Augenblick auch in der Regierung, und dies ist das Besorgniserregende.

Ausblick

Frieden in Israel und Palästina ist prinzipiell möglich, doch unter den gegebenen Umständen wenig wahrscheinlich. Einen dauerhaften Frieden kann es nur geben, wenn auch dem Prinzip der Gerechtigkeit Geltung verschafft worden ist. Derzeit scheint man eher das Gegenteil zu initiieren: Ungerechtigkeit soll Frieden schaffen. Wir sind Zeugen in einem »Friedensprozeß«, der nicht zu Selbstbestimmung und Souveränität, sondern zur Selbstaufgabe und dauerhaften Unterwerfung der Palästinenser führt.

Die wichtigste Voraussetzung für einen gerechten und dauerhaften Frieden hat der Journalist Arnold Hottinger im Vorwort zu meinem Buch »Frieden ohne Gerechtigkeit?« bereits formuliert: »Die Palästinenser können nicht ›gerecht‹ behandelt werden, solange man vor sich selbst, vor ihnen und vor der ganzen Welt abstreitet und leugnet, was sie erleiden mußten und bis zur Gegenwart weiter erleiden. Dies ist nicht nur eine moralische, sondern auch eine politische Grundfrage. Es wird und kann keinen wirklichen Frieden geben, solange die Israelis sich selbst und dem Rest der Welt erklären, sie hätten immer moralisch und politisch richtig, gerecht und sauber gehandelt. Nur wenn sie einmal selbst erkennen, daß sie den Palästinensern schweres Unrecht angetan haben, besteht die Möglichkeit, daß ein dauernder Frieden mit ihren heutigen Untertanen und künftigen Nachbarn (?) zustande kommen kann.« Diese Sätze, verfaßt im April 1994, haben nichts von ihrer Gültigkeit und Berechtigung verloren.

Nur auf den Fundamenten des Völkerrechts kann ein Frieden in der Region errichtet werden, niemals aber auf Basis der Hegemonie und Dominanz der USA oder Israels. In der Präambel der UN-Sicherheitsratsresolution 242 steht, »daß es nicht angeht, Territorium durch Krieg zu erobern«. Dies schließt ein, daß die israelische Besetzung palästinensischen Landes beendet, das Selbstbestimmungsrecht der Palästinenser anerkannt, ein souveräner Palästinenserstaat mit der Hauptstadt Ost-Jerusalem geschaffen, die Rückkehr der Flüchtlinge gemäß den UN-Resolutionen gestattet sowie die Auflösung der Siedlungen in den besetzten Gebieten beschlossen wird.

Von solch einer Lösung würden Palästinenser und Israelis profitieren. Mehr als drei Jahrzehnte Besetzung haben den Palästinensern zwar weitaus größeren Schaden zugefügt als den Israelis, aber die mentalen Auswirkungen auf die israelische Gesellschaft sollten auch nicht unterschätzt werden.

Die Palästinenser müssen begreifen, daß die Verträge ihre Hoffnungen auf einen eigenen Staat desavouieren. Es war pure Selbsttäuschung, als sie der Welt Glauben machen wollten, daß sie 90 Prozent der besetzten Gebiete zurückerhalten würden. Dies hatte die israelische Seite nie zugesagt, auch die Abkommen bieten dafür keine reale Grundlage. Arafat und seine Berater tragen die alleinige Verantwortung dafür, daß die Enttäuschung der Palästinenser jetzt um so größer ist.

Südafrika ist ein Beispiel dafür, daß sich ein Volk auf Dauer nicht unterdrücken und in Bantustans verbannen läßt. Einen solchen Irrweg sollte sich Israel ersparen, denn er führt nur zu größerem Leid auf beiden Seiten. Aber von Großmut und Weitsicht ist die gegenwärtige israelische Regierung meilenweit entfernt. Ein souveräner Palästinenserstaat läge im Interesse Israels, denn nur ein solcher trägt zur Verwirklichung von Gerechtigkeit und damit zum Frieden bei.

Die Akzeptanz dieser Bedingungen setzt Mut voraus. Da die israelische Gesellschaft aufgrund ihrer historischen Erfahrungen immer noch von existentieller Angst besetzt ist, scheint sie nicht bereit und willens zu sein, den Schritt zu einem wirklichen Frieden zu wagen. Solange die Israelis glauben, die ganze Welt sei gegen sie und sie seinen das ewige Opfer, solange kann kein Vertrauen entstehen. Der Holocaust stellt für die Israelis immer noch ein kollektives Trauma dar. Wenn aber die israelische Gesellschaft politisches Verhalten aus der Vergangenheit herleitet, auf diese Weise ihre aktuelle Situation bestimmt und die Zukunft gestalten will, bringt sie die eigene Demokratie in Gefahr und schafft auch die mentale Grundlage für die Gewalt. Vielleicht ist die Gewalt gegenüber den Palästinensern und das Scheitern des Friedensprozesses unter anderem auch diesem Umstand zuzuschreiben?

Einem wahren und dauerhaften Frieden steht entgegen, daß die USA und die Europäische Union glauben, die Oslo-Abkommen seinen gerecht und bedürfen deshalb keiner Verbesserung. In den USA und Westeuropa wurde der Eindruck vermittelt, die Palästinenser hätten ihre Freiheit erhalten. Erst wenn man dort begreift, daß der »Friedensprozeß« nicht zum Frieden führt, wird in den Autonomiegebieten und in Israel die alltägliche Gewalt zurückgehen. Insbesondere die einseitige Fixierung der USA auf israelische Sicherheitsinteressen trägt langfristig eher zur Destabilisierung und fortdauernder Ungerechtigkeit in der Region bei. Die USA und Israel verhindern jeden Fortschritt in Richtung palästinensischer Selbstbestimmung. Daß sich der amerikanische Einfluß so verhängnisvoll auswirken konnte, liegt auch an der politischen Schwäche der Europäer. Die Europäer gleichen in diesem Konflikt eher einer »brüllenden Maus«. Wäre eine Neuauflage von Camp-David der Weg aus der Sackgasse? Unter der gegenwärtigen Clinton-Regierung bestimmt nicht. Was bei einer solchen Camp-David-Strategie unter den gegebenen machtpolitischen Verhältnissen heraus käme, wäre ein weiteres Abkommen, das den Palästinensern aufgezwungen werden würde.

Die jetzige israelische Regierung strebt keine gerechte Lösung des Konfliktes mit den Palästinensern an. In ihr haben die nationalistischen und religiös-fundamentalistischen Kräfte das Sagen, die den besetzten Gebieten einen »heiligen« Status zuweisen. Zum Teil lehnen die Regierungsparteien den säkularen israelischen Staat aus religiöser Überzeugung ab. Daß diese Kräfte keinen positiven Ansatz zur Lösung des Nahostkonfliktes entwickeln, liegt in der Logik ihres Denkens. Erschwerend kommt hinzu, daß durch den 50jährigen Belagerungszustand sich in Israel eine militaristische Kultur entwickelt hat. Nicht auszudenken wäre es, wenn eines Tages die israelischen Atomraketen unter die Kontrolle fanatischer Rabbiner kämen, die Israel in einen halachischen Gottesstaat verwandeln wollen. Müßte eine Kontrolle dieser Massenvernichtungswaffen nicht im Interesse des Westens liegen?

Nur ein Neuanfang kann wieder Bewegung in den total verfahrenen Prozeß bringen. Dieser Neubeginn könnte nur im Rahmen einer internationalen Friedenskonferenz unter der Beteiligung der Vereinten Nationen, der Europäischen Union, Rußlands und der USA gemacht werden. Würden alle Konfliktparteien – Israel, Syrien, Libanon und der Palästinenser – daran teilnehmen, könnte es gelingen, der Region einen stabilen Frieden zu sichern. Dagegen wehren sich die USA und Israel vehement, weil ihre Macht beeinträchtigt werden würde.

Für die Palästinenser sind somit die Aussichten düster. Zu einer Neuauflage der Intifada kann es nicht mehr kommen, da die Autonomieinseln kein koordiniertes Vorgehen erlauben und jede Insel separat abgeriegelt werden kann. Somit wird sich der »Friedensprozeß« weiter dahinschleppen, bis die Palästinenser entweder ein weiteres Abkommen unterzeichnen werden, das sie im Status eines gedemütigten und von Israel abhängigen Volkes hält, oder aber ein weiterer kriegerischer Konflikt ausbricht, der der palästinensischen Existenz in »Eretz Israel« ein Ende setzten könnte. Konkret hieße dies, ein »Palästinenserstaat« würde nur im Gaza-Streifen entstehen. Zu Optimismus besteht also kein Anlaß, weil die Zeichen auf Konfrontation stehen. Natürlich kann es immer auch ganz anders kommen, da die Geschichte offen ist.

Anmerkungen

Zur Geschichte Palästinas und Israels

1   Vgl. Moses Hess, Ausgewählte Schriften. Köln 1962.
2   Vgl. Leo Pinsker, Autoemanzipation. Berlin 1917.
3   Vgl. Theodor Herzl, Der Judenstaat. Leipzig 1896.
4   Vgl. Alfred Lilienthal, The Other Side of The Coin. New York 1970, S. 184.
5   Israel Zangwill, The Voice of Jerusalem. London 1920, S. 88.
6   Theodor Herzl, Tagebücher. Band 1, Berlin 1922, S. 98.
7   David Ben Gurion, Zionistische Außenpolitik. Berlin 1937, S. 28.
8   Vgl. Rashid Khalidi, Palestinian Identity. The Construction of a Modern National Consciousness. New York 1977.
9   Vgl. Joan Peters, From Time Immemorial. New York 1984.
10 Norman G. Finkelstein, Image and Reality of the Israeli-Palestine Conflict. London – New York 1995, S. 22.
11 Vgl. ders., Ein fadenscheiniger Schwindel. In: Frankfurter Rundschau, 22. August 1997; ders., Daniel Jonah Goldhagen's Crazy Thesis: A Critique of Hilter's Willing Executioners. In: new left review, (1997) 224, S. 39–87; ders./Ruth Bettina Birn, Eine Nation auf dem Prüfstand. Die Goldhagen-These und die historische Wahrheit. Hildesheim 1998. Beide Autoren sehen sich heftigsten Angriffen durch die jüdische Lobby in den USA ausgesetzt. So bekommt Finkelstein wegen seiner Kritik an der Politik Israels gegenüber den Palästinensern und an der zionistischen Ideologie keinen Job an einer Universität und muß sich mit gelegentlichen Lehraufträgen an Colleges über Wasser halten. Gegen Frau Birn, eine Doktorantin von Eberhard Jäckel, gibt es ein Kesseltreiben der kanadisch-jüdischen Lobby. Sie wirft Frau Birn vor, sie habe gegen »community sensitivity« verstoßen. Sollte dieses »Argument« zum Zuge kommen, wäre die Meinungsfreiheit in Kanada in Frage gestellt.
12 Vgl dazu Akiva Orr, Israel: Politics, Myths and Identity Crisis. London – Boulder, Col. 1994, S. 67.
13 Die Zeit ist reif für normale Beziehungen. In: Süddeutsche Zeitung, 23. September 1997.
14 Vgl. Arthur Ruppin, Dreißig Jahre Aufbau in Palästina. Berlin 1937.
15 Michael Wolffsohn, Ewige Schuld? 40 Jahre Deutsch-Jüdisch-Israelische Beziehungen. München 1988.
16 Ilan Pappe, Von Lausanne nach Oslo. Zur Geschichte des israelisch-palästinensischen Konflikts. In: Aus Politik und Zeitgeschichte, B 14/98.

17 Vgl. Benny Morris, The Birth of the Palestinian Refugee Problem, 1947–1949. Cambridge 1987; Simcha Flapan, Die Geburt Israels. Mythos und Wirklichkeit. München 1988; Ilan Pappe, The Making of the Arab-Israeli Conflict, 1947–1951. London 1992; Finkelstein, (Anm. 10), S. 51ff. Einen guten Überblick dazu gibt Kenneth Lewan, Der israelische Historikerstreit. In: Das Argument, (1997) 221, S. 545.

18 Yoram Kaniuk, Vergleichende Studie über den Umgang mit dem Schmerz. In: ders./Emil Habibi, Das zweifach verheißene Land. München 1997, S. 100.

19 Vgl. Israel Shahak, Open Secrets. Israeli Nuclear and Foreign Policies. London – Chicago 1997.

20 Zu diesen Aussagen vgl. Finkelstein (Anm. 10), S. 123–149.

21 Vgl. ebenda.

22 Vgl. das Interview mit Noam Chomsky. In: Freitag, 1. August 1997. Vgl. auch die Langfassung im englischen Original. In: Challenge, VIII (1997) 4, S. 6–7.

23 Die beiden Interviews mit Moshe Dayan. In: Journal of Palestine Studies (JPS), XXVII (Autumn 1997) 1, S. 144–149; auszugsweise auch in: Challenge, VIII (1997) 4, S. 14f.

24 Vgl. Odd Bull, zitiert in: Finkelstein (Anm. 10), S. 152.

25 Adel S. Elias, Wer wirft den letzten Stein. Der lange Weg zum Frieden im Nahen Osten. Düsseldorf u.a. 1993, S. 389.

26 Alexander Flores, Intifada. Aufstand der Palästinenser. Berlin 1989.

27 Dazu Norman G. Finkelstein, The Rise & Fall of Palestine. A Personal Account of the Intifada Years. Minneapolis – London 1996, S. 82.

28 Norbert Mattes, Einleitung. In: ders. (Hrsg.), »Wir sind die Herren und ihr unsere Schuhputzer«. Der Nahe Osten vor und nach dem Golfkrieg. Frankfurt a.M. 1991, S. 15.

29 Edward W. Said, The Politics of Dispossession. The Struggle for Palestinian Self-Determination 1969–1994. London 1995, S. xxxii.

30 Vgl. Adel S. Elias, Dieser Frieden heißt Krieg. Israel und Palästina – Die feindlichen Brüder. München 1997.

31 Vgl. Hanan Ashrawi, Ich bin in Palästina geboren. Berlin 1995.

32 Vgl. Marek Halter/Eric Laurent, Unterhändler ohne Auftrag. Die geheime Vorgeschichte des Friedensabkommens zwischen Israel und der PLO. Frankfurt a.M. 1994, S. 34 –50.

33 Vgl. zur Geschichte dieser bilateralen Verhandlungen Elias (Anm. 30), S. 15–52.

34 Vgl. The Oslo Agreement. An Interview with Nabil Shaath. In: JPS, XXIII (Autumn 1993) 1, S. 5–13.

35 The Oslo Agreement. An Interview with Haidar Abd Al-Shafi. In: ebenda, S. 18.

36 Ludwig Watzal, Das »Gaza-Jericho-Abkommen«. Ein Weg zum Frieden in Israel und Palästina? In: Schweizer Monatshefte, 74 (1994) 5, S. 11.

37 Ders., Frieden ohne Gerechtigkeit? Israel und die Menschenrechte der Palästinenser. Köln – Weimar – Wien 1994, S. 9.

38 Felicia Langer, Wo Haß keine Grenzen kennt. Göttingen 1995, S. 60 f.

39 Ebenda, S. 41.

40 Vgl. »Eine gewisse Furcht, die Meinung zu äußern«. Interview mit Eyad al-Sarraj. In: ai-Journal, (1997) 9, S. 16 f.

41 Vgl. Ludwig Watzal, Mit peitschenden Feuerhieben. Israels Rechte gewinnt an Boden. In: Lutherische Monatshefte, (1997) 9, S. 24.

42 Der lange Weg zum dauerhaften Frieden im Nahen Osten führt über Katastrophen. Interview mit Moshe Zimmermann. In: Das Parlament, 22. August 1997.

43 Vgl. U.N. Security Council, Report on the Secretary-General on the United Nations Interim Force in Lebanon (for the period from 22. January 1996 to 20. July 1996), S/1996/575, 20. July 1996; amnesty international, Unlawful Killings During Operation »Grapes of wrath«, London, July 1996; Human Rights Watch/Middle East, Israel/Lebanon, »Operation Grapes of Wrath«. The Civilian Victims, 9 (September 1997) 8.

Der Friedensprozeß in Israel und Palästina

1 Brief des PLO-Vorsitzenden Arafat an Ministerpräsident Rabin. In: Frieden. Die Vereinbarungen zwischen Israel und der PLO vom 13. September 1993, hrsg. von der Presse- und Informations-Abteilung der Botschaft des Staates Israel. O.O. (Bonn), o.J. (1993), S. 4. Alle folgenden Zitate sind dieser Dokumentation entnommen.

2 Vom Terroristen zum Friedensaktivisten. Interview mit Uri Avnery. In: die tageszeitung (taz), 1. September 1997.

3 Edward W. Said, The Politics of Dispossession. The Struggle for Palestinian Self-Determination 1969–1994, London 1995, S. xxxiv.

4 Graham Usher, Palestine in Crisis. The Struggle for Peace and Political Independence after Oslo. London – East Haven 1995, S. 15.

5 Avi Shlaim, The Oslo Accord, in: JPS, XXIII (Spring 1993) 3, S. 33.

6 Vgl. Burhan Dajani, The September 1993 Israeli-PLO Documents: A textual Analysis, in: JPS, XXII (Spring 1994) 3, S. 8.

7 Ebenda, S. 13.

8 Vgl. Ludwig Watzal, Das »Gaza-Jericho-Abkommen«. Ein Weg zum Frieden in Israel und Palästina? In: Schweizer Monatshefte, 74 (1994) 5, S. 11.

9 Yacov Ben Efrat, A Deal, Not Peace. In: Challenge, IV (1993) 5, S. 10.

10 A warning ignored. In: Challenge, V (1994) 2, S. 5.

11 Felicia Langer, Wo Haß keine Grenzen kennt. Eine Anklageschrift. Göttingen 1995, S. 41.

12 Langer (Anm. 10), S. 155.

13 Vgl. Agreement on the Gaza Strip and the Jericho Area. o.O. (Bonn), o.J. (1994). Alle folgenden Verweise sind dieser Ausgabe entnommen.

14 Sharif S. Elmusa/Mahmud el-Jaafari, Power and Trade: The Israeli-Palestinian Economic Protocol. In: JPS, XXIV (Winter 1995), 2, S. 29.

15 Vgl. Sara Roy, The Gaza Strip. The Political Economy of De-development. Washington, D.C. 1995, S. 328.

16 Graham Usher, Palestine in Crisis. The Struggle for Peace and Political Independence after Oslo, London-East Haven 1995, S. 42.

17 Roy (Anm.15), S. 330.

18 Vgl. Alexander Flores, Oslo: Modell für den Frieden in Nahost? Israel und die Palästinenser. In: Der Islam und der Westen. Anstiftung zum Dialog. Hrsg. von Kai Hafez. Frankfurt a.M. 1997, S. 170.

19 Raja Shehadeh, Questions of Jurisdiction: A legal Analysis of the Gaza-Jericho-Agreement, in: JPS, XXIII (Summer 1994) 4, S. 20.

20 Ebenda, S. 23.

21 Ludwig Watzal, Menschenrechte und Friede im Nahen Osten. In: Vorgänge, 34 (1995) 3, S. 5f.; vgl. dazu auch ders., Der israelisch-palästinensische Friedensprozeß. Palästinas Weg in die Bantustanisierung? In: Versöhnung im Verzug. Probleme des Friedensprozesses im Nahen Osten. Hrsg. von Sabine Hofmann/Ferhad Ibrahim. Bonn 1996, S. 139ff.

22 Vgl. Agreement on Preparatory Transfer of Powers and Responsibilities vom 29. August 1994. Internetversion: ask@israel-info.gov.il.

23 Vgl. Friedensvertrag zwischen dem Staat Israel und dem Haschemitischen Königreich Jordanien, Ein Avrona, 26. Oktober 1994, hrsg. von der Botschaft des Staates Israel, Presse- und Informationsabteilung, o.O. (Bonn), o.J. (1994).

24 Vgl. William B. Quandt, The Urge for Democracy, in: Foreign Affairs, 73 (July/August 1994) 4, S. 2.

25 Felicia Langer, Laßt uns wie Menschen leben. Schein und Wirklichkeit in Palästina., Göttingen, 1996, S. 72.

26 Vgl. Israel Shahak, The Real Aims of Oslo. In: From the Hebrew Press, IX (1997) 5, S. 2.

27 Haim Baram, Peace and Security, in: Middle East International (MEI) vom 7. Juli 1995, S. 7.

28 Vgl. Amos Perlmutter, The Israel-PLO Accord Is Dead. In: Foreign Affairs, 74 (May/June 1995) 3, S. 59–68.

29 Vgl. Ministry of Foreign Affairs Jerusalem, Israeli-Palestinian Interim Agreement on the West Bank and the Gaza Strip, Washington, D.C., 28. September 1995. Alle nachfolgenden Verweise beziehen sich auf dieses Abkommen.

30 Vgl. Jan de Jong, Palestine after Oslo II. Preparing the Final Map. In: News from within, XII (1996) 1, S. 7.

31 Ha Moked, Newsletter, Nr.7, Dezember 1995, S. 3.

32 Ludwig Watzal, Ende des Friedensprozesses in Israel und »Palästina«? In: Die Neue Ordnung, 49 (1995) 4, S. 314.

33 Vgl. dazu Amnon Kapeliuk, Rabin. Ein politischer Mord. Nationalismus und Rechte Gewalt in Israel. Vorwort Lea Rabin., Heidelberg 1997.

34 Vgl. Aron Ronald Bodenheimer, Rabins Tod. Ein Essay, Zürich 1996.

35 Vgl. zu den Wahlergebnissen: Special Election Issue von Palestine report, 24. Januar 1996.

36 Vgl. Das palästinensische Nationalabkommen. Beschluß des 4. Kongresses des Palästinensischen Nationalrates vom 10. bis 17. Juli 1968 in Kairo, insbesondere die Artikel 3, 9–11, 20–23.

37 Vgl. Palestine report vom 8. März 1996, S. 6.

38 Vgl. Assaf Adiv/Michal Schwartz, Sharon's Star Wars: Israel's Seven Star Settlement Plan, Jerusalem 1992.

39 Ludwig Watzal, »Frieden« zwischen Israel und Palästina. In: Schweizer Monatshefte, 76 (1996) 9, S. 9 f.

40 Vgl. Benjamin Netanyahu, A Place among Nations. Israel and the World, New York 1993; ders., Der neue Terror. Wie die demokratischen Staaten den Terrorismus bekämpfen können, Gütersloh 1996 (engl. Fighting Terrorism, New York 1995).

41 Vgl. Protocol Concerning the Redeployment in Hebron vom 15. Januar 1997 mit den dazugehörigen Anlagen. Internetvision: ask@israel-info.gov.il.

42 Lamis Andoni, Redefining Oslo: Negotiating the Hebron Protocol. In: JPS, XXVI (Spring 1997) 3, S. 27.

43 Vgl. Ludwig Watzal, Das Hebron-Protokoll und die Folgen. In: Schweizer Monatshefte, 77 (1997) 7–8, S. 7 f.

44 Haim Baram, A New Middle East. In: MEI vom 12. September 1997, S. 5.

45 Israel Shahak, The Real Significance of the Attempted Israeli Assassination of Masha'al in Jordan. In: From the Hebrew Press, IX (1997) 11, S. 1.

46 Vgl. Bassam Tibi, Pulverfaß Nahost. Eine arabische Perspektive. Stuttgart 1997, S. 173, 213, 216.

47 Vgl. Edward W. Said, Peace and ist Discontents. Gaza-Jericho 1993 bis 1995. London 1995; deutsche Übersetzung: Frieden in Nahost? Essays über Israel und Palästina. Vorwort von Felicia Langer. Heidelberg 1997.

48 Mahmoud Abbas (Abu Mazen), Through Secret Channels. Reading 1995, S. 218.

49 Vgl. Tibi (Anm. 46), S. 293.

50 Vgl. Udo Steinbach, Das Gaza-Jericho-Abkommen. Wegmarke im Friedensprozeß. In: Aus Politik und Zeitgeschichte, B 21–22/94, S. 3–12.

51 Uri Avnery, Zwei Völker, Zwei Staaten. Gespräch über Israel und Palästina. Vorwort von Rudolf Augstein. Heidelberg 1995, S. 41.

52 Wolfgang Günter Lerch, Der lange Weg zum Frieden, München – Berlin 1996, S. 53.

53 Ebenda, S. 43.

54   Vgl. ebenda, S. 49.
55   Victor Kocher, Der neue Nahe Osten. Die arabische Welt im Friedens-
     prozeß. Zürich 1996, S. 169.
56   Avnery (Anm. 56), S. 29.
57   Vgl. Amnon Neustadt, Israel und die Normalität des Friedens. Ein
     Schwieriger Anpassungsprozeß. In: Frieden im Nahen Osten? Chan-
     cen, Gefahren, Perspektiven. Hrsg. von Angelika Volle/Werner Weiden-
     feld. Bonn 1997, S. 42f.
58   Vgl. »Mit Schuldgefühlen ist nichts getan«. Ludwig Watzal im Ge-
     spräch mit Moshe Zuckermann. In: Universitas, 52 (1997) 616, S. 967;
     vgl. die leicht gekürzte Version: »Israel kann sich nicht verbarrikadie-
     ren«. In: Frankfurter Rundschau, 17. Oktober 1997.
59   Ludwig Watzal, Homelands im Nahen Osten? In: Lutherische Monats-
     hefte, (1994) 12, S. 8f.
60   Ghassan Salamé, Zwischen Hoffnung und Tragik. Perspektiven für den
     Nahost-Friedensprozeß. In: A. Volle/W. Weidenfeld (Hrsg.) (Anm. 62),
     S. 154.
61   Vgl. Edward W. Said, The Real Meaning of the Hebron Protokol. In:
     JPS, XXVI (Spring 1997) 3, S. 34.
62   Jan de Jong, Palestine after Oslo: Borderlines Between Sovereignty
     and Dependency. In: Beyond Rhetoric: Perspektives on a Negotiated
     Settlement in Palestine, Part Two, hrsg. von The Center for Policy
     Analysis on Palestine, Washington, D.C. 1996, S. 8.
63   Vgl. zu Sharons Siedlungsplänen Assaf Adiv/Michal Schwartz, Sha-
     ron's Star Wars: Israel's Seven Star Settlement Plan. Jerusalem 1992.
64   Vgl. insbesondere zum Jerusalem-Komplex Jan de Jong, Reading Bet-
     ween the Lines of Palestinian Strategy on Jerusalem. »To Save What
     Can Be Saved«. In: News from within, XII (1996) 5, S. 9–14.

Die Menchenrechte der Palästinenser unter israelischer Besatzung und palästinensischer Autonomie

1   Yizhar Be'er, zitiert in: Ludwig Watzal, International Human Rights
    Enforcement: the case of the occupied Palestinian territories under po-
    litical transition, 17. – 18. September 1994 in Jerusalem. In: Orient, 36
    (1995) 1, S. 28. – Vgl. auch den Tagungsband: International Human
    Rights Enforcement. Hrsg. von The Centre for International Human
    Rights Enforcement. Jerusalem, March 1996.
2   Vgl. HaMoked, Newsletter, Nr.7, Dezember 1995, S. 3.
3   Vgl. Ludwig Watzal, Frieden ohne Gerechtigkeit? Israel und die Men-
    schenrechte der Palästinenser. Köln – Weimar – Wien 1994; ders., Die
    Menschenrechtspraxis im israelisch-palästinensischen Verhältnis. In:
    Orient, 34 (1993) 4, S. 625 – 635; ders., Die Menschenrechte in Israel/
    Palästina im Friedensprozeß. In: Humanitäres Völkerrecht, 8 (1995) 2,

S. 94–101; ders., Menschenrechte und Friede im Nahen Osten. In: Vorgänge, 34 (1995) 3, S. 1–9.

4   Vgl. B'Tselem, Lethal Gunfire and Collective Punishment in the Wake of the Massacre at the Tomb of the Patriarchs. Jerusalem, March 1994; Felicia Langer, Wo Haß keine Grenzen kennt. Eine Anklageschrift. Göttingen 1995.

5   Vgl. B'Tselem and Palestinian Lawyers for Human Rights, Summary Execution: Jabalya Refugee Camp, March 28, 1994, S. 6.

6   Vgl. dies., Lethal Training. The Killing of Muhammad al Hilu by Undercover Soldiers in Hizmeh Village. Jerusalem, March 1997.

7   Vgl. dazu Watzal 1994 (Anm. 3), S. 215ff.; B'Tselem, Prisoners of Peace. Administrative Detention During the Oslo Process. Jerusalem, July 1997, S. 9–18.

8   B'Tselem, ebenda, S. 39, vgl. auch amnesty international, Israel/Occupied Territories. Administrative detention: Despair, uncertainty and lack of due process. London, April 1997.

9   Vgl. dies., Torture during Interrogations: Testimony of Palestinian Detainees Testimony of Interrogators.Jerusalem, November 1994.

10 Zur Geschichte des Landau-Berichts und die Folterpraxis in Israel vgl. Watzal 1994 (Anm.3), S. 84–115.

11 B'Tselem, Israel proposes to legalize torture. In: The B'Tselem Human Rights Report, 4 (Spring 1996) 1, S. 14. (GSS = General Security Service/Shin Bet)

12 Vgl. Allegra Pacheco, Torture by the Israeli Security Services: the Case of Abdel Rahman Abdel Ahmar. Hrsg. von PCATI, Jerusalem, June 1996; dazu auch April 17 Bulletin. Information and Support of Palestinian Political Prisoners, October 22, 1995 – March 15, 1996. Hrsg. von Alternative Information Center, Bulletin, 15. 3. 1996, S. 3f.

13 Vgl. B'Tselem, Detention and Interrogation of Salem and Hanan Ali, Husband and Wife, Residents of Bani Na'im Village. Jerusalem, June 1995.

14 Vgl. die drei Urteilsbegründungen B'Tselem, Legitimizing Torture: The Israeli High Court of Justice Rulings in the Bilbisi, Hamdan and Mubarak Cases. An Annotated Sourcebook. Jerusalem, January 1997.

15 Vgl. The State of Israel Ministry of Justice, Proposed Law of the General Security Service, 1996, Version 10 vom 18. January 1996. Dazu auch die Einwände von PCATI, Comments and Objections by the PCATI to the Final Report of the Committee on Legislation Against Torture (of the Ministry of Justice and the Office of the Attorney General, issued July 7, 1995, Jerusalem) vom 23. Oktober 1995.

16 Vgl. Human Rights Watch/Middle East, Israel. Legislating Impunity. The Draft Law to Halt Palestinian Tort Claims, 9 (July 1997) 6.

17 Vgl. Neve Gordon/Ruchama Marton, Torture. Human Rights, Medical Ethics and the Case of Israel. London 1995; zum Konferenzverlauf vgl. Ludwig Watzal, Die Bürokratisierung der Folter. In: taz, 17. Juni

1993; ders., The international struggle against torture and the case of Israel. In: Orient, 34 (1993) 2, S. 190–194; ders., Zur Lage der Menschenrechte. Die »Folterkonferenz« in Tel Aviv. In: Die Neue Gesellschaft/Frankfurter Hefte, 40 (1993) 10, S. 919–925.

18 Vgl. Amnesty international, Under Constant Medical Supervision: Torture, Ill-Treatment and Health Professionals in Israel and the Occupied Territories. London, August 1996. – Zur Situation der Ärzte vgl. auch: The Public Committee Against Torture in Israel/IMUT-Mental Health Workers for the Advancement of Peace, Dilemmas of Professional Ethics as a Result of the Involvement of Doctors and Psychologists in Interrogations and Torture. A symposium Jerusalem, April 1993.

19 Vgl. B'Tselem, Beatings, Maltreatment, and Degradation of Palestinians by Police During June-July, 1996, Jerusalem, September 1996; dies., Sheer Brutality: The Beatings Continue. Beatings and Maltreatment of Palestinians by Border Police and Police Officers during May-August 1997.

20 Vgl. dies., Sexual Harassment in the Name of the Law. Violence and Degradation during Searches of Palestinian Homes in Hebron. Jerusalem, December 1996, S. 5.

21 Dazu und zur Entführungg des Busses der Linie 300 vgl.: Palestinian Centre for Human Rights, Special Report. Senior Israeli Intelligence Officer, Ehud Yatom, Reveals Extra-Judicial Killings of Palestinians by Israeli Security Forces, 3. August 1996. Zum Interview Ehud Yatoms vgl.: Amos Wollin, Israelischer Geheimdienstler gesteht Doppelmord. In: taz, 26. Juli 1996; Inge Günther, Ein Befehl läßt den Mann vom Geheimdienst nicht zweifeln. In: Frankfurter Rundschau, 27. Juli 1996; Befehl zum Mord. In: ebenda, 27. Juli 1996; Verteidigungsminister mißhandelte Gefangene. In: Süddeutsche Zeitung, 27./28. Juli 1996.

22 Vgl. zu den Angaben über Häuserzerstörungen: B'Tselem, Demolishing Peace. Israel's Policy of Mass Demolition of Palestinian Houses in the West Bank. Jerusalem, September 1997, S. 18; vgl. auch das Kapitel »Häuserzerstörung« in: B'Tselem, Without Limits: Human Rights violations under Closure. Jerusalem, April 1996, S. 5–11; LAW – The Palestinian Society for the Protection of Human Rights and the Environment, Annual Report of LAW. Human Rights Violations in Palestine, 1996, Jerusalem 1996, S. 29–35; Watzal 1994 (Anm. 3), S. 148–162.

23 Vgl. LAW, House Demolition and the Control of Jerusalem. Case Study of al Issawiya Village, Jerusalem, June 1995.

24 HaMoked/B'Tselem, The Quiet Deportation. Revocation of Residency of East Jerusalem Palestinians. Jerusalem, April 1997.

25 Ebenda, S. 33.

26 Vgl. LAW, By-Pass Road Construction in the West Bank. The End of the Dream of Palestinian Sovereignity. Jerusalem, February 1996.

27 Vgl. Physicians for Human Rights, Annual Report 1996. Tel Aviv 1997.

28 Vgl. Ludwig Watzal, Thirty years since the six day war: economical and social perspectives, 8–9 June 1997 in Beer Sheva. In: Orient, 38 (1997) 3, S. 449– 455, hier S. 454.

29 Vgl. B'Tselem (Anm. 19), S. 24f.

30 Vgl. Wiltrud Rösch-Metzler, Ohne Wasser, Ohne Land, Ohne Recht. An der Seite der Palästinenser die israelische Anwältin Lynda Brayer. Ostfildern 1997, S. 140–155.

31 Vgl. Human Rights Watch/Middle East, Israel. Without Status or Protection. Lebanese Detainees in Israel, 9 (1997) 11; amnesty international, Israel/South Lebanon. Israel's Forgotten Hostages: Lebanese Detainees in Israel and Khiam Detention Centre. London, July 1997.

32 Darauf hat der Verfasser in der »taz« vom 24. September 1994 hingewiesen, als sich alle Welt noch im »Friedensrausch« befand.

33 Vgl. amnesty international, Palestinian Authority. Prolonged political detention, torture and unfair trails. London, December 1996.

34 Vgl. The Palestinian Human Rights Monitor, The State of Human Rights in Palestine in 1997. Jerusalem 1998.

35 The Jeruslam Times, Nr. 5, Dezember 1997, S. 4.

36 Vgl. B'Tselem, Neither Law nor Justice. Extra-Judicial Punishment, Abduction, Unlawful Arrest, and Torture of Palestinian Residents of the West Bank by the Palestinian Preventive Security Service. Jerusalem, August 1995; vgl. auch LAW's Report on Security Services Violations against Citizens. Jerusalem 1997.

37 Vgl. amnesty international, Trial at Midnight. Secret, summary, unfair trials in Gaza. London, June 1995.

38 Vgl. Ludwig Watzal, Eyad al-Sarraj. In: Orient, 37 (1996) 4, S. 573 bis 577; ders., Ein korruptes und diktatorisches Regime. Es gibt unter Arafats Herrschaft schwere Verletzungen der Menschenrechte. In: FAZ, 14. November 1996.

39 Vgl. The Palestinian Independent Commission for Citizen's Rights, Second Annual Report, 1. July 1995 to 31. December 1996, o. O., o. J. (1997).

40 Vgl. Human Rights Watch/Middle East, Palestinian Self-Rule Areas. Human Rights under the Palestinian Authority, 9 (1997) 10. Eine differenzierte Darstellung aus palästinensischer Sicht bietet Samih Muhsen, Freedom of Press and Opinion under the Palestinian Authority, LAW-Publication. Jeruselem, June 1996.

1   Das Atomwaffenprogramm wurde seit den fünfziger Jahren mit Hilfe Frankreichs aufgebaut.

2   Vgl. Israel Shahak, Open Secrets. Israeli Nuclear and Foreign Policies. London – Chicago 1997.

3   Vgl. das Interview des Verfassers mit Noam Chomsky in: Challenge, VIII (1997) 4, S. 6 – 7.

4   Vgl. Norman G. Finkelstein, Image and Reality of the Israel-Palestine Conflict. London – New York 1995, S. 164.

5   Stefan Braun, Die amerikanisch-israelischen Beziehungen und die Friedenssuche im Nahen Osten. In: Sabine Hofmann/Ferhad Ibrahim (Hrsg.), Versöhnung im Verzug. Probleme des Friedensprozesses im Nahen Osten. Bonn 1996, S. 85.

6   Vgl.Donald Neff, Spies at large. In: MEI vom 16. Februar 1996, S. 9 bis 10; sowie Duncan L. Clarke, The Arrow Missile: the United States, Israel and strategic cooperation. In: Middle East Journal, (Summer 1995).

7   Vgl. Ludwig Watzal, Hilfreiche Konkurrenz? Die Nahost-Politik der USA und der EU im Vergleich, in: Internationale Politik, (1995) 7, S. 38; wiederabgedruckt in: Angelika Volle/Werner Weidenfeld (Hrsg.), Frieden im Nahen Osten? Chancen, Gefahren, Perspektiven. Bonn 1997, S. 94.

8   Paul-Marie de la Gorce, Europe and the Arab-Israel Conflict: A Survey. In: JPS, XXVI (Spring 1997) 3, S. 6.

9   Vgl. in diesem Zusammenhang auch die EPZ-Erklärungen über den Nahen Osten und zum europäisch-arabischen Dialog in Venedig vom 13. 6. 1980. In: Europa-Archiv, (1980) 14, S. D 382 f.

10 Amnon Noy, Die Rolle Europas im nahöstlichen Friedensprozeß. In: Politische Studien, 48 (1997) 356, S. 62.

11 Vgl. Ludwig Watzal, Geld und Teilautonomie im Nahen Osten. In: Die Neue Ordnung, 49 (1995) 6, S. 468.

12 Udo Steinbach, Außenpolitik am Wendepunkt? Ankara sucht seinen Standort im internationalen System. In: Aus Politik und Zeitgeschichte, B 11–12/97, S. 25.

13 Zur Geschichte der Beziehungen vgl. Sabri Sayari, Turkey and the Middle East in the 1990 s. In: JPS, XXVI (Spring 1997) 3, S. 44–55.

14 Udo Steinbach, Die Türkei, der Nahe Osten und das Wasser. In: Internationale Politik, 53 (1998) 1, S. 14.

15 Vgl. Ferhad Ibrahim, Ägyptens regionalpolitische und wirtschaftliche Orientierung seit dem Beginn des Friedensprozesses. In: Aus Politik und Zeitgeschichte, B 39/97, S. 21.

16 Vgl. Manuel Schiffler, Wasser im Nahen Osten: Kriegsursache oder Friedensbringer? In: Hofmann/Ibrahim (Anm. 5), S. 238.

17 Steinbach (Anm. 12), S. 31.

18 Vgl. Avi Primor, »… mit Ausnahme Deutschlands«. Als Botschafter Israels in Bonn. Berlin 1997, S. 265; sowie das Interview des Botschafters im Spiegel, 5. Mai 1997, S. 60; vgl. auch das Gespräch des Verfassers mit Botschafter Avi Primor. Ein Jubiläum ohne Euphorie. In: Neue Gesellschaft/Frankfurter Hefte, 45 (1998) 4, S. 301–308.
19 Ebenda, S. 269.
20 »Mit Schuldgefühlen ist nichts getan«. Ludwig Watzal im Gespräch mit Moshe Zuckermann. In: Universitas, 52 (1997) 616, S. 961; leicht gekürzte Fassung in: Frankfurter Rundschau, 17. Oktober 1997.
21 Interview des Verfassers mit Moshe Zimmermann, Der lange Weg zum dauerhaften Frieden im Nahen Osten führt über Katastrophen. In: Das Parlament, 22. August 1997.
22 Felicia Langer, Brücke der Träume. Eine Israelin geht nach Deutschland. Göttingen 1994, S. 206–208; vgl. dazu auch Passagen in ihrer Autobiographie »Zorn und Hoffnung« (Göttingen 1991 und 1996).
23 Kenneth M. Lewan, Sühne oder neue Schuld? Deutsche Nahostpolitik im Kielwasser der USA. Jerusalem -Ottawa 1984, S. 7 f.
24 Willy Brandt, zit. in: ebenda, S. 77.
25 Zuckermann (Anm. 20), S. 963 f.
26 Vgl. Ludwig Watzal, Deutschland und Israel in der Weltpolitik. In: Neue Gesellschaft/Frankfurter Hefte, 43 (1996) 8, S. 713; ders., Germania e Israele: le ›normalizzazione‹ parallele. In: liMes, 4/95, S. 269–276.
27 Adel S. Elias, Dieser Frieden heißt Krieg. Israel und Palästina – die feindlichen Brüder. München 1997, S. 317.

Israel zwischen westlicher Demokratie und religiösem Fundamentalismus

1 Israel Shahak, Jewish History, Jewish Religion. The Weight of Three Thousand Years. London – Boulder 1994, S. 12.
2 Moshe Zuckermann, Die eigentliche Bewährungsprobe steht noch aus. In: Vereinte Nationen, 45 (1997) 6, S. 201.
3 Arafat ist ein Diktator. Interview mit Israel Shahak. In: International (1997) 3 – 4, S. 17.
4 Adel S. Elias, Dieser Frieden heißt Krieg. Israel und Palästina – Die feindlichen Brüder. München 1997, S. 177.
5 Felicia Langer, Wo Haß keine Grenzen kennt. Eine Anklageschrift. Göttingen 1995, S. 87.
6 Vgl. Peretz Kidron, Right-wing hysteria. In: MEI vom 7. Juli 1995, S. 6.
7 Amnon Kapeliuk, Rabin. Ein politischer Mord. Nationalismus und Rechte Gewalt in Israel. Heidelberg 1997, S. 44.
8 Aron Ronald Bodenheimer, Rabins Tod. Ein Essay. Zürich 1996, S. 35.
9 Lea Rabin, Vorwort, in: Richard Haim Schneider, Israel am Wendepunkt. Von der Demokratie zum Fundamentalismus? München 1998.

10 Ludwig Watzal, Thirty years since the six day war: economical and social perspectives, 8–9 June 1997 in Beer Sheva. In: Orient, 38 (1997) 3, S. 450.

11 Roger Friedland/Richard Hecht, Zuviel Liebe zum Land, in: Lettre international, Frühjahr 1996, S. 20.

12 Vgl. Amos Elon, Israels Demons. In: The New York Review of Books vom 21. Dezember 1995.

13 Ludwig Watzal, Die Rechte in Israel und ihr extremistisches Umfeld. In: Vorgänge, 35 (1996) 4, S. 16; vgl. auch ders., Mit peitschenden Feuerhieben. Israels Rechte gewinnt an Boden. In: Lutherische Monatshefte, (1996) 9, S. 22–25.

14 Vgl. Lea Rabin, Ich gehe weiter auf seinem Weg. Erinnerungen an Yitzhak Rabin. München 1997. Wesentlich differenzierter die Mitarbeiter des »Jerusalem Report«: Yitzhak Rabin. Feldherr und Friedenstifter. Die Biographie. Berlin 1996.

15 Vgl. Israel Shahak, The Renewed Debate about Rabin's Assassination. In: From the Hebrew Press, IX (1997) 12, S. 18.

16 Ders. (Anm. 1), S. 103.

17 June Leavitt, Hebron, Westjordanland: Im Labyrinth des Terrors. Tagebuch einer jüdischen Siedlerin. Hildesheim 1996, S. 206

18 Moshe Zimmermann, Wende in Israel. Zwischen Nation und Religion. Berlin 1996, S. 110.

19 »Arafat ist ein Diktator« (Anm. 3), S. 18f.

20 Israel Shahak, The Basic Reasons for Secular-Religious Struggle in Israel. In: From the Hebrew Press, IX (1997) 9, S. 24.

21 Vgl. »Mit Schuldgefühlen ist nichts getan«. Ludwig Watzal im Gespräch mit Moshe Zuckermann. In: Universitas, 52 (1997) 616, S. 964 f.

22 Vgl. Sami Smouha, Mizrahim's Parting of Ways. In: News from within, X (1994) 1, S. 20.

23 Vgl. Tom Segev, Die siebte Million. Der Holocaust und Israels Politik der Erinnerung. Hamburg 1995.

24 From Diaspora to State – Chapters in the History of the People of Israel and the State of Israel, 1881–1951. Hrsg. vom Ministry of Education, Curriculum. Jerusalem 1992.

25 Vgl. Zimmermann (Anm. 18), S. 13; ders., Die Geschichte des Zionismus steht nach 100 Jahren an ihrem Ende. In: Frankfurter Rundschau, 6. September 1996.

26 Vgl. Ilan Pappe, Post Zionist Critique on Israel and the Palestinians. Part I: The Academic Debate. In: JPS, XXVI (Winter 1997) 2, S. 33.

27 Shahak (Anm. 3), S. 16.

28 Vgl. Pappe (Anm. 26), S. 31.

29 Ebenda, S. 33.

30 Vgl. zur Diskriminierung aller Nichtjuden durch die israelische Gesetzgebung Israel Shahak, Israeli Diskrimination Against Non-Jews. In: From the Hebrew Press, IX (1997) 11, S. 14 f.

31 Julia Brauch, Ein Staat aller seiner Bürger? Die Postzionismus-De-
    batte in Israel. In: Internationale Politik und Gesellschaft, (1997) 1,
    S. 43.
32 Vgl. dazu Ilan Pappe, Post-Zionist Critique on Israel and the Palesti-
    nians. Part II: The Media. In: JPS, XXVI (Spring 1997) 3, S. 41.
33 Vgl. Moshe Zimmermann, Geschichte umschreiben: Was ist Zionis-
    mus? In: Aus Politik und Zeitgeschichte, B 14/98, S. 11–18.
34 Ebenda, S. 17.

Personenregister